2016年教育部人文社会科学重点研究基地重大项目
"社会主义核心价值观社会认同伦理研究"（16JJD720016）最终成果之二

项目负责人　江　畅

国家出版基金项目

当代中国社会道德理论与实践研究丛书·第二辑
主编 吴付来

社会主义核心价值观社会伦理认同调查报告

周鸿雁 张智敏 江畅 等 著

Reports on Social
Ethical Identification of
Socialist Core Values

中国人民大学出版社
·北京·

总　序

党的十八大以来,党和国家高度重视思想道德建设,高度重视哲学社会科学繁荣发展,要求哲学社会科学工作者立时代潮头、发思想先声,积极为党和人民述学立论、建言献策。加强伦理学基础理论研究,推动思想道德建设,培育社会主义核心价值观是伦理学者不可推卸的责任。为此,中国人民大学出版社于2015年7月着手启动了"当代中国社会道德理论与实践研究丛书"第一辑,于2017年获得国家出版基金资助,10种图书于2019年3月出齐,产生了良好的社会反响。

第一辑立项实施以来,党和国家更加强调加快构建中国特色哲学社会科学,强调树立反映现实、观照现实的学风,加强全社会的思想道德建设的要求也更加迫切。为了进一步推动伦理学研究,激发人们形成善良的道德意愿、道德情感,培育道德责任感,提高道德判断和选择能力尤其是自觉践行能力,我们启动了"当代中国社会道德理论与实践研究丛书"第二辑的遴选出版工作。第二辑的基本思路是,在梳理新中国伦理学发展历程的基础上,从经济伦理、法伦理、生命伦理、政治伦理以及思想道德建设等领域,对当代中国社会最关切的伦理道德的理论与实践问题进行深入的研究和探讨,旨在发现新时代伦理道德领域出现的新问题,回应新挑战,推动国内伦理学的研究和社会道德的进步。

首先,本丛书以原创学术研究为根基,致力于推动伦理学的研究和发展,推动哲学社会科学的发展,建构中国自主的知识体系。2022年习近平总书记在中国人民大学考察时强调,"加快构建中国特色哲学社会科学,归根结底是建构中国自主的知识体系。要以中国为观照、以时代为观照，立足中国实际，解决中国问题，不断推动中华优秀传统文化创造性转化、创新性发展，不断推进知识创新、理论创新、方法创新，使中国特色哲学社会科学真正屹立于世界学术之林"。伦理学作为与人类道德生活、道德活动、道德发展密切相关的哲学二级学科，需要跟上时代的步伐，更好地发挥作用。人类社会每一次重大跃进，人类文明每一次重大发展，都离不开哲学社会科学的知识变革和思想引导所产生的影响。当代中国的社会主义道德实践也必定离不开伦理学的思想引导作用，本丛书的出版必将推进伦理学的研究和发展，推动中国自主的知识体系的建构。

其次，本丛书致力于倡导反映现实、观照现实的学术风气。2019年3月习近平总书记在参加全国政协第十三届二次会议文化艺术界、社会科学界委员联组会时指出，学术研究应该反映现实、观照现实，应该有利于解决现实问题、回答现实课题。"哲学社会科学研究要立足中国特色社会主义伟大实践，提出具有自主性、独创性的理论观点，构建中国特色学科体系、学术体系、话语体系。"本丛书正是将理论与实践相结合，分析当前中国社会的道德状况和主要问题，力图用马克思主义理论指导下的伦理学基本原理解决社会现实的道德建设问题。本丛书的集中推出必将有利于倡导反映现实、观照现实的学术风气。

再次，本丛书的出版有利于加强社会主义道德建设。党和国家历来重视道德建设。2019年习近平总书记在纪念五四运动100周年大会上的讲话中指出："人无德不立，品德是为人之本。止于至善，是中华民族始终不变的人格追求。我们要建设的社会主义现代化强国，不仅要在物质上强，更要在精神上强。精神上强，才是更持久、更深沉、更有力量的。"党的二十大报告也强调，要"实施公民道德建设工程，弘扬中华传统美德，加强家庭家教家风建设，加强和改进未成年人思想道德建设，推动明大德、守公德、严私德，提高人民道德水准和文明素养"。本丛书以道德实践和道德建设中的鲜活素材推动道德理论的发展，又以道德理论的成果指导道德实践和道德建设，有利于加强社会主义道德建设，能够为有关决策提供学理支持。

最后，本丛书致力于弘扬社会主义核心价值观，助推实现中华民族伟大复兴的中国梦。2014年5月习近平总书记与北京大学师生座谈时指出："核心价值观，其实就是一种德，既是个人的德，也是一种大德，就是国家的德、社会的德。"道德建设是培育社会主义核心价值观的重要实践载体，本丛书关注当代中国伦理道德的理论研究和实践方式的创新，积极探索道德建设的新形式、新途径、新方法，有利于弘扬社会主义核心价值观，为实现中华民族伟大复兴的中国梦提供强大精神力量和有力道德支撑。

本丛书是在加强社会主义道德建设、推动哲学社会科学发展、建构中国自主的知识体系的宏观背景下编撰的，对于推动中国伦理学发展，倡导反映现实、观照现实的学术风气，加强社会主义道德建设，弘扬社会主义核心价值观，实现中华民族伟大复兴的中国梦具有重要意义。

本丛书得到了中国人民大学伦理学与道德建设研究中心的学术支持，得到了国家出版基金的资助，中国人民大学出版社人文出版分社的编辑为本丛书的出版付出了艰辛的努力，在此一并致谢。书中难免存在疏漏，恳请学界同仁批评指正。期待本丛书作者和编辑的辛勤努力能够得到广大读者的认可与回应。

吴付来

2023年2月8日

前　言

党的十八大以来，党和国家高度重视社会主义核心价值观（简称"核心价值观"）的培育和践行，学界也就此展开了一系列研究。教育部人文社会科学重点研究基地重大项目"社会主义核心价值观社会认同伦理研究"便是其中之一。透过伦理学的视角，课题组认为，核心价值观建设的根本任务之一是使其得到全社会的普遍认同，而这是使核心价值观内化为精神追求和外化为自觉行动的前提。习近平总书记指出："核心价值观，其实就是一种德，既是个人的德，也是一种大德，就是国家的德、社会的德。国无德不兴，人无德不立。"[1] 因此，核心价值观的认同就其实质内涵而言是道德认同、伦理认同，因而不仅是一个政治问题，也是一个社会伦理问题，需要从伦理学的角度加强研究。

充分了解核心价值观的伦理认同状况，是进一步推进核心价值观建设的必要前提。为了了解公众对核心价值观伦理认知认同的现状，教育部人文社会科学重点研究基地重大项目"社会主义核心价值观社会认同伦理研究"课题组与湖北大学高等人文研究院、中华文化发展湖北省协同创新中心共同组织了"弘扬社会主义核心价值观与继承传统文化问卷调查"（2016）和"精英群体社会主义核心价值观认知与认同问卷调查"（2018）。以这两次调查数据为基础，结合湖北大学高等人文研究院、中华文化发展湖北省协同创新中心"中国文化发展状况调查（2017）""中国文化发展

---

[1] 习近平谈治国理政：第1卷. 北京：外文出版社，2018：168.

状况调查（2018）""中国文化发展状况调查（2019）"数据库的有关资料，课题组试图从普遍认同状况与差异、特殊人群的认同状况以及影响认同的因素等三个方面全面描述核心价值观认同的现状，深入分析存在的问题，找出影响核心价值观认同的主要因素并提出对策建议。以上五次调查均采用问卷调查与访谈相结合的方法进行。

"弘扬社会主义核心价值观与继承传统文化问卷调查"（2016年8—12月）的主要目的是，了解公众对核心价值观认知认同的现状以及对传统文化传承的基本态度。此次调查从传统物质文化、非物质文化以及核心价值观等三个方面了解被调查者的认同现状以及基本价值取向。此次调查的样本涉及18个省、自治区、直辖市，38个市、区、县，以及2个师资培训中心。18个省、自治区、直辖市分别是浙江省、江苏省、广东省、福建省、云南省、辽宁省、山东省、河南省、湖北省、湖南省、安徽省、四川省、陕西省、广西壮族自治区、新疆维吾尔自治区、北京市、上海市、重庆市。按照国家职业分类和课题研究需要，此次调查对被调查者的职业进行了分类，具体分为工人、农民、专业技术人员、党政机关工作人员、教师、学生、服务行业从业人员、企业管理人员、国家机关党群组织企事业单位负责人、自由职业者10个类别。此次调查共发放问卷4 500份，回收问卷4 315份，问卷回收率为95.89%；剔除116份无效问卷后，有效问卷为4 199份，有效问卷回收率为97.31%。

"精英群体社会主义核心价值观认知与认同问卷调查"（2018年3—6月）的主要目的是，了解中国社会精英群体对核心价值观的认知认同状况。调查对象为高学历、高收入、高职务或者高职称的群体，其中高学历的要求是被调查者拥有硕士研究生及以上学历，高收入的要求是年收入在35万元及以上，高职务的要求是副处级及以上，高职称的要求是副高级及以上，对于在经济部门工作的被调查者的职务要求是部门经理及以上。调查内容涉及被调查者对传统文化关注的内容（形式）与途径，对培育和践行核心价值观的整体认同和评价、培育和践行核心价值观的路径、培育和践行核心价值观的影响因素，以及对核心价值观的理解、认知认同等。此次调查的样本涉及11个省、直辖市，1个调查点。分别是山西省、江苏省、广东省、福建省、云南省、山东省、湖北省、四川省、北京市、上海市、重庆市，以及全国检察系统高级检察官培训班。此次调查共发放问卷1 500份，回收问卷1 350份，问卷回收率为90.00%；剔除137份无效问卷后，有效问卷为1 213份，有效问卷回收率为89.85%。

"中国文化发展状况调查（2017）""中国文化发展状况调查（2018）""中国文化发展状况调查（2019）"三次调查中，均设置了对核心价值观认知认同的相关题项，目的是跟踪获取民众对核心价值观文化价值的总体认知认同的感知和评价、培育和践行核心价值观对社会风气与公民道德建设的影响评价以及对培育和践行核心价值观路径的感知和评价等。本报告集中使用的以上三次调查数据均来自湖北大学高等人文研究院、中华文化发展湖北省协同创新中心的调研数据库，三次调研数据均已收入湖北大学与社会科学文献出版社合作开发的中华文化发展智库平台调查数据库。

为了更准确地测度民众对核心价值观的认知认同以及对相关问题的感受和评价，以上五次调查问卷题项设计主要采用自陈式答题方式，采用李克特量表的五级区分度，用1~5进行度量，即"非常不同意""不同意""不清楚""同意""非常同意"，分别用1、2、3、4、5表示。为了更有效地挖掘和利用调研成果，课题组在数据处理中心工作室建立了数据分析模板，对回收的问卷进行了系统分析，构建了数据库以及基础数据、基本数据分析表、数据合成表等成果。

本报告集主要根据这五次调查的相关数据撰写，包含三个部分的内容：第一部分（上篇，包含5份报告）主要报告有关核心价值观的普遍认同状况及差异，它们分别从不同性别、不同年龄、不同学历、不同职业的角度阐述对核心价值观社会认同的状况以及认同的差异；第二部分（中篇，包含6份报告）主要报告特殊人群对核心价值观的认同状况，报告分别对社会精英群体总体和政治精英、企业家、高知人群和大学生等特殊人群的认同状况做专题研究；第三部分（下篇，包含6份报告）主要报告不同因素对核心价值观认同的影响，报告分别从传统文化、西方文化、个人道德修养、风俗习惯、人口学特征、互联网等方面对核心价值观的认同状况进行分析。

核心价值观建设是理论的，也是实践的，必须在充分了解与深入分析民众对核心价值观认知认同现状的基础上进行。我们希望，大范围、多层次的调查数据形成的有关核心价值观社会认同方面的系统调查报告，能为核心价值观认同的伦理研究提供第一手数据，对解决核心价值观认同存在的问题、促进核心价值观内化成公民的道德素质并外化为公民的道德行为起到参考作用。

目 录

上篇　社会主义核心价值观的普遍认同状况及差异

报告一　不同年龄段群体社会主义核心价值观的认知认同差异
　　　　探讨——以自由观为例 ………………………………… 3

报告二　不同性别群体社会主义核心价值观的认同差异研究
　　　　……………………………………………………………… 20

报告三　培育和践行社会主义核心价值观的绩效研究——不同
　　　　学历群体认同与评价比较 ………………………………… 44

报告四　不同职业群体社会主义核心价值观的认同差异分析 …… 73

报告五　社会主义核心价值观城乡认同状况调查 ………………… 93

中篇　精英群体对社会主义核心价值观认同的状况

报告六　社会主义核心价值观在精英群体中精准落实的策略研究
　　　　……………………………………………………………… 115

报告七　精英群体平等观的认同特征与差异分析 ………………… 147

报告八　精英群体个人层面社会主义核心价值观的认知认同观察
　　　　……………………………………………………………… 175

报告九　政治精英社会主义核心价值观的认同状况分析
　　　　……………………………………………………………… 194

报告十　企业家对社会主义核心价值观的认同特征与差异分析
　　　　——以法治观为例…………………………………………… 223
报告十一　大学生社会主义核心价值观社会认同研究…………… 240

下篇　不同因素对社会主义核心价值观认同的影响

报告十二　弘扬传统文化对社会主义核心价值观认同的影响…… 257
报告十三　西方价值观对社会主义核心价值观认同的影响……… 272
报告十四　风俗习惯对社会主义核心价值观认同的影响………… 292
报告十五　个人道德修养对社会主义核心价值观认同的影响…… 310
报告十六　年龄、学历与年收入对高级专业技术人员社会主义
　　　　　核心价值观认同的影响及差异分析……………………… 322
报告十七　互联网语境下社会主义核心价值观的认知认同分析
　　　　　………………………………………………………………… 342

附　录

附录一　弘扬社会主义核心价值观与继承传统文化问卷调查
　　　　（2016）统计频数分析表………………………………… 365
附录二　精英群体社会主义核心价值观认知与认同问卷调查
　　　　（2018）统计频数分析表………………………………… 412

主要参考文献 ……………………………………………………… 443
后　　记 …………………………………………………………… 447

上篇
社会主义核心价值观的普遍认同状况及差异

报告一

不同年龄段群体社会主义核心价值观的认知认同差异探讨——以自由观为例

一、研究背景与假设

(一) 背景与调研

当今中国处于社会转型的重要时期,在高速发展的同时面临着严峻挑战。经济全球化、政治多极化、文化多元化以及互联网科技的发展,促成全球信息的大规模交流与碰撞,因此价值多元成为一种必然。在价值趋于多元化之际,国家迫切需要提出具有凝聚力与代表性的核心价值观,引导广大民众的价值理念。2014年2月24日,习近平总书记在主持中共十八届中央政治局第十三次集体学习时强调:"核心价值观是文化软实力的灵魂、文化软实力建设的重点。这是决定文化性质和方向的最深层次要素。一个国家的文化软实力,从根本上说,取决于其核心价值观的生命力、凝聚力、感召力。培育和弘扬核心价值观,有效整合社会意识,是社会系统得以正常运转、社会秩序得以有效维护的重要途径,也是国家治理体系和治理能力的重要方面。"[1]

---

[1] 习近平谈治国理政:第1卷. 北京:外文出版社,2018:163.

党的十八大报告在阐述社会主义文化强国建设时明确提出，要大力"倡导富强、民主、文明、和谐，倡导自由、平等、公正、法治，倡导爱国、敬业、诚信、友善，积极培育和践行社会主义核心价值观"①。"培育和践行社会主义核心价值观，是推进中国特色社会主义伟大事业、实现中华民族伟大复兴中国梦的战略任务。"② 社会主义核心价值观，是党中央在新时期针对国家繁荣、社会进步、个人发展提出的一套全面、创新的理论成果。

但同时，社会主义核心价值观作为一种意识形态，只有被广大人民群众理解、认同、掌握、运用，才能真正发挥其重大作用。正如马克思所说："全部人类历史的第一个前提无疑是有生命的个人的存在。"③ 人是历史活动的主体，是物质财富和精神财富的创造者。任何一种价值观只有符合普通民众的思维方式和认知习惯，才能成为社会主流意识形态。党的十九大报告指出："社会主义核心价值观是当代中国精神的集中体现，凝结着全体人民共同的价值追求。要以培养担当民族复兴大任的时代新人为着眼点，强化教育引导、实践养成、制度保障，发挥社会主义核心价值观对国民教育、精神文明创建、精神文化产品创作生产传播的引领作用，把社会主义核心价值观融入社会发展各方面，转化为人们的情感认同和行为习惯。"④ 在此过程中，人作为价值观的主体，由于年龄、学历、职业、出身等现实因素的影响，在获取信息、形成观点上存在巨大差异。因此，调查与分析不同群体对核心价值观的认同状况和差异，能准确了解民众对核心价值观内涵理解的广度和深度，进一步为民众深刻认识核心价值观提出具有针对性的建议。

为此，本课题组、湖北大学高等人文研究院、中华文化发展湖北省协

---

① 胡锦涛. 坚定不移沿着中国特色社会主义道路前进　为全面建成小康社会而奋斗：在中国共产党第十八次全国代表大会上的报告（2012年11月8日）. 北京：人民出版社，2012：31-32.

② 中共中央文献研究室. 十八大以来重要文献选编：上. 北京：中央文献出版社，2014：578.

③ 马克思恩格斯选集：第1卷. 北京：人民出版社，2012：146.

④ 习近平. 决胜全面建成小康社会　夺取新时代中国特色社会主义伟大胜利：在中国共产党第十九次全国代表大会上的报告（2017年10月18日）. 北京：人民出版社，2017：42.

同创新中心在2016年8—12月进行了题为"弘扬社会主义核心价值观与继承传统文化"的大型社会调研，了解了近几年来民众对培养和践行核心价值观的认知认同现状。问卷中涉及自由观变量的题项一共有5个。这5个题项分别从自由的境界认知、自由的诉求的理解、自由实现的物质条件、对自由的边界的理解和个性自由功能的理解五个方面，了解了不同年龄段群体对传统自由观、西方自由观以及马克思主义自由观的认知状况。

本报告拟结合"弘扬社会主义核心价值观与继承传统文化问卷调查"，通过对问卷相关数据的交叉分析，以自由观为例，检验不同年龄段群体对核心价值观内涵的认知程度和差异，分析产生价值观认同差异的原因。

(二) 理论与假设

对于核心价值观中的十二个概念的理解，学术界有多种表述。以自由为例，"自由"是一个复杂的、广泛的、模糊的概念，关于自由的定义数不胜数。自由绝非哪一个国家独有的价值理念，在中西方价值文化都能找到相关概念，只是不同文化背景下对自由概念内涵的理解不大相同。那么，对于核心价值观中的"自由"我们该做怎样的理解呢？对于这一问题，习近平总书记指出："我们提出的社会主义核心价值观，把涉及国家、社会、公民的价值要求融为一体，既体现了社会主义本质要求，继承了中华优秀传统文化，也吸收了世界文明有益成果，体现了时代精神。"[①] 这就是说，对于核心价值观中的十二个概念不能做片面理解，而应该汲取中华传统文化中优秀的价值观，借鉴西方有价值的理论成果，形成符合时代特色的核心价值观。为此，本次调查问卷设计题项以十二个概念为基础，为每一个概念设计了3~5个问题，分别涉及对中国传统价值观、马克思主义价值观和西方价值观概念、内涵的认知、认同以及理解。

拿"自由"来说，我们设计了5个不同的题项以测度民众对自由内涵的不同理解。"自由"一词在古今中外历史典籍中的含义不同。在中国，

---

① 习近平. 青年要自觉践行社会主义核心价值观：在北京大学师生座谈会上的讲话（2014年5月4日）. 北京：人民出版社，2014：5.

"自由"一词最早见于《后汉书·行志》。孔子对自由的理解可总结为出自《论语·为政》的"从心所欲，不逾矩"。而庄子的《逍遥游》，则典型表达了道家对自由的理解和追求。中国传统自由观大体来说是一种对自由的境界的追求，是一种独特的具有中国特色的理解，对当今民众自由观的形成有着重要的影响作用。因此，问卷中设计了"自由的境界在于人生清静无为，生活闲情安然"这一题项，以检验民众对传统自由观的认同度。在西方，"自由"概念源远流长，经历了很长时间的变化过程。在古希腊，自由被用来指不受奴役的状态。近代以来，不同的思想家从不同的角度对"自由"概念进行了解读。孟德斯鸠强调"政治自由"，即自由就是做法律许可的事情的权利。康德认为，人不仅要遵守外在的"他律"，更要遵守"自律"而行动，只有这样，人才是真正自由的。考虑到本次问卷调查的对象受教育程度不同，为了方便理解，我们把西方自由观概括为"自由的要义，是只要法律没有禁止，老百姓都可以做"。在马克思主义看来，资本主义社会的"自由"是个人的、片面的和空洞的，只保障资本家的权益。马克思主义不仅考虑自由的权利，而且考虑自由的实现，认为自由必须有适当的物质条件基础，也必须从集体、社会出发来理解自由。为了了解民众对马克思主义自由观的理解，我们设计了两个题项，分别是"个人自由的实现，要有必要的物质条件""每个人都享有自由表达自己意愿和诉求的权利"。另外，还设计了一个题项"个性自由能激发人的创造力，这正是社会进步所需"，以考察民众对个性自由功能的认同度。

概括来说，本次调查从多种角度考察了不同群体对核心价值观中自由观在政治、经济、境界、边界以及功能五个方面的认同状况。由于生长环境、教育背景、物质基础、生活经验、精神层次等方面存在差异，不同年龄段群体对社会主义核心自由观的这五个方面的认知认同必然存在差异。首先做出假设：高年龄段群体由于心智更加成熟，对中国传统自由观的认同度要高于低年龄段群体；反之，低年龄段群体较之高年龄段群体，对西方自由观的认同度更高；由于马克思主义自由观在群众中具有深远的传播度，所以不同年龄段群体对马克思主义自由观的认同度无显著性差异；另外，高年龄段群体由于成长经历、生活经验等较之低年龄段群体更为丰富，对自由观的界限和功能的理解必然与低年龄段群体存在差异。在对自由观的理论进行阐述后,我们做出四个假设,通过对调查数据进行分析来印证假设的可靠性,找出其中可能存在的问题并提出对策。

二、结果与分析

(一) 不同年龄段群体对传统自由观的认同差异

本次调查共发放问卷4 500份,回收问卷4 315份,问卷回收率为95.89%;剔除116份无效问卷后,有效问卷为4 199份,有效问卷回收率为97.31%。本次调查的样本涉及全国18个省、自治区、直辖市,38个市、区、县以及2个师资培训中心。在本次4 199份有效样本中,从年龄构成来看,按10岁一组进行分组,各年龄组人数分布如下:18岁以下(最小年龄为16岁)占2.07%,18~27岁占32.17%,28~37岁占31.06%,38~47岁占22.24%,48~57岁占9.38%,58岁及以上(最大年龄为90岁)占2.57%。样本中年龄构成呈正态分布,平均年龄为33.58岁,年龄中位数为31岁。

为了方便统计,调查问卷设计题项测度民众对社会主义核心价值观的认知认同以及对相关问题的感受和评价,采用李克特量表的五级区分度,用1~5进行度量,即"非常不同意""不同意""不清楚""同意""非常同意",分别用1、2、3、4、5表示。为了方便分析数据,我们将调查表中的认同选项进行分类,将"非常不同意"和"不同意"归为"负向"评价,将"同意"和"非常同意"归为"正向"评价。

表1-1是分年龄段对"自由的境界在于人生清静无为,生活闲情安然"观点的认同统计。卡方检验结果(sig=0.001)表明:不同年龄段群体对"自由的境界在于人生清静无为,生活闲情安然"观点的认同存在显著差异。

表1-1 分年龄段对"自由的境界在于人生清静无为,
生活闲情安然"观点的认同比重统计 单位:%

年龄段	非常不同意	不同意	负向评价	不清楚	同意	非常同意	正向评价
18岁以下	5.80	23.30	29.10	23.30	25.60	22.10	47.70

续表

年龄段	非常不同意	不同意	负向评价	不清楚	同意	非常同意	正向评价
18~27岁	3.20	12.70	15.90	24.20	37.40	22.60	60.00
28~37岁	2.90	13.40	16.30	23.30	36.70	23.70	60.40
38~47岁	5.10	15.30	20.40	21.00	38.10	20.50	58.60
48~57岁	3.90	13.80	17.70	17.40	44.70	20.30	65.00
58岁及以上	1.90	8.70	10.60	16.30	49.00	24.00	73.00
合计	3.60	13.70	17.30	22.40	38.10	22.30	60.40

根据表1-1的数据绘制图1-1，图1-1显示，在正向评价中，从18岁以下人群到58岁及以上人群，正向评价百分比呈明显增长趋势。认同度最低的是18岁以下人群，最高的是58岁及以上人群，认同比重分别是47.70%和73.00%，两者数值相差25.30%，差距很大。数据说明，不同年龄段群体对这一观点的认同度存在明显差异，整体呈现年龄越大认同度越高的规律。这表明，高年龄段群体对传统自由观的认同度要高于低年龄段群体。

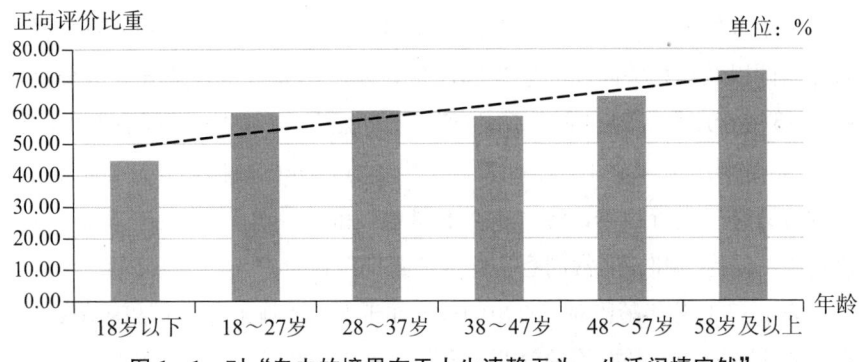

图1-1 对"自由的境界在于人生清静无为，生活闲情安然"观点认同的年龄趋势分布

在负向评价中，从18岁以下人群到58岁及以上人群，整体呈现年龄越大，不认同度越低的趋势，最大值和最小值与正向评价呈现相同规律，分布在年龄分组的两端，18岁以下人群不认同度最高，占29.10%，58岁及以上人群不认同度最低，占10.60%，相差18.50%，差异显著。数据同样

说明，低年龄段群体对这一观点的负向评价度要普遍高于高年龄段群体。这表明，低年龄段群体对传统自由观的认同度要低于高年龄段群体。

另外，"不清楚"可以理解为对此观点理解模糊，甚至确实不了解。调查显示，在各个年龄段群体中，对此观点"不清楚"人数比重在20.00%上下浮动。38岁以下群体选择"不清楚"的比重要高于38岁以上人群，整体呈现年龄越大"不清楚"比重越低的趋势。数据说明，低年龄人群由于自身条件的限制，在对自由境界的认知认同上仍有不足。这也反映了年轻群体对传统文化认知认同缺失的事实，应该得到重视。

进一步分析，由于不同年龄段群体在教育背景、物质基础、生活经验、精神层次等方面存在差异，较之奋斗期的青壮年人群，高年龄段人群更有基础、条件去追求传统自由观所崇尚的清静无为、闲情安然的自由境界。另外，横向来看，不同年龄段群体内部呈现正向评价比重总体高于负向评价比重的趋势，这意味着，民众受中国传统观点影响较深，对传统自由观有较为普遍的理解和追寻，但同时也向传统文化提出时代要求：传统文化在新时代需要推陈出新、取精华去糟粕，以适应现代生活的需要。这也为深入挖掘在快节奏的现代生活方式下的民众的心理状态提供了基本数据和方向。

（二）不同年龄段群体对西方自由观的认同差异

表1-2是分年龄段对"自由的要义，是只要法律没有禁止，老百姓都可以做"观点的认同比重统计。分析显示，卡方检验结果（sig=0.000）表明：不同年龄段群体对"自由的要义，是只要法律没有禁止，老百姓都可以做"观点的认同存在显著差异。该问题的测项目标是探讨人们对自由权利边界的理解。

表1-2 分年龄段对"自由的要义，是只要法律没有禁止，老百姓都可以做"观点的认同比重统计　　单位：%

年龄段	非常不同意	不同意	负向评价	不清楚	同意	非常同意	正向评价
18岁以下	11.60	26.70	38.30	19.80	30.20	11.60	41.80
18～27岁	17.80	24.80	42.60	19.90	24.90	12.70	37.60

续表

年龄段	非常不同意	不同意	负向评价	不清楚	同意	非常同意	正向评价
28～37岁	14.20	21.70	35.90	19.40	28.80	16.00	44.80
38～47岁	16.10	22.10	38.20	21.80	26.50	13.50	40.00
48～57岁	9.80	23.10	32.90	18.10	33.20	15.80	49.00
58岁及以上	5.70	14.20	19.90	17.00	43.40	19.80	63.20
合计	15.10	22.80	37.90	19.90	27.80	14.40	42.20

数据分析显示，58岁及以上年龄段群体的负向评价比重最低，为19.90%，表明该年龄段群体承认法律约束对自由具有积极意义，认为自由权利的边界划分与法律息息相关。自由的实现有赖于法律将社会生产力合理引流，创造切实的社会条件来确保自由的实现。与之呈现鲜明对比的是18～27岁年龄段群体，负向评价比重达到42.60%，正向评价比重为37.60%，不清楚比重为19.90%，负向评价比重大于正向评价比重。进一步分析，对"自由的境界在于人生清静无为，生活闲情安然"观点的数据分析已经提到，高年龄段人群更有物质条件追求闲情逸致的生活，而法律能够保护好他们个人的私有财产不受侵犯，他们不做法律禁止的事情，所得到的利益就理应得到法律的承认和保护。

数据结果显示的积极意义——肯定"他律"的积极意义：横向来看，除去18～27岁年龄段群体的正向评价比重37.60%小于该年龄段的负向评价比重的42.60%，相差5.00%，其余年龄段群体的正向评价比重均大于其负向评价比重。各年龄段合计，非常不同意比重为15.10%，不同意比重为22.80%，负向评价比重为37.90%；非常同意比重为14.40%，同意比重为27.80%，正向评价比重为42.20%。不论是从局部比重还是总体比重来看，人们都更加认同"他律"——法律的约束对人的自由权利具有积极意义。法律作为文明建设的一个不可或缺的工具，在社会发展、文明建设中发挥着重要而不可或缺的作用。它能够帮助人们建立一个恰当的社会制度，将人的创造力合理引流，在满足人们基本的生活条件需要的前提下，为个人提供并维续了一个安全领域，使个人能够在安全领域中发挥自身的创造天性。也就是说，法律具有帮助人们从不断关注较低层次的问题中摆脱出来的积极作用。除此之外，法律所建构的制度性框架，为人们执行有关政治、经济、文化等方面的多重任务提供了适当的环境和相应的手段，从而为实现社会中的"美好生活"做出了间接贡献。

数据结果显示的消极意义——有些事情不违反法律，但是违反道德约束，从自律即道德约束的角度来看，应该不可为。通过对图1-2负向评价比重的分析，从负向评价的年龄趋势中，我们能看到一种下滑的发展趋势，总的趋势表明年龄越大，负向评价占该年龄段的比重越低，年长的人会更加认可法律的框架意义而忽视道德的约束性。进一步分析，社会群体随着年龄的增长，逐渐参与到复杂的社会生产中。个人面对工作、生活中的种种压力以及社会上金钱主义的泛滥，可能会逐渐迷失自我、失去信仰，从而轻视道德，放松对自己的道德约束，认为只要不违反法律就能自由自在地做自己想做的事情。58岁及以上年龄段群体将法律作为自由的权利框架表现最为突出，对该问题的负向评价达到19.90%。

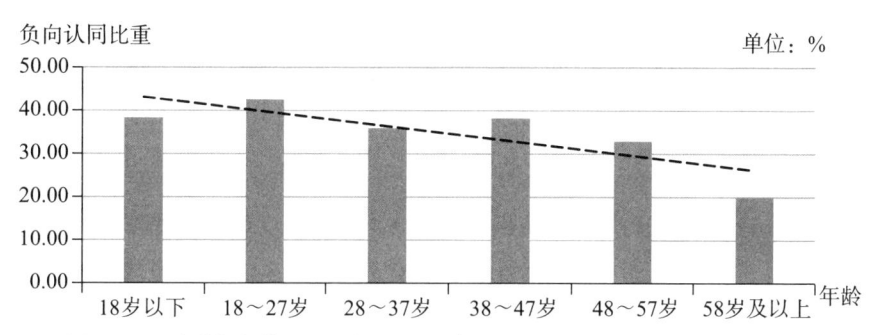

图1-2 对"自由的要义，是只要法律没有禁止，老百姓都可以做"观点认同的年龄趋势分布

（三）不同年龄段群体对马克思主义自由观的认同差异

表1-3是对"个人自由的实现，要有必要的物质条件"观点认同的分年龄段统计。统计数据显示，在正向评价中，不同年龄段群体对"个人自由的实现，要有必要的物质条件"这一观点的认同比重都在70%至80%（其中同意比重在40%至50%，非常同意比重在20%至30%），并且不同年龄段群体的比重相差不大。48~57岁人群正向认同比重最高，为75.80%，18~27岁人群正向认同比重最低，为71.80%，仅相差

4.00%。数据说明，不同年龄段群体对这一观点的认同度普遍偏高，无显著性差异。

表1-3 分年龄段对"个人自由的实现，要有必要的物质条件"观点的认同统计　　　　单位:%

年龄段	非常不同意	不同意	负向评价	不清楚	同意	非常同意	正向评价
18岁以下	3.50	10.60	14.10	10.60	49.40	25.90	75.30
18~27岁	2.20	7.50	9.70	18.50	42.00	29.80	71.80
28~37岁	2.40	6.40	8.80	18.80	42.80	29.50	72.30
38~47岁	3.50	8.10	11.60	14.80	45.30	28.30	73.60
48~57岁	1.00	8.90	9.90	14.30	48.20	27.60	75.80
58岁及以上	1.90	8.50	10.40	16.00	49.10	24.50	73.60
合计	2.50	7.50	10.00	17.20	43.90	29.00	72.90

从负向评价来看，图1-3显示，18岁以下人群的负向评价比重最高，为14.10%，其次是38~47岁人群，为11.60%；18~37岁人群对该观点的负向评价比重偏低。整体来说，负向评价比重的组间分布差异不大，整体呈波动趋势。数据说明，不同年龄段群体对这一观点的认知认同状况并无明显变化。也就是说，年龄这一因素对形成这一观点的认同无显著影响。

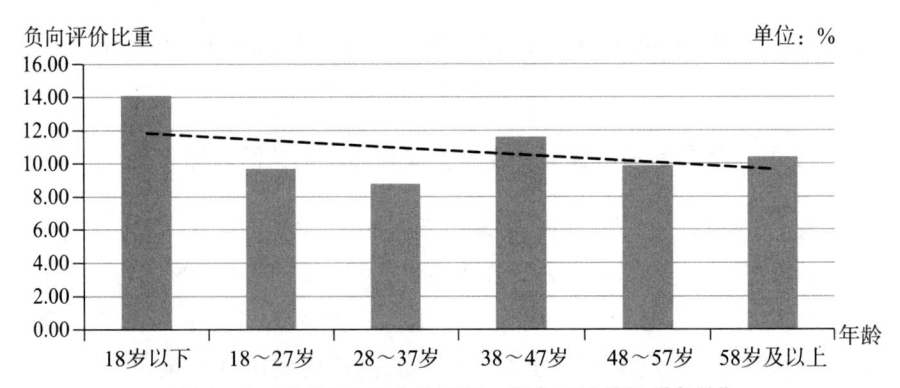

图1-3 对"个人自由的实现，要有必要的物质条件"观点认同的年龄趋势分布

对于这一现象，我们的解读是：与西方资本主义国家只是从权利的角度来理解自由不同，马克思主义不仅考虑自由的权利，而且考虑自由实现的条件。没有运用自由的适当条件，自由的价值就只是形式上的，因此马克思主义强调实现自由必须首先实现经济上的自由，也就是要实现有物质基础的自由。马克思主义结合现实提出的自由观具有可靠的实践基础，这就决定了这一观点能为广大民众所理解、所接受、所认同。是故，不同年龄段群体对"个人自由的实现，要有必要的物质条件"观点的认同度普遍偏高，无显著性差异。这就表明，马克思主义作为我国的主导意识形态，为传播和践行核心价值观打下了坚实的思想基础。这意味着，巩固马克思主义在我国意识形态领域的指导地位，就是为培育和践行核心价值观提供理论基础。

为了分析不同年龄段群体对马克思主义自由观的认同，问卷设置了"每个人都享有自由表达自己意愿和诉求的权利"的题项。表1-4是对"每个人都享有自由表达自己意愿和诉求的权利"观点认同的分年龄段统计。调查显示，不同年龄段群体对这一观点的正向评价比重都在75%以上，负向评价比重都在7.00%以下。不同年龄段群体对这一观点的认同度无明显差异（sig=0.092），认同度最高的是48~57岁，最低的是28~37岁，认同比重分别是85.00%和77.30%。整体来说，不同年龄段群体之间正向评价比重无明显差异。这就是说，年龄在这一观点的认同调查分析上并无多大影响。数据说明，不同年龄段群体对马克思主义自由观的认同度普遍较高。

表1-4 分年龄段对"每个人都享有自由表达自己意愿和诉求的权利"观点的认同比重统计　　单位:%

年龄段	非常不同意	不同意	负向评价	不清楚	同意	非常同意	正向评价
18岁以下	2.30	3.50	5.80	12.80	48.80	32.60	81.40
18~27岁	1.30	4.80	6.10	15.90	42.30	35.70	78.00
28~37岁	1.70	4.60	6.30	16.40	39.60	37.70	77.30
38~47岁	2.00	4.00	6.00	12.70	43.90	37.50	81.40
48~57岁	1.00	2.30	3.30	11.60	46.50	38.50	85.00

续表

年龄段	非常不同意	不同意	负向评价	不清楚	同意	非常同意	正向评价
58岁及以上	0.00	3.80	3.80	17.00	50.00	29.20	79.20
合计	1.50	4.30	5.80	14.90	42.50	36.80	79.30

在负向评价中,如图1-4所示,年龄越大对这一观点的负向评价比重越低,18~47岁人群的不认同度要略高于48岁以上人群。调查显示,随着年龄增长,民众对"每个人都享有自由表达自己意愿和诉求的权利"这一观点的不认同度逐渐降低。总的来说,不同年龄段群体对这一观点的认同比重要高于不认同比重,但是不同年龄段之间呈现出差异。马克思恩格斯在《共产党宣言》中说:"每个人的自由发展是一切人的自由发展的条件"[1]。社会主义社会的自由必须是普遍的自由,即每个人的自由。同时,人作为有思想意识的个体,一般通过言论来表达自己的思维与感情。正如恩格斯所说:"怎么能逃避批评,禁止争论呢?难道我们要求别人给自己以言论自由,仅仅是为了在我们自己队伍中又消灭言论自由吗?"[2] 马克思主义自由观强调每个个体都具有行使言论自由的权利。数据显示,不同年龄段群体对这一观点持普遍认同态度。这意味着核心价值观在民众间的深刻认知认同具有坚实的理论基础。

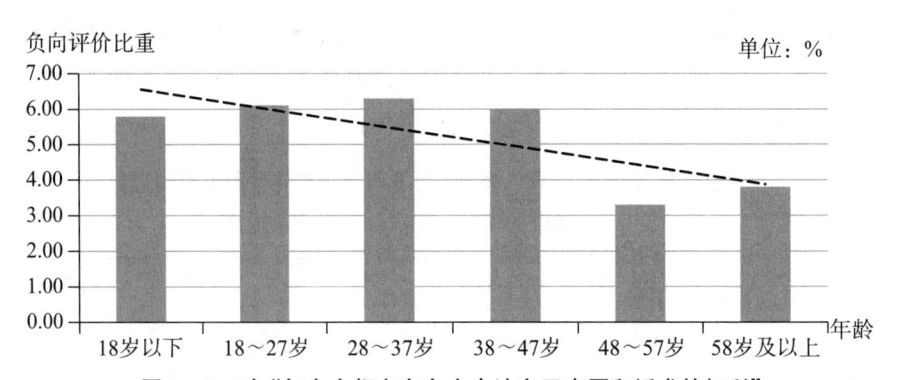

图1-4 对"每个人都享有自由表达自己意愿和诉求的权利"观点认同的年龄趋势分布

[1] 马克思恩格斯选集:第1卷.北京:人民出版社,2012:422.
[2] 马克思恩格斯选集:第4卷.北京:人民出版社,2012:595.

(四) 不同年龄段群体对个性自由功能的认同差异

表1-5是对"个性自由能激发人的创造力,这正是社会进步所需"观点认同的分年龄段统计。该问题的测项目标是探讨人们对个性自由功能的理解。从各年龄段合计来看,同意比重为46.30%,非常同意比重为20.30%,正向评价比重为66.60%;不同意比重为9.30%,非常不同意比重为2.70%,负向评价比重为12.00%。数据表明,人们对个性自由功能普遍持积极的肯定态度。

表1-5 分年龄段对"个性自由能激发人的创造力,这正是社会进步所需"观点的认同比重统计　　　　　　单位:%

年龄段	非常不同意	不同意	负向评价	不清楚	同意	非常同意	正向评价
18岁以下	3.50	15.30	18.80	17.60	38.80	24.70	63.50
18~27岁	2.60	9.20	11.80	20.80	47.00	20.40	67.40
28~37岁	2.10	7.20	9.30	24.20	45.60	20.90	66.50
38~47岁	3.70	11.80	15.50	19.80	44.50	20.20	64.70
48~57岁	2.60	8.80	11.40	20.50	50.60	17.40	68.00
58岁及以上	3.80	9.60	13.40	18.30	50.00	18.30	68.30
合计	2.70	9.30	12.00	21.50	46.30	20.30	66.60

各年龄段群体的正向评价比重均大于60.00%,从人类文明发展的历程来看,个性自由能够有效地让人类的体力和智力相结合,促进人的内在本质得到充分的发展。人类文明不是先天就有的,而是历史进化的产物。在很长的阶段内,人类社会依靠自由探索不断地向前进步和发展。个性自由的人们能够将自己对世界的理解运用到自己的社会实践中。科学家的发明试验、探索家的探索活动、英雄伟人通过革命变革创造新的时代篇章,证明很多历史性活动都是人们充分发挥个性自由,无意间做出来的,是没有先例、敢于尝试得出真知的。

但个性自由并不代表着每个人都能肆无忌惮地滥用自己的自由权利。当代中国处于一个腾飞的时代,它身处在一个当今时代技术和消费大浪潮席卷一切的转折点上。飞速发展的中国面临着许多问题与挑战,有一部分人的价值观发生了深刻变化,消费主义、个人主义、享乐主义、物质主义、拜金主义泛滥，甚至封建迷信又卷土重来。面对复杂的社会难题，仍然有少数人还在鼓吹意识形态指导思想的多元化，在政治领域引进西方的多党制。这样的个性自由，不仅无益于社会的进步，甚至还会影响到马克思主义意识形态的影响力、号召力。

通过对图1-5正向评价比重的分析，18岁以下的为63.50%，18～27岁的为67.40%，28～37岁的为66.50%，38～47岁的为64.70%，48～57岁的为68.00%，58岁及以上的为68.30%。其中58岁及以上群体的正向评价比重最高，这需要引起我们的注意。分析其原因：58岁及以上群体经历了新中国的沧桑巨变，作为社会的中坚力量迎来了改革开放的滚滚潮流，市场经济的出现，鼓励他们敢于走出新的一步，充分释放个性自由。该年龄段群体会对个性自由有更加深刻的理解。总体来说，不同年龄段群体在个性自由功能的理解上没有体现出明显的差异，普遍持积极认同态度。被调查群众普遍认为个性自由能够使人发挥自身的创造天性，使人充分发挥主观能动性和个体创造力，从而提高社会生产力。

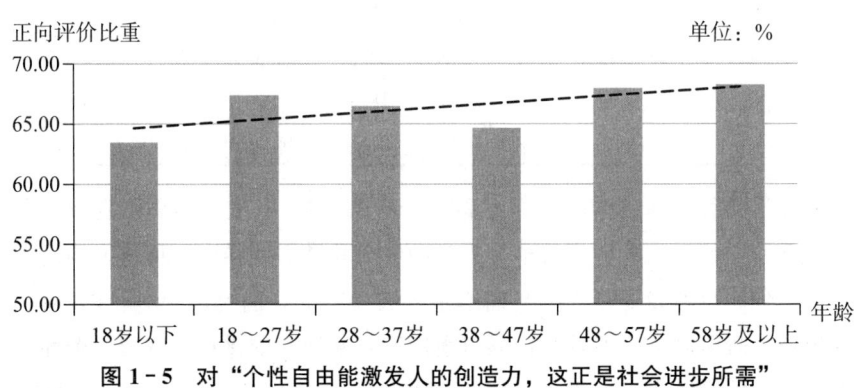

图1-5 对"个性自由能激发人的创造力，这正是社会进步所需"观点认同的年龄趋势分布

三、结论与对策

对调查报告的数据分析直观地显示了核心价值观在培育和践行方面存在的众多问题。本报告以自由观为载体，以小见大，以调查结果为依据，进一步为核心价值观的建设提出以下针对性建议。

我们要认识到：核心价值观还没有成为我们国家的主导价值或者核心

价值，核心价值观要成为我们国家精神文化建设的主旨和基调还任重道远。使核心价值观成为我们国家精神文化建设的主旨和基调，不是一件一蹴而就的事情，核心价值观无法快速取得意识形态的领导权，它要成为国家的主导价值观是一个缓慢的理性化过程。

从关于不同年龄段群体对核心价值观中自由观认知认同差异的数据分析中，我们能够认识到，从教育背景、物质基础、生活经验、精神层次等方面去理解不同年龄段群体对自由观的不同解读是有必要的。不同年龄段群体对于自由概念解读的出发点不同，反映出不同年龄段群体对自由追求的侧重点的不同。辩证地看待不同年龄段群体对传统自由观、西方自由主义自由观、马克思主义自由观和自由观念、自由权利边界、个性自由的意义等多个问题背后的深层原因，并且结合时代的需求以及社会的难题，才能不断丰富和发展核心价值观的内涵，将其作为社会主义建设的思想武器。

（一）对传统文化价值进行深度挖掘

在对"自由的境界在于人生清静无为，生活闲情安然"观点认同的分析中，我们发现38岁以下群体"不清楚"比重要高于38岁以上人群，整体呈现年龄越大"不清楚"比重越低的趋势。年轻群体对传统文化认知认同缺失的事实，应该得到重视。年轻群体对传统文化认知认同的缺失，很大程度上是因为传统文化近些年来逐渐丧失了其丰富的内涵与形式，受现代社会快节奏的生活、工作方式和西方思想文化的影响，年轻群体对传统文化的认同度越来越低。我们应当积极地引导年轻群体肯定我们的传统文化，让年轻群体看到传统文化中优秀的一面。这可以通过对传统文化价值的挖掘来实现，形成具有地域特色、节日特色的多元文化形式。古老的东方文明古国需要从传统走向现代，对于优秀传统文化的继承和发扬必不可少。核心价值观既有对传统文化精神的传承，也应该包含对传统文化的创新。

（二）重视道德约束的重要性

在对"自由的要义，是只要法律没有禁止，老百姓都可以做"观点认同的分析中，正向评价比重总体高于负向评价比重。这表明人们更加喜欢将"他律"作为自由的权利边界，习惯性地按照法律所规定的框架进行社会生活，认为自由只受到法律的强力约束从而轻视道德的作用。事实上，法律的主要作用在于调整及调和种种相互冲突的利益，无论是个人的利益还是社会的利益，人们的个性自由观不仅要得到法律的承认，也要为社会道德所认可。除了法律强制力的约束，人们的道德观念和道德实践还需要一种内在的道德律令的约束，否则很容易导致道德修养的缺失。

其中58岁及以上年龄段群体将法律作为自由的权利边界的正向评价比重达到了63.20%，这应该被我们高度关注。我们应当努力让该类人群重新认识道德约束的重要性。根据马斯洛的需求层次理论，人的需求由低层次向高层次上升，相应地会有新的行为产生，老年教育需求属于养老需求中的高层次需求——精神慰藉，其一般会表现为求知、求康、求乐、求友、求为等方面。[①] 为高年龄段人群提供更多更好的学习、活动平台，让他们积极充实自己，焕发新活力，是社会需要承担的责任。因此，社会应当积极开办老年大学。考虑到该年龄段群体对传统文化的认同感更加强烈，我们应当立足于继承中华优秀传统文化，在老年大学的活动内容上加入"诚者，天之道也；思诚者，人之道也"（《孟子·离娄上》），"君子深造之以道，欲其自得之也"（《孟子·离娄下》）等多种修身之道，鼓励人们积极践行道德实践、遵循诚信仁义之道。

（三）促进公民价值观的统一

在对"个性自由能激发人的创造力，这正是社会进步所需"观点认同的分析中，我们一方面能够看到个性自由的积极意义，另一方面也意识到促进公民价值观统一的重要性。

从社会层面讲，我们应当进行积极的价值观的引领，形成培育和践行核心价值观的制度载体，使核心价值观在制度运行中得到彰显。鼓励人们追求个人能力和社会价值的肯定性自由，并监督社会形成良好的行为反馈

---

① A. H. Maslow. A Theory of Human Motivation. Psychological Review, 1943, 50 (4): 370 – 396.

与鼓励机制。总之，我们要紧紧围绕以爱国主义为核心的民族精神和以改革创新为核心的时代精神，推动中华优秀传统文化的创造性转化、创新性发展，不断加强核心价值观的宣传普及，不断增强人们的精神力量，将核心价值观内化在人们的心中。

从国家层面讲，上层建筑要始终坚持用核心价值观指导社会主义制度建设和制度改革，真正让法律落到实处，更好地让人民群众理解核心价值观的24字的现实意义，保障全体人民的自由。国家制度要为核心价值观的培育和实践提供思路和参考，努力推动学习贯彻习近平新时代中国特色社会主义思想。另外，我们还要立足于继承中华优秀传统文化，立足于提高国家文化软实力，为构建和传播核心价值观不断贡献智慧。

报告二

不同性别群体社会主义核心价值观的认同差异研究

一、研究背景与假设

习近平总书记强调:"我们要在全社会大力弘扬和践行社会主义核心价值观,使之像空气一样无处不在、无时不有,成为全体人民的共同价值追求,成为我们生而为中国人的独特精神支柱,成为百姓日用而不觉的行为准则。要号召全社会行动起来,通过教育引导、舆论宣传、文化熏陶、实践养成、制度保障等,使社会主义核心价值观内化为人们的精神追求、外化为人们的自觉行动。"[①] 对于国家而言,有必要大力弘扬与践行社会主义核心价值观,使其成为全体人民的价值追求。党的十九大报告指出,"人民有信仰,国家有力量,民族有希望"[②],这一理念形象地说明了加强思想道德建设的重要性,因而社会主义核心价值观只有成为人们由衷认同的价值理念,才能更好地转化为凝心聚力的现实力量,从根本上引导人们

---

① 习近平. 在文艺工作座谈会上的讲话(2014年10月15日). 北京:人民出版社,2015:23.
② 习近平. 决胜全面建成小康社会 夺取新时代中国特色社会主义伟大胜利:在中国共产党第十九次全国代表大会上的报告(2017年10月18日). 北京:人民出版社,2017:42.

的道德活动。

进入当代社会，社会个体的价值选择具有多样性，这种多样性的价值选择格局对社会和谐与稳定带来了新的挑战。"在我国开放的社会条件下，多种价值观流行的局面将长期存在。针对这种情况，努力让核心价值观得到社会公众广泛认同，是改变价值观多元对峙甚至冲突的状况，使各种流行的价值观接受核心价值观引领的必由之路。同时，日益走近世界舞台中央的中国，也应彰显'中国价值'，为其他国家价值观构建以及人类命运共同体建设贡献'中国智慧'和'中国经验'。"[①] 由此可见，虽然人们相互之间存在着各种价值冲突与矛盾，但是这并不意味着社会个体间的价值观相互抵触、没有共通之处。那么，培育和践行"社会主义核心价值观"是当代社会的重要问题，因为核心价值观是指引我们方向的航标灯，也是社会个体之间获得共通的重要价值观，应使它在社会个体之间获得普遍认同，从而引导我们重建精神家园，做出正确的价值判断与价值选择。

性别文化是人类文化的基本组成部分，特别是，社会主义文化的发展离不开先进性别文化的建设与弘扬。先进性别文化是一种能够促进两性平等、和谐、可持续发展，为改革开放和现代化建设提供精神动力的文化，也是构建社会主义和谐、稳定的基本要素。具体而言，一个国家的公正与稳定，需要建设与弘扬先进性别文化，从而保证两性的平等，推动社会的发展。核心价值观是先进性别文化建设的重要理论保证，在某种意义上，核心价值观不仅保证了男女平等，而且推动了不同性别群体社会价值的实现，满足了男性与女性对美好生活的追求。另外，性别是权力关系的一种表现方式，男性与女性由于社会环境、社会分工和扮演的社会角色等方面的差异，他们在思维方式、行为方式以及人生观、价值观取向等方面往往表现出差异。从某种程度上看，由于不同性别群体在思维方式、心理及生理特征方面的显著差异，他们对核心价值观有着不同的需求与理解。核心价值观的认同是个长期的、动态的历史变化过程，对核心价值观的认同情况进行分析是检验社会成员与共同体之间互信互赖的重要途径。因此，以"性别差异"为中心来分析两性群体对核心价值观的认同情况，有助于社

---

① 江畅. 核心价值观的合理性与道义性社会认同. 中国社会科学, 2018 (4): 10.

会共同体准确把握男性与女性在核心价值观认同方面的基本差异。

为了解近几年来社会大众对核心价值观的认同及践行情况，课题组与湖北大学高等人文研究院、中华文化发展湖北省协同创新中心在2016年8—12月组织了题为"弘扬社会主义核心价值观与继承传统文化问卷调查"的大型社会调研，本报告主要以此次调研为依据，同时参考了湖北大学高等人文研究院、中华文化发展湖北省协同创新中心"中国文化发展状况调查（2017）"数据库资料。2016年社会调查中共发放调查问卷4 500份，回收问卷4 315份，问卷回收率为95.89%；剔除116份无效问卷后，有效问卷为4 199份，有效问卷回收率为97.31%。调查问卷的发放涵盖了全国18个省、自治区、直辖市，38个市、区、县，以及2个师资培训中心。在有效样本中，男性人数为2 098人，有效百分比为49.96%；女性人数为2 101人，有效百分比为50.04%。男女性别比基本平衡。2017年社会调查中共发放调查问卷4 500份，回收问卷4 395份，问卷回收率为97.67%；剔除191份无效问卷后，有效问卷为4 204份，有效问卷回收率为95.65%。此次调查问卷的样本涉及全国18个省、自治区、直辖市，33个市、区、县，以及2个师资培训中心。在有效样本中，男性人数为2 004人，有效百分比为47.67%；女性人数为2 200人，有效百分比为52.33%。男女性别比基本平衡。在这两次大型社会调研中，共发放调查问卷近10 000份，调查对象包括工业、建筑业、服务行业从业人员，从事农业生产的人员，党政机关公务员，大、中学教师、学生，各类事业单位从业人员，普通城镇居民，各种自由职业从业人员，等等。调查采取问卷调查、个别访谈以及实地考察等形式。我们将从2016年、2017年的调查问卷中抽取出具有代表性的题项进行测度，了解不同性别之间具体存在哪些差异。

为了使调查结果更加真实准确，在2016年的调查问卷中，我们分别为党的十八大所倡导的"富强、民主、文明、和谐，自由、平等、公正、法治，爱国、敬业、诚信、友善"这24个字设置了若干题项。在2017年的调查问卷中，题项的设置主要以考察大众对培育和践行核心价值观的认同情况为目的。运用两种不同的设置方式，以便于我们更好地分析社会成员对核心价值观的认同状况，并了解人们在日常生活中培育和践行核心价值观的情况。本报告就是基于对这两次问卷调查数据的整理，以性别为主要变量，从职业、学历、月收入这几个方面进行分析，采取交叉分析的方法。试图厘清不同性别群体对"社会主义核心价值观"的认同情况与认同差异，以期能为核心价值观的培育和践行提供一些对策与建议。

二、结果与分析

（一）不同性别群体对核心价值观的总体认同状况

在2016年的调查问卷中，我们分别从国家、社会、个人这三个层面选取出具有代表性的题项进行分析，考察不同性别群体对核心价值观的整体认同状况。

从核心价值观的国家层面来看，"富强、民主、文明、和谐"是我国社会主义现代化国家的建设目标，也是从价值目标层面对核心价值观基本理念的凝练，是核心价值观的最高层面，对其他层面的价值理念具有统领作用。

关于"富强"这个价值理念，我们抽取了D1"民富才能国强，所以应该'藏富于民'"这一题项来进行测度。D1题项的卡方检验结果（sig＝0.002）表明：不同性别群体对这一题项评价的人数分布存在显著差异。在男性被调查者中，选择非常不同意的比重为3.90%，不同意的比重为9.70%，把这两项加在一起，负向评价比重为13.60%；而选择同意的比重为37.50%，非常同意的比重为24.90%，把这两项加在一起，正向评价比重为62.40%。在女性被调查者中，选择非常不同意的比重为2.70%，不同意的比重为11.90%，把这两项加在一起，负向评价比重为14.60%；而选择同意的比重为38.70%，非常同意的比重为21.20%，把这两项加在一起，正向评价比重为59.90%（见图2-1）。男性的正向评价比重高于女性，反之，女性的负向评价比重高于男性。可见，在物质财富的归属上，男性比女性更希望"藏富于民"。不同性别群体的社会角色差异可能是其主要原因。在原始社会，男性从事狩猎和战斗，女性进行采集和养育子女；在农业社会，生活模式变成了男耕女织，特别是在封建社会时期，这种社会角色的差异更加明显；在现代社会，男性在生活中所承担的社会责任更多，在经济方面的压力更大，所以男性更希望自己或者家庭富有，这样国家才能富强。

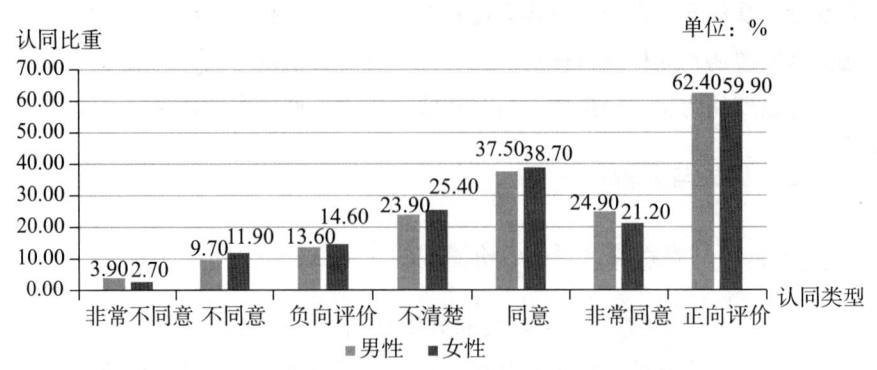

图2-1 不同性别群体对"民富才能国强,所以应该'藏富于民'"观点的认同比重分布

认同类型	男性	女性
非常不同意	3.90	2.70
不同意	9.70	11.90
负向评价	13.60	14.60
不清楚	23.90	25.40
同意	37.50	38.70
非常同意	24.90	21.20
正向评价	62.40	59.90

资料来源:本课题组、湖北大学高等人文研究院、中华文化发展湖北省协同创新中心"弘扬社会主义核心价值观与继承传统文化问卷调查(2016)"数据库。[①]

关于"民主"这个核心价值理念,我们抽取了D7"做决策应该在集体讨论的基础上,由领导最终来做决定"这一题项来进行测度。D7题项的卡方检验结果(sig=0.002)表明:不同性别群体对这一题项评价的人数分布存在显著差异。在男性被调查者中,选择同意的比重为33.60%,非常同意的比重为16.50%,把这两项加在一起,正向评价比重为50.10%;在女性被调查者中,选择同意的比重为35.50%,非常同意的比重为12.40%,把这两项加在一起,正向评价比重为47.90%(见表2-1)。结果显示,男性对这一题项的认同度显著高于女性。从某种程度上看,随着社会的不断进步,民主对于处理国家事务起到了重要作用,也推动着民众积极参与社会政治生活。依据对题项内容的分析,"做决策应该在集体讨论的基础上",体现出决策中充分发挥人民当家做主作用的必要性,然而题项后半部分"由领导最终来做决定"似乎背离了民主的理念。我们发现,虽然男女平等观念已经得到普遍认同,但事实上的不平等一直存在,仍然贯穿于人们的社会生活中。尽管如此,随着社会的不断进步,每个人都有追求美好生活的诉求,女性已然具备了开阔的视野,政治参与度也越来越高。因此,与男性相比,女性更多地选择负向评价,说明女性

[①] 下文中的数据均源于此数据库,不再标注。

要求"程序民主"的意愿更加强烈。

表2-1 分性别对"做决策应该在集体讨论的基础上，
由领导最终来做决定"观点的认同比重统计　　　　单位:%

性别	非常不同意	不同意	负向评价	不清楚	同意	非常同意	正向评价
男性	7.70	17.30	25.00	24.90	33.60	16.50	50.10
女性	7.80	19.60	27.40	24.70	35.50	12.40	47.90

关于"文明"这个价值理念，我们抽取了D9"'仓廪实，知礼仪'，社会文不文明，关键看经济水平"这一题项来进行测度。D9题项的卡方检验结果（sig=0.000）表明：不同性别群体对这一题项评价的人数分布存在显著差异。在男性被调查者中，把选择"非常不同意""不同意"这两项加在一起，负向评价比重为26.20%；而在女性被调查者中，负向评价比重为31.50%（见表2-2）。从调查结果来看，女性表示不同意的比重显著高于男性。这说明，男性比女性更主张社会的"文明程度"与"经济水平"是息息相关的。古往今来，尤其在大多数亚洲国家，在"男主外，女主内"的模式下，男性被视为整个国家、社会与家庭的中流砥柱，扮演着重要的社会角色，承担着重要的经济责任。因而，对于男性而言，他们更重视提高国家的经济实力；反之，女性作为社会、家庭的沟通者，更重视环境文明与精神文明。（关于"和谐"，本书后面有专门的论述，这里就不展开分析。）

表2-2 分性别对"'仓廪实，知礼仪'，社会文不文明，
关键看经济水平"观点的认同比重统计　　　　单位:%

性别	非常不同意	不同意	负向评价	不清楚	同意	非常同意	正向评价
男性	7.20	19.00	26.20	25.10	32.50	16.20	48.70
女性	7.10	24.40	31.50	25.30	30.90	12.30	43.20

从核心价值观的社会层面来看，"自由、平等、公正、法治"是对美好社会的生动表述，也是从社会层面对核心价值观基本理念的凝练。它反映了中国特色社会主义的基本属性，是我们党矢志不渝、长期实践的核心价值理念。

关于"自由"这个价值理念，我们在2016年调查中设置了D22"自

由的要义，是只要法律没有禁止，老百姓都可以做"这一题项。D22题项的卡方检验结果（sig＝0.000）表明：不同性别群体对这一题项评价的人数分布存在显著差异。在男性被调查者中，把选择"非常不同意""不同意"这两项加在一起，则负向评价比重为35.00%；把选择"非常同意""同意"这两项加起来，则正向评价比重为44.70%。在女性被调查者中，把选择"非常不同意""不同意"这两项加在一起，则负向评价比重为40.70%；把选择"非常同意""同意"这两项加起来，则正向评价比重为39.60%（见表2-3）。从调查结果来看，男性对于这一题项的认同度显著高于女性。这说明，相较而言，女性更注重内在道德的约束，不同意无节制的自由；男性更渴望自由，更向往无约束的自由。从某种程度上看，虽然国家非常强调"依法治国"，但是同时也强调"以德治国"，人们应该受内在的道德约束。

表2-3 分性别对"自由的要义，是只要法律没有禁止，老百姓都可以做"观点的认同比重统计 单位：%

性别	非常不同意	不同意	负向评价	不清楚	同意	非常同意	正向评价
男性	15.30	19.70	35.00	20.20	28.80	15.90	44.70
女性	14.80	25.90	40.70	19.70	26.80	12.80	39.60

关于"平等"这个价值理念，我们抽取了D25"在家庭关系中，丈夫是一家之主，妻子应该顺从丈夫"这一题项来进行测度。D25题项的卡方检验结果（sig＝0.000）表明：不同性别群体对这一题项评价的人数分布存在显著差异。在男性被调查者中，选择"非常不同意"的占22.10%，选择"不同意"的占28.50%，把这两项加在一起，负向评价比重为50.60%；选择"非常同意"的占10.30%，选择"同意"的占20.40%，把这两项加起来，正向评价比重为30.70%。在女性被调查者中，选择"非常不同意"的占31.50%，选择"不同意"的占31.60%，把这两项加在一起，负向评价比重为63.10%；选择"非常同意"的占7.00%，选择"同意"的占15.80%，把这两项加起来，正向评价比重为22.80%（见表2-4）。从结果来看，男性选择"不同意"的比重低于女性。可见，核心价值观平等理念引领着男女平等价值观的发展，尤其是女性的平等观念越

来越强，有利于男女平等真正落到实处。特别是对于当代社会而言，随着思想观念的逐渐转变，社会对女性与男性有了同等的期待，女性与男性有着同等的受教育机会、同样的政治权利等。对于女性而言，她们的思维模式在不断发生变化，想要追求全方位的平等，并试图实现自我价值。与此同时，男性也在逐渐提高对女性的尊重，以及维护女性的尊严与平等。

表2-4　分性别对"在家庭关系中，丈夫是一家之主，妻子应该顺从丈夫"观点的认同比重统计

单位：%

性别	非常不同意	不同意	负向评价	不清楚	同意	非常同意	正向评价
男性	22.10	28.50	50.60	18.70	20.40	10.30	30.70
女性	31.50	31.60	63.10	14.40	15.80	7.00	22.80

关于"公正"这个价值理念，我们在2016年的问卷中设置了D30"宁可日子穷一点，也要尽可能平均分配社会资源"这一题项。D30题项的卡方检验结果（sig＝0.006）表明：不同性别群体对这一题项评价的人数分布存在显著差异。在男性被调查者中，把选择"非常同意""同意"这两项加起来，则正向评价比重为47.30%；在女性被调查者中，把选择"非常同意""同意"这两项加起来，则正向评价比重为44.70%（见表2-5）。可见，男性正向评价的比重高于女性。这表明，男性对于社会资源的平均分配表现得更为迫切。从两性在利用和获取社会资源的方式、数量以及结构上的差异来看，对于男性而言，他们的性别角色以关注公平公正为导向，对精神文化生活、知识技能、教育水平、住房保障、劳动权益保护等方面提出了更多的诉求。然而，受传统观念的影响，女性无论是在经济地位、受教育机会还是在政治参与渠道等方面均存在明显的弱势，她们在诉求获得公平的社会资源时面临着很多障碍和限制。因此，女性要求"社会资源平均分配"的诉求明显低于男性。

表2-5　分性别对"宁可日子穷一点，也要尽可能平均分配社会资源"观点的认同比重统计

单位：%

性别	非常不同意	不同意	负向评价	不清楚	同意	非常同意	正向评价
男性	9.20	18.20	27.40	25.30	32.50	14.80	47.30
女性	7.60	22.20	29.80	25.40	31.90	12.80	44.70

关于"法治"这个价值理念,我们抽取了 D32"法治不是治民工具,法治的重点在于依法治官"这一题项来进行测度。D32 题项的卡方检验结果(sig＝0.014)表明:不同性别群体对这一题项评价的人数分布存在显著差异。在男性被调查者中,把选择"非常同意""同意"这两项加起来,则正向评价比重为 52.80%;在女性被调查者中,把选择"非常同意""同意"这两项加起来,则正向评价比重为 48.30%(见表 2-6)。从调查结果来看,男性对这一题项的认同度显著高于女性。由此可见,男性不仅关注社会的公正问题,而且极为重视国家的法治建设。从题项来看,男性在思考法治问题时,把"依法治官"视为整个社会获得长治久安的重点,更强调将"观念的法治"变成"实践的法治",把"法治理想"变成"法治现实"。不仅如此,男性对"法治"的关注度与要求均高于女性,他们可以被称为法治实践派,且从不着眼于口头说教或纸上谈兵,而是着眼于国家亟待解决的法治现实,希望能直接参与法治实践,成为推进国家法治发展的践行者。

表 2-6　分性别对"法治不是治民工具,法治的重点在于依法治官"观点的认同比重统计　　　　单位:%

性别	非常不同意	不同意	负向评价	不清楚	同意	非常同意	正向评价
男性	4.30	18.40	22.70	24.40	33.30	19.50	52.80
女性	4.40	20.00	24.40	27.30	32.40	15.90	48.30

从核心价值观的个人层面来看,"爱国、敬业、诚信、友善"是公民基本道德规范,是从个人行为层面对核心价值观基本理念的凝练。它覆盖社会道德生活的各个领域,是公民必须恪守的基本道德准则,也是评价公民道德行为选择的基本价值标准。

关于"爱国"这个价值理念,2016 年的问卷调查中设置了 D38"我是中国人,我感到自豪"这一题项。D38 题项的卡方检验结果(sig＝0.039)表明:不同性别群体对这一题项评价的人数分布存在显著差异。在男性被调查者中,选择"非常同意"的占 46.80%,选择"同意"的占 32.20%;在女性被调查者中,选择"非常同意"的占 48.90%,选择

"同意"的占33.10%。

对于"敬业"这个价值理念,我们在2016年的问卷中设置了D40"干一行,爱一行,每一个人要珍惜眼前的工作"这一题项。D40题项的卡方检验结果(sig=0.036)表明:不同性别群体对这一题项评价的人数分布存在显著差异。在男性被调查者中,选择"非常同意"的占37.00%,选择"同意"的占42.00%;在女性被调查者中,选择"非常同意"的占40.00%,选择"同意"的占41.50%。

对于"诚信"这个价值理念,我们抽取了这一题项,即D43"社会诚信,关键在于个人的道德约束"。D43题项的卡方检验结果(sig=0.008)表明:不同性别群体对这一题项评价的人数分布存在显著差异。在男性被调查者中,选择"非常同意"的占30.90%,选择"同意"的占41.40%;在女性被调查者中,选择"非常同意"的占32.60%,选择"同意"的占44.20%。

对于"友善"这个价值理念,我们抽取了这一题项,即D45"友善是指心从善念,与人为善、给人机会"。D45题项的卡方检验结果(sig=0.008)表明:不同性别群体对这一题项评价的人数分布存在显著差异。在男性被调查者中,选择"非常同意"的占32.20%,选择"同意"的占47.30%;在女性被调查者中,选择"非常同意"的占35.30%,选择"同意"的占47.80%。

从调查结果来看,女性对个人层面抽取的四个题项的认同度均高于男性(见表2-7)。

这表明,由于社会性别的角色与分工,通常男性和女性在社会或家庭中承担不同的任务,这使得他们的价值理念产生了差异。对于女性而言,她们在社会化过程中被塑造成富有情感的、善良的、柔弱的、相互依赖的、富有同情心的、合作的、乐于帮助家庭的照料者。换言之,女性更重视情感上的体验、精神上的价值以及人际关爱,她们会以道德的方式建立起下一代对社会的责任和关怀。故而,通过对核心价值观进行总体分析,可以发现不同性别群体对核心价值观三个层面的认同状况存在显著差异:男性对核心价值观国家与社会层面的认同度高于女性,而女性对核心价值观个人层面的认同度高于男性。

表 2-7 不同性别群体核心价值观个人层面认同状况的对比分析 单位：%

题项	我是中国人，我感到自豪		干一行，爱一行，每一个人要珍惜眼前的工作		社会诚信，关键在于个人的道德约束		友善是指心从善念，与人为善、给人机会	
性别	男性	女性	男性	女性	男性	女性	男性	女性
同意	32.20	33.10	42.00	41.50	41.40	44.20	47.30	47.80
非常同意	46.80	48.90	37.00	40.00	30.90	32.60	32.20	35.30
正向评价	79.00	82.00	79.00	81.50	72.30	76.80	79.50	83.10

（二）分性别不同职业、学历、月收入群体对三个层面核心价值观的认同比较

为了深入了解分性别在不同职业、学历、月收入群体之间对核心价值观认知认同的差异，本小节以 2016 年、2017 年的调查数据为例，分别从核心价值观的国家、社会、个人三个层面抽取出具有代表性的题项，以性别为主要变量，与其他三个人口学变量进行交叉分析。

1. 分性别不同职业群体对核心价值观三个层面的认同状况

首先，以 2016 年调研报告中所涉及的不同职业为例。[1]

从核心价值观的国家层面来看，关于"富强"这个价值理念，在 2016 年的问卷中有 D1 "民富才能国强，所以应该'藏富于民'"这一题项。D1 题项的卡方检验结果（sig=0.002）表明：不同职业群体的男性与女性对这一题项评价的人数分布存在显著差异。通过统计"非常同意""同意"的比重，并把这两项归类为正向评价，可知在大部分职业群体中，男性选择"同意"的比重要高于女性。只有在工人、专业技术人员这两类职业群体中，女性选择"同意"的比重要高于男性（见图 2-2）。这表明，在社会角色的制约下，大部分职业群体中的女性相比于男性，对"藏富于民"的渴望并不高。从某种程度上看，这是在社会文化的制约下形成的，而并非由生理因素决定的，特别是社会对性别角色的期望、评价以及偏见等，使得女性始终离

---

[1] 2016 年调研报告中抽取的职业样本为：工人、农民、专业技术人员、党政机关工作人员、教师、学生、服务行业从业人员、企业管理人员、国家机关党群组织企事业单位负责人、自由职业者。

不开对家庭、父母、子女、人际关系等问题的关注，而对国家富强、民族振兴的关注相对较少。反之，对于不同职业的男性群体而言，他们面对的生活压力较大，例如车贷、房贷、家庭开销等经济压力，以及父母养老等问题，因此他们更关注现实层面的事务，如政治、经济、工作、社会发展等。

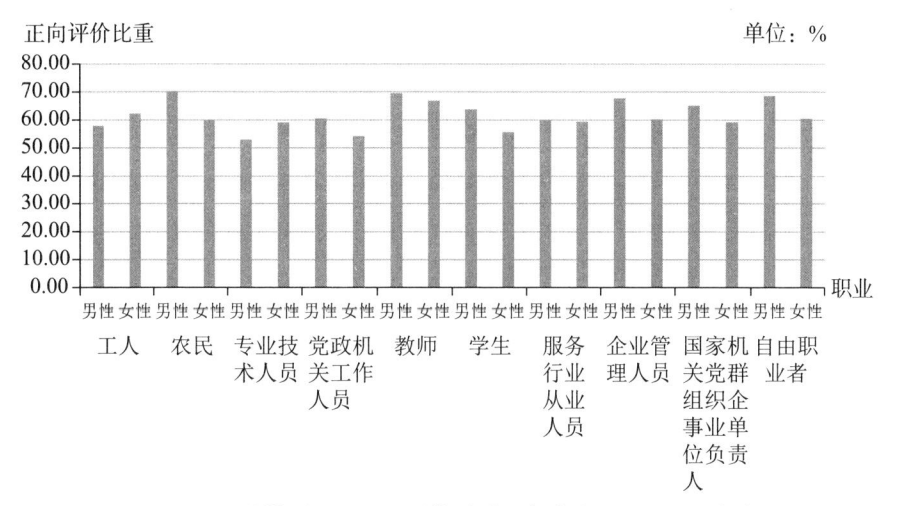

图 2-2 分性别不同职业群体对"民富才能国强，所以应该'藏富于民'"观点的认同比重分布

从核心价值观的社会层面来看，关于"平等"这个价值理念，2016年的问卷中设置了 D25"在家庭关系中，丈夫是一家之主，妻子应该顺从丈夫"这一题项。数据显示，去掉"不清楚"项，把"非常不同意""不同意"合并为负向评价，在不同职业中，女性的负向评价比重显著高于男性（见表 2-8）。由此可见，女性对这一题项的认同度并不高。通常我们认为，女性在很多方面尤其是在政治上的智力处于劣势，她们常常接受男人家长式的统治。然而，在当代社会，政治讨论一般是经常性和相互性的，并非由男性来主导。另外，随着女性受教育程度的提高，她们有了更为全面的方式了解政治信息，对社会现实问题的观察力敏锐，有自己认识社会的方式，有较强的政治参与愿望，并试图摆脱男人家长式的统治，以独立与平等的姿态呈现在社会面前。

表 2-8 分性别不同职业群体对"在家庭关系中，丈夫是一家之主，妻子应该顺从丈夫"观点的认同对比分析　　　单位：%

职业	性别	非常不同意	不同意	负向评价
工人	男性	18.20	26.40	44.60
	女性	32.70	30.20	62.90
农民	男性	21.00	17.40	38.40
	女性	19.40	21.30	40.70
专业技术人员	男性	20.50	34.30	54.80
	女性	32.50	34.90	67.40
党政机关工作人员	男性	25.60	31.60	57.20
	女性	31.60	35.40	67.00
教师	男性	23.60	29.30	52.90
	女性	36.00	30.80	66.80
学生	男性	27.00	22.50	49.50
	女性	36.80	31.50	68.30
服务行业从业人员	男性	15.90	30.50	46.40
	女性	23.90	33.50	57.40
企业管理人员	男性	22.70	28.90	51.60
	女性	31.90	31.10	63.00
国家机关党群组织企事业单位负责人	男性	25.00	33.70	58.70
	女性	32.70	38.80	71.50
自由职业者	男性	18.00	25.40	43.40
	女性	32.60	27.10	59.70

从核心价值观的个人层面来看，关于"敬业"与"友善"的价值理念，2016 年的问卷中设置了 D40"干一行，爱一行，每一个人要珍惜眼前的工作"以及 D45"友善是指心从善念，与人为善、给人机会"这两个题项。通过统计"非常同意""同意"，并把这两项归类为正向评价，对于这两个题项，在大部分职业群体中，女性的认同度高于男性。D40 题项的卡方检验结果（sig＝0.037）表明：不同职业的男性群体与女性群体对这

一题项评价的人数分布存在显著差异。在工人、农民、专业技术人员、党政机关工作人员、教师、学生、服务行业从业人员、国家机关党群组织企事业单位负责人这几类职业群体中,女性表示"同意"的比重均高于男性;而只有在企业管理人员和自由职业者这两类职业群体中,男性表示"同意"的比重略高于女性。D45题项的卡方检验结果(sig=0.007)表明:不同职业的男性群体与女性群体对这一题项评价的人数分布存在显著差异。在工人、农民、专业技术人员、学生、服务行业从业人员、国家机关党群组织企事业单位负责人、自由职业者这几类职业群体中,女性表示"同意"的比重均高于男性;在党政机关工作人员、教师这两类职业群体中,男性表示"同意"的比重略高于女性(见表2-9)。这表明,男性与女性在心理层面对"敬业""友善"这两个价值理念持有不同的认知和态度。 方面,从不同职业的男性来看,他们对这两个价值理念的认知是极为抽象的、概括性的;另一方面,从不同职业的女性来看,她们所具有的认知是形象的、亲和的与关怀的。针对"友善"这个价值理念而言,在党政机关工作人员和教师这两类职业群体中,男性表示"同意"的比重高于女性,说明他们对"心从善念""与人为善""给人机会"这些具有情感与关怀性的价值理念极为认同。只是在通常情况下,女性在社会化过程中被塑造成富有情感的、善良的、柔弱的、相互依赖的、富有同情心的、乐于帮助家庭的照料者。因此,女性的社会化过程和社会经验使她们更看重满足他人的需要,更具"利他"的价值立场。事实上,对于男性而言,他们同样具备这样的价值立场,只是与女性相比较弱,也未能充分发挥。

表2-9 分性别不同性别群体对核心价值观个人层面认同状况的对比分析

单位:%

题项	干一行,爱一行,每一个人要珍惜眼前的工作		友善是指心从善念,与人为善、给人机会	
职业	男性	女性	男性	女性
工人	75.20	81.60	73.40	79.00
农民	79.10	83.50	77.40	78.90
专业技术人员	73.40	76.80	75.90	79.50

续表

题项 职业	干一行，爱一行， 每一个人要珍惜眼前的工作		友善是指心从善念， 与人为善、给人机会	
	男性	女性	男性	女性
党政机关工作人员	85.30	86.50	86.90	82.60
教师	83.20	83.40	85.20	84.70
学生	75.40	76.50	77.60	80.70
服务行业从业人员	79.00	84.20	79.00	85.20
企业管理人员	78.30	76.10	81.40	85.20
国家机关党群组织企事业单位负责人	81.10	83.70	73.90	91.80
自由职业者	83.60	82.60	80.30	87.40

2. 分性别不同学历群体对核心价值观三个层面的认同状况

为了更进一步弄清楚男性与女性在学历的影响下对核心价值观的认同差异，我们以2016年的调查报告为例，抽取出具有代表性的题项进行测度。从核心价值观的国家、社会、个人层面来看，关于"文明"、"自由"及"诚信"这三个价值理念，分别抽取出D9"'仓廪实，知礼仪'，社会文不文明，关键看经济水平"、D22"自由的要义，是只要法律没有禁止，老百姓都可以做"和D43"社会诚信，关键在于个人的道德约束"三个题项进行测度。数据显示，从核心价值观的国家与社会层面来看，不同学历的男性群体表示"同意"的比重略高于女性；从核心价值观的个人层面来看，不同学历的女性群体表示"同意"的比重略高于男性（见表2-10）。这表明，由于社会性别角色、社会分工、教育水平等方面的差异，两性在社会或家庭中承担不同的责任，从而导致他们的需求也存在差异。特别是，不同学历的男性群体与女性群体，当他们面对社会时，他们获得的机会不同，目标和愿望也就各不相同。一般而言，男性在家庭和社会中承担着更多的经济责任，他们在社会、公共领域中从事着不同的职业，有着不同的收入，但这些工作大多以促进经济增长为首要目的。然而，女性在情感联系中扮演着更重要的角色，她们中的大多数终究要回归家庭，相夫教子，从事家务或生产劳动，会与周围的交往环境相互作用与适应，并且以培育下一代、维持人际交往的和谐为目的。即使是在当代社会，女性教育水平不断提高，越来越多地参与社会各项活动，和男性承担同样的社会角色，家务劳动和照料家庭仍是她们的重要职责。因而，不同学历的男性对核心价值观的国家与社会层面的认同度均高于女性，而女性对核心价值观的个人层面的认同度均高于男性。

表 2 - 10　分性别不同学历群体核心价值观认同状况的对比分析　单位：%

题项	"仓廪实，知礼仪"，社会文不文明，关键看经济水平		自由的要义，是只要法律没有禁止，老百姓都可以做		社会诚信，关键在于个人的道德约束	
学历	男性	女性	男性	女性	男性	女性
初中及以下	49.30	47.50	56.50	53.00	76.30	76.40
高中	49.10	42.00	48.60	39.00	73.40	77.00
大学专科	46.90	43.70	45.80	42.60	75.40	80.70
大学本科	47.60	42.10	39.60	35.90	71.80	76.30
硕士研究生及以上	53.20	43.30	44.20	36.30	65.10	71.00

3. 分性别不同月收入群体对核心价值观三个层面的认同状况

接下来，我们继续对这三个题项从不同收入群体的角度进行分析。表2-11中剔除了"不清楚"选项，对"非常同意""同意"进行了合并统计，分析数据显示，对于国家层面的题项，不同收入的男性的认同度均高于女性；对于社会层面的题项，月收入低于2 000元、2 001~4 000元、4 001~6 000元、6 001~8 000元的男性表示"同意"的比重高于女性，而月收入在8 000元以上的男性表示"同意"的比重低于女性；对于个人层面的题项，月收入在2 001~4 000元、4 001~6 000元以及8 000元以上的女性表示"同意"的比重高于男性，而低于2 000元与6 001~8 000元的女性表示"同意"的比重低于男性（见表2-11）。可见，不同月收入的男性群体认为社会的文明程度离不开国家的经济水平，同时月收入水平较高的男性并不赞同自由是法律没有禁止即可为所欲为。从数据分析结果来看，不同收入的女性群体认为个人的道德约束有助于推动社会诚信体系的建设。由此而言，以性别差异为基础的社会分工与经济收入状况，让男性更为关注国家经济的发展状况，主张经济发展水平有利于构建文明社会；而女性则十分注重培养个人的道德素养，强调个人品德在社会道德建设中具有决定性作用。

表2-11 分性别不同月收入群体核心价值观认同状况的对比分析 单位:%

题项	"仓廪实，知礼仪"，社会文不文明，关键看经济水平		自由的要义，是只要法律没有禁止，老百姓都可以做		社会诚信，关键在于个人的道德约束	
月收入	男性	女性	男性	女性	男性	女性
2 000元及以下	55.00	41.70	48.50	40.30	75.60	75.20
2 001～4 000元	45.50	42.60	44.40	40.30	75.10	79.90
4 001～6 000元	48.00	46.60	44.50	40.30	72.40	76.10
6 001～8 000元	48.80	43.20	47.80	29.00	72.00	69.20
8 000元以上	48.50	45.50	29.50	45.40	49.40	68.70

（三）分性别不同职业、学历、月收入群体对培育和践行核心价值观的影响

为了使分析结果更加真实准确，本报告进一步从2017年的调查问卷中抽取具有代表性的题项进行测度，从职业、学历、月收入这三个变量中找出影响人们认知、认同核心价值观的因素。调查问卷中设计了A3"培育和践行核心价值观是树正气，立新风，倡导正能量"这一题项，分析结果表明，在专业技术人员、党政机关工作人员、企业管理人员、国家机关党群组织企事业单位负责人、教师、学生、自由职业者这些职业群体中，男性的正向评价比重略高于女性；而在工人、农民、服务行业从业人员这几类职业群体中，女性的正向评价比重略高于男性（见表2-12）。换言之，就对A3这个题项的认同而言。职业社会地位评价高的男性，高于职业社会地位评价高的女性；反之，职业社会地位评价低的女性，高于职业社会地位评价低的男性。

表2-12 分性别不同职业群体对"培育和践行核心价值观是树正气，立新风，倡导正能量"观点的认同对比分析 单位:%

职业	男性			女性		
	同意	非常同意	正向评价	同意	非常同意	正向评价
工人	34.50	45.60	80.10	28.80	53.20	82.00

续表

职业	男性 同意	男性 非常同意	男性 正向评价	女性 同意	女性 非常同意	女性 正向评价
农民	36.60	41.10	77.70	37.70	40.80	78.50
专业技术人员	35.60	48.60	84.20	34.90	47.20	82.10
党政机关工作人员	27.10	65.30	92.40	30.70	50.40	81.10
教师	29.70	61.80	91.50	29.60	58.00	87.60
学生	37.10	42.60	79.70	29.40	49.70	79.10
服务行业从业人员	38.40	45.30	83.70	37.50	47.10	84.60
企业管理人员	33.50	53.80	87.30	35.60	51.00	86.60
国家机关党群组织企事业单位负责人	20.00	74.70	94.70	24.00	70.00	94.00
自由职业者	36.60	50.00	86.60	39.60	46.70	86.30

资料来源：湖北大学高等人文研究院、中华文化发展湖北省协同创新中心"中国文化发展状况调查（2017）"数据库。

就对 A3 这个题项的认同而言，分学历看，学历水平在高中、大学本科、硕士研究生及以上的男性的正向评价比重略高于女性，而学历水平处于初中及以下、大学专科的女性的正向评价比重略高于男性（见表 2-13），即高学历男性高于高学历女性，低学历女性高于低学历男性；分收入水平看，月收入水平低的女性的正向评价比重高于男性，而月收入水平高的男性的正向评价比重高于女性（见表 2-13），即高收入男性高于高收入女性，低收入女性高于低收入男性。

表 2-13 分性别不同学历、月收入群体对"培育和践行核心价值观是树正气，立新风，倡导正能量"观点的认同对比分析 单位：%

题项	培育和践行核心价值观是树正气，立新风，倡导正能量		题项	培育和践行核心价值观是树正气，立新风，倡导正能量	
学历	男性	女性	月收入	男性	女性
初中及以下	79.70	81.40	3000 元及以下	82.40	83.60
高中	84.20	82.30	3001~5000 元	85.80	85.40
大学专科	83.60	85.70	5001~8000 元	87.20	82.00

续表

题项	培育和践行核心价值观是树正气，立新风，倡导正能量		题项	培育和践行核心价值观是树正气，立新风，倡导正能量	
学历	男性	女性	月收入	男性	女性
大学本科	87.10	83.50	8 001~10 000元	85.20	84.00
硕士研究生及以上	85.10	84.70	10 000元以上	85.40	66.60

资料来源：湖北大学高等人文研究院、中华文化发展湖北省协同创新中心"中国文化发展状况调查（2017）"数据库。

通过以上分析，我们发现：职业社会地位评价高、学历层次高、月收入水平高的男性对于培育和践行的绩效认同度高于职业社会地位评价高、学历层次高、月收入水平高的女性；职业社会地位评价低、学历层次低、月收入水平低的女性对培育和践行核心价值观的绩效认同度高于职业社会地位评价低、学历层次低、月收入水平低的男性。从某种意义上看，现代社会许多女性不仅突破了传统"相夫教子"的角色，试图通过政治参与，逐步摒弃以往陈旧的思想和行为，逐渐从传统的个人和家庭领域走向公共领域，更多地参与社会公共事务，而且对国家与社会的期望也越来越高。

三、结论与对策

根据上述分析，可以得出以下三个基本结论和必须从理论上进行深入讨论的问题。

（一）基本结论

1. 女性对核心价值观个人层面的认同度高于男性

习近平总书记在纽约联合国总部出席并主持全球妇女峰会时曾指出："在中国人民追求美好生活的过程中，每一位妇女都有人生出彩和梦想成真的机会。中国将更加积极贯彻男女平等基本国策，发挥妇女'半边天'作用，支持妇女建功立业、实现人生理想和梦想。中国妇女也将通过自身发展不断促进世界妇女运动发展，为全球男女平等事业作出更大贡献。"[1]

---

[1] 习近平. 习近平在联合国成立70周年系列峰会上的讲话. 北京：人民出版社，2015：11.

本报告得出的女性对核心价值观个人层面的认同度高于男性的结论说明，一直以来，我国不断促进性别平等与两性和谐发展卓有成效，随着社会的进步，中国女性的社会参与意识在不断增强，女性的社会参与在潜移默化地改变当代中国发展的思路和模式，提高当代中国发展的效率和质量。核心价值观的平等理念也体现了男女平等问题，使男性与女性能平等地参与决策和管理，这是女性在政治领域得到解放的具体表现，也是衡量社会全面进步的重要标志。

在19世纪末20世纪初，西方兴起了女性主义运动的第一次浪潮，这次争论的焦点是要求两性平等，包括男性与女性之间的生命全历程的平等，并强调男性与女性在能力和智力上是没有区别的。这一时期的女性主义运动以追求权利为主要诉求，要求公民权、政治权、受教育权，反对一夫多妻。在20世纪60年代，西方兴起了女性主义运动的第二次浪潮，当时的人们开始意识到女性问题的复杂性，这已经不再是女性追求权利的问题，而是需要上升到更深层次的讨论。因此，性别研究、女性主义的学术研究也随之兴起。另外，女性主义作为一种观察世界的视角，开始广泛进入各个学术领域的研究中。"当代一些女性主义思想家提出了这样一个问题，即是否存在女人和男人倾向于以不同的方式思考道德问题这样的有意义的区别。"[①] 事实上，对于整个世界的女性而言，她们都试图以自己特有的方式参与到社会活动中，并站在女性的角度来思考道德问题，从而影响着社会的进步。西方女性主义者卡罗尔·吉利根（Carol Gilligan）是关怀伦理学的先驱，"吉利根根据对道德发展的探讨提出，存在两种有区别的道德视角，即公正的视角和关怀的视角。前一种视角倾向于描述男人思维的特征，而后一种视角则倾向于描述女人的思维特征"[②]。也就是说，男性与女性有着不同的道德视角，性别差异影响着思考道德问题的方式。鉴于此，我们依据个人层面的"爱国、敬业、诚信、友善"四个价值理念来看，它们分别涉及每个人道德价值的建构，同时关乎人与国家、人与社会、人与人之间的关系问题，所以从女性特有的"关怀"视角来看，女性

[①] 江畅．西方德性思想史：现代卷（下）．北京：人民出版社，2016：471．

[②] 同①472．

对个人层面的价值理念必然呈现出更多的重视，毕竟"关怀是对其他人的幸福安康直接关注的道德态度；它是特殊主义的，以一个人与另一个之间的情感联系为基础"①。古往今来，女性都扮演着"伟大而无私奉献"的角色，而女性的"无私"也会传递到社会关系中。

2. 男性在核心价值观国家层面的认知与女性存在显著差异

男性与女性的社会分工有所不同。从社会分工的视角看，在传统的社会里，男性作为社会生产力的主力军，是社会的主要建设者和体力脑力劳动的栋梁。女性作为家庭的核心力量，在服务、流通等领域占有重要地位。"在《不同的声音》中，吉利根以女性道德思维来'对阵'男性道德思维，描述了一种反映女性对待人际关系的道德思维方式。在吉利根看来，男性倾向于根据权利、公正和自主这种思维模式来构建道德，而女性则倾向于根据从关怀、责任以及与他人的关联性这种思维模式来构建道德。"②吉利根认为男性与女性用不同的思维模式来构建道德，在核心价值观的三个层面中，男性对国家层面价值理念的思考与女性存在差异，比如，对"民富才能国强，所以应该'藏富于民'"、"国强才能民富，应该树立'先国家后小家'的观念"与"'仓廪实，知礼仪'，社会文不文明，关键看经济水平"这三个观点，男性与女性的认同状况产生了明显不同。这表明，男性的道德思维方式更倾向于国家的公平公正，以及捍卫整体的权利，并且更注重经济追求。

3. 男性善于用理性思维模式评价核心价值观

通过对2016年、2017年的问卷调查进行分析，我们发现了这样的现象：在政治参与度方面，男性是推动社会改革和进步的主要力量。本报告分析男性对"富强""民主""自由""公正""法治"这五个价值理念的认同，从男性认同度高于女性的结果来看，现实的解释是，男性善于用理性思维模式评价核心价值观。换言之，男性与女性相比，更加理性。第一，在国家层面，两性对时事政治的关注角度不同，男性着眼于国内外时政热点，纵观全局，习惯于保持清醒的头脑和理性思维来探讨国内外事件；女

---

① 江畅. 西方德性思想史：现代卷（下）. 北京：人民出版社，2016：473.
② 同①570-571.

性与政治生活的联系逐渐增多，对社会问题关注度高，容易受到偏激言论的影响。第二，在社会层面，男性承担着较大的经济责任与社会担当，要求社会制度的公平，倾向于物质上的价值追求，因此加强了对社会的平等、法治等价值理念的关注；女性的社会参与意识不断增强，社会交往范围逐渐扩大，具备了广阔的视野，且更加倾向于精神上、情感上、道德上的价值追求。第三，在个人层面，男性与女性由于个性特征的差异，对核心价值观的认同状况也有着各自的倾向性。男性往往理性、勇敢、强势、野心，更具有冒险精神，不善于表达情感，倾向于从公正的角度来思考道德问题；女性往往温顺、包容和依赖，善于表达情感，倾向于从关怀的角度来思考道德问题。总体而言，男性的理性思维模式主导着他们对国家富强、社会公正产生强烈的价值诉求。

（二）建议与对策

习近平总书记指出："核心价值观是文化软实力的灵魂、文化软实力建设的重点。这是决定文化性质和方向的最深层次要素。一个国家的文化软实力，从根本上说，取决于其核心价值观的生命力、凝聚力、感召力。"[①]核心价值观是凝结于文化中的"灵魂"，在改革开放进入攻坚阶段、多元价值观激烈碰撞的背景下，引领全体社会成员认同核心价值观，对于集聚实现中华民族伟大复兴中国梦的强大正能量，对于促进人的全面发展、引领社会全面进步，对于巩固全党全国人民团结奋斗的共同思想基础，具有重要的现实意义和深远的历史意义。那么，如何使核心价值观真正渗入到社会成员的大脑中，真正做到"内化于心、外化于行"，并真正成为指导人们实践行为的价值理念？本报告基于前文梳理的问题及原因，试图给出相对合理的建议及对策。

国家由众多的小群体组成，这些小群体包括社会各阶层、性别群体、年龄群体、区域群体以及其他诸如此类的群体。就任何一个群体而言，国家是领导者，社会的主流价值观是精神向导。性别群体是社会群体中最为基本的区分，不同地域、职业、学历、收入水平的人均分属于这两大类。

---

① 习近平谈治国理政：第1卷. 北京：外文出版社，2018：163.

对于国家而言，应该关注不同社会群体之间的差异性以及价值诉求，从而增强核心价值观的说服力。西方女性主义的第二次浪潮形成了"社会性别"这一概念，这也是女性主义提出的一个中心理论。社会性别是在社会文化中形成的，属于男性与女性之间的角色、行为方式、思维活动、感情特征的差异，并且在社会实践的作用下发展而成。在这种划分下，形成了社会性别分工、权利结构以及价值判断。在某种程度上，这个理论告诉我们，男性与女性的社会分工有所不同，并不是基于男女不平等，也不在于先天决定的生理性别，而是由社会、政治、经济及文化构建的，是后天形成的。一直以来，在党和国家的高度重视与大力推进下，"男女平等"基本国策产生了重大而深远的影响。不仅如此，"两性和谐"是构建社会主义和谐、稳定的基本要素。

因此，在培育和践行核心价值观的过程中，首先，从不同性别群体的角度来看，应该关注男性与女性的行为方式、思维活动以及感情特征，营造适合男性与女性共同发展的社会氛围，并摆脱传统性别角色的框架，摒弃性别角色分工、社会分工的刻板印象，建立正确的性别认知，促进两性和谐发展。另外，社会有必要关注不同性别群体不同的道德思维方式，"在《道德取向和道德发展》中，吉利根又提出女性也会根据公正思维来思考道德，而男性几乎不会根据关怀思维来思考道德。这就意味着女性在道德上要比男性更'全面'，比男性更道德"[1]。这表明，需要全方位地考虑社会成员之间的差异，从而使男性与女性正确认识核心价值观。

其次，从不同区域群体的角度来看，地域文化有着根深蒂固的影响，应该在地域文化教育中弘扬核心价值观，从而提高核心价值观的认知认同效果。重视地域文化与核心价值观的融合，增强人们的文化认同感、归属感，促进不同地域的接受主体对核心价值观的情感认同。

最后，根据不同职业、学历、收入群体之间的差异，有针对性地开展核心价值观的教育工作。在实践中，不同群体会因需求不同而得到不同的关注，会因认识规律不同而认识途径不同，即便是同一性别的人，由于年

---

[1] 江畅. 西方德性思想史：现代卷（下）. 北京：人民出版社，2016：571.

龄、地域、职业、学历、收入以及人生经历不同,他们的心理倾向、个性等心理特点也各不相同。因此,在推行核心价值观时需要充分认识不同群体的价值规律、价值特征与价值诉求,做到因群体而异、因人而异地实施核心价值观的培育工作。

报告三

培育和践行社会主义核心价值观的绩效研究
——不同学历群体认同与评价比较

党的十九大报告明确提出:"社会主义核心价值观是当代中国精神的集中体现,凝结着全体人民共同的价值追求。要以培养担当民族复兴大任的时代新人为着眼点,强化教育引导、实践养成、制度保障,发挥社会主义核心价值观对国民教育、精神文明创建、精神文化产品创作生产传播的引领作用,把社会主义核心价值观融入社会发展各方面,转化为人们的情感认同和行为习惯。"[①] 在这里,我们可以看到"培养、引导、养成"都属于教育的范畴,即通过教育培养、教育引导、教育养成,将人的某种认知内化为人的习惯。同时通过教育,使受过教育的人,在科学技术的掌握、社会价值的认同、社会文化的融合等方面共同影响经济发展。具体而言,就是受过教育的人,对国家倡导的主流价值观的认知,对社会治理层面的认同,对人际行为、职业工作的态度等有着重要影响。从微观来看,受教育程度不同,其社会地位和经济收入不同;从宏观来看,受教育水平

---

① 习近平. 决胜全面建成小康社会 夺取新时代中国特色社会主义伟大胜利:在中国共产党第十九次全国代表大会上的报告(2017年10月18日). 北京:人民出版社,2017:42.

不同，对国家发展、社会进步的影响不同。在以往的研究中，多数研究认为，不同学历群体对社会的贡献不同。学历层次高的群体，在国家层面的价值认知，在社会层面的价值取向，在工作岗位上的为人处世、工作态度以及行为表现等与社会融合度高，创造物质财富和精神财富的效率高。由此，本报告假设，不同学历群体对培育和践行社会主义核心价值观的理解、认知、认同有差异。如果针对不同学历群体认知认同的差异，精准地落实社会主义核心价值观所倡导的基本内容和精神，使不同学历群体的价值取向、情感认同和行为习惯与国家倡导的核心价值观的价值取向高度融合，在宏观层面就会更有利于社会经济发展，在微观层面就更能激发个体顺势而上，积极努力地工作，为个人的幸福、为社会的和谐和进步、为国家的繁荣和富强提供正能量，其人力资本的积累效应将更为明显。为此，本报告将被调查者对培育和践行社会主义核心价值观的必要性的认知认同程度，作为检验不同学历群体对社会主义核心价值观落细、落小、落实的价值判断。将不同学历群体对党和政府廉政建设能力的评价、对社会风气在贯彻落实社会主义核心价值观中是否发生了好转的评价，作为不同学历群体对培育和践行社会主义核心价值观的绩效判断，以此分析不同学历群体对培育和践行社会主义核心价值观工作的成效评价以及评价特征，期望在进一步培育和践行社会主义核心价值观的工作中，拟定更有针对性的措施，选择更优的工作范式和方法，将培育和践行社会主义核心价值观这一工作做好。

湖北大学高等人文研究院、中华文化发展湖北省协同创新中心2017—2019年进行了社会主义核心价值观认知认同的问卷调查，了解了近几年来人们对培育和践行核心价值观的价值认知、情感认同以及效果评价等现状。问卷中涉及培育和践行核心价值观的效果（绩效）评价题项分别是：培育和践行核心价值观必要性的认知认同；培育和践行核心价值观对社会风气好转的影响；党风廉政建设绩效的评价；培育和践行核心价值观的感知度；对核心价值观认知认同的差异。为了达到我们的研究目的，本报告将2017年上述五个方面的数据与2019年的相关数据进行了对比分析。

2017年的调查数据涉及16个省级单位、28个市级单位和2个调查点，共收到问卷4 238份，剔除188份填写不规范、不完整的问卷后，有效问卷为4 050份。①2019年的调查涉及29个省、市、自治区，77个市（州），262个县市（区），共发放问卷6 000份，回收问卷5 800份，问卷回收率为96.67%，剔除239份无效问卷后，有效问卷为5 561份，有效问卷回收率为95.88%。

在2017年的有效样本中，男性人数为1 950人，占48.10%；女性人数为2 100人，占51.90%。男女性别比基本平衡。具有硕士研究生及以上学历的人数为490人，占12.10%；具有大学本科学历的人数为1 798人，占44.40%；具有大学专科学历的人数为666人，占16.40%；具有高中（中专）学历的人数为731人，占18.00%；具有初中及以下学历的人数为365人，占9.00%。样本显示，在被调查者中，具有大学本科学历的人数居多，位居第一；具有高中（中专）和大学专科学历的人数分别位居第二和第三，但是两者在总体中所占比重差异不大；具有硕士研究生及以上学历的人数排在第四；人数最少的是初中及以下学历的群体。

在2019年的有效样本中，男性人数为2 956人，占53.16%；女性人数为2 605人，占46.84%。样本中男性人数多于女性。从学历来看，2019年的样本中，高学历人数居多，受过高等教育的人数占样本总人数的63.96%。学历构成的比重是：初中及以下占13.99%，高中（中专）占22.05%，大学专科占20.10%，大学本科占36.47%，硕士研究生及以上占7.39%。与2017年对照，在2019年的学历比重排序中，本科、专科、高中（中专）学历排序没有变化，但是初中及以下样本比重增加，排在第四，人数最少的是硕士研究生及以上样本。

从总体来看，样本中的学历构成基本稳定，故在对不同学历群体进行分析时，2017年的调查数据与2019年的调查数据具有很强的可比性。本报告在分析结构性差异时，首先分析2017年的数据，然后对比分析2019年的数据，在此基础上分析不同学历群体对培育和践行核心价值观绩效评

---

① 本报告所用主要为湖北大学高等人文研究院2017年7—9月进行的"中国文化发展状况调查（2017）"数据，但是不含陕西省和西藏自治区的数据，同时参考湖北大学高等人文研究院、中华文化发展湖北省协同创新中心"中国文化发展状况调查（2019）"数据库。

价的变化。

一、不同学历群体对培育和践行核心价值观的认同与评价的分布差异

为了便于分析,我们将调查表中的认同选项进行分类:将"非常不同意"和"不同意"归为"负向"评价,分别定义为"极端负向"评价,"一般负向"评价;将"不清楚"定义为"不排斥不认同";将"同意"和"非常同意"归为"正向认同",分别定义为"一般正向"认同,"积极正向"认同。同时,我们将正向认同人数的比重进行分类:认同人数的比重在70.00%以下,定义为"不尽如人意",将70.00%~79.00%定义为"不容乐观",将80.00%~89.00%定义为"情况良好",将90.00%~100.00%定义为"令人满意"四个级别。

(一)培育和践行核心价值观之必要性的认知认同

要使人们将核心价值观倡导的理念落实在行动上,化为行为习惯,首先要了解人们对国家提出的培育和践行核心价值观这个要求的认知认同情况。对此在2017年的问卷中设置了"培育和践行核心价值观对中国社会经济发展很有必要"的题项。表3-1是2017年不同学历的被调查者对"培育和践行核心价值观对中国社会经济发展很有必要"观点的认同统计。表3-1卡方检验的结果(sig=0.005)表明:不同学历群体对"培育和践行核心价值观对中国社会经济发展很有必要"观点认同的人数分布存在显著差异。

在"正向认同"中,样本总体的正向认同比重为83.60%,分学历来看,高中(中专)、大学本科这两个学历群体的正向认同比重高于样本总体,分别为83.90%、84.80%;初中及以下、大学专科、硕士研究生及以上这三个学历群体的正向认同比重低于样本总体,分别为79.40%、83.00%、82.30%。进一步分析可以发现,在"积极正向"认同中,初中及以下学历群体的认同比重最低,与样本总体比,低了8个百分点。数据说明,相对于高学历群体而言,在初中及以下低学历群体中,有更多的人对培育和践行核心价值观的必要性认知不足。从现实情况来看,在社会舆论导向中,对低学历群体的文化引领和精神引领不力,使低学历群体对培育和践行核心价值观的必要性缺乏认知。同时从正向认同人数的比重分类也可以看出,初中及以下学历群体处在"不容乐观"的状态,其他学历群体处在"情况良好"的状态。

表3-1 分学历对"培育和践行核心价值观对中国社会经济发展很有必要"观点的认同比重统计(2017年)　　　单位:%

学历	极端负向 非常不同意	一般负向 不同意	负向评价 合计	不排斥不认同 不清楚	一般正向 同意	积极正向 非常同意	正向认同 合计
初中及以下	0.30	3.80	4.10	16.40	37.50	41.90	79.40
高中(中专)	0.40	2.50	2.90	13.30	34.50	49.40	83.90
大学专科	1.10	3.30	4.40	12.60	32.70	50.30	83.00
大学本科	1.50	3.40	4.90	10.0	32.80	52.00	84.80
硕士研究生及以上	0.80	4.30	5.10	12.70	34.30	48.00	82.30
样本总体	1.00	3.40	4.40	12.00	33.70	49.90	83.60

注:卡方检验(χ^2)结果为,似然比34.268,$df=16$,sig(双侧)=0.005。

从"负向评价"来看,表3-1的数据显示,样本总体的负向评价比重为4.40%。分学历来看,初中及以下、高中(中专)学历群体的负向评价比重低于样本总体,分别为4.10%、2.90%;大学本科、硕士研究生及以上学历群体的负向评价比重高于样本总体,分别为4.90%、5.10%。进一步分析发现,在"极端负向"评价中,大学专科、大学本科这两个学历群体的极端负向评价比重高于样本总体。数据说明,在高学历群体中,有一定比重的人对国家倡导的培育和践行核心价值观的必要性存在认同问题,亟待精准施策,提高高学历群体对培育和践行核心价值观的必要性的认知认同。从现实情况来看,特别是在校大学生,更需要学校重视对他们的思想政治教育,引导提升大学生对培育和践行核心价值观的必要性的认知认同水平。

在2019年,人们对培育和践行核心价值观的必要性的认知认同情况如何呢?通过对2019年问卷调查中"培育和践行核心价值观明显增强了我国的文化自信和国家认同"题项的分析,可以发现人们对培育和践行核心价值观的必要性的认知认同的变化。表 3-2 是 2019 年关于被调查者对"培育和践行核心价值观明显增强了我国的文化自信和国家认同"观点认同的分学历统计。对比 2017 年的数据，2019 年"负向评价""不排斥不认同"的比重都在降低，"正向认同"的比重在上升。这说明，国家采取的培育和践行核心价值观的行动取得了一定的绩效，随着工作的推进，核心价值观越来越被人们认同。

进一步对表 3-2 进行分析，可以发现，初中及以下学历群体的正向认同从"不容乐观"发展到"情况良好"，硕士研究生及以上学历群体"正向认同"的比重依然低于样本总体。大学本科学历群体"负向评价"的比重从 2017 年高于样本总体下降到低于样本总体，最为明显的是，"极端负向"评价的比重由原来高于样本总体下降到等于样本总体；硕士研究生及以上学历群体的负向评价比重从 2017 年的 5.10% 下降到 2.60%，下降了 2.5 个百分点，但是仍然高于样本总体。需要关注的是，初中及以下、高中（中专）学历群体的"极端负向"评价人数的比重均有较大上升。这两个学历群体在 2017 年的"极端负向"评价低于样本总体比重，2019 年却高于样本总体比重，并且成为第一高和第二高。从数据变化可以看出，随着培育和践行核心价值观工作的推进，高学历群体受到的教育效果相对较好，低学历群体需要得到更多的引导。

表 3-2 分学历对"培育和践行核心价值观明显增强了我国的文化自信和国家认同"观点的认同比重统计（2019 年） 单位：%

学历	极端负向 非常不同意	一般负向 不同意	负向评价 合计	不排斥不认同 不清楚	一般正向 同意	积极正向 非常同意	正向认同 合计
初中及以下	1.20	2.80	4.00	13.10	39.70	43.20	82.90
高中（中专）	0.70	1.30	2.00	10.80	40.10	47.10	87.20
大学专科	0.40	1.40	1.80	8.60	40.90	48.70	89.60
大学本科	0.60	1.50	2.10	9.00	36.00	52.90	88.90
硕士研究生及以上	0.20	2.40	2.60	12.20	38.70	46.50	85.20
样本总体	0.60	1.70	2.30	10.10	38.60	48.90	87.50

需要注意的是，表3-1的数据显示，2017年在"不排斥不认同"的人数比重分布中，初中及以下学历群体的比重不仅高于样本总体，而且明显高于其他学历群体。表3-2的数据显示，2019年，初中及以下学历群体持"不排斥不认同"观点的人数比重，相较于2017年有所降低，但依然高于样本总体，且明显高于其他学历群体。

数据说明，在低学历群体中，对于培育和践行核心价值观之必要性的认知模糊的人相对多，要将核心价值观变为他们普遍的价值追求和行为习惯，其宣传力度要加强，路径要扩宽，从教育引导到实践养成以及个体素质提升的路还很长。

（二）培育和践行核心价值观对社会风气好转的影响

培育和践行核心价值观对社会风气好转的影响如何呢？在2017年的问卷中设置了"培育和践行核心价值观是树正气，立新风，倡导正能量"的题项，以此分析在推行培育和践行核心价值观的实践中，被调查者的主观感受。表3-3是2017年关于被调查者对"培育和践行核心价值观是树正气，立新风，倡导正能量"观点认同的分学历统计。表3-3卡方检验的结果（sig=0.005）表明：不同学历群体对"培育和践行核心价值观是树正气，立新风，倡导正能量"观点的认同的人数分布存在显著差异。

表3-3 分学历对"培育和践行核心价值观是树正气，立新风，倡导正能量"观点的认同比重统计（2017年）　　单位：%

学历	极端负向 非常不同意	一般负向 不同意	负向评价合计	不排斥不认同 不清楚	一般正向 同意	积极正向 非常同意	正向认同合计
初中及以下	0.30	2.50	2.80	16.20	38.10	43.00	81.10
高中（中专）	0.40	2.90	3.30	12.60	33.70	50.50	84.20
大学专科	1.40	2.30	3.70	10.20	34.70	51.50	86.20
大学本科	1.30	2.30	3.60	10.70	32.40	53.20	85.60
硕士研究生及以上	0.80	3.90	4.70	10.20	33.70	51.40	85.10
样本总体	1.00	2.60	3.60	11.40	33.70	51.30	85.00

注：卡方检验（χ^2）结果，似然比31.489，$df=16$，sig（双侧）=0.012。

在"正向认同"中，各学历群体的比重都在80.00%以上，即80.00%以上的被调查对象认为，培育和践行核心价值观对社会风气好转产生了正向的影响。同时可以看到，"积极正向"认同随学历的提高，其比重越高。数据说明，人们确实感受到了培育和践行核心价值观，对社会树正气、立新风、倡导正能量产生了明显的影响，主观感知明显，不同学历群体的正向评价均处在"情况良好"状态。

但是从"负向评价"来看，表3-3的数据显示，大学专科及以上高学历群体的比重等于或高于样本总体；高中（中专）及以下低学历群体的比重低于样本总体，同时也低于高学历群体。这意味着，在高学历群体中，有更多的人认为，培育和践行核心价值观的工作对社会树正气、立新风、倡导正能量还没有达到预期的效果。从"极端负向"评价可以看出，大学专科、大学本科学历群体的比重高于样本总体。数据说明，在具有大学专科和大学本科学历的群体中，对于预期效果感到非常不佳的人偏多。

在"不排斥不认同"的比重分布中，表3-3的数据显示，低学历群体的比重高于高学历群体，这意味着，在低学历群体中，有更多的人对培育和践行核心价值观促进社会风气好转、弘扬正能量的感知度不如高学历群体。数据或多或少告诉我们，在培育和践行核心价值观的工作中，处于基层或者社会底层的低学历群体所处社会环境、人文环境的改善还不尽如人意。在基层，与培育和践行核心价值观，要"落细、落小、落实"，要与具体工作紧密结合，要解决具体问题的要求相比，还存在一定的差距。

为了对比，我们对2019年问卷调查中的"通过文明社会的构建，家庭和睦邻里相亲的社会风尚越来越好"题项进行了分析。表3-4是2019年关于被调查者对"通过文明社会的构建，家庭和睦邻里相亲的社会风尚越来越好"观点认同的分学历统计。样本总体的"负向评价"比重降低了0.3个百分点，"不排斥不认同"比重增加了0.6个百分点，"正向认同"比重降低了1个百分点。不同学历群体的认同评价状况大致保持了原状。这说明在两年的时间里，通过文明社会的构建，家庭和睦邻里相亲的社会风尚虽然总体情况良好，但是对于培育和践行核心价值观而言，没有明显的进步。数据说明，在培育和践行核心价值观的具体工作中需要在"落实"上进一步真抓实干才能有绩效，否则就会流于形式。

表3-4 分学历对"通过文明社会的构建，家庭和睦邻里相亲的社会风尚越来越好"观点的认同比重统计（2019年） 单位：%

学历	极端负向 非常不同意	一般负向 不同意	负向评价合计	不排斥不认同 不清楚	一般正向 同意	积极正向 非常同意	正向认同合计
初中及以下	0.60	2.60	3.20	14.10	38.60	44.10	82.70
高中（中专）	0.70	3.00	3.70	10.20	43.20	43.00	86.20
大学专科	0.60	2.10	2.70	12.50	39.40	45.30	84.70
大学本科	0.90	2.20	3.10	12.00	39.00	46.00	85.00
硕士研究生及以上	0.70	3.90	4.60	11.70	39.20	44.50	83.70
样本总体	0.70	2.60	3.30	12.00	39.90	44.80	84.70

（三）党风廉政建设绩效的评价

党风廉政建设是培育和践行核心价值观的重要内容，也是促使社会风气好转的重要路径。人们对党风廉政建设所取得的成效的评价和感知度可以衡量培育和践行核心价值观工作的绩效。表3-5是2017年关于被调查者对"党风廉政建设是最近几年来中国文化建设的突出成就"观点认同的分学历统计。表3-5卡方检验的结果（$p=0.008$）表明：不同学历群体对"党风廉政建设是最近几年来中国文化建设的突出成就"观点认同的人数分布存在显著差异。

表3-5的数据显示，在"正向认同"中，初中及以下学历群体"一般正向"和"积极正向"认同的比重为69.90%，高中（中专）学历群体的比重为70.40%，大学专科、大学本科学历群体的比重分别为75.20%和74.20%，硕士研究生及以上学历群体的比重为74.30%。数据表明，大学专科及以上学历群体"正向认同"的比重不仅高于高中（中专）以及以下学历群体，也高于样本总体。特别在"一般正向"认同中，低学历群体认同的比重高于高学历群体；在"积极正向"认同中，高学历群体的比重高于低学历群体。数据表明，在肯定性评价中，低学历群体的比重低于高学历群体，初中及以下学历群体对"党风廉政建设是最近几年来中国文

化建设的突出成就"观点的认同处于"不尽如人意"的状态，样本总体和其他各学历群体都处于"不容乐观"的状态。

表 3-5 分学历对"党风廉政建设是最近几年来中国文化建设的
突出成就"观点的认同比重统计（2017 年） 单位：%

学历	极端负向 非常不同意	一般负向 不同意	负向评价 合计	不排斥不认同 不清楚	一般正向 同意	积极正向 非常同意	正向认同 合计
初中及以下	3.60	4.90	8.50	21.60	35.10	34.80	69.90
高中（中专）	1.40	4.80	6.20	23.40	32.10	38.30	70.40
大学专科	3.00	5.90	8.90	15.90	31.10	44.10	75.20
大学本科	2.90	5.20	8.10	17.60	32.80	41.40	74.20
硕士研究生及以上	2.90	6.70	9.60	16.10	32.70	41.60	74.30
样本总体	2.70	5.40	8.10	18.60	32.60	40.70	73.30

注：卡方检验（χ^2）结果为，似然比 32.997，$df=16$，sig（双侧）=0.008。

进一步分析表 3-5 中的"负向评价"，表 3-5 显示，高中（中专）学历群体的比重低于样本总体，大学本科学历群体的比重与样本总体持平，其他学历群体的比重均高于样本总体。同时，在"极端负向"评价中，只有高中（中专）学历群体的比重低于样本总体，其他学历群体的比重均高于样本总体，特别是初中及以下学历群体的比重最高。在"一般负向"评价中，初中及以下、高中（中专）、大学本科学历群体的比重均低于样本总体；大学专科和硕士研究生及以上学历群体的比重均高于样本总体，并且硕士研究生及以上学历群体的比重最高。

数据说明，在初中及以下学历群体中，对党风廉政建设的文化贡献作用持怀疑态度的人相对多。样本职业构成显示，在初中及以下学历群体中，有 93.70% 的被调查者是工人（包括农民工）、农民、服务行业从业人员或者无技术门槛的自由职业者。他们由于所处的生存环境以及工作和收入现状，可能极易产生"无知者无罪，无知者无畏"的极端行为，对此必须引起足够的重视。而高学历群体的"负向评价"的态度比较缓和理性，即可称为"理性"负向评价，对此只要加强疏导就可以改变这种现状。

"不排斥不认同"群体可以理解为确实不懂，确实不了解，确实没有关注，确实不愿意表达自己的观点和态度的群体。数据显示，在"不排斥不认同"样本分布中，高中（中专）学历群体的比重要高于大学专科及以上学历群体。究其原因，可能是低学历群体就业的社会阶层相对低，由于自身的原因以及受微观环境的影响，他们对核心价值观学习的意义认知不足，个人主动关注或者相关社会组织专门组织学习的时间不多，在个人的业余文化活动中，也不关注和谈论党风廉政建设对社会人文环境改善以及对文化建设的作用。可以理解为，在低学历"不排斥不认同"的群体中，属于确实不懂的人较多。简单地讲，这属于认知问题。高学历群体的学习能力不容怀疑，高学历群体中持有"不排斥不认同"的表达，可以反映出三种可能：一是该群体中确实有一部分人对"反腐倡廉党风廉政建设"的贡献不愿意表达自己的价值判断；二是该群体中有很多人对党风廉政建设对文化建设的影响到底有多大确实不清楚；三是该群体中有人疏于学习，甚至是排斥学习。高学历群体持有"不排斥不认同"的表达，可以理解为，确实没有关注，确实不愿意表达的人较多，属于认同问题。

表3-6是2019年关于被调查者对"近几年来党员干部形象带领作用在群众中有了大幅度的提升"观点认同的分学历统计。对比2017年的数据，表3-6的数据显示，样本总体的"正向认同"仍然处于"不容乐观"的状态，但是总体上有明显提高，数据接近"情况良好"的状态。数据说明，党员干部的榜样形象和在群众中起到的带领作用越来越得到人们的认同。其中初中及以下学历群体的"正向认同"从"不尽如人意"的状态上升到"不容乐观"的状态，但依然处于最低比重的位置。"初中及以下"和"高中（中专）"学历群体"正向认同"的比重低于样本总体，大学专科和大学本科学历群体"正向认同"的比重高于样本总体，硕士研究生及以上学历群体"正向认同"的比重与2017年的数据相比，提高了4个百分点，但是低于样本总体。

数据说明，虽然大多数党员干部在群众中起到了带领作用，党的建设力度越来越大，效果越来越好，但是依然有少数党员干部在带领作用方面让群众感觉有些失望。

表 3-6 分学历对"近几年来党员干部形象带领作用在群众中有了大幅度的提升"观点的认同比重统计（2019 年） 单位：%

学历	极端负向 非常不同意	一般负向 不同意	负向评价 合计	不排斥不认同 不清楚	一般正向 同意	积极正向 非常同意	正向认同 合计
初中及以下	1.30	3.70	5.00	18.30	42.90	33.80	76.70
高中（中专）	1.10	4.20	5.30	15.90	42.00	36.80	78.80
大学专科	1.30	3.80	5.10	14.90	43.50	36.50	80.00
大学本科	1.00	2.70	3.70	14.50	40.20	41.50	81.70
硕士研究生及以上	0.50	2.40	2.90	18.70	41.80	36.50	78.30
样本总体	1.10	3.40	4.50	15.80	41.80	38.00	79.80

（四）培育和践行核心价值观的感知度

核心价值观要成为人们的行为习惯，变为人们的行动，就要深入人心。在现阶段，培育和践行核心价值观是否已经"深入人心"了呢？为此，在 2017 年的问卷调查中设置了"核心价值观的培育和践行已经深入人心"的题项。表 3-7 是 2017 年关于被调查者对"核心价值观的培育和践行已经深入人心"观点认同的分学历统计。表 3-7 卡方检验的结果（sig=0.012）表明：不同学历群体对"核心价值观的培育和践行已经深入人心"观点认同的人数分布存在显著差异。

表 3-7 显示，2017 年，在"正向认同"的评价中，样本总体的比重为 65.50%，处于"不尽如人意"的状态，此其一。其二，高中（中专）及以下低学历群体的比重虽然高于样本总体，但是都没有达到 70.00%，仍然处于"不尽如人意"的状态。其三，大学专科学历群体处于"不容乐观"的状态，大学本科和硕士研究生及以上学历群体的比重更低，低于样本总体。数据表明，样本总体以及不同学历群体"正向认同"的比重都明显偏低。在调查中，我们了解到一些地方或者组织在落实培育和践行核心价值观的具体工作中只注重形式，忽视内容；有些地方或者组织在落实中处于走过场、应付"规定动作"的状态，学习和

宣传不到位，甚至基本的宣传形式都没有做到。人们对培育和践行核心价值观所取得的社会价值感知度低，更谈不上入脑入心。

表3-7 分学历对"核心价值观的培育和践行已经深入人心"
观点的认同比重统计（2017年） 单位：%

学历	极端负向 非常不同意	一般负向 不同意	负向评价 合计	不排斥不认同 不清楚	一般正向 同意	积极正向 非常同意	正向认同 合计
初中及以下	2.20	5.80	8.00	24.10	35.10	32.90	68.00
高中（中专）	1.40	5.90	7.30	24.40	36.10	32.30	68.40
大学专科	2.40	5.90	8.30	21.20	36.80	33.80	70.60
大学本科	2.90	8.10	11.00	26.10	32.40	30.40	62.80
硕士研究生及以上	1.20	10.40	11.60	26.30	32.00	30.00	62.00
样本总体	2.30	7.40	9.70	24.80	34.00	31.50	65.50

注：卡方检验（χ^2）结果为，似然比34.489，$df=16$，sig（双侧）＝0.012。

从"负向评价"来看，表3-7的数据显示，大学本科及以上学历群体的比重不仅高于样本总体，而且高于大学专科及以下学历群体。数据释放的信息可能是，在大学本科及以上高学历群体中，更多人认为社会或者相关组织并没有很好地践行党和国家提出的代表中国精神的核心价值观；或者说，有更多高学历的人认为，当前引导和培育核心价值观的践行工作与"深入人心"的要求相差甚远。因此，社会或者相关组织在全面贯彻核心价值观的内容和精神时，还要下功夫，讲方法，同时要提升到构建以核心价值观为核心内容的中国精神的层面去策划践行措施。

在"不排斥不认同"的比重分布中，高学历群体的比重高于样本总体，低学历群体与样本总体接近。数据显示，在高学历群体中对此题不做价值判断的人数相对多的现象也十分突出。

2019年调查问卷中的"我觉得核心价值观已经深入人心"（表3-8）的题项与2017年调查问卷中的"核心价值观的培育和践行已经深入人心"（表3-7）的题项所表达的意义几乎一样。数据显示，样本总体的"负向评价"由9.70%降到5.60%，下降了4.1个百分点；"正向认同"由65.50%升到76.90%，提高了11.4个百分点。数据说明，在2019年，人们对培育和践行核心价值观绩效的认同评价虽与本报告划定的"令人满意"的状态有较大差距,但是从"不尽如人意"的状态上升到"不容乐观"的状态,且接近"情况良好"的状态,尤为可喜。

表 3-8 分学历对"我觉得核心价值观已经深入人心"
观点的认同比重统计（2019 年） 单位:%

学历	极端负向 非常不同意	一般负向 不同意	负向评价合计	不排斥不认同 不清楚	一般正向 同意	积极正向 非常同意	正向认同合计
初中及以下	1.40	4.40	5.80	18.40	39.70	36.10	75.80
高中（中专）	1.10	3.40	4.50	16.60	38.70	40.10	78.80
大学专科	0.60	4.10	4.70	16.60	37.50	41.00	78.50
大学本科	1.10	4.90	6.00	18.10	37.50	38.40	75.90
硕士研究生及以上	1.20	6.60	7.80	17.30	38.20	36.70	74.90
样本总体	1.10	4.50	5.60	17.50	38.10	38.80	76.90

表 3-8 的数据还显示,不同学历的被调查者对"我觉得核心价值观已经深入人心"观点的"正向认同"比重的变化不同。与 2017 年相比,2019 年,分学历按提高的幅度由高到低排序,大学本科、硕士研究生及以上学历群体分别提高了 13.1 个百分点和 12.9 个百分点,高中（中专）学历群体提高了 10.4 个百分点,大学专科学历群体提高了 7.9 个百分点,初中及以下学历群体提高了 7.8 个百分点。值得注意的是,初中及以下学历群体和大学专科学历群体"正向认同"比重提高的百分点"摆尾",需要进一步研究和重点关注。

（五）对核心价值观内容认知认同的差异

个体对核心价值观内容的认知认同的程度,不仅对培育和践行核心价值观产生影响,也是影响人们评价培育和践行核心价值观绩效的因素。人们对核心价值观倡导的国家观、社会观、个人道德观的认知认同的现状如何呢? 表 3-9 是 2017 年关于被调查者对"我认同核心价值观中的国家观、社会观、个人道德观"观点认同的分学历统计。表 3-9 卡方检验的结果（sig=0.000）表明：不同学历群体对"我认同核心价值观中的国家观、社会观、个人道德观"观点认同的人数分布存在显著差异。

在"正向认同"中，除了初中及以下学历群体的比重低于样本总体外，其他各学历群体的比重接近或者高于样本总体，其比重均达到80.00%以上，达到了"情况良好"的状态。同时，在"积极正向"认同中，大学本科及以上学历群体的比重高于样本总体，大学专科及以下低学历群体的比重不仅明显低于样本总体，还明显低于高学历群体。

表3-9 分学历对"我认同核心价值观中的国家观、社会观、个人道德观"观点的认同比重统计（2017年） 单位：%

学历	极端负向 非常不同意	一般负向 不同意	负向评价合计	不排斥不认同 不清楚	一般正向 同意	积极正向 非常同意	正向认同合计
初中及以下	0.80	2.50	3.30	17.00	38.90	40.80	79.70
高中（中专）	0.30	2.30	2.60	12.00	39.40	46.00	85.40
大学专科	1.20	3.00	4.20	11.00	38.10	46.70	84.80
大学本科	1.50	2.30	3.80	10.80	32.20	53.20	85.40
硕士研究生及以上	1.40	2.50	3.90	10.40	35.30	50.40	85.70
样本总体	1.10	2.50	3.60	11.60	35.40	49.40	84.80

注：卡方检验（χ^2）结果为，似然比45.000，$df=16$，sig（双侧）=0.000。

从"负向评价"来看，表3-9的数据显示，大学专科及以上学历群体的比重不仅高于高中（中专）及以下学历群体，而且高于样本总体，其中大学专科学历群体表现尤为突出。数据说明，相对于低学历群体而言，高学历群体中有更多人对核心价值观认知认同有不一样的或者与规范解读相左的独特理解。这种独特理解表达出的意义从学术上看可能是学术争议，从现实情况来看，也可能流露出对党和国家提倡的国家观、社会观、个人道德观的曲解或者排斥。亟须加以关注和积极引导高学历群体对核心价值观的价值取向的正确解读。

在"不排斥不认同"的比重分布中，表3-9的数据显示，低学历群体的比重高于样本总体，更高于大学专科及以上学历群体。数据进一步说明，在低学历群体中，对"不排斥不认同"的表达是认知问题，而高学历群体类似的表达则更多是认同问题。

2019年调查问卷中的"核心价值观应该融入国家治理中，使之法制化、道德化、政策化"的题项与表3-9所表达的意义有一定的可比性。表3-10是2019年关于被调查者对"核心价值观应该融入国家治理中，使之法制化、道德化、政策化"观点认同的分学历统计。表3-10显示，与2017年相比，样本总体中"负向评价"和"不排斥不认同"的比重均在下降，"正向认同"比重提升了3个百分点。分学历来看，初中及以下学历群体的"正向评价"从"不容乐观"的状态上升到"情况良好"的状态，大学本科学历群体的"正向认同"达到了"令人满意"的状态。数据表明，样本总体的认同虽然依然在"情况良好"的状态，但是"正向认同"的比重提高了。数据说明，国家在培育和践行核心价值观、推行法治社会方面做的工作有了明显的效果。特别是高学历群体"正向认同"的比重提高明显，说明高学历群体对培育和践行核心价值观必须构建法治社会，必须使人们在法治的背景下，在行为表现上体现核心价值观的价值诉求特别强烈。

表3-10 分学历对"核心价值观应该融入国家治理中，使之法制化、道德化、政策化"观点的认同比重统计（2019年） 单位：%

学历	极端负向 非常不同意	一般负向 不同意	负向评价合计	不排斥不认同 不清楚	一般正向 同意	积极正向 非常同意	正向认同合计
初中及以下	0.80	1.50	2.30	14.00	39.50	44.20	83.70
高中（中专）	0.80	1.80	2.60	12.40	39.60	45.40	85.00
大学专科	0.70	1.10	1.80	9.20	39.60	49.40	89.00
大学本科	0.90	1.50	2.40	7.60	33.10	56.90	90.00
硕士研究生及以上	1.00	1.70	2.70	8.50	39.20	49.60	88.80
样本总体	0.80	1.50	2.30	9.90	37.20	50.60	87.80

在表3-10中需要注意的还有高中（中专）学历群体认知认同的变化。表3-10的数据显示，与2017年相比，高中（中专）学历群体"积极正向"认同的比重有所下降，"正向认同"的比重也相应降低，且"极

端负向"评价的比重有所提高,而"不排斥不认同"的比重也有升高。在2019年的样本中,具有高中(中专)学历的人数占样本总体的比重为22.00%,其中正在就读的高中(中专)的学生占高中(中专)人数的比重为13.88%。对于正在就读的高中(中专)的学生而言,他们正处于身心成长的重要阶段,在认知上正处在从服从权威走向独立的过程中,这一阶段的学生其价值观正处于逐步形成的时期,从心理特征来看,具有"越来越有主见"的特征。学校教育以及思想政治教育需要有更贴近学生身心发展的核心价值观认知的引导。

同时,我们发现,在高中(中专)学历群体中,有34.25%的人的职业是普通工人(包括农民工)和农民。在他们中间,40岁以下的人占40.95%,50岁以下的人占75.50%。如果针对普通工人(包括农民工)面临的实际状况,开展有针对性的培育和践行核心价值观的教育不仅非常必要,而且可行。因为从学历来看,不存在知识(教育)程度的障碍,从年龄来看,也不存在年龄原因的障碍。

二、不同学历群体对培育和践行核心价值观的认同与评价水平的差异

为了便于分析认同水平,我们将认同表达的分布差异定义为认同水平差异,并由低到高进行赋值。将"非常不同意"赋值为"1",称之为认同或者评价水平"非常低"(均值为0.5~1.99);将"不同意"赋值为"2",称之为水平"较低"(均值为2~2.99);将"不清楚"赋值为"3",称之为水平"一般"(均值为3~3.99);将"同意"赋值为"4",称之为水平"较高"(均值为4~4.75);将"非常同意"赋值为"5",称之为水平"非常高"(均值在4.76及以上)。将分布分析中的5个题项看成5个维度,计算出每个样本在5个维度的认同或评价水平值,形成总体认同或评价水平值。将总体水平值与各维度水平值进行比较,分析不同学历群体在各维度认同或评价水平的差异。具体来讲,就是将2017年的数据(表3-1、表3-3、表3-5、表3-7、表3-9)与2019年的数据(表3-2、表3-4、表3-6、表3-8、表3-10)进行总体水平比较和分维度比较,以观察和验证人们对相应问题认知认同的变化。

(一) 各维度认同水平与总体水平的比较

表 3-11 的数据显示，2017 年，分维度与总体评价比，分为两个水平级。第一个水平级显著高于总均值水平（总均值参数 4.155），分别是"培育和践行核心价值观对中国社会经济发展很有必要"（A1）、"培育和践行核心价值观是树正气，立新风，倡导正能量"（A2）、"我认同核心价值观中的国家观、社会观、个人道德观"（A5）三个维度，其认同水平分别为 4.28、4.32、4.29；第二个级别显著低于总均值水平，分别是"党风廉政建设是最近几年来中国文化建设的突出成就"（A3）、"核心价值观的培育和践行已经深入人心"（A4）两个维度，其认同水平分别为 4.03、3.85。

结合本报告划分的均值区间值分类，表 3-11 的均值可以分成三个级别。第一个是高于总均值的 A1、A2、A5，其均值均处在"较高"水平级；第二个是低于总均值的 A3，均值为 4.03，但是认同水平仍然处在"较高"水平级；第三个是低于总均值的 A4，其均值为 3.85，处在"一般"水平级。均值区间值分类比较说明，人们对"核心价值观的培育和践行已经深入人心"观点的认同度最低，其区分结果与分布差异分析结果一致。这说明在分布差异中表现出的培育和践行核心价值观"不尽如人意"的状态，在水平差异比较中也处在"一般"水平级。

表 3-11 各维度认同水平与总体认同水平（总均值参数 4.155）差异检验结果（2017 年）

题项	样本数	均值	均值差	t -值	显著性（p）
A1 培育和践行核心价值观对中国社会经济发展很有必要	4 050	4.28	0.125***	9.062	0.000
A2 培育和践行核心价值观是树正气，立新风，倡导正能量	4 050	4.32	0.161***	12.083	0.000
A3 党风廉政建设是最近几年来中国文化建设的突出成就	4 050	4.03	−0.122***	−7.559	0.000
A4 核心价值观的培育和践行已经深入人心	4 050	3.85	−0.304***	−18.985	0.000

续表

题项	样本数	均值	均值差	t-值	显著性（p）
A5 我认同核心价值观中的国家观、社会观、个人道德观	4 050	4.29	0.140	10.468	0.000
A1~A5 总体	4 050	4.155	—	—	—

注：*** 表示 $p<0.01$。

表3-12 各维度认同水平与总体认同水平（总均值参数 4.232）差异检验结果（2019年）

题项	样本数	均值	均值差	t-值	显著性（p）
A1 培育和践行核心价值观明显增强了我国的文化自信和国家认同	5 561	4.34	0.010***	9.900	0.000
A2 通过文明社会的构建，家庭和睦邻里相亲的社会风尚越来越好	5 561	4.26	0.024**	2.211	0.027
A3 近几年来党员干部形象带领作用在群众中有了大幅度的提升	5 561	4.12	−0.109***	−9.385	0.000
A4 我觉得核心价值观已经深入人心	5 561	4.09	−0.140***	−11.437	0.000
A5 核心价值观应该融入国家治理中，使之法制化、道德化、政策化	5 561	4.35	0.119***	11.302	0.000
A1~A5 总体	5 561	4.232	—	—	—

注：*** 表示 $p<0.01$，** 表示 $p<0.05$。

表3-12的数据显示，2019年，分维度与总体评价相比，可分为两个级别。第一个级别显著高于总均值水平（总均值参数4.232），分别是"培育和践行核心价值观明显增强了我国的文化自信和国家认同"（A1）、"通过文明社会的构建，家庭和睦邻里相亲的社会风尚越来越好"（A2）、"核心价值观应该融入国家治理中，使之法制化、道德化、政策化"（A5）三个维度，其均值分别为4.34、4.26、4.35；第二个级别显著低于总均值水平，分别是"近几年来党员干部形象带领作用在群众中有了大幅度的提升"（A3）、"我觉得核心价值观已经深入人心"（A4）两个维度，其认

同水平分别为4.12、4.09。

结合本报告划分的均值区间值分类，将表3-11与表3-12中的均值做进一步对比，可以发现，在表3-11中，五个维度的均值在3.85～4.32，即2017年五个维度的认同评价分为两个级别，"核心价值观的培育和践行已经深入人心"（A4）处在"一般"水平级，A1、A2、A3、A5四个维度处在"较高"水平级。在表3-12中，五个维度的均值在4.09～4.35，即2019年五个维度的认同评价都处在"较高"水平级。数据显示，在2019年，各维度的认同与评价水平得到提升，特别是对"我觉得核心价值观已经深入人心"观点的认同与评价水平提高显著。数据说明，随着培育和践行核心价值观的推进，人们在培育和践行活动中，对践行核心价值观的社会治理作用、对构建良好和睦的人际关系的意义和功能有了切身的体会与感受，其认知认同的感知度和相关评价在提高。

(二) 分学历认知认同水平的差异比较

表3-13是2017年，分学历分维度均值比较及事后检验结果。从均值来看，不同学历群体对五个维度的认同与评价存在明显差异。通过两两比较和事后检验发现，不同学历群体的认同与评价水平差异有如下特征：

从A1的比较中可以看出，初中及以下学历群体的认同与评价水平最低（4.17），显著低于其他学历群体，但是与硕士研究生及以上学历群体的评价水平（4.24）比，无显著性差异。该维度的评价可以分为2个水平级：高中（中专）、大学专科、大学本科学历群体为一个级别，初中及以下和硕士研究生及以上学历群体为一个级别。其结论验证了分布分析中低学历群体对培育和践行核心价值观的必要性认知明显不足，硕士研究生及以上学历群体的认同亟待提高的结论可靠。

在A2的比较中可以发现，初中及以下学历群体的认同与评价水平最低，显著低于其他学历群体。该维度的评价可以分为2个水平级：高中（中专）及以上学历群体为一个级别，初中及以下学历群体为一个级别。其结论验证了分布分析中，初中及以下低学历群体对于培育和践行核心价值观树正气、倡导正能量的社会价值意义认知不足，需要提升的结论可靠。

在A3的比较中，初中及以下学历群体的认同水平显著低于大学专科、大学本科学历群体；与高中（中专）、硕士研究生及以上学历群体无显著性差异。检验结果证明，低学历群体确实是拉低该维度评价水平的关键因素。其结论验证了在分布分析中"不尽如人意"的结论。但是，硕士研究生及以上高学历群体对A3的评价并不比低学历群体高。（在表3-5的分布分析中，硕士研究生及以上学历对A3的正向认同人数的比重为74.30%，其比重显著高于初中及以下学历群体，同时高于样本总体，比本科学历群体高出0.1个百分点，为什么在水平比较中，其评价水平与初中及以下学历群体的评价水平无显著性差异呢？）对表3-5的数据做进一步分析可以发现，该学历群体中做出负向评价人数的比重最高，由此拉低了该学历群体的整体评价水平。换言之，硕士研究生及以上高学历群体对A3的评价存在内部分歧较大的特征。显然，如果仅仅从分布的比重分析就得出高学历群体对A3的评价水平高于初中及以下低学历群体，往往会出现"假证"现象。

表3-13 分学历、分维度均值比较及事后检验结果（2017年）

题项	学历（I）	学历（J）	均值	均值差（I-J）	显著性（p）	事后差异检验结论
A1	初中及以下（均值4.17）	高中（中专）	4.30	-0.130**	0.021	初中及以下显著低于高中（中专）、大学专科、大学本科；初中及以下与硕士研究生及以上均值4.24比，无显著性差异
		大学专科	4.28	-0.109*	0.055	
		大学本科	4.30	-0.134***	0.008	
A2	初中及以下（均值4.21）	高中（中专）	4.31	-0.098*	0.072	初中及以下最低，显著低于其他学历；初中及以下为一个级别；高中（中专）及以上为一个级别
		大学专科	4.33	-0.116**	0.036	
		大学本科	4.34	-0.127***	0.009	
		硕士研究生及以上	4.31	-0.099*	0.091	
A3	初中及以下（均值3.93）	大学专科	4.08	-0.149**	0.026	初中及以下显著低于大学专科、大学本科；初中及以下与高中（中专）均值4.01、硕士研究生及以上均值4.03比，无显著性差异
		大学本科	4.05	-0.121**	0.040	

续表

题项	学历(I)	学历(J)	均值	均值差(I−J)	显著性(p)	事后差异检验结论
A4	初中及以下(均值3.91)	大学本科	3.79	0.113*	0.053	初中及以下、高中（中专）、大学专科在一个水平级，显著高于大学本科、硕士研究生及以上
		硕士研究生及以上	3.79	0.115**	0.030	
	高中（中专）(均值3.92)	大学本科	3.79	0.127***	0.005	
		硕士研究生及以上	3.79	0.143***	0.002	
	大学专科(均值3.94)	大学本科	3.79	0.148***	0.005	
		硕士研究生及以上	3.79	0.135**	0.026	
A5	初中及以下（均值4.16)	高中（中专）	4.28	−0.120**	0.027	大学本科最高，显著高于大学专科；初中及以下学历评价水平最低，显著低于其他学历；高中（中专）和大学专科在一个水平级
		大学专科	4.26	−0.097*	0.080	
		大学本科	4.33	−0.169***	0.001	
		硕士研究生及以上	4.31	−0.144**	0.014	
	大学专科(均值4.26)	大学本科	4.33	−0.072*	0.060	

注：*** 表示 $p<0.01$，** 表示 $p<0.05$，* 表示 $p<0.10$；不同学历在两两比较时不具有显著性的没有列入表中，只在事后差异检验结论中表述。

从 A4 的比较中可以看出，其均值相对其他维度而言最低。其结论验证了分布分析中得出的结论：相对于其他维度而言，样本总体以及不同学历群体正向评价的比重都明显偏低。同时分水平来看，初中及以下、高中（中专）、大学专科学历群体在一个水平级，即大学专科及以下学历群体的评价水平显著高于大学本科、硕士研究生及以上学历群体。比较 A4 的数据，可以判断，低学历群体对核心价值观培育和践行的感知度高于高学历群体。这种感知度来源于低学历群体对近年来宣传形式上的观察。高学历群体低于低学历群体的评价，说明高学历群体对培育和践行核心价值观有更高的期望与评价标准，其培育和践行工作与"深入人心"的要求相差甚远的结论可靠。

在 A5 中，大学本科学历群体的评价水平最高，显著高于专科学历群体，其水平判断与分布判断有明显差异；初中及以下学历群体最低，显著低于其他学历群体；高中（中专）和大学专科学历群体的评价在一个水平级。其结论验证了低学历群体对核心价值观中的国家观、社会观、个人道德观认知不足的结论真实，同时证明大学专科学历群体的认同需要提高的结论可靠。

表3-14是2019年分学历、分维度均值比较及事后检验结果。从均值来看，不同学历群体对其中四个维度的认同与评价存在明显的差异。通过两两比较和事后检验发现，不同学历群体的认同与评价水平差异有如下特征。

从表3-14中A1的两两比较可以看出，在2019年，初中及以下学历群体对"培育和践行核心价值观明显增强了我国的文化自信和国家认同"观点的认同与评价水平还是最低（4.21），显著低于其他学历群体，这个结果与2017年调查的结果相比没有变化。但是硕士研究生及以上学历群体的认同与评价水平（4.29）上升到与高中（中专）（4.32）学历群体的同一个水平。同时，高中（中专）、硕士研究生及以上学历群体的认同与评价水平显著低于大学本科学历群体（4.39）。大学专科学历群体（4.36）和大学本科学历群体的认同与评价水平无显著性差异。数据说明，与2017年相比，不同学历群体的认同与评价出现了变化，这种变化主要是高学历群体对"培育和践行核心价值观明显增强了我国的文化自信和国家认同"认知水平的提高。

从表3-14中A2的两两比较中发现各学历群体无显著性差异。数据说明，在2019年，不同学历群体对"通过文明社会的构建，家庭和睦邻里相亲的社会风尚越来越好"的社会文明建设实践有趋同的感受。从实践意义来看，通过社会文明建设，构建和谐家庭、形成和睦的邻里关系是践行核心价值观，树正气、立新风、倡导正能量的实践中很重要的内容。数据说明，从学历视角来看，培育和践行核心价值观在"落细、落小、落实"中取得了显著成效。同时说明，在描述性分析中不能解释的问题，通过水平性比较，可以分析出有意义的结论。

表3-14中A3分学历两两比较的内容是2019年问卷调查中的"近几年来党员干部形象带领作用在群众中有了大幅度的提升"的题项，在分析时要与2017年问卷调查的"党风廉政建设是最近几年来中国文化建设的突出成就"题项进行比较。从题项的内容比较来看，2019年问卷调查中

的题项所表达的意义与2017年问卷调查中的题项所表达的意义相同，且更为具体地指向了党风廉政建设中的党员形象问题，或者说2019年的题项就是了解讨论党风廉政建设的路径问题。描述性分析表明，2019年，经过培育和践行核心价值观，人民群众对党员干部的榜样形象、党员干部的模范带头作用的肯定性评价明显提升；但是初中及以下低学历群体的"正向认同"依然处于最低比重的位置。

表3-14 分学历、分维度均值比较及事后检验结果（2019年）

题项	学历（I）	学历（J）	均值	均值差（I－J）	显著性（p）	事后差异检验结论
A1	初中及以下（均值4.21）	高中（中专）	4.32	－0.109***	0.002	初中及以下显著低于高中（中专）、大学专科、大学本科以及硕士研究生及以上学历；高中（中专）、硕士研究生及以上显著低于大学本科；大学专科和大学本科之间无显著性差异
		大学专科	4.36	－0.149***	0.000	
		大学本科	4.39	－0.181***	0.000	
		硕士研究生及以上	4.29	－0.078***	0.000	
	高中（中专）（均值4.32）	大学本科	4.39	－0.072*	0.10	
	硕士研究生及以上（均值4.29）	大学本科	4.39	－0.10**	0.014	
A2	初中及以下（均值4.23）	高中（中专）	4.25	－0.037	0.564	各学历之间无显著性差异
		大学专科	4.27	－0.038	0.323	
		大学本科	4.27	－0.041	0.230	
		硕士研究生及以上	4.23	0.000	0.999	
A3	大学本科（均值4.19）	初中及以下	4.04	0.037***	0.000	大学本科显著高于初中及以下、高中（中专）、大学专科；与硕士研究生及以上均值4.11相比，无显著性差异
		高中（中专）	4.09	0.031***	0.003	
		大学专科	4.10	0.032***	0.009	

续表

题项	学历(I)	学历(J)	均值	均值差(I-J)	显著性(p)	事后差异检验结论
A4	初中及以下(均值4.05)	高中（中专）	4.13	-0.087**	0.037	高中（中专）、大学专科在一个水平级；高中（中专）、大学专科均显著高于初中及以下、大学本科、硕士研究生及以上
		大学专科	4.14	-0.093**	0.029	
	高中（中专）(均值4.13)	大学本科	4.07	0.064*	0.053	
		硕士研究生及以上	4.03	0.108**	0.038	
	大学专科(均值4.14)	大学本科	4.07	0.069**	0.040	
		硕士研究生及以上	4.03	0.114**	0.030	
A5	初中及以下(均值4.25)	大学专科	4.36	-0.111***	0.002	初中及以下、高中（中专）之间无显著性差异，且均显著低于大学专科、大学本科、硕士研究生及以上；大学专科显著低于大学本科；大学本科显著高于硕士研究生及以上；在高学历中，大学本科显著高于大学专科和硕士研究生及以上
		大学本科	4.44	-0.188***	0.000	
		硕士研究生及以上	4.35	-0.100**	0.036	
	高中（中专）(均值4.27)	大学专科	4.36	-0.089***	0.006	
		大学本科	4.44	-0.166***	0.000	
		硕士研究生及以上	4.35	-0.078*	0.080	
	大学专科(均值4.36)	大学本科	4.44	-0.77***	0.008	
	大学本科(均值4.44)	硕士研究生及以上	4.35	0.088**	0.038	

注：***表示 $p<0.01$，**表示 $p<0.05$，*表示 $p<0.10$；除A2以外，不同学历在两两比较时不具有显著性的没有列入表中，只在事后差异检验结论中表述。

表3-14中A3显示，大学本科学历群体的认同与评价水平（4.19）显著高于初中及以下（4.04）、高中（中专）（4.09）、大学专科（4.10）；与硕士研究生及以上学历群体（4.11）无显著性差异；同时硕士研究生及以上学历群体的认同与评价水平与初中及以下、高中（中专）、大学专科学历群体无显著性差异。数据表明，从整体来看，高学历群体的认同与评价水平要高于低学历群体。从验证性差异来看，大学本科学历群体显著高于低学历群体。验证性分析表明，低学历群体是拉低认同与评价水平的关

键因素。所以，从操作意义来看，在低学历人口聚集的职业中，倡导树立党员的模范作用和榜样形象尤为重要，它是党风廉政建设的重要窗口。

表3-14中A4分学历两两比较的内容是2019年问卷调查中的"我觉得核心价值观已经深入人心"的题项，在分析时要与2017年问卷调查中的"核心价值观的培育和践行已经深入人心"的题项进行比较。表3-14中A4显示，高中（中专）（4.13）、大学专科（4.14）在一个水平级；高中（中专）、大学专科均显著高于初中及以下（4.05）、大学本科（4.07）、硕士研究生及以上（4.03）。与2017年的两两比较分析相比，2017年出现的低学历群体认同度高于高学历群体的现象发生了变化。值得关注的是，在表3-8的描述性分析中，我们看到，与2017年的调查相比，2019年调查的"我觉得核心价值观已经深入人心"题项的"正向认同"提高了11.4个百分点。数据同时显示，大学专科学历群体"正向认同"比重提高的百分点最少，高中学历群体提高的百分点也不是最高的。如何解释这种现象呢？可能的解释是，如果在社会的分层中，将大学专科和高中（中专）视为低学历，这两个学历群体在2017年的调查中反映出的认同水平并不低，在2019年的调查中，这两个学历群体的正向认同与评价水平的变化也不大，加之就业等社会问题，这两个学历群体的认同与评价水平再向上提升就更难了。

表3-14中A5分学历两两比较的内容是2019年问卷调查中的"核心价值观应该融入国家治理中，使之法制化、道德化、政策化"的题项，在分析时要与2017年问卷调查中的"我认同核心价值观中的国家观、社会观、个人道德观"的题项进行比较。表3-14中A5显示，大学本科、大学专科、硕士研究生及以上学历群体的认同与评价水平显著高于初中及以下、高中（中专）学历群体；同时在高学历群体中，大学本科学历群体又显著高于大学专科和硕士研究生及以上学历群体。与2017年比，高学历群体认同与评价水平高于低学历群体的格局没有发生明显的变化。同时，2019年与2017年相比，大学本科学历群体的认同与评价水平反超了大学专科学历群体的认同与评价水平。数据进一步证明，具有专科学历的群体在培育和践行核心价值观的感知中遇到的困难较大，应该引起关注。

三、结论与思考

本报告通过描述性分析、赋值分类分析、单样本 t 检验分析、单因素方差分析以及两两比较分析等分析方法，对不同学历群体在 2017 年、2019 年的两次问卷调查中对培育和践行核心价值观所反映出的认知认同状况以及对党和国家在推行核心价值观中收到的绩效进行了深入的分析。得出如下基本结论并提出相应思考。

（一）不同学历群体对培育和践行核心价值观的必要性的认知认同存在明显差异

从发展趋势来看，2017—2019 年，培育和践行核心价值观具有一定成效，随着工作的推进，核心价值观越来越被人们认同。但是分学历来看，在低学历群体中，还是有更多的人对培育和践行核心价值观的必要性认知不足。在社会舆论导向中，对其群体文化引领和精神引领不力，使低学历群体在认知上的有效获得不够。同时，亟待引导高学历群体对于培育和践行核心价值观之必要性的认同，特别是大学生和具有专科、本科学历的年轻人，在国家经济飞速发展的时候往往出现价值迷失，更需要学校或相关部门加大对他们的核心价值观的教育和引导，加强提倡生活中的养成教育，才能达到使之成为行为习惯的目的。

（二）培育和践行核心价值观对社会风气的好转、人文环境的改善还没有达到预期

近几年，通过文明社会的构建，倡导家庭和睦、邻里相亲的社会风尚，有效推进了核心价值观的践行，取得了良好的成效。但是从预期目标来看，培育和践行核心价值观对社会树正气、立新风、倡导正能量还没有达到预期效果。处于基层或者社会底层的低学历群体所处的社会环境、人文环境的改善还不尽如人意。特别是在基层，将具体的社区建设工作、乡村振兴中的每一件事与"落细、落小、落实"的要求紧密联系在一起，与形成一种工作意识、政治意识和作风意识的要求差距更大。当前和今后很长一段时期，在社会治理中，需要扎扎实实将培育和践行核心价值观化为

体现继承革命传统、体现中华优秀传统文化、体现社会治理水平的具体行动。在新的时代，亟待各方共同努力，形成体现核心价值观价值取向的工作作风、政治意识，构建欣欣向荣的新局面。

（三）党风廉政建设还需久久为功，党员的模范带头作用要进一步加强

低学历群体中对党风廉政建设促进社会风气好转以及对整个人文环境改善的作用持怀疑态度。对此必须引起足够的重视。虽然2019年的数据表明，党风廉政建设的力度越来越大，效果越来越好，但要使党员的模范带头作用作为标杆，引领整个社会风气、价值观念、人文精神朝着核心价值观指引的方向发展，党的建设特别是基层党组织建设以及党员的先进性、模范性、使命感、责任感还需下力气构建和培养。从媒体宣传来看，要大力宣传党风廉政建设永远在路上的重要性，同时要认真宣传老党员、革命前辈在各个历史时期的模范带头作用对社会发展、经济建设等方面做出的贡献以及所产生的社会效应，即讲好模范党员与人民群众心连心的故事。这些具有操作性意义的措施，在引导人们重新认识党员示范引领作用方面有很强的现实意义。它能够告诉人们，哪些是有利于党的廉政建设的行为，哪些是有毁于党员形象的行为，使广大党员在人民群众的监督下，起到真正的标杆、模范和引领作用。

（四）需要引导高学历群体正确解读核心价值观的内容

相对于低学历群体而言，高学历群体中有更多人对核心价值观的认知认同有与规范解读相左的独特理解。这种独特理解，从现实情况来看也可能流露出对当前提倡的国家观、社会观、个人道德观的曲解或者排斥，亟待关注和积极引导。同时，高学历群体对践行核心价值观、构建法治社会的诉求特别强烈。在国家大力完善法治体系的前提下，需要在高学历、高职称、高收入群体中，引导他们正确解读核心价值观的内容。

（五）在低学历聚集的职业中，加强党的建设，开展入情入理的宣传活动

低学历群体对核心价值观践行成效的感知度高于高学历群体。这种感

知度来源于低学历群体对近年来宣传形式的观察。从操作意义来看，在低学历人口聚集的职业中，倡导树立党员的模范作用和榜样形象尤为重要，它是党风廉政建设的重要窗口。在具体操作层面，要以喜闻乐见的形式融入其工作与生活之中，比如运用"手中有册子"便于学习内容、"抬头见牌子"让其身临其境从而受到环境的熏陶、"谈论有榜样"让其身边具有正能量的感人故事洗礼其心灵等方式可能更有效。

（六）需要研究在高学历群体中培育和践行核心价值观的精准策略

高学历群体对培育和践行核心价值观的绩效有更高的期望与评价标准。在高学历群体中，也需要解决认知与认同两个方面的问题。在认知方面，主要解决统一认知的问题，要使高学历群体正确理解核心价值观中倡导的自由、平等、民主、法治等核心思想。不能也不允许用西方的价值观来曲解我国提倡的社会主义核心价值观的内核思想。同时要解决认同问题，提高高学历群体的认同，更要讲究方法，比如将党风廉政建设的显性成果与文化建设以及社会风气好转之间的关系以规范的解读方式进行解读，讲清讲透，以提高认知。同时，在高学历群体中要解决真信问题，即如何使社会主义核心价值观的思想体系和精神要义在高学历群体中入脑入心，落实在行动上。在操作层面，要敢于直面问题，要从理论和实践两个层面讲清楚我们为什么要坚信社会主义核心价值观。特别要讲清楚的是，培育和践行核心价值观作为国家构建软实力重要部分的重大意义是什么，为什么，怎么做。同时在培育和践行核心价值观的过程中，要解决人们反映强烈的问题，直面难题，对那些不作为、乱作为的部门和相关人员予以严肃处理。我们相信，只要我们的工作沉下去，人们的认同度就会升上来，体现中国复兴之路的中国精神的价值取向，就一定会变成人们的思维方式和行为习惯。

报告四

不同职业群体社会主义核心价值观的认同差异分析

一、研究的背景及意义

大致在20世纪50年代,资本主义价值体系无论是在理论上还是在实践上,都得以完成。[①] 20世纪以来,随着美国超级大国地位的确立,它的价值观以迅猛之势席卷全球,不断向其他国家渗透。中国自古以来虽然是礼仪之邦,一向爱好和平,但是也不得不做出防御措施。因此,建立中国的社会主义核心价值观体系势在必行。

社会主义核心价值观是中国价值观的灵魂与核心,在党的十八大上被明确提出。由中共中央办公厅印发的《关于培育和践行社会主义核心价值观的意见》清楚地阐明了核心价值观与社会主义价值观的关系,并就如何培育和践行核心价值观做出了战略部署。2014年2月24日,习近平总书记在主持十八届中央政治局第十三次集体学习时讲道:"核心价值观是文化软实力的灵魂、文化软实力建设的重点。这是决定文化性质和方向的最

---

① 江畅,周海春,徐瑾. 当代中国主流价值文化及其构建. 北京:科学出版社,2017:306.

深层次要素。一个国家的文化软实力，从根本上说，取决于其核心价值观的生命力、凝聚力、感召力。培育和弘扬核心价值观，有效整合社会意识，是社会系统得以正常运转、社会秩序得以有效维护的重要途径，也是国家治理体系和治理能力的重要方面。历史和现实都表明，构建具有强大感召力的核心价值观，关系社会和谐稳定，关系国家长治久安。"[1] 核心价值观体系的构建工作大致有三大难题：其一为核心价值观理论构建；其二为核心价值观认同；其三为核心价值观实践。理论是从无到有的过程的起点，是整个价值观体系的基础，是实践的指导原则。没有理论，就如同无源之水。但是，即使有了理论，如果得不到大众的广泛认同，核心价值观的实践也会沦为无稽之谈。

由此可见，解决核心价值观认同问题对构建社会主义核心价值观体系有着至关重要的作用。社会是以不同的职业群体为支撑的，失去其中的任何一个部分，社会都是不完整的。不同职业群体由于工作生活的环境以及接触对象的不同，看问题的视角会有所不同，面对同一问题往往也会表现出不同的态度。调查和分析我国各职业群体对核心价值观的认同差异，有助于政府及时了解国民对核心价值观的理解情况，从而及时做出应对措施，使核心价值观得到全社会的普遍认同。

本报告拟结合2016年"弘扬社会主义核心价值观与继承传统文化问卷调查"调研数据和"中国文化发展状况调查（2017）"数据库资料，以职业差异为主要变量，通过对相关问卷的数据分析和交叉对比分析，来考察不同职业群体对核心价值观的认同差异，从而找出其中的问题，并尝试提出相应的建议。

2016年调查的样本涉及18个省、自治区、直辖市，38个市、区、县，以及2个师资培训中心。按照国家职业分类和课题研创需求，课题组对被调查者的职业进行了分类，具体分为工人、农民、专业技术人员、党政机关工作人员、教师、学生、服务行业从业人员、企业管理人员、国家机关党群组织企事业单位负责人、自由职业者等10个类别。调查共发放问卷4 500份，回收问卷4 315份，问卷回收率为95.89%；剔除116份无

---

[1] 习近平谈治国理政：第1卷. 北京：外文出版社，2018：163.

效问卷后，有效问卷为 4 199 份，有效问卷回收率为 97.31%。问卷内容的应答未答的平均缺失率（缺失值）较低，为 1.49%。2017 年调查的样本涉及 18 个省、自治区、直辖市，33 个市、区、县，以及 2 个师资培训中心，共发放问卷 4 500 份，回收问卷 4 395 份，问卷回收率为 97.67%；剔除 191 份无效问卷后，有效问卷为 4 204 份，有效问卷回收率为 95.65%。问卷内容的应答未答的平均缺失率（缺失值）极低，为 0.01%。从调查统计的结果来看，两次调查都达到了预期覆盖面，完全可以体现出不同群体的共性和差异性。两次调查问卷共设计了五个选项，分别是"非常不同意"、"不同意"、"不清楚"、"同意"和"非常同意"，要求被调查者认真阅读每一个问题，根据自己的实际情况认真填写。

二、不同职业群体对社会主义核心价值观的认同状况

（一）民众对核心价值观的总体认同状况

为了全面了解民众对核心价值观的认同情况，根据本次调查的数据，首先分析不同职业群体对核心价值观的总体认同状况。在问卷测度目标中，包含了对培育和践行核心价值观的总体认同、对培育和践行核心价值观的工作的认同、对培育和践行核心价值观的重要性的认同、对培育和践行核心价值观的作用与影响的认同，以及对培育和践行核心价值观工作进展的评价。针对这些测度目标，2017 年的调查问卷设计了"党风廉政建设是最近几年来中国文化建设的突出成就"、"培育和践行核心价值观对中国社会经济发展很有必要"、"培育和践行核心价值观是树正气，立新风，倡导正能量"、"我认同核心价值观中的国家观、社会观、个人道德观"和"核心价值观的培育和践行已经深入人心"等题项。它们分别考察的是民众对核心价值观建设工作、践行核心价值观对社会发展的重要性、践行核心价值观的作用与影响、核心价值观对个体国家观、社会观以及道德观的影响的认同，以及对核心价值观的培育和践行工作进展的评价。

首先，分析不同职业群体对建设核心价值观工作的认同情况。中国共产党是中国的领导核心。孔子说："君子之德风，小人之德草。草上之风，

必偃。"(《论语·颜渊》)如果国家领导层的作风不正,那么民风就很难正。因此,建设核心价值观,先要重视领导层面的作风建设。这也是党风廉政建设的初衷,它是核心价值观建设工作的重要一环。近年来,此项工作如火如荼地展开,打击了很多贪官污吏,有效地遏制了贪污腐败现象。调查结果显示,被调查者在"党风廉政建设是最近几年来中国文化建设的突出成就"题项的回答中,在 4 204 份有效问卷中,有 73.12% 的人表示认同,只有 8.42% 的人表示不认同,另外还有 18.46% 的人表示不清楚。这一结果表明大部分人对党风廉政建设工作表示认同,但是也有超过五分之一的人对党风廉政建设的成就持模糊或否定的态度。

从不同职业群体对这一题项的回答来看,从图 4-1 中我们可以看出,除学生之外,职业的社会声望越高,对廉政建设对核心价值观文化建设影响的认同度就越高,但是在校学生的认同度却相对较低,甚至低于职业社会声望较低的农民、工人、服务行业从业人员以及自由职业者。

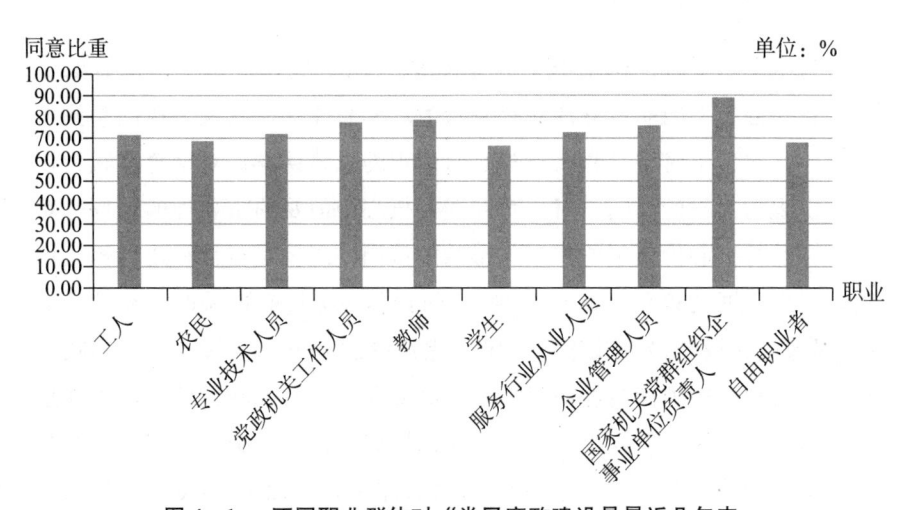

图 4-1 不同职业群体对"党风廉政建设是最近几年来中国文化建设的突出成就"观点的认同比重分布

资料来源:湖北大学高等人文研究院、中华文化发展湖北省协同创新中心"中国文化发展状况调查(2017)"数据库。

其次,考察不同职业群体对培育和践行核心价值观的重要性的认同情况。在此,我们主要考察不同职业群体对核心价值观对社会经济发展的重要性的认同。当被问到"培育和践行核心价值观对中国社会经济发展很有必要"时，从图4-2中我们可以看出，不同职业群体对培育和践行核心价值观重要性的认同度的差别不是很明显，认同度普遍较高，均超过了76.00%。其中，大多数职业社会声望高的群体对它的认同度高于职业社会声望低的群体。学生、工人和农民等职业群体对培育和践行核心价值观重要性的认同度最低，皆低于80.00%。

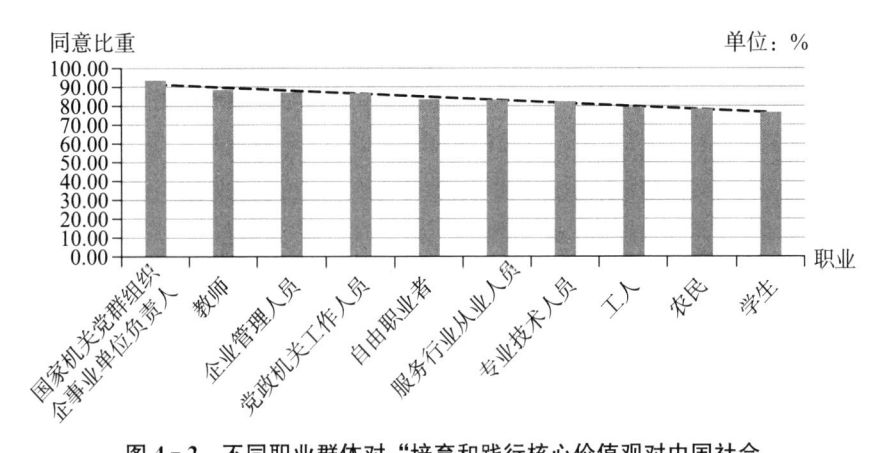

图4-2 不同职业群体对"培育和践行核心价值观对中国社会经济发展很有必要"观点的认同比重分布

资料来源：湖北大学高等人文研究院、中华文化发展湖北省协同创新中心"中国文化发展状况调查（2017）"数据库。

再次，考察不同职业群体对培育和践行核心价值观的作用与影响的认同情况。图4-3显示的是不同职业群体对践行核心价值观在对正社会风气方面的作用的认同情况，图4-4反映的是不同职业群体对核心价值观的认同情况。图4-3显示，大多数民众对核心价值观在良化社会风气方面的作用持积极乐观态度。职业社会声望越高的群体对核心价值观良化社会风气作用的认同度越高。但是在学生群体中，还有接近五分之一的被调查者对核心价值观的这一作用持否定态度。

从图4-4中可以看出，在各种职业群体中，学生对核心价值观的认同度最低，并且与其他社会声望高的职业群体认同度的差异比较显著。综合图4-3和图4-4，我们发现，在所有的职业群体中，学生群体对培育和践行核心价值观的作用与影响的认同度最低。

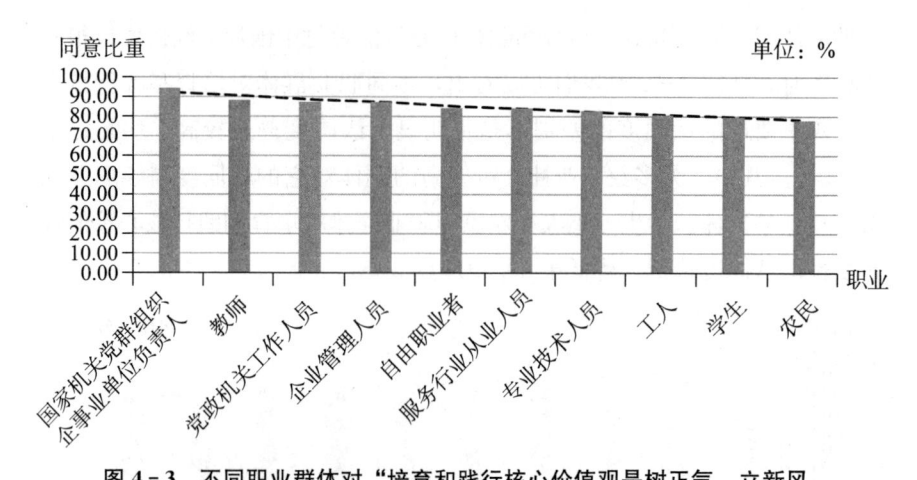

图4-3　不同职业群体对"培育和践行核心价值观是树正气，立新风，倡导正能量"观点的认同比重分布

资料来源：湖北大学高等人文研究院、中华文化发展湖北省协同创新中心"中国文化发展状况调查（2017）"数据库。

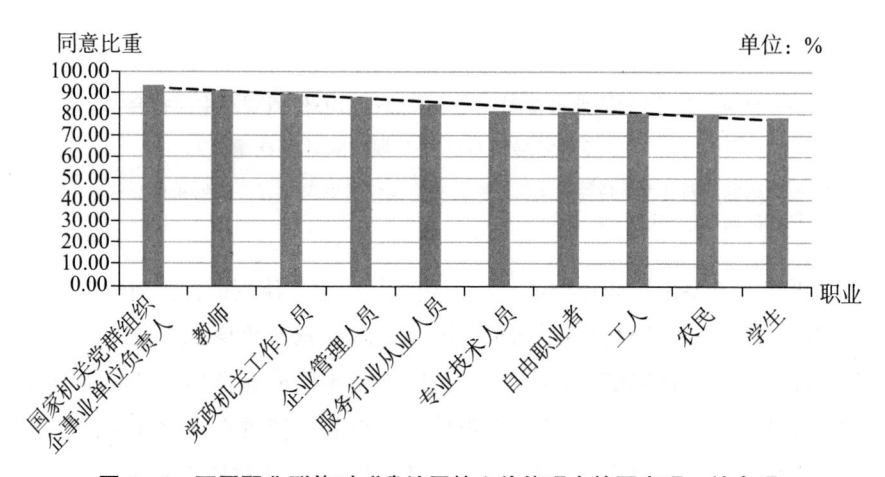

图4-4　不同职业群体对"我认同核心价值观中的国家观、社会观、个人道德观"观点的认同比重分布

资料来源：湖北大学高等人文研究院、中华文化发展湖北省协同创新中心"中国文化发展状况调查（2017）"数据库。

最后，考察不同职业群体对核心价值观的培育和践行工作的评价认同状况。被调查者对"核心价值观的培育和践行已经深入人心"进行表态，只有65.25%的人表示同意这种说法，有10.13%的人表示不同意。这一数据表明，在被调查者中，超过十分之一的人否认核心价值观的培育和践行已经深入人心。这表明还有相当大的一部分民众对其持负面态度，核心价值观尚不足以凝聚全国人民的精神力量。值得注意的是，有将近四分之一的人选择了"不清楚"，这表明还有很多人对核心价值观的培育和践行工作具有矛盾心理。如果把"不清楚"视为负面评价的话，那么，各职业群体对核心价值观的培育和践行工作的总体评价不是很高。只有国家机关党群组织企事业单位负责人和党政机关工作人员这两类职业群体中超过70.00%的人表示核心价值观的培育和践行已经深入人心，其他职业群体对其认同度皆低于70.00%。而且学生的认同度与其他职业群体的认同度差异显著，将近半数的学生对核心价值观的培育和践行工作持负面态度。

从以上调查来看，民众对核心价值观的总体认同度较高。不同职业群体对核心价值观的认同状况不同。除学生外，职业社会声望越高的群体，对核心价值观的认同度越高。学生的认同度比较低，在某些方面甚至低于职业社会声望较低的农民和工人等职业群体。由此，我们做出的一个判断是：近年来，随着培育和践行核心价值观工作的开展，核心价值观在社会上起到了一定的积极作用，正是这些积极作用使得部分民众对其产生了积极态度。但是由于生活环境、工作环境以及教育的原因，还有大量的学生和农民、工人、服务行业从业人员等人群对核心价值观持消极态度。这说明核心价值观的培育和践行体系（其中包括宣传工作）尚不成熟，很多人没有感受到它的重要性。

(二) 不同职业群体对核心价值观三个层面的认同差异

习近平总书记指出，要"用社会主义核心价值观凝魂聚力，更好构筑中国精神、中国价值、中国力量，为中国特色社会主义事业提供源源不断的精神动力和道德滋养"[①]。核心价值观分为三个层面，分别是国家层面的富强、民主、文明、和谐；社会层面的自由、平等、公正、法治；个人

---

① 中共中央文献研究室.习近平关于社会主义文化建设论述摘编.北京：中央文献出版社，2017：146.

层面的爱国、敬业、诚信、友善。这24个字是中国价值观的核心。考察民众对核心价值观的认同差异，当然也包括民众对这三个层面价值观的认同差异。在2016年的调查中，我们设置了二十多个题项来分别考察民众对核心价值观的三个层面的理解和认同差异。核心价值观虽然被分为三个层面，但这三个层面是紧密相连的。例如国家层面的价值观"文明"，也可以被当作个人层面的价值观，因为在现代社会，每个人都应当争做文明人。又如社会层面的价值观"自由"，自近代以来，自由越来越受到重视，被人们看作人特有的本质，自然也可被视为个人层面的价值观。中国古代先贤教育世人"修身齐家治国平天下"，他们把修身放在首位，这就充分说明了个人自身修养在中国传统文化中的重要地位。社会是由个体组成的，只有每个个体的价值观不偏离正道，核心价值观的其他层面才能得到普遍认同。因此，个人层面价值观具有一定的代表性。在本部分，我们将以个人层面价值观为代表来分析不同职业群体对核心价值观的认同差异。

个体层面的第一种价值观是爱国。爱国是中国以及其他国家都重视的价值观，爱国在中国传统中被视为第一价值观，一个人如果背叛了自己的国家，那么他将为千夫所指。问卷中，设置了三个题项，分别考察民众对仪式感教育途径、爱国主义精神教育以及国家自豪感的认同情况。如表4-1所示，当被调查者回答"每当我听到庄严的国歌，我心中油然升起一种责任感"这一题项时，有77.72%的人表示认同，16.33%的人选择"不清楚"，只有5.95%的人明确表示不认同。其中党政机关工作人员和教师这两类职业群体对仪式感教育的认同度位居第一和第二，分别是83.05%和81.97%。认同度最低的职业群体是专业技术人员，只有69.31%，但同时我们也发现，在这一职业群体中，有超过16.00%的人选择了"不清楚"。令人感到惊奇的是，被视为"祖国接班人"的学生群体的认同度只有74.55%，低于职业社会声望较低的服务行业从业人员，还有20.36%的学生选择了"不清楚"，选择"不清楚"的学生在所有学生中的比重超过五分之一。这表明还有很多生长于国旗下的学生没有意识到国旗与国歌的庄严肃穆性，没有在国歌中听出历史使命感，学生在这方面的教育还有待加强。另外，从表4-1中我们可以看出，各类职业群体包括学生在内，选择"不清楚"的比重都明显高于选择"非常不同意"和

"不同意"的比重。这也说明，不只学生对仪式感教育理解模糊，其他很多职业群体也一样，这是一种较为普遍的现象。

表4-1 分职业对"每当我听到庄严的国歌，我心中油然升起一种责任感"观点的认同比重统计　　　　单位：%

职业	非常不同意	不同意	不清楚	同意	非常同意	不认同	认同
工人	1.12	5.84	17.30	36.18	39.56	6.96	75.74
农民	0.40	3.64	22.67	35.22	38.07	4.04	73.29
专业技术人员	1.88	12.73	16.08	36.74	32.57	14.61	69.31
党政机关工作人员	2.19	3.83	10.93	41.53	41.52	6.02	83.05
教师	1.58	2.53	13.92	36.55	45.42	4.11	81.97
学生	1.31	3.78	20.36	43.19	31.36	5.09	74.55
服务行业从业人员	0.77	3.08	15.80	42.77	37.58	3.85	80.35
企业管理人员	0.00	2.01	17.27	38.96	41.76	2.01	80.72
国家机关党群组织企事业单位负责人	1.43	2.86	18.57	30.71	46.43	4.29	77.14
自由职业者	0.76	4.55	15.91	44.70	34.08	5.31	78.78
总体	1.28	4.67	16.33	39.34	38.38	5.95	77.72

资料来源：本课题组、湖北大学高等人文研究院、中华文化发展湖北省协同创新中心"弘扬社会主义核心价值观与继承传统文化问卷调查（2016）"数据库。①

　　爱国主义精神是每个国民都应该拥有的，它主要体现在爱疆土完整、爱民族团结、爱传统文化。表4-2显示的是不同职业群体对要培育爱国主义精神的认同差异状况。由表4-2可以看出，认同爱国主义精神的人在所有被调查的人中所占的比重较大，占81.57%，不认同的人占4.13%，而选择"不清楚"的人占14.30%。这说明虽然超过八成的民众对"要培育爱疆土完整、爱民族团结、爱传统文化的爱国精神"表示认同，但是仍然还有14.30%的人对爱国主义精神不了解。其中，工人、专业技术人员和学生对爱国主义精神的认同度低于80.00%，低于其他职业群体。同时我们也可以看出，这三类职业群体选择"不清楚"的比重均高

---

① 下文中的数据凡源于此数据库，不再标注。

于其他职业群体。而且，在每类职业群体中选择"不清楚"的比重都远超过选择"非常不同意"和"不同意"的比重，说明很多人对爱国主义精神不了解。

表4-2 分职业对"要培育爱疆土完整、爱民族团结、爱传统文化的爱国精神"观点的认同比重统计　　　单位：%

职业	非常不同意	不同意	不清楚	同意	非常同意	不认同	认同
工人	1.57	3.80	17.23	38.48	38.92	5.37	77.40
农民	0.00	2.42	14.52	42.74	40.32	2.42	83.06
专业技术人员	1.67	3.34	20.88	36.33	37.78	5.01	74.11
党政机关工作人员	2.36	1.45	10.73	39.09	46.37	3.81	85.46
教师	1.11	2.70	9.68	34.44	52.07	3.81	86.51
学生	1.31	3.61	16.72	39.02	39.34	4.92	78.36
服务行业从业人员	0.57	2.30	12.84	43.10	41.19	2.87	84.29
企业管理人员	0.80	2.01	16.06	37.75	43.38	2.81	81.13
国家机关党群组织企事业单位负责人	1.42	4.96	13.48	30.50	49.64	6.38	80.14
自由职业者	0.38	3.77	11.70	45.28	38.87	4.15	84.15
总体	1.23	2.90	14.30	38.73	42.84	4.13	81.57

为了抵御西方价值观的入侵，中国必须提高国民的国家自豪感，努力提升民众的文化自信，提升国民凝聚力。针对国家自豪感认同问题，问卷设置了"我是中国人，我感到自豪"的题项。由表4-3可以看出，有80.40%的被调查者明确表示认同这种国家自豪感；如果将"不清楚"视为否定态度的话，那么就有将近五分之一的人缺乏国家自豪感。其中，认同度最高的职业群体是党政机关工作人员，有84.91%的人明确表示认同。数据同时显示，即使是认同度最高的党政机关工作人员，也有超过一成的人缺乏国家自豪感。而且学生对国家自豪感的认同度只有77.64%，仅仅高于专业技术人员。并且工人、农民和专业技术人员对国家自豪感的认同度也相对比较低，同时，这几类职业群体（包括学生）选择"不清楚"的比重明显高于其他职业群体。这可能是由各类职业群体生活的环境

不同、收入不同以及享受的福利不同等造成的。

表4-3 分职业对"我是中国人，我感到自豪"
观点的认同比重统计 单位：%

职业	非常不同意	不同意	不清楚	同意	非常同意	不认同	认同
工人	1.79	4.03	15.66	32.89	45.63	5.82	78.52
农民	0.81	2.42	17.74	33.47	45.56	3.23	79.03
专业技术人员	0.84	6.71	21.17	29.56	41.72	7.55	71.28
党政机关工作人员	2.00	2.73	10.36	32.91	52.00	4.73	84.91
教师	1.26	3.48	12.80	29.38	53.08	4.74	82.46
学生	0.82	4.11	17.43	35.03	42.61	4.93	77.64
服务行业从业人员	0.38	4.04	11.35	33.46	50.77	4.42	84.23
企业管理人员	0.00	4.40	12.80	31.20	51.60	4.40	82.80
国家机关党群组织企事业单位负责人	2.14	4.29	10.71	30.00	52.86	6.43	82.86
自由职业者	0.75	3.40	13.58	38.11	44.16	4.15	82.27
总体	1.09	3.99	14.52	32.53	47.87	5.08	80.40

个人层面的第二种价值观是敬业。职业体现的是一个人在社会中所扮演的角色。每个人一生之中都会扮演各种不同的角色，只有认真将这些角色扮演好，才能拥有精彩的人生。我国有很多形容敬业的词语和俗语，例如"恪尽职守""尽职尽责""在其位，谋其政；任其职，尽其责"。敬业被看作职业生活中的基本德性。"干一行，爱一行，做好自己的本职工作"是对敬业最通俗的阐释。为了了解民众对敬业价值观的认同情况，问卷设置了两个题项，分别考察不同职业群体对敬业具体表现的认同以及对工作价值的认同情况。

第一个题项是"干一行，爱一行，每一个人要珍惜眼前的工作"，调查结果如表4-4所示。从表中我们发现，同意这一说法的人占80.31%，不同意的人占5.68%，还有14.01%的人选择了"不清楚"。其中，对敬业价值观认同度排名前二的职业群体是党政机关工作人员和教师，所占的比重分别为85.82%和83.36%；对这一说法认同度最低的是专业技术人员，只有74.49%，有20.08%的专业技术人员选择了"不清楚"。工人、学生和企业管理人员对这一说法的认同度都低于80.00%。这些数据表明，虽然大部分人都认同敬业价值观，但是仍然有将近20.00%的民众不能脚踏实地，安心于眼前的工作。既然不能全心全意地做眼前的工作，那么必然无法做到"任其职，尽其责"。

表4-4 分职业对"干一行，爱一行，每一个人要珍惜眼前的工作"观点的认同比重统计 单位：%

职业	非常不同意	不同意	不清楚	同意	非常同意	不认同	认同
工人	1.34	6.25	14.29	39.51	38.61	7.59	78.12
农民	1.61	3.21	14.46	42.97	37.75	4.82	80.72
专业技术人员	1.46	3.97	20.08	40.59	33.90	5.43	74.49
党政机关工作人员	2.00	2.00	10.18	43.09	42.73	4.00	85.82
教师	1.27	3.17	12.20	38.51	44.85	4.44	83.36
学生	0.99	6.57	16.42	40.39	35.63	7.56	76.02
服务行业从业人员	0.58	4.99	11.90	46.07	36.46	5.57	82.53
企业管理人员	0.80	4.80	17.20	37.20	40.00	5.60	77.20
国家机关党群组织企事业单位负责人	2.88	3.60	11.51	38.85	43.16	6.48	82.01
自由职业者	0.75	4.91	11.32	51.32	31.70	5.66	83.02
总体	1.28	4.40	14.01	41.71	38.60	5.68	80.31

第二个题项是"做好本职工作，不仅是完成任务，更重要的是体现个人价值"，该题项考察不同职业群体对工作价值的认同情况（如表4-5所示）。由表4-5可以看出，82.98%的被调查者表示认同这种说法，只有4.33%的人表示不认同，还有12.69%的人选择"不清楚"。从不同职业群体的认同度来分析，教师、党政机关工作人员、自由职业者、国家机关党群组织企事业单位负责人、企业管理人员以及服务行业从业人员等职业群体对工作价值的认同度相对较高，分别为88.29%、86.93%、86.03%、84.17%、83.46%以及83.11%，而剩下的职业群体对它的认同度也超过了78.00%。这表明大多数人对工作的价值持积极态度，这也

说明民众渐渐脱离了只为谋生而工作的阶段，物质财富不再是民众唯一的追求，更多民众开始追求内在的精神财富，这对核心价值观建设来说是一个福音。但是，我们也不能盲目乐观，还有12.69%的民众尚处于迷茫状态，有4.33%的人不能在工作中发现价值，还只是为了工作而工作。其中可能是受教育和社会阅历不同而导致工人、农民以及学生对工作价值的认同度低于其他职业群体。

表4-5　分职业对"做好本职工作，不仅是完成任务，更重要的是体现个人价值"观点的认同比重统计　　单位:%

职业	非常不同意	不同意	不清楚	同意	非常同意	不认同	认同
工人	1.35	4.72	14.83	41.12	37.98	6.07	79.10
农民	1.21	3.63	15.73	42.34	37.09	4.84	79.43
专业技术人员	1.05	2.09	16.53	42.89	37.44	3.14	80.33
党政机关工作人员	1.27	2.18	9.62	43.19	43.74	3.45	86.93
教师	1.27	1.90	8.54	40.19	48.10	3.17	88.29
学生	2.13	4.27	15.27	42.20	36.13	6.40	78.33
服务行业从业人员	0.58	3.26	13.05	44.15	38.96	3.84	83.11
企业管理人员	1.21	3.23	12.10	41.94	41.52	4.44	83.46
国家机关党群组织企事业单位负责人	2.16	2.88	10.79	40.29	43.88	5.04	84.17
自由职业者	0.38	3.02	10.57	51.70	34.33	3.40	86.03
总体	1.26	3.07	12.69	42.77	40.21	4.33	82.98

个人层面的第三种价值观是诚信。诚信是我们最重要的处世法则之一。《周易·需卦》说："需：有孚，光亨，贞吉。"意思是说：心怀诚信，广大亨通，结果是吉祥的。这是在警示世人，在与人交往中，诚信对待他人，他人也会报之以诚信，这样就不会招致祸患。人无信则不立，没有诚信，社会便充满欺诈，人与人之间就没有了交往的基础。诚信不只对个人至关重要，对国家也同样举足轻重。如果一个国家在国际事务中不能做到诚信，那么这个国家便会失去所有友邦，便会丢失自己的国际威望。

我们在问卷调查中设置了"人无信不可，民无信不立，国无信不威"

的题项。表4-6的数据显示，有83.03%的人表示认同，有4.73%的人明确表示不认同，还有12.24%的人选择了"不清楚"。这表明大部分民众对诚信很看重，认为诚信是立世之本、立国之道。但是还有4.73%的民众没有意识到诚信的价值。有超过一成的人对诚信的重要性认识模糊。从不同职业群体的认同来分析，大部分职业群体对这种说法的认同度超过80.00%，只有工人和农民这两类职业群体的认同度低于80.00%，并且这两类职业群体选择"不清楚"的人的比重也处于前列。

表4-6 分职业对"人无信不可，民无信不立，国无信不威"观点的认同比重统计 单位：%

职业	非常不同意	不同意	不清楚	同意	非常同意	不认同	认同
工人	1.12	4.47	15.88	34.90	43.63	5.59	78.53
农民	0.81	3.66	16.67	35.77	43.09	4.47	78.86
专业技术人员	1.26	2.72	15.90	33.47	46.65	3.98	80.12
党政机关工作人员	1.27	2.73	8.91	34.55	52.54	4.00	87.09
教师	1.42	1.90	7.28	34.65	54.75	3.32	89.40
学生	1.15	4.91	13.42	38.13	42.39	6.06	80.52
服务行业从业人员	0.58	4.61	12.28	37.04	45.49	5.19	82.53
企业管理人员	0.80	4.40	12.40	36.00	46.40	5.20	82.40
国家机关党群组织企事业单位负责人	2.13	3.55	9.93	35.46	48.93	5.68	84.39
自由职业者	0.75	4.15	12.45	43.77	38.88	4.90	82.65
总体	1.11	3.62	12.24	36.10	46.93	4.73	83.03

从诚信的认同现状来分析，可以发现，建立社会诚信价值体系，可以从两点着手：其一，激发民众的内在道德感，让民众能够自己约束自己的行为；其二，外在制度约束，为民众设立一种完善的行为规范体系。在对"社会诚信，关键在于个人的道德约束"和"建立个人诚信档案制度，有利于诚信社会的建立"题项的调查中，数据显示，对于第一种说法，有74.51%的人表示认同，有7.76%的人表示不认同，还有17.73%的人选择了"不清楚"；对于第二种说法，有79.48%的人表示

认同，有 4.58% 的人表示不认同，有 15.94% 的人选择了"不清楚"。这表明，超过七成的民众认为内在道德感和外在制度对于诚信价值体系建设起着积极的作用，超过一成的民众对诚信价值体系建设没有清晰的看法，还有一部分民众对内在道德感和外在制度对于诚信价值体系建设的作用持消极态度。

从不同职业群体的认同统计来看（见表 4-7、表 4-8），各类职业群体对外在制度对于诚信价值体系建设的作用的认同度普遍高于对内在道德感对于诚信价值体系建设的作用的认同度，其中教师、党政机关工作人员、企业管理人员的认同度差异最明显，分别相差 10.62、9.84 和 7.6 个百分点。这表明，相对于个人自我约束，大部分民众更相信外在制度的约束作用。但是从表中可以看出，农民更相信内在道德约束的作用，有 76.43% 的农民认同"社会诚信，关键在于个人的道德约束"，有 73.47% 的农民认同"建立个人诚信档案制度，有利于诚信社会的建立"，前者比后者多了近 3 个百分点。

表 4-7　分职业对"社会诚信，关键在于个人的道德约束"
观点的认同比重统计　　　　　　　　　　单位：%

职业	非常不同意	不同意	不清楚	同意	非常同意	不认同	认同
工人	2.68	5.80	18.53	42.86	30.13	8.48	72.99
农民	0.81	4.47	18.29	42.68	33.75	5.28	76.43
专业技术人员	2.09	5.01	23.80	41.75	27.35	7.10	69.10
党政机关工作人员	2.00	8.00	14.18	40.36	35.46	10.00	75.82
教师	2.22	7.77	14.42	39.46	36.13	9.99	75.59
学生	1.64	5.76	20.07	44.41	28.12	7.40	72.53
服务行业从业人员	0.77	5.95	16.70	44.53	32.05	6.72	76.58
企业管理人员	0.80	3.60	20.00	41.20	34.40	4.40	75.60
国家机关党群组织企事业单位负责人	0.71	7.80	14.89	43.26	33.34	8.51	76.60
自由职业者	1.13	4.53	16.23	50.94	27.17	5.66	78.11
总体	1.67	6.09	17.73	42.74	31.77	7.76	74.51

表 4-8 分职业对"建立个人诚信档案制度，有利于诚信社会的建立"观点的认同比重统计   单位:%

职业	非常不同意	不同意	不清楚	同意	非常同意	不认同	认同
工人	1.79	4.46	18.30	43.30	32.14	6.25	75.44
农民	1.22	4.90	20.41	41.63	31.84	6.12	73.47
专业技术人员	1.25	3.75	20.21	39.17	35.63	5.00	74.80
党政机关工作人员	1.27	2.36	10.71	45.37	40.29	3.63	85.66
教师	1.90	2.22	9.67	44.69	41.52	4.12	86.21
学生	1.48	4.11	18.91	42.27	33.22	5.59	75.49
服务行业从业人员	1.34	2.11	18.43	45.87	32.25	3.45	78.12
企业管理人员	0.40	3.60	12.80	44.80	38.40	4.00	83.20
国家机关党群组织企事业单位负责人	0.00	4.26	17.02	43.97	34.75	4.26	78.72
自由职业者	0.38	3.01	16.54	48.12	31.95	3.39	80.07
总体	1.30	3.28	15.94	43.81	35.67	4.58	79.48

个人层面的最后一种价值观是友善。人是社会性的存在，因此要与他人交往。在交往中，如果不能心怀善念，总是用恶意来对待他人或者用恶意的眼光看待他人，那么交往便会出现障碍。友善是一种谦让，是一种宽容。《诗经·大雅·抑》云："投我以桃，报之以李。"对他人友善，他人也会回以友善。如果每个人都能心怀善念，友善地对待他人，那么社会将会充满和谐。我们让民众对"友善是指心从善念，与人为善、给人机会"表明态度。数据显示，有 81.30% 的民众认同这种说法，4.10% 的民众表示不认同，还有 14.60% 的人选择了"不清楚"。这表明超过八成的民众对友善价值观有着较为正确的认识，有 4.10% 的民众对友善的理解出现了偏差，还有 14.60% 的民众对友善没有清晰的理解。从不同职业群体来看，工人、专业技术人员、农民和学生对这种说法的认同度低于其他职业群体，皆低于 80.00%；党政机关工作人员和教师的认同度排名前二，分别为 85.09% 和 84.96%；各类职业群体选择"不清楚"的人都超过一成（见表 4-9）。从表 4-9 中我们还可以看出，最不认同这种说法的是工人

群体，选择"非常不同意"和"不同意"的工人的比重是 5.85%，比国家机关党群组织企事业单位负责人高出 4.43 个百分点，比党政机关工作人员高出 1.85 个百分点，而且选择"不清楚"的工人的比重是 18.24%，高出党政机关工作人员 7.33 个百分点。这表明国家公务员群体与工人、农民、专业技术人员以及学生群体对友善的理解出现了偏差。

表4-9 分职业对"友善是指心从善念，与人为善、给人机会"观点的认同比重统计　　　　　　　　　　　　　单位：%

职业	非常不同意	不同意	不清楚	同意	非常同意	不认同	认同
工人	1.80	4.05	18.24	44.37	31.54	5.85	75.91
农民	0.40	2.83	19.03	47.37	30.37	3.23	77.74
专业技术人员	1.25	3.34	18.16	46.35	30.90	4.59	77.25
党政机关工作人员	1.45	2.55	10.91	49.45	35.64	4.00	85.09
教师	1.27	2.69	11.08	46.04	38.92	3.96	84.96
学生	0.98	3.76	16.04	48.61	30.61	4.74	79.22
服务行业从业人员	0.58	3.47	12.72	47.78	35.45	4.05	83.23
企业管理人员	0.40	2.40	14.00	47.20	36.00	2.80	83.20
国家机关党群组织企事业单位负责人	0.71	0.71	18.44	44.68	35.46	1.42	80.14
自由职业者	0.75	2.26	12.83	53.21	30.95	3.01	84.16
总体	1.06	3.04	14.60	47.51	33.79	4.10	81.30

三、关于当前社会主义核心价值观认同的几点思考

习近平总书记在十九大报告中指出："社会主义核心价值观是当代中国精神的集中体现，凝结着全体人民共同的价值追求。"[1] 关键问题是要使这种"全体人民共同的价值追求"得到普遍认同。通过以上分析，我们发现，总的来说，各类职业群体对核心价值观的认同度都比较高，但是依然存在着一些问题。针对这些问题，本报告提出以下几点建议。

---

[1] 习近平. 决胜全面建成小康社会 夺取新时代中国特色社会主义伟大胜利：在中国共产党第十九次全国代表大会上的报告（2017年10月18日）. 北京：人民出版社，2017：42.

（一）注重内在德性引导的同时完善核心价值观体系制度

在过去，中国经济水平不高，因此，为了改善人们的生活水平，提高国家的经济实力，1980年1月16日在中央召集的干部会议上正式提出"以经济建设为中心"。现在中国成了全世界第二大经济体，党和国家立足国情，提出"建设社会主义核心价值观"，这表明中国解决了温饱问题以后，在精神文明建设方面已经十分重视建构具有本国特色的核心价值理念体系。这种精神文明建设是必要的，因为这不只是社会进步的需求，同样也是中国彰显自己魅力的武器。孔子说："道之以政，齐之以刑，民免而无耻；道之以德，齐之以礼，有耻且格。"（《论语·为政》）意思是说，用政令来治理百姓，用刑法来整顿他们，老百姓只求能免于犯罪受惩罚，却没有廉耻之心；用道德引导百姓，用礼制去同化他们，百姓不仅会有羞耻之心，而且有归服之心。习近平总书记于2014年在北京大学师生座谈会上说："核心价值观，其实就是一种德，既是个人的德，也是一种大德，就是国家的德、社会的德。国无德不兴，人无德不立。如果一个民族、一个国家没有共同的核心价值观，莫衷一是，行无依归，那这个民族、这个国家就无法前进。"[①] 核心价值观无疑是"道之以德"的体现。

然而，值得注意的是，建设精神文明不能只注重内在德性的引导作用，还要完善外部的制度。从前文的数据分析中，我们发现不同职业群体对个人的道德约束力的认同度普遍低于80.00%。这说明超过两成的民众对个人内在道德的约束力持怀疑态度。事实也是如此。道德的约束力是很有限的，它往往在利益面前显得苍白无力。因此，有必要完善外部的制度来约束那些道德感较弱的人。数据显示，相对于个人约束力，民众更加相信制度约束。这种做法在中国古代就有，例如孔子认为人们应该成为有仁德的君子，仁德是一种内在的约束力，但同时孔子又提出了一种外在的约束力，即礼法。他说："一日克己复礼，天下归仁焉。"（《论语·颜渊》）礼不仅是仁的外在表现，同时也是一种从外部约束人们不做失德之事的制度。

---

① 习近平谈治国理政：第1卷. 北京：外文出版社，2018：168.

（二）消除公务员群体认识的模糊性，带动其他职业群体的认同

通过前文的数据分析，我们发现，作为公务员群体的党政机关工作人员和国家机关党群组织企事业单位负责人，对核心价值观的认识存在着偏差和模糊性。公务员群体是国家文明建设工作的领头羊，要想使核心价值观得到普遍认同，首先就要从公务员群体抓起。只有公务员群体准确理解并且普遍认同核心价值观，才能准确地将之推广给全国民众。而且职业的社会声望体现着人们对这些职业群体的期望度，而国家机关党群组织企事业单位负责人等的职业群体的社会声望较高，因此更应该做出表率。

数据还显示，农民、工人、专业技术人员等职业群体对核心价值观的认同度普遍低于其他职业群体，而且这些职业群体选择"不清楚"的人所占比重较大。这说明农民、工人、专业技术人员等职业群体对核心价值观的理解存在偏差。24字核心价值观中有很多概念和理念来自西方，例如自由、民主、法治等等。中国正处于社会主义初级阶段，进入现代社会的时间还不长，很多农民和工人的认知水平相对较低，因此，对于农民和工人等职业群体来说，理解这些外来的概念和理念自然比较困难。解决这一问题的关键在于使他们的认知思维走出原来的框架，走进新时代，这单凭他们自己的能力是很难做到的，因此就需要公务员群体对他们进行引导。引导民众的最好方法当然是亲近这些职业群体，只有走近他们，才能把握他们对核心价值观的理解难点。而立足我国的传统文化，将核心价值观中的概念和理念变成其他各类职业群体能够理解并接受的语言是公务员群体需要完成的工作。

（三）加强对学生的价值观引导

胡锦涛曾指出："一个有远见的民族，总是把关注的目光投向青年；一个有远见的政党，总是把青年看作是推动历史发展和社会前进的重要力量。"[①] 学生是国家和民族的希望，承担着国家未来建设的重担，是传承和弘扬中华民族文化的重要力量，促进学生健康成长对于一个国家来说至关

---

① 胡锦涛文选：第1卷. 北京：人民出版社，2016：327.

重要。如果学生的价值取向普遍扭曲，缺乏社会道德感和责任感，那么国家就失去了未来。因此，最重要的工作是加强对学生的核心价值观认同教育，使之拥有正确的世界观、人生观、价值观，从而促进其身心健康。

在现代社会，一个团结向上的国家必须拥有一种精神力量，将国民的各种价值观统一起来，以凝聚全国人民的力量，而核心价值观就代表着这样一种精神力量。调查结果表明，学生对核心价值观的认同度相对于其他职业群体处于中下水准，这说明学生的价值观与核心价值观之间出现了一定的偏差。不同于农民和工人等职业群体，学生正处于青春年华，走在时代潮流的前列，因此不存在不能理解核心价值观中的概念和理念的情况。但是数据显示，学生对核心价值观的认同度和工人、农民等职业群体相仿，这一结果着实发人深省。在解决这一问题时，需要了解学生群体的特点。学生群体不同于其他群体，他们尚未走入社会，尚在父母和老师的管束之下，世界观、人生观、价值观尚未完全形成。而现代社会是一个价值多元的社会，学生受到各种价值观的影响，开始思考自己的人生，当核心价值观和自己形成的价值观雏形有出入时，他们就会表现出一种抗拒性，抗拒和叛逆是青年学生们的特点。因此，引导学生形成正确的价值观，重点在"引"字上，不能生搬硬套地对他们进行思想灌输。在中国古代，先秦儒家主张以礼乐育人，礼为人们提供外在的制度约束，而乐则是旨在从内在育人，使人在内心向善。为了达到引导价值观正在逐渐形成的学生的目的，我们需要引起学生的情感共鸣，使学生群体先在情感上认同核心价值观，因为对于一个学生来说，判断事物往往依靠的是情感而非理性。学生只有在情感上认同，才会渐渐思考其内在的道理，从而达到理性上的认同。这就对教育工作者提出了较高的要求，即教育工作者首先自己要做到有师德，能够为人师表，其次还要注重教学方法，师者的责任是"传道授业解惑"，所谓的"道"，就包括德。因为在古人看来，德就是对道的得。当然，这种以情感为突破点的方法同样适用于其他职业群体，人是情感的存在，让民众接受某种道德观念的时候，强行灌输为下策，润物细无声的引导，使其产生情感上的共鸣才是上策。

报告五

社会主义核心价值观城乡认同状况调查

  党的十八大以来，以习近平同志为核心的党中央高度重视社会主义意识形态工作，大力培育和践行社会主义核心价值观，社会主义核心价值观的宣传和培育工作已在全国各地开展。然而，若要取得较好的宣传与培育效果，必须认同先行，而认同尤其是情感认同却往往随多种因素的变化而变化，年龄、学历、职业、地域等均能对认同产生影响。为了了解我国城乡居民认同社会主义核心价值观的现状，湖北大学高等人文研究院、中华文化发展湖北省协同创新中心在2018年8—12月进行了"中国文化发展状况调查（2018）"。考虑到样本的地域分布以及可行性和便利性等因素，本次调查的样本涉及25个省、自治区、直辖市，41个市（州）、区、县，以及2个师资培训中心。25个省、自治区、直辖市分别是山西省、辽宁省、吉林省、江苏省、浙江省、安徽省、福建省、江西省、山东省、河南省、湖北省、湖南省、广东省、海南省、四川省、贵州省、云南省、陕西省、青海省、广西壮族自治区、新疆维吾尔自治区、北京市、天津市、上海市、重庆市。基于便利性的原因，调研团队在北京市、贵州省、广东省和湖北省内的各地、市、县进行了实地调查。湖北省涉及8个市（州）和2个调研点，具体是武汉市、黄石市、十堰市、宜昌市、孝感市、荆州市、黄冈市、恩施土家族苗族自治州、湖北大学教育硕士培养中心调研点、湖北大学中小学教师师资培训中心调研点。本次调查共发放问卷4 500 份，回收问卷4 200 份，问卷回收率为 93.33%；剔除 112 份无效问卷后，有效问卷为 4 088 份，有效问卷回收率为 97.33%。问卷内容的应答未答的平均缺失率（缺失值）极低，为 1.49%。本报告试图以城乡居民为考察对象，基于实地调研与数据分析，对我国城乡居民对社会主义核心价值观的认同现状进行综合分析。

城市与乡村对核心价值观的认同从总体来说具有趋同性特征，但是，生活在城市的居民和生活在农村的居民接收的信息的量与质不同，所受教育的程度差异甚大，两者在认同核心价值观的过程中展现了较大的差异。因此，本报告拟在描述城乡居民的认同总体状况的基础上，着重对城乡居民认同的差异性进行描述和分析。调研显示，城乡居民在认同核心价值观的过程中之所以展现出较大的差异，其根源并非直接源于地理因素，而是源于与地理因素紧密相关的文化因素。就此而言，掌握城乡居民对核心价值观认同的不同现状和实际情况，对于针对不同地区的居民开展有针对性的核心价值观认同教育并切实增强培育工作的实效性来说，具有重要意义。基于上述考虑，本报告将描述城乡居民对核心价值观认同的状况，分析城乡居民对核心价值观认同的特征，尤其是总体上的趋同性与具体方面的差异性，剖析问题及其原因，并试图以此为基础提出对策与建议。

一、现状描述

众所周知，城乡二元结构是长期以来备受各界关注的重要社会问题。在我国政治经济社会语境中，就城乡二元结构的生成要素来说，直接促使城乡二元结构得以生成的基本条件是我国现行的户籍制度。户籍制度根据户口把居民划分为城市居民与农村居民，它对我国城市居民与农村居民的心理带来了重要影响。需要说明的是，本报告在探讨差异时的重点并不在于分析户籍制度影响下的城乡居民对核心价值观的认同所展现的差异。理由在于，当今我国政府正在推行户籍制度改革，城乡一体化进程也呈加快趋势，户籍制度所导致的城乡居民对核心价值观的认同差异正在逐步弱化。在户籍制度催生的城乡差异之外，还存在着一种城乡差异，即因地理因素造成的城乡差异。如果说前者是人为因素造成的城乡差异，那么，后者则是由天然因素造成的城乡差异。事实上，在当今中国户籍制度大改革的背景下,由人为因素造成的城乡差异正在逐步向由地理因素造成的城乡差异靠拢,或者说,两者有趋于合流的趋势。就此而言,本报告所讨论的城乡差异,将淡化户籍制度上的城乡差异而强化地理意义上的城乡差异,更多地着眼于分析地理意义上的城乡差异对核心价值观认同造成的影响及差异。

(一) 城乡居民核心价值观认同中的趋同性特征

在对核心价值观的作用的认同问题上,城乡居民表现出了趋同性,城乡居民都对"社会主义核心价值观在人们日常行为和生活中起重要作用"持肯定态度。对于"近年来核心价值观已深入人心,成为人们日常行为的指南"这一观点,调研数据显示(见表5-1),分别有37.30%和33.50%的城市居民(占被调研城市居民总人数的70.80%)表示同意和非常同意,分别有37.20%和39.00%的农村居民(占被调研农村居民总人数的76.20%)表示同意和非常同意。

表5-1 城乡居民对"近年来核心价值观已深入人心,成为人们日常行为的指南"观点的认同比重统计　　单位:人,%

城乡分类		非常不同意	不同意	不清楚	同意	非常同意	合计
城乡分类	城市 计数	35	171	602	1 033	928	2 769
	比重	1.30	6.20	21.70	37.30	33.50	100.00
	农村 计数	19	56	238	491	515	1 319
	比重	1.40	4.20	18.00	37.20	39.00	100.00
合计	计数	54	227	840	1 524	1 443	4 088
	比重	1.30	5.60	20.50	37.30	35.30	100.00

资料来源:湖北大学高等人文研究院、中华文化发展湖北省协同创新中心"中国文化发展状况调查(2018)"数据库。[①]

城乡居民对具有鲜明民族文化根基的核心价值观在新时代所具有的地位的认同也具有趋同性,城乡居民都认为核心价值观中所具有的民族文化是新时代中国人的精神标识,能给新时代中国人的精神以支撑。对于"核心价值观有鲜明的民族文化根基,是新时代中国人的精神标识"这一观点,调研数据显示(见表5-2),分别有35.90%和44.90%的城市居民(占被调研城市居民总人数的80.80%)表示同意和非常同意,分别有

---

① 下文中的数据凡源于此数据库,不再标注。

35.00%和48.90%的农村居民（占被调研农村居民总人数的83.90%），表示同意和非常同意。

表5-2 城乡居民对"核心价值观有鲜明的民族文化根基，是新时代中国人的精神标识"观点的认同比重统计　　单位：人，%

		非常不同意	不同意	不清楚	同意	非常同意	合计
城乡分类	城市　计数	35	79	418	995	1 242	2 769
	比重	1.30	2.90	15.10	35.90	44.90	100.00
	农村　计数	14	30	168	462	645	1 319
	比重	1.10	2.30	12.70	35.00	48.90	100.00
合计	计数	49	109	586	1 457	1 887	4 088
	比重	1.20	2.70	14.30	35.60	46.20	100.00

基于共同的认同，城乡居民认为，核心价值观需要以具体化的方式得到落实。对于"核心价值观要成为人们的行为习惯，践行必须具体细化落实"这一观点，调研数据显示（见表5-3），分别有34.10%和48.90%的城市居民（占被调研城市居民总人数的83.00%）表示同意和非常同意，分别有34.10%和51.60%的农村居民（占被调研农村居民总人数的85.70%）表示同意和非常同意。因此，对于核心价值观的落实方法，城乡居民都认为，核心价值观需要以具体化的方式得到落实，城乡居民的认同感保持着趋同性。

表5-3 城乡居民对"核心价值观要成为人们的行为习惯，践行必须具体细化落实"观点的认同比重统计　　单位：人，%

		非常不同意	不同意	不清楚	同意	非常同意	合计
城乡分类	城市　计数	26	74	371	944	1 354	2 769
	比重	0.90	2.70	13.40	34.10	48.90	100.00
	农村　计数	17	28	144	450	680	1 319
	比重	1.30	2.10	10.90	34.10	51.60	100.00
合计	计数	43	102	515	1 394	2 034	4 088
	比重	1.10	2.50	12.60	34.10	49.80	100.00

由于中华文化源远流长，城乡地区都受到过优秀传统文化的浸染，所以城乡居民特别重视传统文化对核心价值观的影响，都认为优秀传统文化应该更好地融入核心价值观的培育和践行中去。对于"应该让优秀传统文化更好地融入核心价值观的培育和践行中去"这一观点，调研数据显示（见表5-4），城市居民表示同意和非常同意的人数之和占被调研城市居民总人数的84.90%，农村居民表示同意和非常同意的人数之和占被调研农村居民总人数的86.60%。

表5-4 城乡居民对"应该让优秀传统文化更好地融入核心价值观的培育和践行中去"观点的认同比重统计　单位：人，%

城乡分类		非常不同意	不同意	不清楚	同意	非常同意	合计
城乡分类	城市　计数	24	73	323	979	1 370	2 769
	比重	0.90	2.60	11.70	35.40	49.50	100.00
	农村　计数	12	26	139	484	658	1 319
	比重	0.90	2.00	10.50	36.70	49.90	100.00
合计	农村　计数	36	99	462	1 463	2 028	4 088
	比重	0.90	2.40	11.30	35.80	49.60	100.00

就核心价值观的现实化来说，道德和法制发挥着重要的作用。城乡居民认为，要使核心价值观成为人们的行为习惯，实现核心价值观的现实化，必须强调道德化和法制化。对于"要使核心价值观成为人们的行为习惯，践行必须道德化法制化"这一观点，调研数据显示（见表5-5），分别有34.00%和49.10%的城市居民（占被调研城市居民总人数的83.10%）表示同意和非常同意，分别有32.80%和52.00%的农村居民（占被调研农村居民总人数的84.80%）表示同意和非常同意。城乡居民表示非常同意的人数占被调研居民总人数的50.00%，说明有一半的被调研居民对"要使核心价值观成为人们的行为习惯，践行必须道德化法制化"观点是高度认同的。

表5-5 城乡居民对"要使核心价值观成为人们的行为习惯，践行必须道德化法制化"观点的认同比重统计　　　单位：人，%

		非常不同意	不同意	不清楚	同意	非常同意	合计
城乡分类	城市 计数	32	67	370	941	1 359	2 769
	比重	1.20	2.40	13.40	34.00	49.10	100.00
	农村 计数	23	25	152	433	686	1 319
	比重	1.70	1.90	11.50	32.80	52.00	100.00
合计	计数	55	92	522	1 374	2 045	4 088
	比重	1.30	2.30	12.80	33.60	50.00	100.00

国家治理体系是在党的领导下管理国家的制度体系，包括经济、政治、文化、社会、生态文明和党的建设等各领域的体制机制、法律法规安排，也就是一整套紧密相连、相互协调的国家制度。核心价值观是国家治理现代化的重要保障，是国家治理现代化的重要构成部分。城乡居民认为，国家治理体系中必须要融入核心价值观。对于"核心价值观必须融入国家治理体系"这一观点，调研数据显示（见表5-6），分别有36.50%和39.60%的城市居民（占被调研城市居民总人数的76.10%）表示同意和非常同意，分别有38.90%和38.50%的农村居民（占被调研农村居民总人数的77.40%）表示同意和非常同意。这说明城乡大多数居民都认为核心价值观在国家治理中很重要，认同核心价值观必须融入国家治理体系。

表5-6 城乡居民对"核心价值观必须融入国家治理体系"观点的认同比重统计　　　单位：人，%

		非常不同意	不同意	不清楚	同意	非常同意	合计
城乡分类	城市 计数	64	129	470	1 010	1 096	2 769
	比重	2.20	4.70	17.00	36.50	39.60	100.00
	农村 计数	28	46	224	513	508	1 319
	比重	2.10	3.50	17.00	38.90	38.50	100.00
合计	计数	92	175	694	1 523	1 604	4 088
	比重	2.20	4.30	17.00	37.30	39.20	100.00

（二）城乡居民核心价值观认同中的差异性特征

城乡居民对核心价值观的认同虽然展现出了趋同性，但同时也存在着差异性。这种差异性主要体现为城乡居民对核心价值观的认同度的不同。具体说来，农村居民对核心价值观的认同度高于城市居民。

城乡居民对核心价值观在人们日常生活中的重要作用都非常认同，但城乡居民的认同度却有差异。对于"近年来核心价值观已深入人心，成为人们日常行为的指南"这一观点，调研数据显示（见表5-1），在"非常同意"这个选项上，城市居民占被调研城市居民总人数的33.50%，而农村居民占被调研农村居民总人数的39.00%。显然，农村居民表示"非常同意"的比重要高于城市居民。除此之外，在农村居民中，选择"同意"和"非常同意"的人数比重达到了76.20%，远高于城市居民70.80%的比重。这表明，就城乡居民对"近年来核心价值观已深入人心，成为人们日常行为的指南"观点的认同来说，农村居民的认同度更高。

核心价值观中鲜明的民族文化根基是新时代中国人的精神标识，这是毋庸置疑的，但城乡居民对之的认同度之间也存在着一定的差异。对于"核心价值观有鲜明的民族文化根基，是新时代中国人的精神标识"这一观点，调研数据显示（见表5-2），城市居民表示非常同意的比重为44.90%，农村居民表示非常同意的比重为48.90%，农村居民的比重明显高于城市居民。虽然表示同意的城市居民的比重为35.90%，农村居民的比重为35.00%，城市居民的比重稍高于农村居民，但从选择"同意"和"非常同意"的总比重来看，还是农村居民（占被调研农村居民总人数的83.90%）高于城市居民（占被调研城市居民总人数的80.80%）。显然，农村居民更加认同核心价值观有鲜明的民族文化根基，是新时代中国人的精神标识。

对于核心价值观的落实方法，城乡居民都认为，核心价值观需要以具体化的方式得到落实。城乡居民的认同感虽然保持着趋同性，但城乡居民认同度之间存在着差异性。对于"核心价值观要成为人们的行为习惯，践行必须具体细化落实"这一观点，调研数据显示（见表5-3），城乡居民表示同意的比重是一致的，都占到各自被调研总人数的34.10%，但只有48.90%的城市居民表示非常同意，而有51.60%的农村居民表示非常同意，显然农村居民的认同度高于城市居民。

源远流长、博大精深的中华优秀传统文化积淀着中华民族最深层的精神追求，是核心价值观的深厚源泉，因此，为了更好地培育和践行核心价值观，必须弘扬优秀传统文化。对此，城乡居民在认同上保持着高度的一致性，但在认同度上存在着细微的差异性。对于"应该让优秀传统文化更好地融入核心价值观的培育和践行中去"这一观点，调研数据显示（见表5-4），城市居民和农村居民表示非常同意的比重分别为49.50%和49.90%，农村居民的比重稍高于城市居民，并且表示同意的城市居民的比重为35.40%，农村居民的比重为36.70%，也是农村居民的比重高于城市居民。这表明，对于"应该让优秀传统文化更好地融入核心价值观的培育和践行中去"这一观点，农村居民的认同度略高于城市居民。

道德化和法制化在核心价值观的现实化中发挥着重要作用，要更好地建设核心价值观，使核心价值观成为人们的行为习惯，必须加强道德化和法制化建设。对此，城乡居民在认同上保持着一致性，但在认同度上存在着差异性。对于"要使核心价值观成为人们的行为习惯，践行必须道德化法制化"这一观点，调研数据显示（见表5-5），分别有49.10%的城市居民和52.00%的农村居民表示非常同意，但农村居民的比重高于城市居民，而表示同意的城市居民的比重为34.00%，农村居民的比重为32.80%，城市居民的比重又高于农村居民，但从表示同意和非常同意的比重之和来看，城市居民83.10%的比重低于农村居民84.80%的比重。显然，农村居民更加认同"要使核心价值观成为人们的行为习惯，践行必须道德化法制化"这一观点。

核心价值观对国家治理体系具有重大作用，国家治理体系现代化要以核心价值观为指导。从制度取向上看，核心价值观对国家治理体系具有定向导航作用；从制度整合上看，核心价值观对国家治理体系具有凝心聚力的功能；从制度评价上看，核心价值观对国家治理体系具有评价判断功效；从制度修正上看，核心价值观对国家治理体系具有调节规范效果。所以，核心价值观必须融入国家治理体系。对于"核心价值观必须融入国家治理体系"这一观点，调研数据显示（见表5-6），城市居民和农村居民表示非常同意的比重分别为39.60%和38.50%，城市居民的比重略高于农村居民，但表示同意的城乡居民的比重分别为36.50%和38.90%，农村居民的比重又略高于城市居民，从表示同意和非常同意的比重之和来看，城市居民76.10%的比重低于农村居民77.40%的比重。显然，整体上农村居民比城市居民更加认同"核心价值观必须融入国家治理体系"这一观点（见表5-6）。

二、原因探析

前文的分析显示，城乡居民对核心价值观的认同，一方面表现了较大的趋同性，另一方面又表现出了一定的差异性，其差异性集中体现为农村居民对核心价值观的认同度要高于城市居民。那么，现在我们面对的问题是：为什么城乡居民对核心价值观的认同会表现出如此这般的趋同性和差异性呢？

（一）造成核心价值观认同之城乡趋同性的原因

城乡居民对核心价值观的认同之所以呈现了较大的趋同性，重要原因之一在于农村的文化消费需求得到了保障。对于"通过惠民政策，农村村民基本文化消费需求得到了保障"这一观点，调研数据显示（见表5-7），分别有43.40%和31.30%的农村居民表示"同意"和"非常同意"，而分别有38.60%和28.00%的城市居民表示"同意"和"非常同意"。这表明，不管是城市居民还是农村居民，两者中的绝大多数人都对"通过惠民政策，农村村民基本文化消费需求得到了保障"观点持同意意见。在政府通过惠民政策满足农村居民基本文化需求的过程中，核心价值观无疑也得到了有效传播与认同，为消除核心价值观认同的城乡差异提供了助力。因此，城乡居民对核心价值观的认同呈现出了较大的趋同性。

表 5-7 城乡居民对"通过惠民政策，农村村民基本文化
消费需求得到了保障"观点的认同比重统计　单位：人，%

		非常不同意	不同意	不清楚	同意	非常同意	合计
城乡分类	城市 计数	50	172	704	1 068	775	2 769
	比重	1.80	6.20	25.40	38.60	28.00	100.00
	农村 计数	22	62	250	572	413	1 319
	比重	1.70	4.70	19.00	43.40	31.30	100.00
合计	计数	72	234	954	1 640	1 188	4 088
	比重	1.80	5.70	23.30	40.10	29.10	100.00

互联网和电子媒体的兴起为城乡居民对核心价值观认同的趋同性奠定了良好基础。互联网和电子媒体的兴起，改变了信息传播的传统渠道，打破了地理界限，使信息能以迅捷的方式高效传播至世界各处。我国城乡居民对核心价值观的认同之所以表现出趋同性，其重要原因之一是受到了互联网和电子媒体的影响。为了弄清互联网、电子媒体、传统艺术活动以及阅读对城乡居民接受并认同核心价值观的影响，我们对城乡居民文化消费需求实现途径进行了调研，调研设定了"浏览互联网""观看影视片""阅读报纸杂志""参加文化艺术活动"这四种文化消费需求实现途径。

调研数据显示，绝大多数城乡居民通过互联网和电子媒体获取文化消费信息。70.80%的城市居民通过浏览互联网获取文化消费信息，而65.00%的农村居民也可通过互联网获取文化消费信息（见表 5-8）。这表明，绝大多数城乡居民均通过浏览互联网获取文化消费信息，且两者在这种信息获取渠道或途径上没有表现出较大的差异性。

表 5-8　通过浏览互联网获取文化消费信息的城乡差异

单位：人，%

		是	否	合计
城乡分类	城市 计数	1 961	808	2 769
	比重	70.80	29.20	100.00
	农村 计数	857	462	1 319
	比重	65.00	35.00	100.00

续表

		是	否	合计
合计	计数	2 818	1 270	4 088
	比重	68.90	31.10	100.00

就通过观看影视片获取文化信息的途径而言，城乡居民也没有表现出较大的差异性。调研数据显示（见表5-9），52.40%的城市居民通过观看影视片获取文化信息，而46.10%的农村居民通过观看影视片获取文化信息，城乡居民并未因地域的不同而在该信息获取途径上表现出较大的差异性。事实上，之所以能做到这一点，与近年来我国政府大力提高农村地区电视节目覆盖率有很大关系。国家统计局的数据显示，截至2017年，电视节目综合人口覆盖率达到了99.07%，而我国农村电视节目覆盖率达到了98.74%；广播节目综合人口覆盖率达到了98.71%，而我国农村广播节目综合人口覆盖率达到了98.24%。无疑，这为我国城乡居民通过观看影视片获取信息提供了极大的便利，也为城乡居民超越地理边界通过电子媒介认同核心价值观打下了良好基础。

表5-9 通过观看影视片获取文化消费信息的城乡差异

单位：人，%

		是	否	合计
城乡分类	城市 计数	1 452	1 317	2 769
	比重	52.40	47.60	100.00
	农村 计数	608	711	1 319
	比重	46.10	53.90	100.00
合计	计数	2 060	2 028	4 088
	比重	50.40	49.60	100.00

调研数据显示，较之电子媒介，对于我国城乡居民通过传统媒介——阅读报纸杂志和参加文化艺术活动——获取信息的途径来说，两者都呈低迷状态。调研数据显示，42.80%的城市居民和34.10%的农村居民"通过阅读报纸杂志"获取文化消费信息（见表5-10）。无疑，较之"浏览

互联网"这种文化消费实现途径,通过该途径获取文化消费信息的城乡居民明显偏少。这至少表明,传统纸质媒体在互联网时代遭遇了困境。

表 5-10 通过阅读报纸杂志获取文化消费信息的城乡差异

单位:人,%

		是	否	合计
城乡分类	城市 计数	1 185	1 584	2 769
	比重	42.80	57.20	100.00
	农村 计数	450	869	1 319
	比重	34.10	65.90	100.00
合计	计数	1 635	2 453	4 088
	比重	40.00	60.00	100.00

调研数据显示,29.90%的城市居民和20.90%的农村居民通过"参加文化艺术活动"获取文化消费信息(见表5-11)。无疑,较之传统纸质媒体,通过该途径获取文化消费信息的城乡居民显得更少。

表 5-11 通过参加文化艺术活动获取文化消费信息的城乡差异

单位:人,%

		是	否	合计
城乡分类	城市 计数	828	1 941	2 769
	比重	29.90	70.10	100.00
	农村 计数	276	1 043	1 319
	比重	20.90	79.10	100.00
合计	计数	1 104	2 984	4 088
	比重	27.00	73.00	100.00

(二)造成核心价值观认同之城乡差异性的原因

前文的分析显示,农村居民对核心价值观的认同度高于城市居民,那么,究竟是什么原因造成了这种差异呢?调研数据显示(见表5-12),16.30%的城市居民每天用来学习的时间在3个小时以上,而用一样长的时间来学习的农村居民只有12.10%；23.70%的城市居民每天用来学习的时间为2~3小时，而用一样长的时间来学习的农村居民只有19.90%；对于每天学习1~2小时、学习1小时来说，城市居民和农村居民的差距并不明显。这说明，城市居民和农村居民在短学习时间上没有体现出明显差异，其差异主要体现在长学习时间上。就是说，较之农村居民，城市居民更善于学习且学习时间更长，城市居民中的年轻人比重更高，城市居民的学历和收入均高于农村居民。我们认为，在以上因素的综合作用下，城市居民对核心价值观的认同表现了更开放、更多元的认知特征，而农村居民则表现出了更保守、更单一的认知特征，这或许是导致农村居民对核心价值观的认同度整体高于城市居民的原因。

表5-12 城乡居民平均每天用来学习或了解各种资讯的时间长短对比

单位：人，%

城乡分类		3小时以上	2~3小时	1~2小时	1小时	没时间	合计
城乡分类	城市 计数	452	655	859	635	168	2 769
	比重	16.30	23.70	31.00	22.90	6.10	100.00
	农村 计数	159	263	455	306	136	1 319
	比重	12.10	19.90	34.00	23.20	10.30	100.00
合计	计数	611	918	1 314	941	304	4 088
	比重	14.90	22.50	32.10	23.00	7.40	100.00

较之农村居民，城市居民青壮年居多，年轻的心态决定了城市居民的学习效率更高且学习心态更开放。因此，城市居民对核心价值观的认同度显得略低于农村居民。从不同年龄段的人口来看（见表5-13），被调查者的年龄段集中分布在"20~29岁"、"30~39岁"和"40~49岁"。三个年龄段城市被调查者在"20~29岁"、"30~39岁"和"40~49岁"的比重分别为32.10%、23.80%和24.70%；属于农村的被调查者年龄段在"20~29岁"、"30~39岁"和"40~49岁"的比重分别为24.80%、21.50%和22.40%。很明显，在每个年龄段的比重，农村都低于城市，并且农村居民在"19岁及以下"和"50~59岁"两个年龄段的比重分别为16.80%和11.50%，都高于城市居民在"19岁及以下"（11.30%）和"50~59岁"（6.70%）的比

重。这说明，在城市居民中，青壮年劳动力人口多于农村，农村青少年和老年人口要多于城市，农村人口老龄化明显高于城市。

表 5-13 城乡居民年龄分段对比   单位：人，%

城乡分类		19岁及以下	20～29岁	30～39岁	40～49岁	50～59岁	60岁及以上	合计
城乡分类	城市 计数	312	888	659	683	186	41	2 769
	比重	11.30	32.10	23.80	24.70	6.70	1.50	100.00
	农村 计数	221	327	284	295	152	40	1 319
	比重	16.80	24.80	21.50	22.40	11.50	3.00	100.00
合计	计数	533	1 215	943	978	338	81	4 088
	比重	13.00	29.70	23.10	23.00	8.30	2.00	100.00

从调研数据可以看出（见表 5-14），就学历是高中（中专）和初中及以下的比重而言，城市居民分别为 20.50% 和 9.80%，农村居民则分别为 32.20% 和 24.30%，城市居民学历是大学专科和大学本科的比重分别达到 16.00% 和 43.50%，都高于农村居民的 15.80% 和 24.90%。就学历是硕士研究生及以上的比重而言，农村居民为 2.70%，远低于城市居民的 10.30%。这说明，农村有大学及以上学历的居民明显少于城市。

表 5-14 城乡居民学历对比   单位：人，%

城乡分类		初中及以下	高中（中专）	大学专科	大学本科	硕士研究生及以上	合计
城乡分类	城市 计数	270	568	442	1 204	285	2 769
	比重	9.80	20.50	16.00	43.50	10.30	100.00
	农村 计数	320	425	209	329	36	1 319
	比重	24.30	32.20	15.80	24.90	2.70	100.00
合计	计数	590	993	651	1 533	321	4 088
	比重	14.40	24.30	15.90	37.50	7.90	100.00

较之农村居民，城市居民收入水平更高，文化需求更高。为了分析收入水平对城乡地区核心价值观认同度的影响程度，本报告将收入水平划分

为五个区间,分别为"3 000元及以下"、"3 001～5 000元"、"5 001～8 000元"、"8 001～10 000元"和"10 000元以上"。从城乡居民月收入水平来看(见表5-15),49.80%的农村居民月收入在"3 000及以下"这一水平,33.80%的农村居民在"3 001～5 000元"这一水平,仅有极少数的农村居民月收入在更高的水平。相比于农村居民,城市居民的月收入水平明显更高,城市居民月收入在"5 001～8 000元"和"8 001～10 000元"的比重分别为21.50%和6.10%,明显高于农村居民的比重(9.80%和3.50%)。从月收入在"10 000元以上"的城乡比重来看,城市居民的比重为4.20%,农村居民的比重为3.10%,城市居民明显高于农村居民。显然,城市居民的月收入水平偏高,而农村居民的月收入水平偏低,城乡月收入水平差距明显。我国城乡二元的结构一直存在,特别是城乡二元经济体制。二元经济体制,就是国家在推动工业化的进程中,对城市和农村实行不同的经济政策。而这种经济政策把大量的资源重点分配在城市,农村发展总是要落后于城市发展。较城市而言,农村受自然环境和历史因素的影响,生产力发展水平相对落后,发展很不平衡,农村居民的致富手段和增收途径都非常有限,农村的年轻人大多选择外出务工,没有十分稳定的经济来源。城市居民相对于农村居民来说,拥有更多的资源、更多的就业机会,而且所获劳务报酬明显更高。物质层面的不稳定因素最终反映到了精神层面,即缺乏对思想道德层面的足够关心和耐心。无疑,城市居民月收入水平高使得他们对文化的需求更高,愿意在思想文化建设方面投入更多的金钱,加强自身思想道德层面的建设。

表5-15 城乡居民月收入水平对比　　　　单位:人,%,元

		3 000及以下	3 001～5 000	5 001～8 000	8 001～10 000	10 000以上	合计
城乡分类	城市 计数	947	940	595	170	117	2 769
	比重	34.20	33.90	21.50	6.10	4.20	100.00
	农村 计数	657	446	129	46	41	1 319
	比重	49.80	33.80	9.80	3.50	3.10	100.00

续表

		3 000及以下	3 001～5 000	5 001～8 000	8 001～10 000	10 000以上	合计
合计	计数	1 604	1 386	724	216	158	4 088
	比重	39.20	33.90	17.70	5.30	3.90	100.00

三、对策与建议

（一）加大媒体（尤其是电子网络媒体）宣传力度，激发民众学习并践行核心价值观的热情

在普及核心价值观的过程中，农村居民主要依靠电视、广播等电子媒体和网络媒体进行学习，因此，媒体的传播很大程度上影响着民众对核心价值观的理解和思考，尤其在如今这个网络时代，媒体与舆论的力量是不容小觑的。充分发挥好媒体和舆论的功能，对于深化民众对核心价值观的理解会产生很大作用。问题是：媒体应该如何传播，传播什么内容，才会是有效的，才会对人产生影响？如今媒体传播方式过于简单粗暴，并且过度地进行口号宣传、标语宣传，比较生硬枯燥，缺乏能让民众听懂的实质内容，这种与标题党无异的行为容易使民众产生厌倦和排斥心理，从而使媒体传播的效果大大削弱，是得不偿失的。因此，必须改进媒体传播形式和传播内容，具体有以下两点建议：

第一，媒体引导展开广泛讨论。党的十八大提出，倡导富强、民主、文明、和谐，倡导自由、平等、公正、法治，倡导爱国、敬业、诚信、友善，这是核心价值观的主要内容，这24字的基本内容早已为大家所熟知，但对于它们的具体内涵、它们的价值意义，大多数人是模糊不清的，因此媒体应该引导舆论，对核心价值观的具体内涵和价值意义进行讨论与辨明。具体来看，媒体可以通过设置议题来促成讨论，例如对什么是富强进行发文讨论：富强是物质上的富强，还是精神上的富强？富强对我们意味着什么？它与其他核心价值观的关系如何？媒体应该做那个抛出问题的人，吸引民众的注意、引发民众讨论的热情。在讨论中，核心价值观的具体内涵才会被广泛思考、广泛传播，从而深入人心。

第二，媒体传播紧贴社会现实。媒体对核心价值观的宣传要与社会现实、与人们关心的事紧密联系起来，在具体事例中阐明核心价值观的内容和价值。在进行新闻报道的时候，要运用生动、简洁的语言，切忌假大空的理论罗列，用人们能听懂的语言来进行说明阐释，增强内容的可读性和明晰性，使农村居民更易接受和理解核心价值观的意义及其与现实生活、与社会、与国家的关系。这样，才能使媒体传播发挥出其应有的作用。

（二）加强教育，深化民众对核心价值观的理解

核心价值观的学习实践在城市和农村存在差异性。任何一种价值观念要被大众认同并使其在日常生活中践行，都需要经历一个循序渐进、不断深入的过程，核心价值观的认同亦是如此。因而，在核心价值观的学习实践中，城市和农村应根据各自不同的环境，因地制宜地采取不同的宣传方式，以确保学习实践的合理性、宣传方式实施的可行性，力求最大限度地实现阶段性的学习目标。

为了缩小城乡居民对核心价值观的认同感差异，我们首先要做的是加大对教育的投资力度，促进我国城乡教育的均等化。由于城乡在经济发展水平、教育投资力度、思想观念等方面的差距过大，城乡之间的教育水平也存在着较大的差距。受教育水平不同，不可避免地会导致城乡居民在思考问题方式、认知水平以及教育素质等方面存在差距。因此，对于同样一种核心价值观理论，城乡居民经过学习、理解后会表现出不同的认同感，甚至是差异较大的认同感。为了缩小城乡居民对核心价值观的认同感差异，就需要缩小城乡间的教育水平差距，实现城乡教育的均等化。城乡间的教育差距不仅表现在城乡学校（义务）教育方面，还表现在家庭教育、社区教育、自我教育等方面。因此，要缩小城乡间的教育水平差距，就需要从学校、家庭、社区、自我等各个方面着手，实现城乡教育均衡、全面发展。其中，最重要的是学校教育均等化，因为学校教育的影响广度、深度、持久性是各种教育中最大的，所以要着重学校教育。可以加大对中、西部部分省份的教育财政资金投入力度，适当减少对东部已实现高水平均等化地区的教育财政资金投入；加强教师队伍建设，健全教师保障制度，促进教师资源流动；等等。

对核心价值观的认同不是单靠某一个人或某一个组织就能完成的，它是全社会共同的职责所在，需要广大群众齐心协力的合作和深入的学习才能更好地完成。政府发挥其职能，带头深入学习，并贯彻落实，把核心价值观践行到工作中，提升政府的公信力；学校加强师生教育，把核心价值观融入教育的全过程，让核心价值观进入课堂、进入教材、进入考试、进入学生的头脑；家庭教育也是不容忽视的一部分，良好的家庭环境与家庭熏陶对核心价值观的认同和践行起到积极的促进作用。总之，对核心价值观的认同和践行，不应是口头上的说说而已，而应落实到生活中的方方面面。要充分发挥单位、学校、家庭三位一体的综合作用，提升民众的整体素质，形成长期有效的学习机制。

（三）传承和弘扬中华优秀传统文化

中华优秀传统文化是我们的精神标识，核心价值观是对我国优秀传统文化的传承与发展，所以，核心价值观的培育和践行离不开优秀传统文化的滋养。而伴随着市场经济的发展，传统文化在当代面临着严重的危机。互联网对传统文化行业发展的冲击，外来文化对传统文化同质化的冲击，人才缺乏和传承方式对传统文化的影响，这些都影响了传统文化的传承和创新。在这种境遇下，我们更应该加大对优秀传统文化的传承和弘扬。要转变优秀传统文化的传递方式，利用新媒体，加强文化体验和熏陶。城乡居民对核心价值观的认同的差异性，突出表现为优秀传统文化宣传媒介的动静之差。就城市而言，因居民快节奏的生活方式，可以侧重于动态的宣传媒介，利用碎片时间打造流动的道德学习课堂，如在公交车上播放核心价值观公益广告，在电梯区域投射屏幕课堂等。就农村而言，考虑村落聚居、信息闭塞、村民文化程度不高、学习硬件设施缺乏的实际，应侧重于动静结合的宣传媒介，如利用有核心价值观的宣传标语和图片、流动宣传车、村民广播站等方式进行宣传教育。静态媒介的宣传应在内容上更具吸引力和冲击力，以图文并茂的形式向群众普及核心价值观。通过各种方式和渠道来宣传优秀传统文化，引导城乡居民树立正确的历史观，增强文化的认同感和归属感，形成社会共识，缩小城乡居民对核心价值观的认同感差异。大力传承与弘扬优秀传统文化,让优秀传统文化更好地融入核心价值观的培育和践行中,为实现中华民族伟大复兴提供精神支撑。

(四)保持经济持续健康发展,缩小城乡差距

以经济建设为中心,保持经济持续健康发展是国家兴旺的根本保证,是社会富裕和谐、人民幸福安康的基本要求,是发展的强大动力。通过经济的发展,不断创造社会财富,才能为核心价值观提供经济基础和物质财富,两者相辅相成。城乡差距问题是我国社会发展中的重要问题,城市和农村的经济基础不对等,呈现出二元结构,所以城乡居民对核心价值观的认同自然不同。因此,国家的首要任务是保持经济健康发展,缩小城乡经济发展差距,努力提高民众的生活水平和质量,通过经济发展为精神文明建设提供物质支持。在保持全国经济发展的基础上,应对农村地区有所倾斜。财政部门在计划中应该加大对欠发达地区的投资预算,不管是基础设施建设方面还是社会保障支出方面,都应该对其适当增加投入。但是也不能一味增加投入,政府更应该激发农村地区发展的经济活力与创造力,转变经济发展方式,给予农村地区政策上的支持,加紧解决农业、农村和农民问题,加大强农、惠农、富农政策力度,让广大农民平等参与现代化进程。另外,应该加快完善城乡发展一体化体制机制,形成以工促农、以城带乡、工农互惠、城乡一体的新型工农、城乡关系。

制度的建设和价值观的形成是相辅相成的。核心价值观的培育和践行离不开制度的保障,需要通过建立制度来规范人的价值判断。同时,在一定价值理念的指导下确立的制度也必然体现着一定的社会主流价值观。所以,我们要不断加强制度建设,健全政策法规,以保障核心价值观建设的开展。在税收方面,近年来,我国城乡税费体制仍然呈现二元结构,城乡差距十分明显。所以,在制度方面,要对农村居民收入做出适当调节,积极完善税费管理制度对农村居民收入分配的调节作用,新时期农民群众收入分配调节更加注重分配结果的公平正义,在调整过高收入、保障最低收入的基础上扩大中间收入者的比重,形成既强调效率又重视公平的分配局面。不仅是税费管理制度的完善,还要继续完善社会主义社会的经济制

度、政治制度、文化教育制度、福利保障制度等各项制度，使它们成为建设好核心价值观的动力源泉、政治保障、文化教育支持和民生基础。对制度的不断完善也是在传递一种理念，是价值观培育和践行的有力支撑，是缩小城乡价值认同感的切实保障。

中篇
精英群体对社会主义核心价值观认同的状况

报告六

社会主义核心价值观在精英群体中精准落实的策略研究

一、研究的缘起与问题、假设

（一）研究的缘起

"精英"概念的内涵有多种界定。在中国古代汉语中，"精"的本义是经过挑选过的、上等的；"英"指才能出众的人，常常以"榜样""英雄"予以冠之。三国魏刘劭《人物志》曰："夫草之精秀者为英，兽之特群者为雄。"晋葛洪《抱朴子·嘉遁》讲："漱流霞之澄液，茹八石之精英。"唐杜牧《阿房宫赋》说："燕赵之收藏，韩魏之经营，齐楚之精英，几世几年，剽掠其人，倚叠如山。"宋苏轼《乞校正陆贽奏议进御札子》也说："如贽之论，开卷了然，聚古今之精英，实治乱之龟鉴。"鲁迅《伪自由书·再谈保留》认为："只要撮取报章，存其精英，就是一部不朽的大作。"当今社会，所谓"精英"通常是指人，并不指物，物有其他的一些说法，比如精华、文萃、名牌等。从国际视野来看，"精英"一词最早出现在17世纪的法国，意指精选出来的少数优秀人物。意大利著名的经济学家帕累托将"精英"界定为形形色色的人类活动中的佼佼者。[1] 意大利

---

[1] V.帕累托.普通社会学纲要.田时纲，译.北京：东方出版社，2007.

的法学家莫斯卡高度肯定精英对社会文明的影响，认为精英是社会文明的引领者，被社会高度认可，并具有影响力，社会文明随精英的变动而改变。[①] 美国的社会学家米尔斯认为"精英"是社会阶级中的上流阶层，其成员经过筛选、培养和认证，这个阶层掌握特定社会中的大部分资源，对社会稳定和运行具有重大影响。精英是社会结构对资源进行配置的结果，是社会延续的客观要求。[②] 美国的政治学家R. 希尔斯曼也认同米尔斯的观点，认为"精英"是指某个特定社会阶层的成员，他们在社会中占据着重要机构的领导地位，在社会、经济和教育等方面都高于其他人。[③]

从文化的分野来看，东西方对精英群体的界定、形成、特征、性格、社会功能以及影响力有着很大的分歧。以美国为代表的研究者往往基于民主、政治、权利等视角来分析精英群体。我国的研究者一般认为精英群体具有中产阶层的含义并基于这一理解从国家与民族认同、素质能力、社会地位三个方面对精英群体进行探究。总体观点认为，精英是由于智力、能力、性格、财产、出身、教育环境等方面超过大多数人，而成为促进社会进步的推动力量。精英群体一般包括政府官员、社会名流、学者、企业家，是国家和民族的英杰，社会发展倚重的栋梁之才、中流砥柱。在国内的一系列研究中，研究者对社会精英的文化特征做了很好的归纳，如认为精英群体具有"忧患意识""标杆意识""良心意识""参与意识"[④]。精英并不一定与政治权力相结合而成为政治精英，更多的精英活跃在自己的领域而不是政治领域。当今，精英群体的职业化程度和专业化水准越来越高；精英群体在社会经济生活中的地位越来越凸显。[⑤] 精英由于自身优势，在实际生活中更加受到重视，他们存在的价值往往得到高度肯定，这已经成为不争的事实。

在我国改革开放40多年的历程中，精英群体受益最多，最有影响力。但是在一些领域中，部分精英表现出有悖于国家倡导的核心价值观的极端

---

① 加塔诺·莫斯卡. 统治阶级. 贾鹤鹏，译. 南京：译林出版社，2002.
② 查尔斯·赖特·米尔斯. 权力精英. 王崑，许荣，译. 南京：南京大学出版社，2004.
③ 希尔斯曼. 美国是如何治理的. 曹大鹏，译. 北京：商务印书馆，1988.
④ 秦德君. 中国公民文化：道与器. 上海：东方出版中心，2011.
⑤ 吴忠民. 改革开放以来中国精英群体的演进及问题（上）. 文史哲，2008（3）：140-161.

行为，加上社会对精英群体给予的高期望常常达不到预期目标甚至与预期目标相反，这使人们对精英群体的国家观、社会观、诚信观提出了种种质疑。有观点认为，中国精英群体的国家治理观和政治价值观无视中国文化与传统价值观，过于"西方化"，对社会制度认同偏低，凸显出诸多价值错位问题。一些政治精英利用权力进行寻租、贪赃枉法、破坏民众的政治信任。① 在社会快速发展和财富过快积累的驱使下，在经济精英群体中，许多人心态失衡，不愿意踏踏实实赚钱，"短期行为"盛行，没有起到先富带动后富的示范作用。在知识精英中出现的学术造假、责任与诚信问题更是一再遭受斥责。知识精英有关政治的知识呈"碎片化"，不懂经济不懂民生，在国家以及政治方面的知识体现了"博学的无知"。② 有学者认为，中国精英群体的社会责任感要比发达国家精英群体的责任感低得多，中国的精英们也没有一个统一的规范、价值和理念，还没有时间形成自己的文化和价值。③

社会对精英群体的这些负面评价说明，精英群体在人们心目中的标杆地位失落，其追求需要提升。精英群体是实现中华民族伟大复兴的中流砥柱，精英群体的价值追求、行为方式、家国情怀，以及对以社会主义核心价值观为核心内容的中国精神的认同，直接影响着国家的发展速度与发展质量。党的十九大报告明确提出："社会主义核心价值观是当代中国精神的集中体现，凝结着全体人民共同的价值追求。要以培养担当民族复兴大任的时代新人为着眼点，强化教育引导、实践养成、制度保障，发挥社会主义核心价值观对国民教育、精神文明创建、精神文化产品创作生产传播的引领作用，把社会主义核心价值观融入社会发展各方面，转化为人们的情感认同和行为习惯。"④ 因此，我们认为，在新的历史时期，精英群体对社会主义核心价值观的认知认同，以及该群体的家国情怀和价值取向在社会上具有代表性，同时也最有影响力。研究和构建具有中国特色的精英

---

① 刘宏伟.精英群体社会资本的负效应及其制约.新疆社会科学，2017（1）：12-18.
② 杨光斌.政治审慎是知识精英的社会责任.红旗文稿，2016（7）：41.
③ 康晓光.精英群体应承担更多的社会责任.领导决策信息，2003（3）：23.
④ 习近平.决胜全面建成小康社会　夺取新时代中国特色社会主义伟大胜利：在中国共产党第十九次全国代表大会上的报告（2017年10月18日）.北京：人民出版社，2017：42.

群体文化和价值理念，全力打造具有中国特色的精英文化，使精英群体成为践行核心价值观的社会标杆和文化楷模，对于培育和践行社会主义核心价值观，实现中华民族伟大复兴具有十分重要的现实意义。

(二) 问题与假设

本研究将核心价值观中的三个层次十二个方面的内容看成一个完整的体系，分类分层探讨精英群体对其内容认知认同的特征与差异，比较相关评价、践行中的困境以及外部环境制约因素等问题。为了便于研究，在调查阶段，我们将学历（受教育程度）、收入、职称或职务（职位）这三个人口学标志，作为衡量本研究要求的"精英群体"的要素。按照"高学历、高收入、高职称或高职务"三个标志性指标在调查中筛选被调查者，并界定："高学历"是指被调查者的学历为研究生及以上学历；"高收入"是指被调查者的年收入在35万元及以上；"高职称"是指被调查者具有副高级及以上技术职称；"高职务"是指被调查者在行政事业单位的工作职位在副处级及以上，对于在经济部门工作的被调查者，要求其具有大型企业的部门经理及以上职务或职位，包括总经理、董事长，以及企业法人代表。在调查采集样本时，凡是符合其中条件之一者即为我们的调查采集对象。我们在研究初期预设了如下基本假设：

第一，精英群体对核心价值观所倡导的价值取向、精神内核的理解、认同、评价可以通过可操作性问题进行测度。

第二，通过测度，可以分析精英群体的国家观情怀、社会责任意识、个人职业理想、道德操守以及奉献精神、标杆意识或者行为价值取向。

第三，政治精英、经济精英、知识精英在践行核心价值观中对国家观、社会观、个人道德观的认知认同存在结构性差异。

第四，精英群体对核心价值观认知认同的水平对培育和践行核心价值观的绩效的评价产生影响。

基于以上假设，通过实证研究，分析精英群体的国家观、社会观、个人道德观的价值取向、群体特征以及群体内部的差异，以期在制度层面和实践层面探讨对策。

二、样本采集与指标、模型构建

(一) 样本采集与样本描述

1. 样本采集

本次数据采集,采用自编问卷。问卷共分两个部分。第一部分是基本信息,主要包括被调查者的性别、年龄、学历、职业和收入状况。第二部分设置了58个自陈式答题,具体内容分为四个大类:一是被调查者对核心价值观的理解、认知与认同;二是培育和践行核心价值观的路径认同;三是培育和践行核心价值观的社会影响因素;四是培育和践行核心价值观进展的现状以及效果的评价。采用李克特量表的五级区分度,用1~5进行度量,即"非常不同意""不同意""不清楚""同意""非常同意",分别用1、2、3、4、5表示。

本次调查的样本涉及11个省、直辖市和1个专业群体调查点。11个省、直辖市分别是山西省、江苏省、广东省、福建省、云南省、山东省、湖北省、四川省、北京市、上海市、重庆市,专业群体调查点为全国检察系统高级检察官培训班成员。

按照国家职业分类和本研究的需要,在数据预处理阶段,对样本中的职业(职称/职位)进行了再次分类,将企业高管、企业法人代表、自由职业者归类为经济(企业)精英,将高级专业技术人员、大学教师归类为知识(智士)精英,将党政机关领导干部、企事业单位负责人归类为政治(权力)精英三类。

2. 样本描述

本次调查共发放问卷1 500份,回收问卷1 350份,回收率为90.00%;剔除137份无效问卷后,有效问卷为1 213份,有效回收率为89.85%。表6-1所体现的是本次调查采集到的基本信息。表6-1显示,样本中男性人数明显多于女性,平均年龄为42.09岁(最低年龄为33岁,最高年龄为51岁),呈现青壮年人数多、正值干事业的年龄结构。样本的职业构成以及职务职级的覆盖面达到了预期,样本中人均受教育年限为18.21年,人均年收入为21.88万元。被调查者与社会平均受教育程度相比，属于高学历群体，与社会平均收入相比，属于高收入群体。

表 6-1 基本信息分布描述　　　　　　　　单位：人，%

类别		人数	比重
性别	男性	702	57.87
	女性	511	42.13
	总计	1213	100.00
年龄	35岁及以下	322	26.55
	36~40岁	213	17.56
	41~45岁	200	16.49
	46~50岁	214	17.64
	51岁及以上	264	21.76
	总计	1213	100.00
学历	高中（中专）及以下	30	2.47
	大学专科	147	12.12
	大学本科	428	35.28
	硕士研究生	329	27.12
	博士研究生	279	23.00
	总计	1213	100.00
职务职级	科级与讲师	131	10.80
	部门经理	257	21.19
	总经理	212	17.48
	处级（副、正）	336	27.70
	副厅级及以上	277	22.84
	总计	1213	100.00
精英分类	经济（企业）精英	359	29.60
	知识（智士）精英	523	43.12
	政治（权力）精英	331	27.29
	总计	1213	100.00

续表

类别		人数	比重
年收入	10万元以下	247	20.36
	10万~20万元	486	40.07
	21万~30万元	183	15.09
	31万~40万元	116	9.56
	41万元及以上	181	14.92
	总计	1213	100.00
学习途径	听取讲座和参加讨论会	535	14.53
	参加专门的培训班学习	406	11.02
	浏览互联网	864	23.46
	阅读报纸杂志	674	18.30
	政府宣传教育活动	735	19.96
	观看影视专题节目	429	11.65
	其他	40	1.09
	多选总计	3643	100.00
样本来源	北京市	109	8.99
	山西省	17	1.40
	上海市	132	10.88
	江苏省	38	3.13
	福建省	92	7.58
	山东省	20	1.65
	广东省	165	13.60
	四川省	18	1.48
	云南省	122	10.06
	湖北省	393	32.40
	重庆市	21	1.73
	全国检察系统培训班	86	7.09
	合计	1213	100.00

(二)指标选取与模型构建

1. 变量降维与指标分类

社会科学和行为科学研究的变量关系,通常并不是单纯的一个变量的推论或两个变量的关系,往往涉及一组或者多组变量之间的关系。这些多变量除了存在数学的、表面上的关系外,可能还存在潜在的因果关系或者层次关系。根据本研究的主旨,为了获取尽可能多的信息,问卷围绕涉及的核心价值观认知认同的三个层面设计了46个自陈式题项。在研究中为了降低研究工作的复杂程度,利用因子分析的方法进行降维,从大量彼此可能存在相关关系的变量中找出隐藏的具有代表性的因子,将相同本质的变量归入一个因子,而多个因子之间又相互独立,使分散、复杂的变量趋于整体和简单化。其数学模型表示如下:

$$\begin{cases} \chi_1 = \alpha_{11}F_1 + \alpha_{12}F_2 + \cdots + \alpha_{1m}F_m + \varepsilon_1 \\ \chi_2 = \alpha_{21}F_1 + \alpha_{22}F_2 + \cdots + \alpha_{2m}F_m + \varepsilon_2 \\ \vdots \\ \chi_p = \alpha_{p1}F_1 + \alpha_{p2}F_2 + \cdots + \alpha_{pm}F_m + \varepsilon_p \end{cases}$$

其中 χ_1、χ_2、χ_3、$\cdots$、χ_p 为 p 个原有变量,经过标准化处理以后,其样本的均值为0,方差为1;α_{ij}($i=1,2,3,\cdots,p$;$j=1,2,3,\cdots,m$)为因子载荷,就是第 i 个原有变量和第 j 个因子变量的相关系数,即 x_i 在第 j 个公共因子变量上的相对重要性。因此,α_{ij} 的绝对值越大,则公共因子 F_j 和原有变量 x_i 的关系越强。F_1、F_2、$\cdots$、F_m 为 m 个因子变量,m 小于 p,ε 为特殊因子,表示原有变量不能被因子变量所解释的部分。将其表示成矩阵形式为:

$$X = AF + \varepsilon \tag{1}$$

其中 F 为因子变量或公共因子,A 为因子载荷矩阵。

通过因子分析的方法进行降维,抽取公因子,剔除了7个载荷系数小于0.5的题项,第一次降维(一阶降维)后,共保留了39个题项,分为12个因子,检验39个变量是否适应做因子分析的KMO效度检验值为0.94,Bartlett球形检验统计量为21 994.51($df=741$,$p<0.01$),总解释率为68.59%,说明数据非常适合做因子分析,具体见表6-2。

根据表6-2中载荷系数的探索,我们对12个因子分别做出如下概括。

表6-2 精英群体核心价值观认知认同调查题项内容表述、测度目标、降维分类及载荷系数

降维分类	题项	题项内容表述	均值	测度目标（认知认同）	载荷系数
富强观	D1	当今人们生活水平明显提高，与国家藏富于民的政策相关	3.77	民富与富民政策的关系	0.731
富强观	D2	只有国强才能民富，所以无论何时国家利益应该高于一切	4.11	民富与国家利益的关系	0.768
富强观	D3	国家强大就是经济发达，人民富裕	3.91	国强与民富的关系	0.761
富强观	D4	随着国家的强大，我的幸福感越来越强	4.12	国强的感知度、获得感	0.871
民主观	E1	民主就是政府代表人民，为民做主	3.62	马克思主义民主观	0.671
民主观	E2	民主就是通过人民代表大会制度实现人民当家做主	3.84	社会主义民主制度	0.740
民主观	E3	民主决策就是不分职位和身份，人人都有投票权	3.70	西方民主形式	0.660
民主观	E4	经过集体讨论，最终由领导决定做出的决策，是最科学的	3.17	民主过程	0.679
文明观	F1	"仓廪实，知礼仪"，社会文明程度关键看人们的富裕程度	3.37	物质与社会文明的关系	0.698
文明观	F2	国家文明程度取决于教育水平和整体文化素质的高低	4.22	教育与国家文明的关系	0.748
文明观	F3	一个国家的文明程度，关键看法治程度的高低	4.00	法治与国家文明的关系	0.828

续表

降维分类	题项	题项内容表述	均值	测度目标（认知认同度）	载荷系数
和谐观	G1	构建和谐社会，关键各阶层的人心在一处想，劲往一处使	4.16	社会阶层和谐	0.717
和谐观	G2	在和谐社会中，人与人的关系就是和睦相处、和而不同	4.23	人际和谐与和而不同	0.844
和谐观	G3	在和谐社会中，允许人们理性地表达不同的意见和诉求	4.40	和谐与不同诉求的关系	0.874
和谐观	G4	建设和谐社会，做到公平正义、秩序井然，非常关键	4.49	和谐与社会秩序构建	0.854
自由观	H1	真正的自由比生命和爱情更重要	3.51	对西方自由观的认同	0.783
自由观	H2	自由在于只要法律不禁止，人人都可以把梦想变为行动	3.34	自由与私法原则的理解	0.796
自由观	H3	自由能激发创造力，自由是推动社会进步的重要因素	3.93	自由的创新功能理解	0.809
平等观	I1	一个平等的社会，基本的公共福利（服务）应该均等化	3.82	平等与公共福利共享	0.688
平等观	I2	人们寡、更患糟做大，社会应该更加注重效率，而不是平等	3.39	人的社会平等关系认同	0.785
平等观	I3	为了把蛋糕做大，社会应该更加注重效率，而不是平等	2.96	平等与效率	0.670
平等观	I4	竞争会导致不平等，推动社会发展可允许不平等存在	3.22	竞争与平等	0.696
公正观	J1	是否注重公正同题是评判社会制度好坏的最重要的标准	3.93	制度公正的重要性	0.697
公正观	J2	公正的社会应该平等尊重每一个人的生活方式和利益诉求	4.05	利益诉求与公正	0.751
公正观	J3	公正的社会应该给予老少边穷地区发展更多的政策扶持	4.23	公正与扶弱的关系	0.704

续表

降维分类	题项	题项内容表述	均值	测度目标（认知认同度）	载荷系数
法治观	K1	依法治国才能让国家长治久安	4.48	法治与长治久安	0.859
法治观	K2	保障个人合法权利可以激励公民为社会创造财富	4.38	个人合法权利保障与法治	0.837
法治观	K3	法治的重点不在于治民，而在于依法限制公权力滥用	4.17	法治与公权行使的边界	0.732
爱国观	L1	社会精英承担更多的社会责任是一种爱国的表现	3.95	爱国与奉献的关系	0.854
爱国观	L2	爱国就要疆土完整、爱民族团结、爱传统文化	4.27	爱国内容的全面理解	0.854
爱国观	L3	爱国的关键在于遵守国家宪法、维护国家的完整和权威	4.24	爱国与守法的关系	0.854
敬业观	M1	做好本职工作就是为国家做贡献	4.18	敬业的国家情怀	0.816
敬业观	M2	干一行、爱一行，每一个人要珍惜眼前的工作	4.34	敬业的社会责任	0.867
敬业观	M3	做好本职工作不仅是完成任务，更重要的是体现个人价值	4.27	敬业的个人价值	0.818
诚信观	N1	人无信不可，民无信不立，国无信不威	4.53	诚信的价值观	0.844
诚信观	N2	社会诚信，关键在于个人的道德约束	3.91	用道德约束诚信	0.674
诚信观	N3	建立个人诚信档案制度，有利于诚信社会的建立	4.44	用诚信制度建立诚信	0.854
友善观	N4	友善是一个社会公民应有的美德	4.49	友善与个人道德修养	0.931
友善观	N5	严于律己，宽以待人，友善是培育和谐社会的基础	4.46	友善的价值观	0.931

注：表中39个变量分为12个因子，KMO效度检验值为0.94，Bartlett球形检验统计量为21 994.51（$df=741$，$p<0.01$），总解释率为68.59%。

(1)"富强观、民主观、文明观、和谐观"指标的选取

通过降维，表6-2中的载荷系数表明，在国家层面的测度题项中，D1、D2、D3、D4为一个公因子，可以命名为"富强观"因子。E1、E2、E3、E4为一个公因子，可以命名为"民主观"因子。F1、F2、F3为一个公因子，可以命名为"文明观"因子。G1、G2、G3、G4为一个公因子，可以命名为"和谐观"因子。

(2)"自由观、平等观、公正观、法治观"指标的选取

在社会层面的测度题项中，H1、H2、H3为一个公因子，可以命名为"自由观"因子。I1、I2、I3、I4为一个公因子，可以命名为"平等观"因子。J1、J2、J3为一个公因子，可以命名为"公正观"因子。K1、K2、K3为一个公因子，可以命名为"法治观"因子。

(3)"爱国观、敬业观、诚信观、友善观"指标的选取

在个人层面的测度题项中，L1、L2、L3为一个公因子，可以命名为"爱国观"因子。M1、M2、M3为一个公因子，可以命名为"敬业观"因子。N1、N2、N3为一个公因子，可以命名为"诚信观"因子。N4、N5为一个公因子，可以命名为"友善观"因子。

2. 效度与信度检验

为了证明所抽取的样本以及调查问卷内容的有效性和统计意义上的可信性，我们进行了效度与信度检验。效度检验可分为内容效度检验和结构效度检验。

内容效度是指问卷所设计的题项或者内容是否充分地表达了所要测度的目标或主题。从表6-2来看，39个题项降维分类后，每个公因子所包括的题项都与测度目标的分类高度一致，其内容效度高。同时，其因子载荷系数在0.660～0.931，即降维后提取的公因子对原变量的解释程度最低可以达到66.00%，最高可以达到93.10%，公因子对原变量的解释程度高，对原变量具有很好的代表性。

从结构效度来看，根据Tuker的理论，各因子与问卷总体的相关系数为0.3～0.8，说明各因子较好地反映了问卷要测量的内容，问卷内容的效度良好。各公因子之间的偏相关系数（净相关）低于0.6，且明显低于各公因子与问卷总体之间的相关系数，说明各公因子具有一定的独立性，

表6-3 各因子之间的净相关系数及各因子与总体的相关系数

	富强观	民主观	文明观	和谐观	自由观	平等观	公正观	法治观	爱国观	敬业观	诚信观	友善观
富强观	1	—	—	—	—	—	—	—	—	—	—	—
民主观	0.294***	1	—	—	—	—	—	—	—	—	—	—
文明观	0.094**	0.118***	1	—	—	—	—	—	—	—	—	—
和谐观	0.065**	0.080**	0.010	1	—	—	—	—	—	—	—	—
自由观	0.314***	0.103***	0.042	0.097**	1	—	—	—	—	—	—	—
平等观	0.088**	0.105***	0.101***	0.406***	0.222***	1	—	—	—	—	—	—
公正观	0.230***	0.250***	0.148***	0.041	0.020	0.015	1	—	—	—	—	—
法治观	0.204***	0.355***	0.081**	0.053	0.099*	0.237***	0.170***	1	—	—	—	—
爱国观	0.157***	0.342***	0.237***	0.080**	0.203***	0.380***	0.024	0.235***	1	—	—	—
敬业观	0.170***	0.277***	0.254***	0.052	0.213***	0.266***	0.024	0.001	0.168***	1	—	—
诚信观	0.047	0.252***	0.295***	0.048	0.329***	0.347***	0.108**	0.077**	0.115***	0.326***	1	—
友善观	0.148***	0.294***	0.249***	0.096**	0.308***	0.389***	0.060	0.063	0.163	0.184***	0.465***	1
总体	0.571***	0.635***	0.692***	0.770***	0.587***	0.503***	0.750***	0.706***	0.625***	0.729***	0.737***	0.712***

注：*** $p<0.01$，** $p<0.05$。

且所保留的指标构成的问卷具有良好的内部结构效度。由表6-3可知，12个因子和总体的相关系数为0.503～0.770，即各因子与总体的相关性较高；因子之间（组间）的最大相关系数为0.465，低于0.6的水平，即因子之间的区分性明显，借此可以说明，问卷的结构效度较好。

信度即可靠性，是指使用相同指标或测量工具重复测量相同事物时，得到相同结果的一致性程度。目前最常用的是 Alpha 信度系数，信度系数为0～1：如果问卷的信度系数在0.9以上，就表示问卷的信度非常高；如果问卷的信度系数为0.8～0.9，就表示问卷的信度高；如果问卷的信度系数为0.6～0.8，就表示问卷的信度较高；如果问卷的信度系数为0.5～0.59，就表示问卷的信度在可接受的范围内。表6-4是本次抽取的样本在第一次降维后的各因子（一阶潜变量）Cronbach's Alpha 值的检验结果。表6-4显示，39个变量测度的总信度系数为0.925，表明问卷的总体信度非常高，同时各因子信度系数为0.627～0.849，表明各因子内部的一致性信度较高。

表6-4 各维度 Cronbach's Alpha 值的检验结果

因子	原变量题项	题项数	信度系数
富强	D14, D15, D16, D17	4	0.749
民主	E18, E19, E20, E21	4	0.627
文明	F22, F23, F24	3	0.639
和谐	G25, G26, G27, G28	4	0.840
自由	H30, H31, H32	3	0.660
平等	I33, I34, I35, I36	4	0.673
公正	J37, J38, J39	3	0.707
法治	K42, K43, K44	3	0.738
爱国	L47, L48, L49	3	0.726
敬业	M51, M52, M53	3	0.781
诚信	N54, N55, N56	3	0.705
友善	N57, N58	2	0.849

续表

因子	原变量题项	题项数	信度系数
整体	D14～N58（剔除 D13、H29、J40、K41、K45、K46、L50）	39	0.925

3. 二阶降维与检验

为了方便对核心价值观中国家层面、社会层面、个人层面的分析，利用因子降维的方法，对第一次降维后形成的一阶潜变量进行二次降维，形成二阶潜变量。表6-5是一阶潜变量二次降维后形成的二阶潜变量的载荷系数与Cronbach's Alpha值的检验结果。

表6-5 二阶潜变量的载荷系数与Cronbach's Alpha值的检验结果

二阶潜变量	一阶潜变量	载荷系数	信度系数
国家观 （载荷系数：0.858）	富强观	0.735	0.774
	民主观	0.817	
	文明观	0.768	
	和谐观	0.770	
社会观 （载荷系数：0.841）	自由观	0.748	0.717
	平等观	0.653	
	公正观	0.829	
	法治观	0.743	
个人观 （载荷系数：0.833）	爱国观	0.758	0.862
	敬业观	0.847	
	诚信观	0.887	
	友善观	0.865	

注：括号内的载荷系数是指国家观、社会观、个人观三个潜变量对核心价值观整体模型的贡献程度。

表6-5显示，由"富强观、民主观、文明观、和谐观"4个一阶潜变量形成的二阶潜变量可以命名为"国家观"，其载荷系数为0.735～0.817，即"国家观"的二阶潜变量对其所包含的4个一阶潜变量的解释程度最低可以达到73.50%，最高可以达到81.70%，Cronbach's Alpha信度系数为0.774，其内部的一致性信度较高。

由"自由观、平等观、公正观、法治观"4个一阶潜变量形成的二阶潜变量可以命名为"社会观"，其载荷系数为0.653～0.829，即"社会观"的二阶潜变量对其所包含的4个一阶潜变量的解释程度最低可以达到65.30%，最高可以达到82.90%，Cronbach's Alpha信度系数为0.717，其内部的一致性信度较高。

由"爱国观、敬业观、诚信观、友善观"4个一阶潜变量形成的二阶潜变量可以命名为"个人观"，其载荷系数为0.758~0.887，即"个人观"的二阶潜变量对其所包含的4个一阶潜变量的解释程度最低可以达到75.80%，最高可以达到88.70%，Cronbach's Alpha信度系数为0.862，其内部的一致性信度高。

4. 模型构建与模型特征

图6-1是本次调查中经过二次降维后形成的精英群体核心价值观认知认同的结构模型。从模型中可以发现，通过分次逐步降维，二阶潜变量的公因子对整体核心价值观认知认同构成的解释性更高。图6-1中的模型显示，"国家观"可以解释"富强观、民主观、文明观、和谐观"方面的内容达到了85.80%；"社会观"可以解释"自由观、平等观、公正观、法治观"方面的内容达到了84.10%；"个人观"可以解释"爱国观、敬业观、诚信观、友善观"方面的内容达到了83.30%。

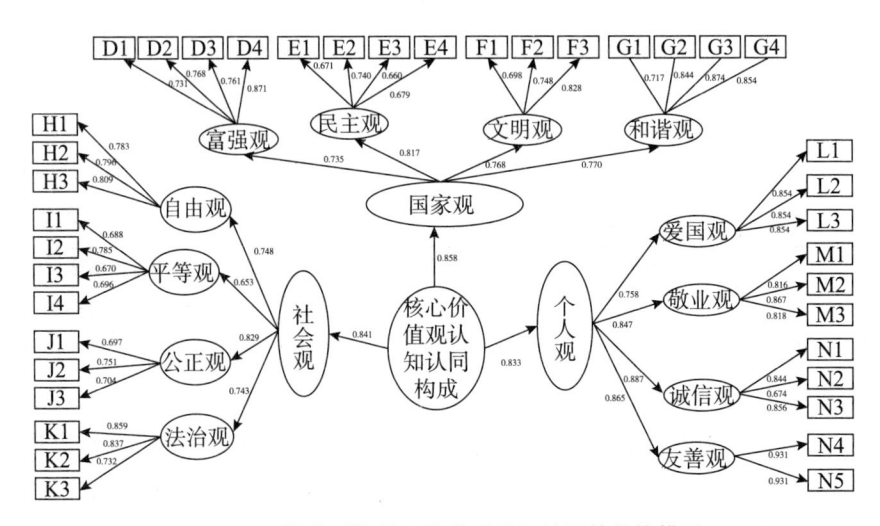

图6-1 精英群体核心价值观认知认同的结构模型

三、结果与分析

(一) 精英群体核心价值观认知认同的结构特征与差异

为了便于水平分析,我们将样本中由李克特量表 1~5 级区分的分类变量由低到高视为连续变量。同时,利用方差分析方法中的单样本 t 检验的方法检验结构性水平与总均值水平的差异,利用方差分析方法中的单因素方差分析以及多重检验的方法检验组间差异。① 以此分析精英群体在核心价值观认知认同上的结构性特征与差异。

1. 精英群体认知认同的总体特征与差异

表 6-6 体现的是精英群体对核心价值观中的国家观、社会观、个人观认知认同结构性水平差异的检验结果。表 6-6 显示,精英群体对核心价值观个人层面的"个人观"的认知认同水平最高,为 4.27;其次是国家层面的"国家观",为 3.94;认同水平最低的是社会层面的"社会观",为 3.86。差异性检验结果显示:(1)对个人层面的"个人观"的认知认同水平显著高于总均值;(2)对国家层面的"国家观"和社会层面的"社会观"的认知认同水平显著低于总均值。

表 6-6 精英群体国家观、社会观、个人观认知认同
(总均值参数 4.02) 差异检验结果

潜变量(二阶)	样本数	均值	均值差	t -值	显著性(p)
国家观	1 213	3.94	−0.084***	−4.769	0.000
社会观	1 213	3.86	0.164***	−9.485	0.000
个人观	1 213	4.27	0.248***	14.321	0.000
总体	1 213	4.02	—	—	—

注:*** 表示 $p<0.01$。

数据可以说明,精英群体个人层面的爱国意识、敬业意识、诚信意识、

---

① 单样本 t 检验的方法是利用方差分析的原理,检验单样本的均值与一个已知总均值的差异是否显著。单因素方差分析也是利用方差分析的原理,分析一个控制变量的不同水平是否对观测变量产生了显著影响。第一步,检验所有的均值是否相等;如果不相等,第二步进行多重均值检验(又称事后检验),事后检验的作用是比较两两之间的均值是否存在显著差异。

友善意识较强；相比较而言，对国家富强、民主法治建设、文明发展路径以及和谐社会秩序的构建等方面关注不够。访谈资料也反映，在精英群体中往往有人认为，国家大事可以谈，可以关注，必要时可以发表自己的见解，但是社会离自己很近，自身无能力改变，也很无奈，所以务实一点的做法就是做好自己。客观地讲，他们有实干和巧干的能力，有在自己的职业领域里称雄的勇气，但是对国家、社会的发展，对政治的关注，对民主法治的建设少了几分"愤青"的朝气，务实和理性可能是他们真实的写照。

2. 不同精英群体认知认同的特征与差异

表 6-7 是不同精英群体对国家观、社会观、个人观认知认同水平的均值比较及事后检验的结果。表 6-7 显示，从国家观来看，知识精英显著低于政治精英和经济精英；政治精英与经济精英无显著性差异。从社会观来看，政治精英显著低于经济精英和知识精英；经济精英和知识精英无显著性差异。从个人观来看，政治精英显著高于经济精英和知识精英；经济精英与知识精英无显著性差异。从整体认同来看，政治精英显著高于知识精英，与经济精英无显著性差异；经济精英与知识精英无显著性差异，即经济精英既不显著高于知识精英，也不显著低于政治精英。

根据表 6-7 给出的事后差异检验结论，可以发现，不同精英群体呈现如下特征：

政治精英对"国家观"和"个人观"所测度内容的认知认同度高，对"社会观"所测度内容的认知认同度相对较低。可能的原因是，由于政治精英的职业性质和工作特征，他们更关注国家大事、政治走向，并以学习的方式构建个人的政治价值取向。他们的工作需要更加勤勉敬业，与人交往、为人处世更在意诚信与友善。

经济精英相对于知识精英而言，对"国家观"所测度内容的认知认同度更高；相对于政治精英而言，对"社会观"所测度内容的认知认同度更高；在"个人观"所测度内容的认知认同度方面，比政治精英低。经济精英群体是一个很复杂的矛盾体，从现实社会来看，由于他们在经济领域从事经济活动，能够更加感知到国家层面的大政方针、社会制度环境对经济发展的影响，所以对社会层面的自由理念、法制建设、社会公平公正的现状更加关注。

表 6-7 不同精英群体国家观、社会观、个人观认知认同水平的
均值比较及事后检验结果

潜变量	精英群体分类（I）	精英群体分类（J）	均值	均值差（I-J）	显著性（p）	事后差异检验结论
国家观	知识（智士）精英（均值3.86）	政治（权力）精英	4.02	-0.094**	0.025	知识精英显著低于政治精英和经济精英；政治精英与经济精英无显著性差异
		经济（企业）精英	3.96	-0.157***	0.000	
	政治（权力）精英（均值4.02）	经济（企业）精英	3.96	0.063	0.175	
社会观	政治（权力）精英（均值3.77）	经济（企业）精英	3.87	-0.097**	0.033	政治精英显著低于经济精英和知识精英；经济精英和知识精英无显著性差异
		知识（智士）精英	3.90	-0.129***	0.002	
	经济（企业）精英（均值3.87）	知识（智士）精英	3.90	-0.032	0.439	
个人观	政治（权力）精英（均值4.39）	经济（企业）精英	4.23	0.160***	0.000	政治精英显著高于经济精英和知识精英；经济精英与知识精英无显著性差异
		知识（智士）精英	4.21	0.184***	0.000	
	经济（企业）精英（均值4.23）	知识（智士）精英	4.21	0.023	0.570	
整体认同	政治（权力）精英（均值4.06）	经济（企业）精英	4.02	0.042	0.280	政治精英显著高于知识精英，与经济精英无显著性差异；经济精英与知识精英无显著性差异
		知识（智士）精英	3.99	0.071**	0.049	
	经济（企业）精英（均值4.02）	知识（智士）精英	3.99	0.028	0.417	

注：***表示 $p<0.01$，**表示 $p<0.05$。

知识精英对"社会观"所测度的内容更加关注；相对于政治精英和经济精英而言，他们对"国家观"所测度内容的认知认同度较低；在"个人观"所测度的内容方面，与政治精英相比，他们的认知认同度相对较低。其中的原因需要进一步探讨。

从整体来看，政治精英对本研究所测度的核心价值观的内容的认知认同度最高，排在第二位的是经济精英，排在最后的是知识精英。知识精英的认同度低，这个结论反映出两个方面的问题：一是知识精英对国家和社会的认知认同有较强的反思力，往往不轻易盲从；二是在知识精英群体

中,有更多的人受到西方自由、平等、公正、法治观念的影响,在回答这类问题时,自身的知识结构和价值观念都会影响认知认同水平。同时,通过进一步的分析,我们还发现,不同精英群体对核心价值观中国家观、社会观、个人观的相关内容的认知认同也有明显的特征和差异,具体参见《文化建设蓝皮书·中国文化发展报告(2019)》。①

(二)精英群体核心价值观认同水平对培育和践行核心价值观绩效评价的影响

1. 精英群体对培育和践行核心价值观绩效评价的均值比较

一般而言,在培育和践行核心价值观中,精英群体对核心价值观内容认同的态度,对深入推进核心价值观落细、落小、落实必要性的认知,以及个体感知到的社会风气都可以影响个体对培育和践行核心价值观绩效的评价。为此,在问卷中设计了四个题项,从四个方面量化精英群体对培育和践行核心价值观绩效评价水平的高低。

一是对"核心价值观中的国家观、社会观、个人道德观"观点的认同。观察精英群体对核心价值观中的国家观、社会观、个人观的理解和认知的总的"认同态度"。

二是对"培育和践行核心价值观对中国社会经济发展很有必要"观点的认同。观察精英群体对培育和践行核心价值观的一种选择性价值倾向。变量名为培育和践行的"价值取向"。

三是对"培育和践行核心价值观是树正气,立新风,倡导正能量"观点的认同。观察精英群体感悟到的培育和践行核心价值观对社会风气的影响以及评价。变量名为培育和践行的"社会影响"。

四是对"核心价值观的培育和践行已经深入人心"观点的认同。观察精英群体对培育和践行核心价值观绩效的感知度、获得感。变量名为培育和践行的"感知程度"。

表6-8体现的是精英群体对培育和践行核心价值观绩效的"认同态度""价值取向""社会影响""感知程度"。表6-8显示,"认同态度""价值取向"的均值均为4.50,"社会影响"的均值为4.44,"绩效总评价"的均值为4.274,"感知程度"的均值最低,为3.67。我们将"绩效

---

① 江畅,孙伟平,戴茂堂. 中国文化发展报告(2019). 北京:社会科学文献出版社,2019.

总评价"均值 4.274 作为衡量差异的标准参数，进行差异检验。

检验结果表明，"认同态度""价值取向""社会影响"三个变量都显著高于总均值，"感知程度"显著低于总均值。

数据说明，对于精英群体而言，培育和践行核心价值观的"感知程度"，显著低于培育和践行核心价值观的"认同态度""价值取向""社会影响"三个变量，同时也是影响"绩效总评价"高低的因素。在近几年的相关调查中，我们也发现，人们对培育和践行核心价值观的"感知程度"较低。

表 6-8　精英群体对培育和践行核心价值观绩效评价
（总均值参数 4.274）的差异检验结果

变量名	样本数	均值	均值差	t-值	显著性（p）
A1 认同态度	1 213	4.50	0.223***	8.490	0.000
A2 价值取向	1 213	4.50	0.224***	8.722	0.000
A3 社会影响	1 213	4.44	0.163***	6.055	0.000
A4 感知程度	1 213	3.67	−0.606***	−18.521	0.000
A1～A4 绩效总评价	1 213	4.274	—	—	—

注：*** 表示 $p<0.01$。

2. 精英群体认知认同水平对培育和践行核心价值观绩效评价的影响

为了探讨精英群体对核心价值观结构性认知认同水平的差异与其对培育和践行核心价值观绩效评价之间的因果关系，本研究将精英群体对培育和践行核心价值观的"认同态度""价值取向""社会影响""感知程度""绩效总评价"5 个变量作为因变量，将精英群体对培育和践行核心价值观的认知认同中的 12 个结构性潜变量作为自变量，建立多元回归模型，分析自变量对因变量的影响程度。多元线性回归模型的关系式如下：

$$Y=\beta_0+\beta_1 x_1+\beta_2 x_2+\cdots+\beta_j x_i+\varepsilon \tag{2}$$

（2）式中，Y 是因变量，β（$j=0,1,\cdots,n$）是回归系数，x（$i=1,2,\cdots,n$）是自变量，ε 是残差。将上述 5 个因变量和 12 个自变量分别代入此模型，建立 5 个回归模型，分析 12 个自变量对 5 个因变量的影响。

表 6-9 体现的是精英群体在 3 个层面 12 个维度的核心价值观认知认同水平，对培育和践行核心价值观绩效评价影响的 5 个模型的回归结果。这 5 个模型显示了如下特征。

表 6-9 精英群体核心价值观认知认同水平对培育和践行核心价值观绩效评价影响的回归结果

变量名	A1. 认同态度 系数	A1. 认同态度 t-值	A2. 价值取向 系数	A2. 价值取向 t-值	A3. 社会影响 系数	A3. 社会影响 t-值	A4. 感知程度 系数	A4. 感知程度 t-值	A5. 绩效总评价 系数	A5. 绩效总评价 t-值
截距	0.913***	5.003	0.882***	5.000	0.442**	2.408	0.549***	3.024	0.780***	5.274
富强观	0.200***	5.888	0.162***	4.933	0.204***	6.447	0.379***	9.136	0.233***	8.204
民主观	0.066*	1.806	0.063*	1.835	s.n	s.n	0.349***	7.743	0.149***	5.328
文明观	0.068*	1.809	s.n	s.n	0.102***	2.759	−0.120***	−2.754	s.n	—
和谐观	0.162***	4.015	0.242***	5.421	0.158***	3.236	s.n	s.n	0.144***	3.751
自由观	s.n	s.n	s.n	s.n	−0.91***	−3.105	0.113***	3.264	s.n	—
平等观	−0.076***	−2.642	−0.064**	−2.410	0.162***	5.307	0.125***	3.334	s.n	—
公正观	s.n	s.n	s.n	s.n	s.n	s.n	s.n	s.n	s.n	—
法治观	0.140***	3.237	0.155***	3.784	0.160***	3.680	s.n	s.n	0.114***	3.253
爱国观	0.113**	2.482	0.105**	2.391	0.155***	3.399	s.n	s.n	0.069*	1.827
敬业观	0.094**	2.057	0.127***	2.879	0.139***	3.026	s.n	s.n	0.117***	3.089
诚信观	−0.114**	−2.120	−0.088*	−1.707	−0.199***	−3.686	s.n	s.n	−0.102**	−2.285
友善观	0.165***	3.360	0.148***	3.113	0.186***	3.756	s.n	s.n	0.130***	3.168
F	46.63***		55.732***		52.488***		83.190***		79.677***	
R^2	0.529		0.542		0.551		0.506		0.588	
D.W	1.823		1.919		1.748		1.717		1.866	

注：*** 表示 $p<0.01$，** 表示 $p<0.05$，* 表示 $p<0.10$；s.n 表示其差异系数和 t 值没有通过显著性检验。

第一,"认同态度"模型可以称为精英群体对培育和践行核心价值观绩效评价的基础模型。该模型显示,精英群体对核心价值观倡导的国家观、社会观、个人观的认知认同水平的高低显著影响"认同态度"。

在"国家观"中,"富强观""和谐观"的认知认同水平对"认同态度"的影响最为关键,是关键影响因素;其次是"民主观""文明观"。换言之,从模型的预测性分析来看,提高一个单位的"富强观""和谐观"的认知认同水平,可将"认同态度"分别提高20.00%和16.20%;提高一个单位的"民主观""文明观"的认知认同水平,可将"认同态度"分别提高6.60%和6.80%。从对策意义来看,提高精英群体对"富强观""和谐观"的认知认同水平,对"认同态度"的提升效果好;而提高或者修正精英群体对"民主观""文明观"的认知认同水平,对"认同态度"的提升效果不好。从表6-2中的测度目标来看,提高精英群体对"富强观"测度中的"民富与富民政策的关系"(D1)的认同是关键,特别是提高知识精英在这个方面的认同,对提升精英群体对核心价值观倡导的国家观、社会观、个人观的认同有很强的现实意义。

在"社会观"中,"法治观""平等观"的认知认同水平对"认同态度"有显著影响,其中"法治观"是关键影响因素。从模型的预测性分析来看,提高一个单位的"法治观"的认知认同水平,就会将精英群体对核心价值观倡导的国家观、社会观、个人观的认同提升14.00%。模型同时显示,"自由观""公正观"的认知认同水平对"认同态度"没有显著影响。数据说明,精英群体对"社会观"中"法治观""平等观"的认知认同水平,是直接影响"认同态度"高低的主要因素。

在"个人观"中,"爱国观""敬业观""诚信观""友善观"的认知认同水平对"认同态度"都有显著影响,其中"友善观""爱国观"是关键影响因素。从模型的预测性分析来看,提高一个单位的"友善观""爱国观"的认知认同水平,可以使"认同态度"分别提高16.50%和11.30%;其次是"敬业观",可以提高9.40%。从表6-2中的测度目标来看,精英群体更倾向于用法治的理念建立诚信制度。

第二,"价值取向"模型显示,在"国家观"中,"富强观""民主观""和谐观"的认知认同水平显著影响对培育和践行核心价值观必要性的认同，其中"和谐观""富强观"是关键影响因素。"文明观"对"价值取向"不产生显著影响。从模型的预测性分析来看，提高一个单位的"和谐观""富强观"的认知认同水平，可将精英群体对培育和践行核心价值观必要性的认同分别提高24.20%和16.20%；提高一个单位的"民主观"的认知认同水平，可将精英群体对培育和践行核心价值观必要性的认同提高6.30%。从对策意义来看，提高精英群体对"和谐观""富强观"的认知认同水平，对提高对培育和践行核心价值观必要性的认同效果好，而修正精英群体对"民主观"的认知认同水平，对提高对培育和践行核心价值观必要性的认同的难度大。从表6-2中的测度目标来看，提高精英群体对"民主过程"（E4）的科学性认知认同是关键，同时提高知识精英对"马克思主义民主观"（E1）的认知认同，对提高对培育和践行核心价值观必要性的认同有很强的现实意义。

在"社会观"中，"法治观""平等观"的认知认同水平对"价值取向"有显著影响，而且"法治观"的认知认同水平是关键影响因素。从模型的预测性分析来看，提高一个单位的"法治观"的认知认同水平，会将精英群体对培育和践行核心价值观必要性的认同提高15.50%。同时，回归结果显示，对"平等观"认同度低的，对培育和践行核心价值观必要性的认同度就高。从测度内容来看，这样反方向的因果关系说明，在精英群体中，对西方平等观的认同度低的，对培育和践行核心价值观必要性的认同度就高。"自由观""公正观"的认知认同水平对"必要性"的认知认同总水平没有显著影响。

在"个人观"中，"爱国观""敬业观""诚信观""友善观"的认知认同水平对"价值取向"都有显著影响，其中"友善观""敬业观"是关键影响因素。从模型的预测性分析来看，提高一个单位的"友善观""敬业观"的认知认同水平，可将精英群体对培育和践行核心价值观必要性的认同分别提高14.80%和12.70%；提高一个单位的"爱国观"的认知认同水平，可将精英群体对培育和践行核心价值观必要性的认同提高10.50%。模型还显示，对"诚信观"认同度低的，对培育和践行核心价值观必要性的认同度高。从表6-2中的测度目标来看，精英群体对"用道德约束诚信"（N2）的认同度低，对"用诚信制度建立诚信"（N3）的认同度高。回归结果从另一个方面说明了精英群体对培育和践行核心价值观必要性的价值取向中的"法治观"的认可。

第三,"社会影响"模型显示,在"国家观"中,"富强观""文明观""和谐观"的认知认同水平对"社会影响"有显著影响,其中"富强观""和谐观"是关键影响因素。"民主观"的认知认同水平对"社会影响"不产生显著影响。从模型的预测性分析来看,提高一个单位的"富强观""和谐观"的认知认同水平,可将精英群体对"社会影响"的评价分别提高20.40%和15.80%;提高一个单位的"文明观"的认知认同水平,可将精英群体对"社会影响"的评价提高10.20%。从对策意义来看,提高精英群体对"富强观""和谐观"的认知认同水平,对"社会影响"的提升效果好,提高精英群体对"文明观"的认知认同水平,效果次之。从表6-2中的测度目标来看,提高精英群体对"社会阶层和谐"(G1)的认知认同是关键。

在"社会观"中,"平等观""法治观""自由观"的认知认同水平对"社会影响"有显著影响,其中"平等观""法治观"是关键影响因素。"公正观"的认知认同水平对"社会影响"不产生显著影响。从模型的预测性分析来看,提高一个单位的"平等观""法治观"的认知认同水平,对培育和践行核心价值观的"社会影响"评价分别提高16.20%和16.00%;同时,对"自由观"认同度低的,对"社会影响"评价就高,从表6-2中的测度内容来看,在精英群体中,对"自由与私法原则的理解"(H2)、"对西方自由观的认同"(H1)越差,对"社会影响"的评价就高。

在"个人观"中,"爱国观""敬业观""诚信观""友善观"的认知认同水平对"社会影响"都有显著影响,其中"友善观""爱国观"的认知认同水平是关键影响因素,"敬业观"次之。从模型的预测性分析来看,提高一个单位的"友善观""爱国观"的认知认同水平,可将精英群体对"社会影响"的评价分别提高18.60%和15.50%;提高一个单位的"敬业观"的认知认同水平,可将精英群体对"社会影响"的评价提高13.90%。

第四,"感知程度"模型显示,在"国家观"中,"富强观""民主观"

"文明观"的认知认同水平显著影响"感知程度",其中"富强观""民主观"是关键影响因素,"和谐观"的认知认同水平对"感知程度"不产生显著影响。从模型的预测性分析来看,提高一个单位的"富强观""民主观"的认知认同水平,可将精英群体的"感知程度"分别提高37.90%和34.90%。从对策意义来看,提高精英群体对"富强观""民主观"的认知认同水平,对"感知程度"的提升效果非常好。从表6-2中的测度目标来看,加强精英群体对国家意识、民主意识的认知认同可以提高精英群体的"感知程度"。

在"社会观"中,"平等观""自由观"的认知认同水平对"感知程度"有显著影响,"公正观""法治观"的认知认同水平对"感知程度"不产生显著影响。从模型的预测性分析来看,提高一个单位的"平等观""自由观"的认知认同水平,即可将精英群体的"感知程度"分别提高12.50%和11.30%。回归结果说明,要提高精英群体对培育和践行核心价值观的感知度、获得感,需要从两个方面入手:一是进一步提高对"平等观""自由观"的认知认同水平;二是要改善社会公平正义的法治环境,以此提高人们的感知度、获得感。

在"个人观"中,"爱国观""敬业观""诚信观""友善观"四个方面的认知认同水平,对"感知程度"不具有显著影响。对于回归结果的这种不显著性,需要做进一步的思考和研究。因为模型中的因变量是对"核心价值观已经深入人心"的判断,同时从模型中的自变量来看,考察的是对核心价值观中倡导的个人层面的行为模式或者行为习惯的认同,理论上不仅有因果关系,而且有从属关系。但是在回归模型中出现了个人层面的整体漂移。从操作性意义上讲,可能的解释是,精英群体对核心价值观是否已经深入人心的评价与精英群体对个人层面的爱国、敬业、诚信、友善的认知认同是两个独立的事件,没有因果关系。换言之,个人层面的素质、行为模式、价值观念不影响其对培育和践行核心价值观的"感知程度";也可以认为,这种感知程度的高低完全基于对客观现实的感知。

第五,"绩效总评价模型"显示,在"国家观"中,"富强观""民主观""和谐观"的认知认同水平显著影响培育和践行核心价值观的"绩效总评价",其中"富强观"是关键影响因素,"文明观"对"绩效总评价"

不产生显著影响。从预测性分析来看，提高一个单位的"富强观"的认知认同水平，可将精英群体对培育和践行核心价值观"绩效总评价"提高23.30%；提高一个单位的"民主观""和谐观"的认知认同水平，可将精英群体对培育和践行核心价值观的"绩效总评价"分别提高14.90%和14.40%。从对策意义来看，提高精英群体对"富强观"的认知认同水平，对"绩效总评价"的提升效果好；提高精英群体对"民主观""和谐观"的认知认同水平，效果次之。

在"社会观"中，"法治观"的认知认同水平显著影响精英群体对培育和践行核心价值观的"绩效总评价"。从预测性分析来看，提高一个单位的"法治观"的认知认同水平，可将精英群体对培育和践行核心价值观的"绩效总评价"提高11.40%；但是"自由观""平等观""公正观"的认知认同水平对培育和践行核心价值观的"绩效总评价"不具有显著影响。从上述相关可操作性问题的分析来看，这种不具有显著性影响的原因主要是，部分精英群体在"自由观""平等观""公正观"方面存在认知模糊与认同分歧。

在"个人观"中，"爱国观""敬业观""诚信观""友善观"的认知认同水平对培育和践行核心价值观的"绩效总评价"都有显著影响，其中"友善观""敬业观"是关键影响因素，"爱国观"次之。从预测性分析来看，提高一个单位的"友善观""敬业观"的认知认同水平，可将精英群体对培育和践行核心价值观的"绩效总评价"分别提高13.00%和11.70%；提高一个单位的"爱国观"的认知认同水平，可将精英群体对培育和践行核心价值观的"绩效总评价"提高6.90%。模型同时还显示，对"诚信观"认同度低的精英群体，对"绩效总评价"高。也就是说，部分精英并不赞同用道德约束的方法使人做到诚信，即对德能至诚认同低者，对培育和践行核心价值观的绩效总评价就高。"绩效总评价模型"得出的这个结果再一次说明，在社会治理方面，精英群体更偏向于用法治的手段约束诚信行为，或者作为惩罚不遵守诚信行为的底线。

综上对五个回归模型的分析，本研究得出的基本结论如下：

第一，在"国家观"中，精英群体对"富强观"的认知认同水平，对五个模型的因变量都具有显著影响；精英群体对"民主观"的认知认同水平，对"认同态度""感知程度"模型具有显著影响，进而显著影响"绩效总评价"模型；精英群体对"文明观"的认知认同水平，对"认同态度""社会影响"模型具有显著影响，对"绩效总评价"模型不具有显著影响；精英群体对"和谐观"的认知认同水平，对"认同态度""价值取向""社会影响"模型影响显著，进而对"绩效总评价"模型具有显著影响。

第二，在"社会观"中，精英群体对"平等观"的认知认同水平，对"社会影响""感知程度"模型具有显著影响，但是对"绩效总评价"模型的影响不显著。

第三，在"个人观"中，精英群体对"爱国观""敬业观""友善观"的认知认同水平，对"认同态度""价值取向""社会影响"模型具有显著影响，进而对"绩效总评价"模型具有显著影响。"诚信观"所测度的内容对"认同态度""价值取向""社会影响"模型具有负向影响。也就是说，精英群体对诚信的道德约束所产生的怀疑对"绩效总评价"的提高产生负面效应。

四、主要结论与精准施策的思考

（一）主要结论

1. 精英群体对核心价值观的认知认同的整体特征

从整体来看，政治精英对本研究所测度的核心价值观的认知认同度最高；排在第二位的是经济精英，排在最后的是知识精英。从核心价值观的国家观、社会观、个人观三个方面的比较来看，精英群体对个人观的认知认同水平最高，即爱国意识、敬业意识、诚信意识、友善意识较强，但是对国家富强、民主法治建设、文明发展路径、和谐社会秩序的构建等方面关注不够。同时，部分精英对核心价值观倡导的国家观、社会观内涵的理解和认同存在偏差。

2. 不同精英群体对核心价值观的认知认同有结构性差异

政治精英对"国家观"和"个人观"所测度内容的认知认同度高，对"社会观"所测度的内容认知认同度相对较低。

经济精英相对于知识精英而言，对"国家观"所测度内容的认知认同度高；相对于政治精英而言，对"社会观"所测度内容的认知认同度高；在"个人观"所测度内容的认知认同度方面，比政治精英低。经济精英群体是一个很复杂的矛盾体，从现实社会来看，他们在经济领域从事经济活动，能够更加感知到国家层面的大政方针、社会制度环境对经济发展的影响，对社会层面的自由理念、法制建设、社会公平公正的现状更加关注。

知识精英更关注"社会观"所测度的内容；相对于政治精英和经济精英而言，他们对"国家观"所测度内容的认知认同度较低；在"个人观"方面，与政治精英相比，他们的认知认同度较低。其中的原因需要进一步探讨。

3. 不同精英群体对核心价值观的认同差异对培育和践行核心价值观的绩效评价产生影响

第一，精英群体对国家观中的"富强观"的认知认同水平，显著影响培育和践行核心价值观的"认同态度"、"价值取向"、"社会影响"、"感知程度"以及"绩效总评价"五个模型。从影响的路径来看，"民主观"的认知认同水平，对"认同态度""感知程度"模型产生显著影响，进而显著影响"绩效总评价"模型；"文明观"的认知认同水平，对"认同态度""社会影响"模型产生显著影响；"和谐观"的认知认同水平，对"认同态度""价值取向""社会影响"模型影响显著，进而对"绩效总评价"模型产生显著影响。

第二，在"社会观"中，"平等观"的认知认同水平，对"社会影响""感知程度"模型产生显著影响。

第三，在"个人观"中，"爱国观""敬业观""友善观"对"认同态度""价值取向""社会影响"模型产生显著影响，进而对"绩效总评价"模型产生显著影响；"诚信观"对"认同态度""价值取向""社会影响"模型产生负向影响。也就是说，精英群体对诚信的道德约束所产生的怀疑对"绩效总评价"的提高产生负面效应。

(二) 精准施策的思考

本研究认为，在新的历史时期，在精英群体中精准落实和践行核心价值观，不仅要从理论层面、制度层面、操作层面思考对策，还要针对不同精英群体面临的认知认同问题实施落细、落小、落实的策略。

1. 理论层面做合理认同和道义认同"二维区分"

多次调研和专门测量分析表明，精英群体对核心价值观内涵的理解存在模糊的认知，在认同上有明显的分歧，同时还存在学历越高认同度越低、职务越高认同度越低的"边际认同递减"问题。认知模糊会影响精英群体对核心价值观的正确理解，认同分歧会影响精英群体对核心价值观的践行。因此，加强对核心价值观理论的概括和内涵的统一阐释，创新和完善理论架构，仍然是在精英群体中精准落实和践行核心价值观过程中迫切需要解决的问题。本研究认为，可以把核心价值观的社会认同区分为合理认同和道义认同两个维度。合理认同源于其内容的说服力和解释力，道义认同源于培育和践行核心价值观所产生的社会效果以及公众对国家治理与社会风气转变的感知度。在促进精英群体核心价值观合理认同的同时，采取措施加大道义认同的力度，使核心价值观融入精英群体的工作与生活中，以此提升精英群体的感知度，使精英群体自觉将核心价值观的价值取向内化为行为习惯。

2. 制度设计和政策安排要体现核心价值观的价值导向

核心价值观的践行要在精英群体中落细、落小、落实，最根本的问题在于社会制度设计和政策安排是否真正体现核心价值观的价值理念，能否让精英群体真正感受到在经济和社会地位上得到了公平对待。不可否认，改革开放以来，我国经济建设取得的巨大成就为核心价值观的认同奠定了坚实的物质基础。但在现阶段，不同阶层之间、不同行业之间分配不公正的现象还比较突出。因此，在坚持和完善中国特色社会主义制度、推进国家治理体系和治理能力现代化的制度建设中，构建公平、正义、法治的社会，关键是把核心价值观以制度和政策的形式融入国家治理的全过程与各环节，要在政治参与、经济待遇、社会导向中承认精英群体的实际贡献。对精英群体的价值追求、行为方式、家国情怀的评价，要更多地以核心价值观为准则进行认定。要理直气壮地运用政治力量引导核心价值观所倡导的价值理念成为社会现实的价值体系，成为精英群体以及所有成员的信念和准则。

3. 全力打造富有中国特色的精英文化

要打造富有中国特色的精英文化，就要引导精英群体找准初心，全力提升精英群体爱国奉献的精神境界，提升精英群体的社会责任担当。所谓找准初心，是指在全面理解党的"不忘初心，牢记使命"的基本初心和使命的前提下，政治精英从治国理政、提升执政能力的框架中，时刻牢记人民公仆为人民的初衷，以及由此应该履行的职业责任和社会责任；经济精英从国家经济发展战略出发，在企业发展中找准初心，构建企业家回馈社会的责任感与使命感，以诚信为准则，在商不仅要言商，更要言德。知识精英找准初心更重要，知识精英是一个更需要创新精神的群体，背负着民族振兴的艰巨任务，他们的政治站位、制度自信、意识形态的价值取向对中国未来的发展极为关键。知识精英要在知识传递中弘扬核心价值观倡导的中国精神，在知识创新中秉承为国奉献的精神境界。因此，知识精英应该秉承"心有大我、至诚报国"的境界建立初心，以我国现代知识分子的标杆钱学森、邓稼先等一批优秀知识分子以及身边的楷模为榜样，树立标杆和榜样意识，重塑知识精英的社会形象。同时，要在伦理和制度层面研究与构建具有中国特色的符合国家发展要求的精英群体文化和价值理念，这也是落实和践行核心价值观的重要内容，它不仅是提升精英群体社会评价的现实需要，也对构建独特的精英价值文化有着十分重要的意义。

4. 将"不忘初心，牢记使命"，作为培育和践行核心价值观的价值导向

在"不忘初心，牢记使命"主题教育中，以问题为导向，刀刃向内找问题。要解决政治精英不敢作为和不敢担当、"中规中矩"的问题，不仅需要制度创新，而且要建立新型的行政文化，亦即建立一切为了服务于国家和人民的行政文化，反对官本位、懒政无为的行为和倾向。特别需要鼓励出于公心，不谋私利，具有开拓精神，敢作为、敢担当、敢为人先的楷模和勇士；要使政治精英将核心价值观内化为行政过程中思考问题的出发点，成为行为习惯、执政能力、政治素质的试金石。

提升经济精英对核心价值观的认知认同，须着力解决经济精英盼望的营商环境改善的深层次问题，特别要关注民营企业中的经济精英，他们是市场经济中不可或缺的生力军，是解决就业问题的资源库。他们面临的不

仅仅是公平竞争、诚信创业守业的问题。对他们而言，培育和践行核心价值观在道义感知、获得感方面最能遇恩知暖。他们更关注相关职能部门是否给了难看的脸色、政策层面是否有了实质性的变化，营商环境是否真正得到改善。访谈中，我们发现，他们往往自认为自己是社会精英中的边缘人。所以，改善营商环境涉及两个方面：一是客观政策层面中公平公正的政策环境以及诚信蔚然成风的社会环境；二是微观自我认知的提升，即提升企业家的社会正面形象和唤醒企业家的社会责任意识。这是经济精英进行"不忘初心，牢记使命"主题教育中需要锁定的问题。

要关注高学历知识精英对核心价值观的认知认同问题，要探讨价值统领与价值多元的理论和实践问题，以更精准的方法针对知识精英进行核心价值观理念的教育。对受西方自由、平等、公正、法治观念影响较深的高学历群体以及留学归国人员要有二维判断：一是部分知识精英已经熟知西方的自由、平等、公正、法治理念和价值取向，并能正确理解和检视其对中国特色社会主义制度建设和法治的适用性；二是还有一部分人看不到一些西方国家推行的自由、平等、公正、法治的弊端以及对中国特色社会主义制度建设，对中国社会自由、平等、公正、法治建设不适合的问题。对于看不清西方社会推崇的所谓"一人一票制"的自由、平等之弊端的知识精英，要重点关注。从调查结果来看，这些知识精英主要集中在高校、科研部门、文化事业和产业部门。因此，在高校、科研单位、文化事业和产业部门开展"不忘初心，牢记使命"主题教育时，要研究落实核心价值观的特殊性，要制定有针对性的方案，如构建高端论坛，以问题为导向，开展落实核心价值观的讨论，发挥知识精英中模范党员的教育引导作用，使核心价值观在知识精英中入脑入心，外化为行。

报告七

精英群体平等观的认同特征与差异分析

一、研究的缘起与问题的提出

党的十八大以来,党中央大力推进、持续深化社会主义核心价值观的培育和弘扬,"在人的心灵里搞建设"①。在各界的积极倡导和宣传之下,核心价值观的内容逐渐为人们所熟知。然而,仅仅知晓核心价值观的内容,并不等于能够达到"使社会主义核心价值观内化为人们的精神追求、外化为人们的自觉行动"② 的要求,更需要关注的是社会成员是否真正理解核心价值观的内涵,是否认同这些内涵,是否能够将核心价值观内化为自己的理想信念,并通过符合核心价值观的行为自觉地遵守它们。因此,对核心价值观的认同是进一步加强核心价值观体系建立,真正将核心价值观落细、落小、落实,带来行动的提升与飞跃的基础。中华文化发展湖北省协同创新中心研究团队希望通过调查核心价值观的社会认同状况,了解

---

① 中共中央党史和文献研究院. 十九大以来重要文献选编:上. 北京:中央文献出版社,2019:97.
② 中共中央文献研究室. 习近平关于社会主义文化建设论述摘编. 北京:中央文献出版社,2017:125.

培育和践行核心价值观工作的落实情况与存在的问题。2016 年，本课题组、湖北大学高等人文研究院、中华文化发展湖北省协同创新中心"弘扬社会主义核心价值观与继承传统文化问卷调查（2016）"的调研数据显示，社会成员对核心价值观的总体认同度虽然较高，但本应成为宣传与践行核心价值观的主力军和表率的社会精英群体对它的认同度却反而较低。[①] 企事业单位领导和干部、高级知识分子、高收入群体对核心价值观的认同度到底是高还是低？他们的认同情况又能反映出哪些问题呢？为进一步有针对性地了解精英群体的核心价值观认同情况，从而找出这一群体在核心价值观建设上存在的问题，并提出相应的对策，本课题组、湖北大学高等人文研究院、中华文化发展湖北省协同创新中心于 2018 年 3—6 月进行了"精英群体社会主义核心价值观认知与认同问卷调查"。

　　本次调查的"精英群体"是指高学历、高收入、高职称或高职务的群体，凡符合条件之一者即为调查对象。根据本课题的研究需求，将"高学历"定义为硕士研究生及以上学历，高学历群体即为知识精英；将"高收入"定义为年收入在 35 万元及以上，高收入群体即为经济精英；将"高职称"定义为副高级及以上技术职称，将高职务定义为副处级及以上职务，对于在经济部门工作的被调查者，高职务定义为部门经理及以上职务，这些高职称或高职务群体即为政治精英。当被访者同时符合以上两项或三项条件时，根据被访者所处区域、最典型特征等因素将其分入最能代表其特点的类别。本次调查共发放问卷 1 500 份，其中有效问卷为 1 213 份，有效问卷回收率达到 80.87%。调查范围涉及 11 个省、直辖市和 1 个调查点，覆盖了经济文化发展状况不同、地理位置各异的不同地区，保证了调查数据能够全面地反映我国社会精英群体的状况。本次有效样本的性别构成比例为男性 57.87%，女性为 42.13%，虽然男性明显多于女性，但与相关机构调查精英群体时所发现的"男性占主导，男女比例趋于平衡"[②] 的大体趋势相符，这说明本次调查数据真实可靠。

---

　　① 陶文佳. 不同年龄段群体价值观认同状况与差异分析：以民主观为例. 华中科技大学学报（社会科学版），2018（3）：16 - 20.
　　② 奥维云网. 中国精英人群调研报告：人群画像篇. 2017 - 08 - 14. https://www.jiemian.com/article/1547441.html.

作为本次调查的成果之一，本调查报告将以核心价值观中的"平等观"为核心内容，调查精英群体对核心价值观中"平等"的相关内涵的认同情况及其体现出来的精英群体与普通群体的差异，以及不同精英群体之间的差异，分析现状所体现的问题及其原因，并提出相应的对策。党的十九大报告提出，我国社会主要矛盾已经转化为人民日益增长的美好生活需要和不平衡不充分的发展之间的矛盾，党和国家工作要在继续推动发展的基础上，着力解决好发展的不平衡不充分问题。这意味着，在保障人民平等享有社会主义建设成果的基础上，在平等与发展、平等与效率问题上找到平衡点，将是推动人的全面发展和社会全面发展的关键所在。因此，对核心价值观中"平等"这一价值的认同、理解状况，特别是高学历、高收入、高职位——换言之，在社会结构总体构成中相较处于更有利地位的——社会成员对"平等"的认同度，就是一个值得深入研究的问题。

作为价值的平等，其基本含义是："至少在一个方面但不是在所有方面具有相同性质的一组对象、个人、过程或环境之间的一致或相当。"[①]近代以来，对平等的理解从基本社会权利的平等逐步走向了当代的对社会资源分配平等问题的关注。在资本主义发展的过程中，思想家越来越意识到自由竞争与平等之间的不可避免的矛盾，以及人们天生禀赋的不同所导致的现实不平等与其作为社会成员基本平等权利之间的张力。因此，当代平等主义思想主要探讨的是如何在自由竞争与平等、效率与平等之间找到平衡，何种平等更值得追求，何种不平等可以是公正的。社会主义核心价值观中的"平等"价值则是"不仅要求在政治、法律的层面实现人的平等权利，而且要求在经济领域里建立生产资料公有制，实现实质的结果平等，使人民共同分享社会发展的成果"[②]。由此可见，社会主义核心价值观中的平等既包括社会成员基本生存权、发展权等方面的基本权利平等这一层面，也包括在分配社会资源上的实质结果平等——这是一种不同于平均分配的按劳分配的平等，也就是分配层面的平等。两个层面的平等都是我们应当追求的价值。

[①] 江畅. 西方德性思想史概论. 北京：人民出版社，2017：47.
[②] 郭建宁. 社会主义核心价值观基本内容释义. 北京：人民出版社，2014：87.

因此,在与平等问题相关的问卷设计上,我们设计了以下四个题项:第一,"一个平等的社会,基本的公共福利(服务)应该均等化",衡量的是对社会成员平等享受基本公共福利保障权的认同程度,后文简称为"基本社会权益平等观";第二,"人们患寡,更患不均,所以要平等地分配社会资源",衡量的是对社会资源平均分配的认同度,后文简称为"分配平等观";第三,"为了把蛋糕做大,社会应该更加注重效率,而不是平等",衡量的是对效率与平等之间孰轻孰重问题的看法,后文简称为"效率优先平等观";第四,"竞争会导致不平等,推动社会发展可允许不平等存在",衡量的是对社会发展与平等孰轻孰重问题的看法,后文简称为"发展优先平等观"。前两个题项分别对应社会主义核心价值观中的"平等"的两个层面,而后两个题项则关注人们在比较平等与其他价值时会做出何种取舍。对于问卷问题的回答,分为"非常不同意""不同意""不清楚""同意""非常同意"五种,进行认同("同意"和"非常同意")和不认同("非常不同意"和"不同意")的概率分析,以期从中了解精英群体更加认同的是哪种平等观。需要说明的是,对于选择"不清楚"的被访者,我们通常会认为他们要么是"认知的模糊者",要么是"认同的谨慎者",由于本次调查的对象是精英群体,他们的平均学历水平更高(2016年的调查对象中受过高等教育的人数占68.60%,其中19.50%为大学专科学历,而本次调查对象的学历为硕士研究生及以上,受过高等教育的人数占97.53%),因此,他们在选择"不清楚"时,更有可能是对某一表述持谨慎态度,而不是不够了解。

二、对"平等"价值的总体认同特征

我们希望通过本次调查,了解精英群体对社会主义核心价值观中平等观的总体认同程度。根据前期的数据分析,整个精英群体对"平等"价值的总体认同呈现出以下特征。

与核心价值观社会观中的"自由""公正""法治"相比,精英群体对"平等"的认知认同水平最低,认知认同均值显著低于社会观的总均值。精英群体对所测度的四个关于平等的题项的认同度都不高,其中认同度最低的是效率优先平等观。①

具体地说，对于第一种平等观亦即基本社会权益平等观，精英群体表示认同的比重达67.18%，表示不认同的共计14.59%，选择"不清楚"的比重为18.22%（见表7-1）。所以，精英群体中对基本社会权益平等观持谨慎态度的超过六分之一。以上数据表明，精英群体对保障社会中每一个人平等享有基本公共福利和服务的平等观的认同状况较好②，也就是说，他们对平等观中强调人民平等享有社会基本福利和服务的层面比较认同。

表7-1 对"一个平等的社会，基本的公共福利（服务）应该均等化"观点的认同比重分布　　单位：人，%

认同分类	样本数	有效的百分比
非常不同意	71	5.85
不同意	106	8.74
不清楚	221	18.22
同意	387	31.90
非常同意	428	35.28
总计	1 213	100.00

注：本次调查，问卷缺失值都计入了"不清楚"选项。

另外，由表7-2可以看到，强调社会资源要平等分配的平等观得到了精英群体中共计52.85%的人认同，而不认同这一观点的人则占27.45%，对这一平等观持谨慎态度的人则达到了19.70%。这一数据说明，虽然精英群体中也有超过半数的人表示认同分配平等观，但认同度相较于基本社会权益平等观有显著的降低，持谨慎态度的人数比重也有所增加。由此可知，精英群体对核心价值观中的分配平等观的认同状况较差，不认同的比重超过四分之一。

---

① 张智敏，陈俊，刘燕. 精英群体核心价值观认知认同特征及影响因素的实证研究. 中国文化发展报告（2019）. 北京：社会科学文献出版社，2019：254-255.
② 根据本次调查，将认同比重超过65%的视作认同状况较好，认同比重为55%～65%的视作认同状况差强人意，认同比重为45%～55%的视作认同状况较差，认同比重低于45%视作较不认同。

表7-2 对"人们患寡,更患不均,所以要平等地分配社会资源"观点的认同比重分布　　单位:人,%

认同分类	样本数	有效的百分比
非常不同意	124	10.22
不同意	209	17.23
不清楚	239	19.70
同意	356	29.35
非常同意	285	23.50
总计	1 213	100.00

那么,在将平等与其他价值进行比较时,精英群体会更多地选择哪一种价值呢?

第一,对于社会应该更注重效率而不是平等的看法,表示不认同的比重共计39.82%,表示认同的比重共计37.68%,还有22.51%的人对这一表述持谨慎态度(见表7-3)。这说明精英群体关于效率与平等何者更重要这一问题的看法有较为明显的分歧,认同和不认同效率优先于平等的比重大致相当,都接近40.00%,不认同的比重略高,持谨慎态度的比重也超过五分之一,相对较高。也就是说,在是否应该为了效率而牺牲平等的问题上,精英群体不认同这种牺牲的比重明显较高,也高于认同这种牺牲的比重。较高比重的人持谨慎态度也能表明他们对于这种平等观持有保留态度。所以,总的来说,效率优先平等观的认同度较低,不认同度较高,精英群体关于效率与平等孰轻孰重的看法有较明显的分歧。

表7-3 对"为了把蛋糕做大,社会应该更加注重效率,而不是平等"观点的认同比重分布　　单位:人,%

认同分类	样本数	有效的百分比
非常不同意	200	16.49
不同意	283	23.33
不清楚	273	22.51
同意	280	23.09
非常同意	177	14.59
总计	1 213	100.00

第二，在为了推动社会发展应该允许因为竞争所导致的不平等这一问题上，由表7-4可以看到，精英群体表示认同的比重共计48.23%，不认同的比重共计29.58%，持谨慎态度的比重为22.18%。也就是说，在是否应该为了社会发展而允许不平等存在的问题上，近五成精英群体选择了认同，即认为发展优先于平等，然而不认同的比重仍然接近30%，持保留态度的比重也超过五分之一，说明这一群体中亦有很大比重的人对于是否应该因为发展而容忍不平等的问题持反对或保留态度。可见，精英群体对发展优先平等观的认同较差。

表7-4　对"竞争会导致不平等，推动社会发展可允许不平等存在"观点的认同比重分布　　单位：人，%

认同分类	样本数	有效的百分比
非常不同意	164	13.52
不同意	195	16.06
不清楚	269	22.18
同意	384	31.66
非常同意	201	16.57
总计	1 213	100.00

根据以上数据分析，我们可以看到，精英群体对平等问题的认同情况大致呈现出以下三个主要特征：第一，对于核心价值观中平等观的两层内涵——基本社会权益平等和分配平等，精英群体的认同度相对较高，认同人数比重均超过50.00%，不认同的比重相对较低，也就是说，这一群体对于核心价值观中的平等观较为认同，但对基本社会权益平等的认同度显著高于对分配平等的认同度。第二，在平等这一价值与其他价值之间需要取其一时，精英群体对于不同的价值做出了不同的选择：更多的人不认同牺牲平等以追求效率的价值取向，但总体来说认同和不认同的人数相当，都接近四成。更多的人认同可以为了发展而容忍竞争所导致的不平等，认同的比重比不认同的比重高将近十个百分点。第三，对我们设置的四个题项选择"不清楚"即持谨慎态度的人的比重有一定的差异，对于不认同度较高的效率优先平等观和发展优先平等观，持谨慎态度的人均超过20%，

而对于认同度相对较高的核心价值观中的平等观的两层内涵,持谨慎态度的人的比重较低。

所以,精英群体对于核心价值观中平等观的总体认同情况是,对核心价值观中的平等观的认同较好,但对基本社会权益平等的认同高于对分配平等的认同,将平等与效率、发展相比较时,这一群体对为了发展而牺牲平等观点的认同度相对较高,对为了效率而牺牲平等观点的认同度则较低,而对两者的认同度都低于他们对核心价值观中平等观的认同度。不认同度与持谨慎态度的人的比重之间有正相关关系,不认同度越高的题项,对它持谨慎态度的人的比重也越高。

三、不同类别的精英群体对"平等"价值的认同差异

在了解了精英群体对核心价值观中的平等观的总体认同情况之后,我们对经济精英、知识精英和政治精英分别进行研究,试图了解以下两个问题:第一,本次调查对象中的经济精英与非经济精英、知识精英与非知识精英、政治精英与非政治精英对不同平等观的认同是否存在差异,以及如果存在,差异何在;第二,经济精英、知识精英和政治精英这三种群体之间对不同平等观的认同是否存在差异,以及如果存在,差异何在。

(一)经济精英与非经济精英对不同平等观的认同差异

首先,在以年收入为变量分析经济精英与非经济精英对不同平等观的认同情况时,我们发现,在基本社会权益平等观的认同问题上,经济精英的认同状况与精英群体整体以及其中非经济精英的认同状况有一定的差异,显著差异主要体现在"不清楚"这一选项上。经济精英中认同这一平等观的比重共计为65.18%,与非经济精英中68.03%的认同比重相比稍低,与精英群体67.18%的整体认同比重相比也低了2个百分点。经济精英对此平等观的不认同比重也相对较低,共计为11.14%,与非经济精英的不认同比重16.04%相比低了近5个百分点,与精英群体整体14.59%的不认同比重相比也更低。值得注意的是,选择"不清楚"的经济精英的比重高达23.68%,接近四分之一(见表7-5)。由此可见,经济精英相较于非经济精英而言,对基本社会权益平等观的认同比重和不认同比重都

稍低，特别是不认同这一平等观的经济精英的比重较低，而持谨慎态度的经济精英的比重显著较高，体现出在经济精英群体中，对基本社会权益平等观还存在一些保留意见。

表7-5 经济精英与非经济精英在"一个平等的社会，基本的公共福利（服务）应该均等化"题项中的交互分布　　单位：人，%

分类		非常不同意	不同意	不清楚	同意	非常同意	合计
经济精英	计数	15	25	85	113	121	359
	比重	4.18	6.96	23.68	31.48	33.70	100.00
非经济精英	计数	56	81	136	274	307	854
	比重	6.56	9.48	15.93	32.08	35.95	100.00
合计	计数	71	106	221	387	428	1 213
	比重	5.85	8.74	18.22	31.90	35.28	100.00

通过表7-6我们可以看出，经济精英对平等观中分配平等的认同趋势与非经济精英相比也有一定的差异，呈现出的特点为，虽然这两个群体的认同比重与不认同比重都相差不大（经济精英的认同比重与不认同比重分别为50.97%和26.75%，非经济精英的认同比重与不认同比重分别为53.63%和27.75%），但经济精英群体中选择"不同意"即"较不认同"的比重比选择"非常不同意"即"非常不认同"的比重高了接近10个百分点，而非经济精英中不认同的人群在不认同程度上的差异性更小。另外，在经济精英中，非常认同和较为认同分配平等观的比重相差不大；但在非经济精英中，这一比重相差较为明显，较为认同的比重比非常认同的比重高了近10个百分点。也就是说，经济精英中非常不认同这一分配平等观的比重相对较低，较为不认同的比重相对较高；而非经济精英中则较为认同的比重相对较高，非常认同的比重相对较低。

表7-6 经济精英与非经济精英在"人们患寡，更患不均，所以要平等地分配社会资源"题项中的交互分布　　单位：人，%

分类		非常不同意	不同意	不清楚	同意	非常同意	合计
经济精英	计数	31	65	80	87	96	359
	比重	8.64	18.11	22.28	24.23	26.74	100.00

续表

分类		非常不同意	不同意	不清楚	同意	非常同意	合计
非经济精英	计数	93	144	159	269	189	854
	比重	10.89	16.86	18.62	31.50	22.13	100.00
合计	计数	124	209	239	356	285	1 213
	比重	10.22	17.23	19.70	29.35	23.50	100.00

通过进一步具体分析，我们发现年收入不同的经济精英对分配平等观的认同呈现出显著差异，总体呈现出年收入越低，认同度越高，年收入越高，认同度越低的趋势。其中，年收入最高的经济精英中认同分配平等观的人的比重显著低于其他年收入群体。认同比重则随年收入的增加而上升。年收入为10万元以下的经济精英的认同比重为58.00%，年收入为10万元至20万元的经济精英的认同比重为54.80%，年收入为21万元至30万元的经济精英的认同比重为55.00%[1]，年收入为31万元至40万元的经济精英的认同比重为52.94%，年收入41万元及以上的经济精英的认同比重为43.20%。另外，年收入为10万元以下的经济精英选择不认同的比重为20.00%，随着年收入的增加，选择不认同的比重逐渐上升，到年收入41万元及以上的经济精英，选择不认同的比重为32.80%（见表7-7）。

那么，在平等与效率、发展相比较时何者更重要的问题上，经济精英与非经济精英是否存在差异？经济精英中年收入不同的群体之间在对这些问题的回答上又有何区别呢？本次调研数据显示，经济精英对这些问题给出了很不一样的回答。

在是否应该注重效率牺牲平等的问题上，经济精英与非经济精英存在显著差异，经济精英对效率优先平等观的认同比重为43.73%，而非经济精英的认同比重仅为35.13%，两者之间相差近9个百分点。另外，有33.98%的经济精英不认同这一平等观，而非经济精英中选择不认同的人的比重为42.28%，差距明显（见表7-8）。由此可见，经济精英中认同

---

[1] 需要说明的是，虽然此次以年收入35万元及以上为经济精英人群的调查标准，但在调研过程中，亦有一部分被划为经济精英的群体是以学历或职称（职级）纳入调查对象范围的。课题组结合他们的具体情况，仍将他们按照其最突出的特点划分为经济精英，其收入相较而言较低的主要原因是他们身处偏远地区，年收入虽较低，但仍高于当地平均水平。

效率优先平等观的人的比重高于不认同的人的比重，且高将近10个百分点，而非经济精英群体的情况则相反，其中不认同效率优先平等观的人的比重高于认同的人的比重。这说明经济精英更加注重效率，比非经济精英群体更赞同在效率与平等之间应该以效率优先。

表7-7 年收入在"人们患寡，更患不均，所以要平等地分配社会资源"题项中的交互分布　　　单位：人，%

分类			非常不同意	不同意	不清楚	同意	非常同意	合计
经济精英	年收入	10万元以下 计数	2	8	11	8	21	50
		比重	4.00	16.00	22.00	16.00	42.00	100.00
		10万~20万元 计数	2	11	20	12	28	73
		比重	2.74	15.07	27.40	16.44	38.36	100.00
		21万~30万元 计数	4	11	12	19	14	60
		比重	6.67	18.33	20.00	31.67	23.33	100.00
		31万~40万元 计数	4	13	7	19	8	51
		比重	7.84	25.49	13.73	37.25	15.69	100.00
		41万元及以上 计数	19	22	30	29	25	125
		比重	15.20	17.60	24.00	23.20	20.00	100.00
	合计	计数	31	65	80	87	96	359
		比重	8.64	18.11	22.28	24.23	26.74	100.00

表7-8 经济精英与非经济精英在"为了把蛋糕做大，社会应该更加注重效率，而不是平等"题项中的交互分布　　　单位：人，%

分类		非常不同意	不同意	不清楚	同意	非常同意	合计
经济精英	计数	54	68	80	97	60	359
	比重	15.04	18.94	22.28	27.02	16.71	100.00
非经济精英	计数	146	215	193	183	117	854
	比重	17.10	25.18	22.60	21.43	13.70	100.00
合计	计数	200	283	273	280	177	1 213
	比重	16.50	23.30	22.50	23.10	14.60	100.00

那么，不同年收入的经济精英对效率优先平等观的认同是否又有差异

呢？进一步分析后，我们发现，经济精英对效率优先平等观的认同状况总体呈现出随着年收入水平的提高，认同比重逐渐降低、不认同比重逐渐升高的特点，但年收入为41万元及以上群体的认同比重又稍有上升，不认同比重有一定下降。具体地说，年收入为10万元以下的经济精英中有50.00%的人认同效率优先平等观，不认同的有24.00%；年收入为10万元至20万元的经济精英中有46.58%的人认同这一平等观，不认同的有34.25%；年收入为21万元至30万元的经济精英中则有43.33%的人认同，41.66%的人不认同；年收入为31万元至40万元的经济精英中则仅有37.26%的人认同，有41.17%的人不认同；年收入为41万元及以上的经济精英对这一平等观认同的比重为42.40%，不认同的比重为31.20%（见表7-9）。另外，年收入为10万元以下的经济精英和年收入为40万元以上的经济精英中均有超过四分之一的人选择了不清楚，对这一平等观持谨慎态度。由此可见，年收入较低的经济精英更加赞同为了追求效率而牺牲平等，而年收入较高的经济精英则更不认同这一平等观。

表7-9 分年收入在"为了把蛋糕做大，社会应该更加注重效率，而不是平等"题项中的交互分布　　单位：人,%

		分类		非常不同意	不同意	不清楚	同意	非常同意	合计
经济精英	年收入	10万元以下	计数	3	9	13	10	15	50
			比重	6.00	18.00	26.00	20.00	30.00	100.00
		10万~20万元	计数	14	11	14	20	14	73
			比重	19.18	15.07	19.18	27.40	19.18	100.00
		21万~30万元	计数	8	17	9	14	12	60
			比重	13.33	28.33	15.00	23.33	20.00	100.00
		31万~40万元	计数	5	16	11	11	8	51
			比重	9.80	31.37	21.57	21.57	15.69	100.00
		41万元及以上	计数	24	15	33	42	11	125
			比重	19.20	12.00	26.40	33.60	8.80	100.00
		合计	计数	54	68	80	97	60	359
			比重	15.04	18.94	22.28	27.02	16.71	100.00

经济精英对发展优先平等观的认同也与非经济精英存在显著差异，经济精英更加认同发展优先平等观，他们的认同比重达到54.04%，而非经济精英对这一平等观的认同比重仅为45.79%，两者相差超过8个百分点。与此同时，经济精英中不认同这一平等观的人的比重为23.40%，比非经济精英32.20%的比重低了近9个百分点（见表7-10）。由此可见，经济精英比非经济精英更加认同发展优先平等观。

表7-10 经济精英与非经济精英在"竞争会导致不平等，推动社会发展可允许不平等存在"题项中的交互分布　　　单位：人，%

分类		非常不同意	不同意	不清楚	同意	非常同意	合计
经济精英	计数	40	44	81	111	83	359
	比重	11.14	12.26	22.56	30.92	23.12	100.00
非经济精英	计数	124	151	188	273	118	854
	比重	14.52	17.68	22.01	31.97	13.82	100.00
合计	计数	164	195	269	384	201	1 213
	比重	13.52	16.08	22.18	31.66	16.57	100.00

通过以上分析我们可以看到，经济精英对不同平等观的认同呈现出一定的差异性，总的来说有以下两个特点：第一，经济精英与非经济精英在对不同平等观的认同上存在显著差异。其中，对平等观中的基本社会权益平等观和分配平等观，经济精英与非经济精英的总体认同比重较接近，但在认同程度上有一定的差异，经济精英中更大比重的人对基本社会权益平等观持谨慎态度。而对分配平等，经济精英中非常认同的人和比较不认同的人的比重相较于非经济精英来说更高。而对效率优先平等观和发展优先平等观，经济精英比非经济精英的认同比重更高。第二，经济精英内部对分配平等观和效率优先平等观的认同体现出较为显著的差异。经济精英对这两种平等观的认同都体现出年收入较低群体的认同比重较高，年收入较高群体的认同比重较低的趋势。这说明年收入较低群体更加认同分配平等观，希望能够更加平等地获得资源分配，也更希望提高效率；而年收入较高群体则更加不认同分配平等观，但他们也更不希望为了效率而牺牲平等。

（二）知识精英与非知识精英对不同平等观的认同差异

我们对精英群体中的知识精英与非知识精英对不同平等观的认同情况进行了对比分析，发现这两者的认同情况存在差异，而知识精英中学历不同的群体则对四种平等观的认同不存在明显差异。

在对基本社会权益平等观的认同上，知识精英与非知识精英有一定的差异，虽然知识精英的认同比重（67.68%）与非知识精英的认同比重（66.81%）较为接近，但相对而言，知识精英中表示非常认同的比重更高，表示较为认同的比重更低，表示不认同的比重更高，表示非常不认同的比重更低（见表7-11）。

表7-11 知识精英与非知识精英在"一个平等的社会，基本的公共福利（服务）应该均等化"题项中的交互分布　　单位：人，%

分类		非常不同意	不同意	不清楚	同意	非常同意	合计
知识精英	计数	25	51	93	161	193	523
	比重	4.78	9.75	17.78	30.78	36.90	100.00
非知识精英	计数	46	55	128	226	235	690
	比重	6.67	7.97	18.55	32.75	34.06	100.00
合计	计数	71	106	221	387	428	1213
	比重	5.85	8.74	18.22	31.90	35.28	100.00

对于平等观的另一个层面即分配平等问题，知识精英是否又有不同的认同情况呢？根据表7-12我们可以看到，在分配平等问题上，知识精英与非知识精英的认同情况也有一定的差异，非知识精英中共计有30.87%的人表示不认同，而知识精英中共计有22.95%的人表示不认同，相差近8个百分点。另外，非知识精英中有49.86%的人认同分配平等，知识精英中有56.79%的人认同分配平等，两者之间差异较大，说明知识精英比非知识精英对分配平等观更加认同。

表 7-12　知识精英与非知识精英在"人们患寡，更患不均，
所以要平等地分配社会资源"题项中的交互分布　　单位：人，%

分类		非常不同意	不同意	不清楚	同意	非常同意	合计
知识精英	计数	46	74	106	174	123	523
	比重	8.80	14.15	20.27	33.27	23.52	100.00
非知识精英	计数	78	135	133	182	162	690
	比重	11.30	19.57	19.28	26.38	23.48	100.00
合计	计数	124	209	239	356	285	1 213
	比重	10.22	17.23	19.70	29.35	23.50	100.00

在效率与平等孰先孰后的问题上，知识精英的认同状况是否与非知识精英有差异呢？根据表7-13可以看到，相较于非知识精英，知识精英对效率优先平等观的认同比重更高，达到40.34%，比非知识精英的35.65%高了近5个百分点。另外，知识精英的不认同比重则明显较低，为33.08%，比非知识精英的44.93%低了近12个百分点。此外，有26.58%的知识精英对于效率优先平等观选择了不清楚，表达了谨慎的怀疑，说明知识精英相较于非知识精英更加认同为了效率而牺牲平等的观点。

表 7-13　知识精英与非知识精英在"为了把蛋糕做大，社会应该
更加注重效率，而不是平等"题项中的交互分布　　单位：人，%

分类		非常不同意	不同意	不清楚	同意	非常同意	合计
知识精英	计数	60	113	139	127	84	523
	比重	11.47	21.61	26.58	24.28	16.06	100.00
非知识精英	计数	140	170	134	153	93	690
	比重	20.29	24.64	19.42	22.17	13.48	100.00
合计	计数	200	283	273	280	177	1 213
	比重	16.49	23.33	22.51	23.08	14.59	100.00

同样，知识精英中对发展优先平等观持谨慎态度的人的比重（24.67%）也比非知识精英中对此持谨慎态度的人的比重（20.29%）更高。与此同时，知识精英中不认同发展优先平等观的人的比重相较于非知

识精英而言也较低，而认同这一平等观的知识精英的比重与非知识精英的比重差异不明显，不过知识精英的比重略高（见表7-14）。以上说明知识精英虽然与非知识精英认同发展优先平等观的比重较为接近，但知识精英中对这一平等观持谨慎态度的人也较多。

表7-14 知识精英与非知识精英在"竞争会导致不平等，推动社会发展可允许不平等存在"题项中的交互分布　　单位：人，%

分类		非常不同意	不同意	不清楚	同意	非常同意	合计
知识精英	计数	55	82	129	181	76	523
	比重	10.52	15.68	24.67	34.61	14.53	100.00
非知识精英	计数	109	113	140	203	125	690
	比重	15.80	16.38	20.29	29.42	18.12	100.00
合计	计数	164	195	269	384	201	1 213
	比重	13.52	16.08	22.18	31.66	16.57	100.00

进一步分析不同学历水平的知识精英对四种不同平等观的认同状况后，我们并未发现显著差异，这说明知识精英群体内部对不同平等观的认同状况较为一致。

根据以上分析，我们可以发现，知识精英对不同平等观的认同也存在较为明显的特征，主要有以下三个方面：第一，总体而言，对核心价值观中平等观的两个方面，知识精英都比非知识精英更加认同。对基本社会权益平等观的总体认同的差异不明显，两个群体的差异主要体现在认同程度上，知识精英中表示非常认同这一平等观的人的比重更高；而对分配平等观，知识精英就明确地表现出了更加认同的特征，这说明知识精英明显地更加关注和认同分配平等观，对基本社会权益平等观的认同程度也更高。第二，对效率优先平等观和发展优先平等观，知识精英相较于非知识精英的认同比重更高。对效率优先平等观，知识精英的认同比重显著高于非知识精英；而对发展优先平等观，知识精英的不认同比重较低，但认同比重与非知识精英之间相差不明显。第三，相对于非知识精英，知识精英对平等观的两个方面持谨慎态度的比重差异不大，但对效率优先平等观和发展优先平等观，他们中有更多人持谨慎态度，这说明他们对于这两种牺牲平等以求效率和发展的观念更加警惕。

(三) 政治精英与非政治精英对不同平等观的认同差异

我们根据被调查者职务和职级的不同来看政治精英与非政治精英之间、政治精英内部在对不同平等观的认同上是否存在差异。

对基本社会权益平等观的认同上，我们发现政治精英与非政治精英之间存在较为显著的差异。政治精英对基本社会权益平等观的认同比重为68.58%，高于非政治精英的66.67%；同时，政治精英对这一平等观的不认同比重也更高，达到了18.43%，比非政治精英13.16%的不认同比重高了超过5个百分点；另外，表示不清楚的政治精英仅为12.99%，低于非政治精英的20.18%（见表7-15）。由此可见，政治精英对平等观中的基本社会权益平等观这一内涵更加了解，对这一平等观的认同与不认同态度更加鲜明，表示认同的比重和不认同的比重都比非政治精英高。这说明他们虽然总体来说更加认同这一平等观，对其内涵的理解也更加透彻，但是仍然有接近五分之一的政治精英表达了对这一平等观的不认同，比非政治精英的不认同比重更高。

表7-15 政治精英与非政治精英在"一个平等的社会，基本的公共福利（服务）应该均等化"题项中的交互分布　　单位：人，%

分类		非常不同意	不同意	不清楚	同意	非常同意	合计
政治精英	计数	31	30	43	113	114	331
	比重	9.37	9.06	12.99	34.14	34.44	100.00
非政治精英	计数	40	76	178	274	314	882
	比重	4.54	8.62	20.18	31.07	35.60	100.00
合计	计数	71	106	221	387	428	1 213
	比重	5.85	8.74	18.22	31.90	35.28	100.00

政治精英内部具有不同职务或职称的群体对基本社会权益平等观的认同也体现出显著差异：对这一平等观认同比重最高的是处级（副、正）政治精英，高达76.75%，这一群体中选择"不清楚"、对这一平等观表示谨慎的人的比重也在所有政治精英中最低，仅为8.77%；副

厅级及以上群体的认同比重则最低，仅为28.57%，还不到处级（副、正）群体的一半，但这个群体的不认同比重高达51.02%（见表7-16），这说明在这个群体中，超过半数的人并不认同平等观的最基本内涵，其中所凸显的问题颇为严重。

表7-16 分职务或职称在"一个平等的社会，基本的公共福利（服务）应该均等化"题项中的交互分布　　　　单位：人，%

分类			非常不同意	不同意	不清楚	同意	非常同意	合计
政治精英	职务或职称	科级与讲师 计数	1	2	10	16	17	46
		比重	2.17	4.35	21.74	34.78	36.96	100.00
		总经理 计数	0	0	3	0	5	8
		比重	0.00	0.00	37.50	0.00	62.50	100.00
		处级（副、正）计数	11	22	20	91	84	228
		比重	4.82	9.65	8.77	39.91	36.84	100.00
		副厅级及以上 计数	19	6	10	6	8	49
		比重	38.78	12.24	20.41	12.24	16.33	100.00
	合计	计数	31	30	43	113	114	331
		比重	9.37	9.06	12.99	34.14	34.44	100.00

在对分配平等观的认同上，政治精英与非政治精英之间也存在差异。总的来说，政治精英对分配平等观的认同比重更低，不认同比重更高，他们相较于非政治精英更加不认同分配平等观。政治精英中认同分配平等观的人只占48.64%，不认同的人则占35.35%；而在非政治精英中，认同这一平等观的人达到了54.42%，比政治精英高了近6个百分点，不认同的人则占24.49%，比政治精英低了近11个百分点；另外，选择"不清楚"的政治精英的比重也比非政治精英低（见表7-17）。

表7-17 政治精英与非政治精英在"人们患寡，更患不均，所以要平等地分配社会资源"题项中的交互分布　　　　单位：人，%

分类		非常不同意	不同意	不清楚	同意	非常同意	合计
政治精英	计数	47	70	53	95	66	331
	比重	14.20	21.15	16.01	28.70	19.94	100.00

续表

分类		非常不同意	不同意	不清楚	同意	非常同意	合计
非政治精英	计数	77	139	186	261	219	882
	比重	8.73	15.76	21.09	29.59	24.83	100.00
合计	计数	124	209	239	356	285	1 213
	比重	10.22	17.23	19.70	29.35	23.50	100.00

在政治精英内部，副厅级及以上群体中不认同分配平等观的人的比重达到63.26%，认同的人的比重仅为16.32%，而其他群体中认同分配平等观的人的比重均达到或超过50%，副厅级及以上群体与其他政治精英群体在这一平等观上的态度几乎截然相反（见表7-18）。

表7-18 分职务或职称在"人们患寡，更患不均，所以要平等地分配社会资源"题项中的交互分布 单位：人，%

	分类		非常不同意	不同意	不清楚	同意	非常同意	合计
政治精英	科级与讲师	计数	4	6	11	10	15	46
		比重	8.70	13.04	23.91	21.74	32.61	100.00
职务或职称	总经理	计数	0	1	3	0	4	8
		比重	0.00	12.50	37.50	0.00	50.00	100.00
	处级（副、正）	计数	17	58	29	79	45	228
		比重	7.46	25.44	12.72	34.65	19.74	100.00
	副厅级及以上	计数	26	5	10	6	2	49
		比重	53.06	10.20	20.41	12.24	4.08	100.00
合计		计数	47	70	53	95	66	331
		比重	14.20	21.15	16.01	28.70	19.94	100.00

我们还想了解政治精英与非政治精英在回答效率与发展和平等相比较时何者更重要的问题上是否存在差异，政治精英内部对这些问题的回答是否也有显著不同。从表7-19的数据我们可以看出，政治精英与非政治精英在对效率优先平等观的认同上体现出截然相反的态度。政治精英中有56.80%的人表达了对效率优先平等观的不认同，认同的人仅有26.89%，而非政治精英中则有41.73%的人认同，不认同的人的比重为33.45%。

由此可见，政治精英总体来说更加不认同效率优先平等观，而非政治精英更加认同效率优先平等观。

表7-19 政治精英与非政治精英在"为了把蛋糕做大，社会应该更加注重效率，而不是平等"题项中的交互分布　　单位：人，%

分类		非常不同意	不同意	不清楚	同意	非常同意	合计
政治精英	计数	86	102	54	56	33	331
	比重	25.98	30.82	16.31	16.92	9.97	100.00
非政治精英	计数	114	181	219	224	144	882
	比重	12.93	20.52	24.83	25.40	16.33	100.00
合计	计数	200	283	273	280	177	1 213
	比重	16.49	23.33	22.51	23.08	14.59	100.00

在发展优先平等观的认同上，政治精英也体现出了类似的状况，即政治精英的认同比重（40.48%）比非政治精英的认同比重（51.14%）要低近11个百分点，而政治精英的不认同比重为41.70%，远远高于非政治精英25.06%的不认同比重（见表7-20）。由此可见，政治精英更加不认同发展优先平等观，这一群体中不认同这一平等观的比重略高于认同的比重。

表7-20 政治精英与非政治精英在"竞争会导致不平等，推动社会发展可允许不平等存在"题项中的交互分布　　单位：人，%

分类		非常不同意	不同意	不清楚	同意	非常同意	合计
政治精英	计数	69	69	59	92	42	331
	比重	20.85	20.85	17.82	27.79	12.69	100.00
非政治精英	计数	95	126	210	292	159	882
	比重	10.77	14.29	23.81	33.11	18.03	100.00
合计	计数	164	195	269	384	201	1 213
	比重	13.52	16.08	22.18	31.66	16.57	100.00

在对政治精英内部不同群体的情况进行分析之后，我们发现这些群体对于效率优先平等观有较大分歧，其中处级（副、正）与副厅级及以上群体的认同比重均显著低于其他群体，处级（副、正）群体的认同比重仅有

26.76%，副厅级及以上群体的认同比重更是只有14.28%，而职务或职称较低的两个群体的认同比重更高。副厅级及以上群体中有59.18%的人选择了"非常不同意"这一平等观，体现出他们对效率优先于平等的看法的鲜明反对（见表7-21）。

表7-21 分职务或职称在"为了把蛋糕做大，社会应该更加注重效率，而不是平等"题项中的交互分布　　单位：人，%

	分类		非常不同意	不同意	不清楚	同意	非常同意	合计
政治精英	职务或职称	科级与讲师 计数	8	12	9	10	7	46
		比重	17.39	26.09	19.57	21.74	15.22	100.00
		总经理 计数	0	3	1	2	2	8
		比重	0.00	37.50	12.50	25.00	25.00	100.00
		处级（副、正）计数	49	83	35	39	22	228
		比重	21.49	36.40	15.35	17.11	9.65	100.00
		副厅级及以上 计数	29	4	9	5	2	49
		比重	59.18	8.16	18.37	10.20	4.08	100.00
	合计	计数	86	102	54	56	33	331
		比重	25.98	30.82	16.31	16.92	9.97	100.00

在对发展优先平等观的认同上，政治精英内部的差异性与效率优先平等观的认同状况类似。通过表7-22我们可以看到，处级（副、正）和副厅级及以上群体选择不认同这一平等观的人的比重显著较高，其中后者的比重甚至达到了57.14%，认同的人的比重仅为16.32%；处级（副、正）群体的不认同比重也有41.66%，显著高于职务或职称较低的群体；最认同这一平等观的为总经理群体，他们中有高达62.50%的人表示认同这一平等观。由此可见，职务或职称更高的政治精英不认同为了社会发展可以允许不平等的存在，而总经理群体对这一平等观的认同比重则较高。在这个问题上，政治精英内部也有明显分歧。

表 7-22　分职务或职称在"竞争会导致不平等,推动社会发展
可允许不平等存在"题项中的交互分布　　　单位:人,%

	分类		非常不同意	不同意	不清楚	同意	非常同意	合计
政治精英	职务或职称	科级与讲师 计数	9	5	9	15	8	46
		比重	19.57	10.87	19.57	32.61	17.39	100.00
		总经理 计数	1	0	2	2	3	8
		比重	12.50	0.00	25.00	25.00	37.50	100.00
		处级(副、正) 计数	34	61	35	70	28	228
		比重	14.91	26.75	15.35	30.70	12.28	100.00
		副厅级及以上 计数	25	3	13	5	3	49
		比重	51.02	6.12	26.53	10.20	6.12	100.00
	合计	计数	69	69	59	92	42	331
		比重	20.85	20.85	17.82	27.79	12.69	100.00

根据以上分析,我们注意到,政治精英对不同平等观的认同情况主要有以下三个特点:第一,政治精英中对四种不同平等观的内涵选择"不清楚"的人的比重都较低,体现出他们对于这些平等观的内涵的理解更加透彻,他们对这四种不同平等观表现出较为鲜明的态度,除了对基本社会权益平等观,政治精英的认同比重略高于非政治精英之外,政治精英对其他三种平等观的不认同比重相较于非政治精英而言都更高。第二,对平等观两个方面内涵的认同问题最严重的是副厅级及以上群体,他们对这两种平等观的认同状况都较为严峻,认同比重显著低于其他政治精英群体。第三,对效率优先平等观和发展优先平等观,处级(副、正)与副厅级及以上群体的认同比重较低,呈现出职务或职称越高,越不认同为了效率和发展而牺牲平等的观点,由此可以看出他们对平等这一价值更加认同。这样一来,副厅级及以上群体对平等观两个方面内涵的低认同状况就更加值得研究。

(四)经济精英、知识精英、政治精英对不同平等观的认同差异

最后,我们对经济精英、知识精英和政治精英进行横向比较,试图研

究这三种不同的精英人群对不同平等观的认同是否存在差异，以及如果存在，差异何在。根据对相关数据的分析，我们发现，三种不同的精英群体对平等观两个方面内涵的认同有较为显著的差异，而对效率优先平等观和发展优先平等观的认同差异不明显，因此，我们主要分析三种不同的精英群体对平等观两个方面内涵的认同差异。

对于平等观中的基本社会权益平等观，经济精英、知识精英和政治精英的认同比重存在一定的差异（见表7-23）。总体来说，对基本社会权益平等观认同比重最高的是政治精英，认同比重最低的是经济精英。然而，对这一平等观不认同的比重最高的也是政治精英，经济精英中则有高达23.68%的人选择了"不清楚"，对这一平等观表现出谨慎态度，他们中不认同的人的比重仅为11.14%，在三种精英群体中不认同比重最低。

表7-23 不同精英群体在"一个平等的社会，基本的公共福利（服务）应该均等化"题项中的交互分布　　单位：人，%

分类		非常不同意	不同意	不清楚	同意	非常同意	合计
经济精英	计数	15	25	85	113	121	359
	比重	4.18	6.96	23.68	31.48	33.70	100.00
知识精英	计数	25	51	93	161	193	523
	比重	4.78	9.75	17.78	30.78	36.90	100.00
政治精英	计数	31	30	43	113	114	331
	比重	9.37	9.06	12.99	34.14	34.44	100.00
合计	计数	71	106	221	387	428	1 213
	比重	5.85	8.74	18.22	31.90	35.28	100.00

由表7-24可以看到，对于平等观中的分配平等观，知识精英的认同比重最高，达到56.79%，他们的不认同比重也最低，仅为22.95%，而政治精英对这一平等观的认同比重最低，仅为48.64%，与知识精英相比低了超过8个百分点。政治精英也是对分配平等观不认同比重最高的群体，选择不认同的人达到了35.35%，比知识精英高了超过10个百分点。

表7-24 不同精英群体在"人们患寡,更患不均,所以
要平等地分配社会资源"题项中的交互分布　　单位:人,%

分类		非常不同意	不同意	不清楚	同意	非常同意	合计
经济精英	计数	31	65	80	87	96	359
	比重	8.64	18.11	22.28	24.23	26.74	100.00
知识精英	计数	46	74	106	174	123	523
	比重	8.80	14.15	20.27	33.27	23.52	100.00
政治精英	计数	47	70	53	95	66	331
	比重	14.20	21.15	16.01	28.70	19.94	100.00
合计	计数	124	209	239	356	285	1 213
	比重	10.22	17.23	19.70	29.35	23.50	100.00

不同精英群体在对效率优先平等观和发展优先平等观的认同上又是否存在差异呢?根据分析,这三种精英群体对这两种平等观的认同也存在显著差异。其中,政治精英更加不认同效率优先平等观,他们的不认同比重(56.80%)显著较高,认同比重(26.89%)显著较低,而经济精英和知识精英在这一问题上的差异不显著(见表7-25)。

表7-25 不同精英群体在"为了把蛋糕做大,社会应该更加
注重效率,而不是平等"题项中的交互分布　　单位:人,%

分类		非常不同意	不同意	不清楚	同意	非常同意	合计
经济精英	计数	54	68	80	97	60	359
	比重	15.04	18.94	22.28	27.02	16.71	100.00
知识精英	计数	60	113	139	127	84	523
	比重	11.47	21.61	26.58	24.28	16.06	100.00
政治精英	计数	86	102	54	56	33	331
	比重	25.98	30.82	16.31	16.92	9.97	100.00
合计	计数	200	283	273	280	177	1 213
	比重	16.49	23.33	22.51	23.08	14.59	100.00

根据表7-26我们可以发现,对于发展优先平等观,经济精英的认同比重最高,知识精英的次之,而政治精英的最低,他们中有41.70%的人

明确表示出对这一平等观的不认同,而这一比重在知识精英中只有26.20%,在经济精英中仅有23.40%。

表7-26 不同精英群体在"竞争会导致不平等,推动社会发展可允许不平等存在"题项中的交互分布　　单位:人,%

分类		非常不同意	不同意	不清楚	同意	非常同意	合计
经济精英	计数	40	44	81	111	83	359
	比重	11.14	12.26	22.56	30.92	23.12	100.00
知识精英	计数	55	82	129	181	76	523
	比重	10.52	15.68	24.67	34.61	14.53	100.00
政治精英	计数	69	69	59	92	42	331
	比重	20.85	20.85	17.82	27.79	12.69	100.00
合计	计数	164	195	269	384	201	1 213
	比重	13.52	16.08	22.18	31.66	16.57	100.00

根据对三种不同精英群体的对比,我们可以看到:第一,政治精英除了对基本社会权益平等观的认同度相较于另外两种精英群体而言更高,对其他平等观的认同度都较低。但是,政治精英对基本社会权益平等观的不认同比重也最高。由此可见,政治精英对平等观两个方面内涵的认同情况不容乐观,同时,他们又不认同牺牲平等以换取效率或发展的平等观,体现出某种矛盾性。第二,经济精英最不认同基本社会权益平等观,而知识精英最认同分配平等观,体现出这两种精英群体对平等的关键诉求有一定的差异,经济精英对基本社会权益平等观更抱持着警惕和谨慎态度,而知识精英对平等的最关键的诉求在于分配上的平等。

四、存在的问题与对策

根据前文的分析,我们可以看出,总体而言精英群体对于平等观中基本社会权益平等和分配平等两个方面的内涵的认同状况还算令人满意,其中对基本社会权益平等观有较好的认同。相比较而言,他们在关于是否应该牺牲平等来求效率和发展的问题上总体体现出不认同的倾向,精英群体之间对这两个问题的看法存在较为显著的分歧。更多的人不认同为了效率而牺牲平等，而不认同为了发展而牺牲平等的精英比重要低一些。在平等与发展的问题上，选择为了发展而牺牲平等的精英人数接近一半。

由此可见，精英群体虽然在平等观的最基本方面的认同度较高，但对分配平等观的认同状况仍然不算太好，而当涉及发展、效率等问题时，这一群体中却有不少人认同牺牲平等来换取发展和效率。正如党的十九大报告所说，我国社会现阶段的主要矛盾已经转化为人民日益增长的美好生活需要和不平衡不充分的发展之间的矛盾，所以更加突出的问题是发展不平衡不充分。因此，在现阶段我国的发展更要注重不同人、不同地区的均衡发展。然而，本次调研所显示的状况却是，精英群体中仍有不少人并没有成功转变观念和认识，没有认识到分配平等的重要性，也没有意识到在我国社会主义发展的当前阶段，在发展中如何让不同群体、不同地区的人民都增强获得感，可能比发展和效率更加重要。

对于这一问题，我们建议：首先，需要对精英群体进行有针对性的宣传和教育，结合我国现阶段主要矛盾转化的相关论述，让他们对我国现阶段的发展情况和问题所在有更加深刻的理解；其次，对于推动平等价值，理清平等与发展、平等与效率之间的辩证关系问题，不仅需要从思想上进行宣传和教育，更需要落实到工作的各个方面。具体地说，例如对精英群体工作实效的评价，就应该不仅看他们对于我国总体发展的贡献，也要看他们是否能够在工作中为促进不同人、不同地区的均衡发展做出贡献。

在对不同的精英群体进行平等观认同情况分析时，我们也发现有几个精英群体值得特别关注。经济精英对于分配平等观和效率优先平等观均体现出年收入越高认同比重越低，年收入越低认同比重越高的趋势。年收入较低的经济精英，一方面对平等地分配社会资源有较高的要求，另一方面又更加追求效率而宁愿放弃平等。副厅级及以上的政治精英，一方面体现出对于效率优先平等观和发展优先平等观的警惕性，另一方面又对核心价值观中的平等观体现出较低的认同。对平等观看似矛盾的态度特别突出地体现在这两个群体上，需做进一步的具体分析。

我们认为，年收入相对而言较低、身处偏远地区的经济精英虽然以当地平均水平来看收入尚可，但与其他经济精英相比，收入仍不尽如人意。在访谈中，我们发现他们中的很多人都是靠自己奋斗的个体户，一方面有更强烈的、高效率发展自身事业的欲望，另一方面也切身地感受到了资源分配的不平衡，因此，他们对分配平等的认同才会更高，也更认同效率优先平等观，这两者并不矛盾。

这些经济精英对平等观认同的差异性所体现出来的问题，更进一步地证实了党的十九大报告所提出的社会主要矛盾的转化，因此，要想将核心价值观真正推广开来，真正做到深入人心，就必须十分关注这些精英所引领的价值导向，特别关注欠发达地区的劳动者的发展，不仅在政策上引导他们做大做强，成为经济欠发达地区人民追求美好生活的榜样，更要注重对他们的价值观的塑造和培养，让他们意识到，为他们提供广阔发展空间和强有力保障的，是社会全体成员的辛勤劳动和共同努力，而不仅仅是他们的个人才智和能力。更重要的是，个人的发展离不开社会的发展和国家的强盛，因此在享受社会发展成果的同时，要关注社会需求，特别是关注欠发达地区人民的需求，不仅是他们的道德责任，更是他们的一种社会义务。

副厅级及以上政治精英本应该是核心价值观的主要推动者和引路人，但实际上却对核心价值观的认同度较低，他们更有可能对于我们党和国家的中国特色社会主义建设产生较大的负面影响。党的十九届四中全会提出，要坚持共同的理想信念、价值理念、道德观念，弘扬中华优秀传统文化、革命文化、社会主义先进文化，促进全体人民在思想上精神上紧紧团结在一起的显著优势。因此，对于领导干部而言，将核心价值观外化于行、内化于心，坚守初心使命，提高政治站位应该是一个必须坚守的原则。

因此，如何才能真正令党员领导干部更加深刻地理解和认同核心价值观，如何促进他们将核心价值观的宣传工作落细、落小、落实，如何推动核心价值观成为社会广泛认同的价值体系，这应该是核心价值观宣传和推广工作的重中之重。具体地说，首先，要在推进国家治理体系现代化的过程中，将核心价值观融入各项政治制度中，在日常治理中将核心价值观的彰显作为治理工作的重要衡量标准。这样，各级治理者亦即党员领导干部才能亲身实践，落实核心价值观。其次，进一步增强对于党员领导干部的核心价值观的宣传工作。近几年来，党员领导干部的核心价值观宣传教育培训在量上有明显增加，但如何提高宣传教育的质，如何让他们在学习过程中真心接受这一价值观体系并愿意付诸实践，仍是值得进一步探索的问题。最后，只有党员领导干部主动加强中国特色社会主义制度理论研究和宣传教育，才能引导全党全社会充分认识这一制度的本质特征和优越性。党员领导干部要进一步加强对核心价值观的学习和研究，更加透彻地领会核心价值观的重要内涵，真正引导全党全社会践行核心价值观，让核心价值观的影响像空气一样无所不在。

总而言之，核心价值观的落细、落小、落实并非一日之功。要让精英群体真正成为核心价值观的倡导者、推动者和落实者，需要做的工作还有很多。因此，需要更加重视对精英群体的深入了解、多样性宣传教育，促使他们成为传播核心价值观的中坚力量。

报告八

精英群体个人层面社会主义核心价值观的认知认同观察

习近平总书记在党的十九大报告中明确指出:"要以培养担当民族复兴大任的时代新人为着眼点,强化教育引导、实践养成、制度保障,发挥社会主义核心价值观对国民教育、精神文明创建、精神文化产品创作生产传播的引领作用,把社会主义核心价值观融入社会发展各方面,转化为人们的情感认同和行为习惯。"① 随着我国社会主要矛盾的转变,在新时代中国特色社会主义思想的指导下,我们的思想文化建设事业有了新使命、新要求。党的十九大报告为培育和践行社会主义核心价值观提供了重要指导。培育和践行核心价值观,要求我们树立正确的价值取向,加强思想道德教育,努力建设和谐社会的文明环境。

"爱国、敬业、诚信、友善",作为个人层面的核心价值观,是中华民族优秀传统美德、中国革命道德和社会主义道德的凝练,是共产党人对马克思主义价值观、道德观的创新发展。"爱国、敬业、诚信、友善",集中体现了社会主义国家公民的基本价值追求和道德要求。在当前社会经济快

---

① 习近平. 决胜全面建成小康社会 夺取新时代中国特色社会主义伟大胜利:在中国共产党第十九次全国代表大会上的报告(2017年10月18日). 北京:人民出版社,2017:42.

速发展、国民财富总值日益增长、利益分配方式日趋多样化的形势下，树立正确的公民价值观、道德观已经成为我国精神文明建设的一项重要任务。

本报告所指的"精英群体"，是指高学历、高收入、高职称或者高职务的群体。在选择调查对象时，凡是符合其中条件之一者即为我们的调查对象。高学历的要求是被调查者的学历在硕士研究生及以上，高收入的要求是年收入在35万元及以上，高职称的要求是副高级及以上，高职务的要求是副处级及以上。在经济部门工作的被调查者的职务，要求是部门经理及以上，包括总经理、董事长等。本次调查的精英群体在智力、财力等方面相对于其他非精英群体占有绝对优势，属于社会各界的领军人物，对其他群体有一定的带头示范作用。因此，分析精英群体对个人层面核心价值观的认知认同状况、检验精英群体对个人层面核心价值观的认知认同差异，有助于我们深入了解培育和践行核心价值观工作的成效和出现的问题，并有针对性地提出进一步推进精英群体对核心价值观的认知认同的策略。

本课题组、湖北大学高等人文研究院、中华文化发展湖北省协同创新中心在2018年3—6月进行了"精英群体社会主义核心价值观认知与认同问卷调查"，取得了预期的调研成果，为课题研究提供了数据支持。调查问卷中涉及核心价值观个人层面认同的题项一共有12个，分别针对核心价值观个人层面的"爱国、敬业、诚信、友善"等价值观的认知认同、培育与践行效果等方面进行描述。

本次调查共发放问卷1 500份，回收问卷1 350份，问卷回收率为90.00%；剔除137份无效问卷后，有效问卷为1 213份，有效问卷回收率为89.85%。问卷内容的应答未答的平均缺失率（缺失值）极低，为0.09%。在本次1 213份有效样本中，从职业分布来看，其分布依次为：大学教师占25.40%，党政机关领导干部占23.90%，高级专业技术人员占17.70%，企业高管占17.70%，企业法人代表占11.00%，企事业单位负责人占3.40%，自由职业者占0.90%，样本的职业构成达到了预期的覆盖面。从学历构成来看，高中（中专）占2.47%，大学专科占12.12%，大学本科占35.28%，硕士研究生占27.12%，博士研究生占

23.00%。受过高等教育的人数占样本总人数的97.50%。从年收入来看，10万元以下占20.36%，10万～20万元占42.07%，21万～30万元占15.09%，31万～40万元占9.56%，41万元及以上占14.92%，人均年收入为21.88万元。

为了便于分析，我们将认同表达的分布差异定义为认同水平差异，并由低到高进行赋值。将"非常不同意"赋值为"1"，称之为认同与评价"非常低"的水平（均值为0.5～1.99）；将"不同意"赋值为"2"，称之为"较低"水平（水平值为2～2.99）；将"不清楚"赋值为"3"，称之为"一般"水平（均值为3～3.99）；将"同意"赋值为"4"，称之为"较高"水平（均值为4～4.75）；将"非常同意"赋值为"5"，称之为"非常高"的水平（均值在4.76及以上）。

一、个人层面社会主义核心价值观认知认同的特征与差异

（一）爱国观认知认同的特征与差异

作为核心价值观之一的爱国，其内涵是非常清晰和明确的。爱国要求我们热爱国家的山川河流，捍卫国家主权和领土完整，爱护国家的品格和荣誉，维护国家的形象和尊严；要求我们坚决拥护中国特色社会主义制度和发展道路，努力为中国特色社会主义建设事业做出应有的贡献；要求我们热爱祖国的人民群众、海外同胞，维护各族人民团结一致，共同发展；要求我们热爱中华民族的优秀传统文化，继续传承发展我们的文化，增进国家的文化软实力。因此，在调查中，我们将爱国观的认同度测量分解为五个测量目标：L47爱国与奉献，L48爱国与传统文化及爱国精神，L49爱国与守法，L50爱国与爱国方法，M51个人爱国的具体行为。通过对L47—M51题项的水平分析，将五个题项看成五个测量维度，计算出每个样本在五个维度的评价水平值，形成总体评价水平值，将总体评价水平值与各维度评价水平值进行比较，分析精英群体对爱国观的五个测量目标的认同评价水平的差异。

表8-1是精英群体对核心价值观中"爱国观"的认知认同水平差异的检验结果，数据显示，其总均值为4.069，说明"爱国观"认知认

同的总均值为"较高"水平（其均值为4～4.75）。其中，L47题项的均值为3.96，L48题项的均值为4.27，L49题项的均值为4.25，L50题项的均值为3.68，M51题项的均值为4.19。p 小于0.01，说明每一题项的均值与"爱国观"总均值之间存在显著差异。同时，表8-1的数据显示，精英群体对于"疆土完整，民族团结，继承传统""遵纪守法，维护宪法""做好本职工作"等爱国观内容的认可度，显著高于总均值水平，其认知认同处在"较高"水平。L50题项"爱国是感性的，需要激情，方法不重要"的 t 检验值为-10.705，其均值显著低于总均值。因此，L50题项"爱国是感性的，需要激情，方法不重要"的认同度低于整组水平，这表明调查对象普遍倾向于否定激情爱国，认为理性爱国很重要。L47题项"社会精英承担更多的社会责任是一种爱国的表现"的 t 检验值为-4.614，其均值显著低于总均值，这表明精英群体对"承担社会责任"这种爱国方式的认同度普遍不高。以上数据分析所显示的问题有待做进一步深入的解析。

表8-1　精英群体爱国观的认知认同水平差异的检验结果　　单位：人

题项	t-值	均值差	均值	显著性（p）	样本数
L47 社会精英承担更多的社会责任是一种爱国的表现	-4.614	-0.141***	3.96	0.000	1 208
L48 爱国就要爱疆土完整、爱民族团结、爱传统文化	7.078	0.178***	4.27	0.000	1 210
L49 爱国的关键在于遵守国家宪法，维护宪法的完整和权威	5.629	0.150***	4.25	0.000	1 210
L50 爱国是感性的，需要激情，方法不重要	-10.705	-0.417***	3.68	0.000	1 209
M51 做好本职工作就是为国家做贡献，就是爱国的表现	3.621	0.093***	4.19	0.000	1 209

注：总均值为4.069，*** 表示 $p<0.01$。

（二）敬业观认知认同的特征与差异

作为核心价值观的重要内容，"敬业"对中国特色社会主义建设，对创造人民的美好生活有着至关重要的意义。敬业要求我们全身心投入到不同的战线、行业、领域、岗位的社会主义事业中；要求我们努力培养人才、创造知识、积极奋进；要求我们努力做到爱岗敬业、忠于职守、精益求精、开拓创新。因此，在调查中，我们将敬业观的认同度测量分解为两个测量目标：M52个人敬业的具体行为，M53个人敬业的价值观。通过对M52—M53题项的水平分析，计算出每个样本在两个维度的评价水平值，形成总体评价水平值，将总体评价水平值与各维度评价水平值进行比较，分析精英群体对敬业观的两个测量目标的认同评价水平的差异。表8-2是精英群体对核心价值观中"敬业观"的认知认同水平差异的检验结果。

表8-2　精英群体敬业观的认知认同水平差异的检验结果　　单位：人

题项	t-值	均值差	均值	显著性（p）	样本数
M52 干一行，爱一行，每一个人要珍惜眼前的工作	1.226	0.031	4.34	0.221	1 211
M53 做好本职工作，不仅是完成任务，更重要的是体现个人价值	-1.236	-0.031	4.28	0.217	1 211

注：总均值为4.268。

表8-2的数据显示，其总均值为4.268，这说明"敬业观"认知认同的总均值为"较高"水平（其均值为4～4.75）。其中，M52题项的均值为4.34，M53题项的均值为4.28。p值大于0.01，显示两题项的均值与总均值无显著性差异，两题项的均值都处于"较高"水平（均值为4～4.75），这表明精英群体对"热爱本职工作""工作体现个人价值"等敬业观念的认同度普遍较高。

（三）诚信观认知认同的特征与差异

诚信是核心价值观的重要内容。诚信是中华民族的优秀传统美德，是中华儿女的安身立命之道。诚信的要义是真实无欺不作假、真诚待人不说谎、践行约定不食言。在调查中，我们将诚信观的认同度测量分解为三个测量目标：N54诚信的价值观，N55社会诚信和个人道德约束，N56诚信制度建设。通过对N54—N56题项的水平分析，计算出每个样本在三个维度的评价水平值，形成总体评价水平值，将总体评价水平值与各维度评价水平值进行比较,分析精英群体对诚信观的三个测量目标的认知认同评价水平的差异。表8-3是精英群体对核心价值观中"诚信观"的认知认同水平评价差异的检验结果。

表8-3 精英群体诚信观的认知认同水平差异的检验结果 单位:人

题项	t-值	均值差	均值	显著性(p)	样本数
N54 人无信不可,民无信不立,国无信不威	10.196	0.236***	4.53	0.000	1 210
N55 社会诚信,关键在于个人的道德约束	−12.047	−0.381***	3.91	0.000	1 210
N56 建立个人诚信档案制度,有利于诚信社会的建立	6.094	0.146***	4.44	0.000	1 211

注:总均值为4.269,***表示$p<0.01$。

我们对问卷中有关"诚信观"的N54—N56题项的调查结果进行单样本t检验分析,获得每一题项的均值以及总均值。其中,总均值为4.269,反映了有关"诚信观"问题的整体均值为"较高"水平(其均值为4~4.75),N54题项的均值为4.53,N55题项的均值为3.91,N56题项的均值为4.44,p值为0.000,显示每一题项的均值与"诚信观"的总均值之间存在显著差异。在有关"诚信观"调查的N54—N56题项中,N54的t检验值为10.196,N56的t检验值为6.094,表明以上两题项的均值都显著高于总均值,这表明精英群体对"人无信不可,民无信不立,国无信不威"的诚信价值观的高认可度,以及对"建立个人诚信档案"等诚信制度建设的高度赞同。N55题项"社会诚信,关键在于个人的道德约束"的t检验值为−12.047,其均值显著低于总均值,低于整体水平,这表明调查对象并不认同"个体道德约束有利于社会诚信",认为仅仅通过制约个体行为无法促进形成一个诚信社会。以上数据分析所显示的问题有待做进一步深入的解析。

(四)友善观认知认同的特征与差异

自古以来,友善就是中华民族的传统美德。社会主义友善观是这一传统美德在当代的继承和发展,友善是社会主义人际关系的一项基本尺度。

友善的要义就在于在人际交往中要求人们遵守以下道德要求：谦敬礼让、宽以待人、相互扶助、相期以善。在调查中，我们将友善观的认同度测量分解为两个测量目标：N57友善与个人道德，N58友善的价值观。通过对N57—N58题项的水平分析，计算出每个样本在两个维度的评价水平值，形成总体评价水平值，将总体评价水平值与各维度评价水平值进行比较，分析精英群体对友善观的两个测量目标的认知认同评价水平的差异。表8-4是精英群体对核心价值观中"友善观"的认知认同水平差异的检验结果。

表 8-4 精英群体友善观的认知认同水平差异的检验结果 单位：人

题项	t-值	均值差	均值	显著性（p）	样本数
N57 友善是一个社会公民应有的美德	0.582	0.031	4.49	0.561	1 210
N58 严于律己，宽以待人，友善是培育和谐社会的基础	-0.507	-0.031	4.47	0.612	1 210

注：总均值为4.478。

表8-4的数据显示，其总均值为4.478，说明"友善观"认知认同的总均值为"较高"水平（其均值为4～4.75）。其中，N57题项的均值为4.49，N58题项的均值为4.47。p值大于0.01，显示两题项的均值与总均值无显著性差异，两题项的均值都为"较高"水平（其均值为4～4.75），这表明精英群体对"友善是一个社会公民应有的美德""严于律己，宽以待人""友善能促进社会和谐"等价值观念的认同度普遍较高。

二、人口学特征对个人层面社会主义核心价值观认知认同的影响

（一）人口学特征对"爱国与奉献"的认知认同的影响

表8-5是对L47题项"社会精英承担更多的社会责任是一种爱国的表现"（测度目标为"爱国与奉献"）的线性回归分析，以L47题项的调研结果为因变量，以调查对象（精英群体）的学历、职业、职务或职称、年收入水平为自变量。

表8-5显示，L47与T3（学历）之间存在线性因果关系，表明精英群体对"承担社会责任是一种爱国的表现"的认知认同度与学历存在显著

的因果关系。表8-5中的回归系数B为-0.067,表明精英群体对"承担社会责任是一种爱国的表现"的认知认同度与学历存在负向因果关系,即精英群体学历越高,对L47的认知认同度越低,越不认为"承担社会责任是一种爱国的表现"。

表8-5 学历对"爱国与奉献"认知认同影响的回归结果

	非标准化系数 B	标准误差	标准系数 Beta	t-值	显著性 (p)
(常量)	4.189	0.108	—	38.939	0.000
T3. 您的学历	-0.067**	0.029	-0.066	-2.305	0.021

注:因变量为L47"社会精英承担更多的社会责任是一种爱国的表现"(用补了缺失值的数据的计算)。**表示 $p<0.05$。

表8-6是不同学历的精英群体对L47"社会精英承担更多的社会责任是一种爱国的表现"的认知认同差异的多重比较分析。分析结果表明,在显著性水平 p 值为0.10的条件下,博士研究生学历群体与高中(中专)及以下学历群体相比,均值差为-0.374,显著性水平 $p<0.10$,表明博士研究生学历群体的认知认同度显著低于高中(中专)及以下学历群体。博士研究生学历群体与大学本科学历群体相比,均值差为-0.265,显著性水平 $p\leqslant0.10$,表明博士研究生学历群体的认知认同度显著低于本科学历群体。博士研究生学历群体与硕士研究生学历群体相比,均值差为-0.271,显著性水平 $p<0.01$,表明博士研究生学历群体的认知认同度显著低于硕士研究生学历群体。综上所述,博士研究生学历群体对"爱国与奉献"的认知认同度显著低于高中(中专)及以下、大学本科、硕士研究生等学历群体。

表8-6 不同学历的精英群体对"爱国与奉献"的认知认同差异的多重比较分析

(I) T3. 您的学历	(J) T3. 您的学历	均值差 (I-J)	标准误差	显著性 (p)	90%置信区间 下限	90%置信区间 上限
博士研究生	高中(中专)及以下	-0.374*	0.203	0.065	-0.71	-0.04
	大学本科	-0.265***	0.081	0.001	-0.40	-0.13
	硕士研究生	-0.271***	0.086	0.002	-0.41	-0.13

注:因变量为L47"社会精英承担更多的社会责任是一种爱国的表现"。***表示 $p<0.01$,*表示 $p<0.10$。

根据以上分析，可知博士研究生学历群体对"爱国与奉献"的认知认同度普遍低于其他学历群体，由此继续分析博士研究生学历群体的分布特征，以了解博士研究生学历群体面对该问题时表现出的基本特性。表8-7是博士研究生学历群体样本的职务或职称、年收入、职业构成分布。在博士研究生学历群体中，有65.20%的人是副厅级及以上职务，50.20%的人年收入为10万~20万元，71.70%的人职业为大学教师。根据以上分布，可推断出博士研究生学历群体中的大多数人拥有较高的社会地位，社会认同度较高。从年收入分布来看，博士研究生学历群体的年收入水平主要为10万~20万元，并不属于高收入群体。从职业分布来看，博士研究生学历群体中大多数人的职业是大学教师，工作环境是高等院校。

表8-7 博士研究生学历群体的职务或职称、年收入、职业分布 单位：%

职务或职称级别分布					
科级与讲师	部门经理	总经理	处级（副、正）	副厅级及以上	
12.50	6.80	3.90	11.50	65.20	
年收入分布					
10万元以下	10万~20万元	21万~30万元	31万~40万元	41万元及以上	
11.80	50.20	17.90	10.40	9.70	
职业分布					
企业高管	企业法人代表	高级专业技术人员	大学教师	党政机关领导干部	企事业单位负责人	自由职业者
6.80	0.70	9.00	71.70	11.10	0.70	0.00

对于这一结果，我们可以从以下三个方面进行解读：其一，博士研究生学历群体缺乏两个方面的认同："社会精英"的自我认同和"责任担当"的社会认同。博士研究生虽然拥有高学历，但并不一定拥有高收入。在现有的社会经济水平下，博士研究生学历群体并不一定拥有"社会精英"的自我认知。其二，在社会舆论导向的实践中，社会精英对社会责任的承担不足，对爱国向心力的精神引领不力，这使得社会群体在这一认知上的有效获得不够。其三，从博士研究生学历群体的职业分布来看，大多数拥有

博士研究生学历的人的职业是高校教师，拥有博士研究生学历的人往往有较强的认知能力和学习能力，这说明博士研究生学历群体对"承担社会责任"的爱国与奉献精神往往不愿表达自己的价值判断，而不是不清楚不了解这一爱国与奉献精神。数据说明，亟待引导高学历群体加强对"社会精英承担社会责任"的爱国与奉献精神的认同。特别是博士研究生学历群体，在社会经济飞速发展的时候往往出现自我身份和社会责任的迷失，这就更需要加强对他们的引导，提倡爱国与奉献精神的教育，同时强化博士研究生学历群体的"社会精英"的自我意识和"爱国与奉献"的责任意识。

（二）人口学特征对"爱国行为"的认知认同的影响

表8-8是对M51题项"做好本职工作就是为国家做贡献，就是爱国的表现"（测度目标为"爱国行为"）的线性回归分析，以M51题项的调研结果为因变量，以调查对象（精英群体）的年龄（分组）、学历、职务或职称、年收入为自变量。

表8-8 年龄、学历、职务或职称、年收入对"爱国行为"认知认同影响的回归结果

	非标准化系数 B	标准误差	标准系数 Beta	t-值	显著性（p）
（常量）	4.519	0.159	—	28.481	0.000
T2.1 您的年龄组	0.052***	0.020	0.088	2.615	0.009
T3. 您的学历	−0.048*	0.026	−0.057	−1.828	0.068
T5A. 职务或职称	−0.053**	0.023	−0.078	−2.278	0.023
T3. 您的年收入	−0.096***	0.021	−0.142	−4.455	0.000

注：因变量为M51"做好本职工作就是为国家做贡献，就是爱国的表现"。***表示$p<0.01$，**表示$p<0.05$，*表示$p<0.10$。

表8-8显示，M51与T2.1之间存在线性因果关系，表明精英群体对"做好本职工作就是爱国的表现"的认知认同度与年龄存在显著的因果关系。表8-8中的回归系数B为0.052，表明精英群体对"做好本职工作就是爱国的表现"的认知认同度与年龄之间存在正向因果关系，即精英

年龄越大，对M51的认知认同度越高，越赞同"做好本职工作就是爱国的表现"。M51与T3之间存在线性因果关系，表明精英群体对"做好本职工作就是爱国的表现"的认知认同度与学历之间存在显著的因果关系。表8-8中的回归系数B为-0.048，表明精英群体对"做好本职工作就是爱国的表现"的认知认同度与学历之间存在负向因果关系，即精英学历越高，对M51的认知认同度越低，越不赞同"做好本职工作就是爱国的表现"。M51与T5A之间存在线性因果关系，表明精英群体对"做好本职工作就是爱国的表现"的认知认同度与职务或职称之间存在显著的因果关系。表8-8中的回归系数B为-0.053，表明精英群体对"做好本职工作就是爱国的表现"的认知认同度与职务或职称之间存在负向因果关系，即精英职务或职称越高，对M51的认知认同度越低，越不赞同"做好本职工作就是爱国的表现"。M51与T6之间存在线性因果关系，表明精英群体对"做好本职工作就是爱国的表现"的认知认同度与年收入水平之间存在显著的因果关系。表8-8中的回归系数B为-0.096，表明精英群体对"做好本职工作就是爱国的表现"的认知认同度与年收入水平之间存在负向因果关系，即精英收入越高，对M51的认知认同度越低，越不赞同"做好本职工作就是爱国的表现"。表8-8的线性回归分析结果显示，精英群体对"做好本职工作就是爱国的表现"的认知认同度受到学历、职务或职称、年收入的负向影响。

表8-9是不同职务或职称的精英群体对M51"做好本职工作就是为国家做贡献，就是爱国的表现"的认知认同差异的多重比较分析。分析结果显示，副厅级及以上职务高层人员与科级（含讲师）基层人员相比，均值差为-0.409，表明副厅级及以上职务高层人员的认知认同度显著低于科级（含讲师）基层人员；与处级（副、正）中层人员相比，均值差为-0.355，表明副厅级及以上职务高层人员的认知认同度显著低于处级（副、正）中层人员。综上所述，副厅级及以上职务高层人员对"爱国行为"的认知认同度显著低于正（副处级）等中层和基层人员。副厅级及以上职务高层人员与企业高层管理人员（总经理）相比，均值差为-0.174，表明政府部门的高层干部对"爱国行为"的认知认同度显著低于企业管理人员。

表 8-9 不同职务或职称的精英群体对"爱国行为"的
认知认同差异的多重比较分析

(I) T5A. 职务或职称	(J) T5A. 职务或职称	均值差(I-J)	标准误差	显著性(p)	90%置信区间 下限	90%置信区间 上限
副厅级及以上	科级与讲师	-0.409***	0.093	0.000	-0.56	-0.26
	总经理	-0.174**	0.080	0.030	-0.31	-0.04
	处级(副、正)	-0.355***	0.071	0.000	-0.47	-0.24

注：因变量为 M51"做好本职工作就是为国家做贡献，就是爱国的表现"。*** 表示 $p<0.01$，** 表示 $p<0.05$。

表 8-10 是不同年收入的精英群体对 M51"做好本职工作就是为国家做贡献，就是爱国的表现"的认知认同差异多重比较分析。分析结果显示，年收入为 31 万~40 万元的高收入群体与年收入为 10 万元以下、10 万~20 万元、21 万~30 万元、41 万元及以上的群体相比，均值差分别为-0.552、-0.386、-0.243、-0.267，表明年收入为 31 万~40 万元的高收入群体的认知认同度显著低于中低收入群体，也显著低于 41 万元及以上高收入群体。年收入 21 万~30 万元群体与年收入 10 万元以下、10 万~20 万元群体相比，均值差为-0.309、-0.143，说明年收入 21 万~30 万元中等收入群体的认知认同度低于年收入 10 万元以下、年收入 10 万~20 万元较低收入群体。而年收入 10 万~20 万元群体、年收入 41 万元及以上群体与年收入 10 万元及以下群体相比，均值差为-0.166、-0.285，表明年收入 10 万~20 万元群体、年收入 41 万元及以上群体的认知认同度均低于年收入 10 万元及以下群体。综上分析，对于"做好本职工作"的爱国行为的认知认同度在不同年收入群体中呈现年收入越高认知认同度越低的趋势。

表 8-10 不同年收入的精英群体对"爱国行为"的认知认同差异的多重比较分析

(I) T6. 您的年收入	(J) T6. 您的年收入	均值差(I-J)	标准误差	显著性(p)	90%置信区间 下限	90%置信区间 上限
31 万~40 万元	10 万元以下	-0.552***	0.099	0.000	-0.71	-0.39
	10 万~20 万元	-0.386***	0.091	0.000	-0.54	-0.24
	21 万~30 万元	-0.243**	0.104	0.020	-0.41	-0.07
	41 万元及以上	-0.267**	0.105	0.011	-0.44	-0.09

续表

(I) T6. 您的 年收入	(J) T6. 您的 年收入	均值差（I-J）	标准误差	显著性 （p）	90%置信区间	
					下限	上限
21万~30 万元	10万元以下	-0.309***	0.086	0.000	-0.45	-0.17
	10万~20万元	-0.143*	0.076	0.061	-0.27	-0.02
10万~20 万元	10万元以下	-0.166**	0.069	0.016	-0.28	-0.05
41万元及以上	10万元以下	-0.285***	0.086	0.001	-0.43	-0.14

注：因变量为M51"做好本职工作就是为国家做贡献，就是爱国的表现"。***表示$p<0.01$，**表示$p<0.05$，*表示$p<0.10$。

从表8-9和表8-10的分析结果来看，对于"做好本职工作就是爱国奉献"的爱国观，从职务或职称来看，副厅级及以上职务高层人员的认同度最低；从年收入来看，31万~40万元收入群体的认知认同度最低，且呈现出年收入越高认知认同度越低的趋势。结合表8-8的线性分析结果，我们可以得出如下结论：对于"做好本职工作就是爱国的表现"的爱国观，越是高职务、高收入的群体，越是认知认同度不高。

我们进一步通过数据来分析高职务高职称、高收入这两类群体的特点。表8-11的数据显示，副厅级及以上高职务群体中，65.70%的人拥有博士研究生学历，52.00%的人年收入为10万~20万元，76.20%的人职业为高校教师。表8-12显示，高收入群体中，31.50%的人拥有大学本科学历，49.70%的人职务为总经理，35.40%的人职业为企业高管。从这一结果可以分别描述两类群体的基本特征：(1)副厅级及以上高职务职称的群体往往拥有高学历，年收入水平不高，其中大多数人的工作为高校教师。(2)大多数年收入在40万元以上的人职务为总经理，属于商业精英，有本科学历，职业为企业高管。

表8-11 高职务高职称精英群体的分布特征分析　　　　单位：%

学历分布				
高中（中专）及以下	大学专科	大学本科	硕士研究生	博士研究生
0.00	1.10	9.70	23.50	65.70

续表

年收入分布					
10万元以下	10万~20万元	21万~30万元	31万~40万元	41万元及以上
16.60	52.00	15.90	12.60	2.90
职业分布						
企业高管	企业法人代表	高级专业技术人员	大学教师	党政机关领导干部	事业单位负责人	自由职业者
0.00	0.00	6.10	76.20	14.10	3.60	0.00

表8-12 高收入精英群体的分布特征分析　　　单位：%

学历分布				
高中（中专）及以下	大学专科	大学本科	硕士研究生	博士研究生
7.20	15.50	31.50	30.90	14.90
职务或职称分布				
科级与讲师	部门经理	总经理	处级（副、正）	副厅级及以上
0.60	40.30	49.70	5.00	4.40
职业分布						
企业高管	企业法人代表	高级专业技术人员	大学教师	党政机关领导干部	事业单位负责人	自由职业者
35.40	33.10	23.20	2.20	2.20	3.30	0.60

对于这一结果，我们可以进行如下解读：高收入群体普遍有本科及以上学历，处于较高的职务地位。从职业分布来看，高收入群体中大多数人的职业是企业高管、企业法人代表等。一方面，这一类群体虽然拥有高职务，但在中国人的传统观念中，其社会地位并不如副厅级及以上行政人员和大学教授等群体，获得的社会认同度不高，因而高收入群体往往缺乏尽职尽责和爱国奉献等社会责任意识。

以上分析说明，我们需要增强高职务职称、高收入群体对自身职业的认同感和满意度，使他们充分认识到"尽职尽责"是一种爱国奉献的具体行为。高收入群体在经济迅猛增长的市场经济中往往会出现"以效益增长为中心"的片面思想，缺乏作为商业精英应有的社会责任意识，这就需要加强对该群体的职业道德和爱国主义等方面的教育。

（三）人口学特征对"社会诚信与个人道德约束"的认知认同的影响

表 8-13 是对 N55 题项"社会诚信，关键在于个人的道德约束"（测度目标为"社会诚信与个人道德约束"）的线性回归分析，以 N55 题项的调研结果为因变量，以调查对象（精英群体）的年龄（分组）、学历、职业、职务或职称、年收入为自变量。

表 8-13　年龄、学历、职务或职称对"社会诚信"认知认同影响的回归结果

	非标准化系数 B	标准误差	标准系数 Beta	t-值	显著性 (p)
（常量）	3.784	0.197	—	19.227	0.000
T2.1. 您的年龄组	0.089***	0.025	0.122	3.623	0.000
T3. 您的学历	−0.078***	0.033	−0.074	−2.387	0.017
T5A. 职务或职称	−0.079***	0.029	−0.095	−2.761	0.006

注：因变量为 N55"社会诚信，关键在于个人的道德约束"。*** 表示 $p<0.01$。

表 8-13 显示，N55 与 T2.1 之间存在线性因果关系，表明精英群体对"社会诚信，关键在于个人的道德约束"的认知认同度与年龄存在显著的因果关系。表 8-13 中的回归系数 B 为 0.089，表明精英群体对"社会诚信，关键在于个人的道德约束"的认知认同度与年龄之间存在正向因果关系，即精英年龄越大对 N55 的认知认同度越高，越赞同这一观点。N55 与 T3 之间存在线性因果关系，表明精英群体对"社会诚信，关键在于个人的道德约束"的认知认同度与学历之间存在显著的因果关系。表 8-13 中的回归系数 B 为 −0.078，表明精英群体对"社会诚信，关键在于个人的道德约束"的认知认同度与学历之间存在负向因果关系。即精英学历越高，对 N55 的认知认同度越低，越不赞同"社会诚信，关键在于个人的道德约束"。N55 与 T5A 之间存在线性因果关系，表明精英群体对"社会诚信，关键在于个人的道德约束"的认知认同度与职务或职称之间存在显著的因果关系。表 8-13 中的回归系数 B 为 −0.079，表明精英群体对"社会诚信，关键在于个人的道德约束"的认知认同度与职务或职称之间存在负向因果关系，即精英职务或职称越高，对 N55 的认知认同度越低，

越不赞同"社会诚信,关键在于个人的道德约束"。表8-13的线性回归分析结果显示,精英群体对"社会诚信,关键在于个人的道德约束"观点的认知认同度受到学历、职务或职称的负向影响。

表8-14是不同学历群体对N55"社会诚信,关键在于个人的道德约束"的认知认同差异的多重比较分析。

表8-14 不同学历的精英群体对"社会诚信与个人道德约束"的认知认同差异的多重比较分析

(I) T3. 您的学历	(J) T3. 您的学历	均值差（I-J）	标准误差	显著性（p）	90%置信区间 下限	90%置信区间 上限
博士研究生	高中（中专）及以下	-0.435**	0.210	0.039	-0.78	-0.09
博士研究生	大学专科	-0.248**	0.112	0.027	-0.43	-0.06
博士研究生	大学本科	-0.319***	0.084	0.000	-0.46	-0.18
博士研究生	硕士研究生	-0.235***	0.089	0.008	-0.38	-0.09

注：因变量为N55"社会诚信,关键在于个人的道德约束"。***表示$p<0.01$,**表示$p<0.05$。

表8-15是不同职务或职称的精英群体对N55"社会诚信,关键在于个人的道德约束"的认知认同差异的多重比较分析。

表8-15 不同职务或职称的精英群体"社会诚信与个人道德约束"的认知认同差异的多重比较分析

(J) T5A. 职务或职称	(J) T5A. 职务或职称	均值差（I-J）	标准误差	显著性（p）	90%置信区间 下限	90%置信区间 上限
副厅级及以上	科级与讲师	-0.342***	0.115	0.003	-0.53	-0.15
副厅级及以上	总经理	-0.500***	0.100	0.000	-0.66	-0.34
副厅级及以上	处级（副、正）	-0.352***	0.088	0.000	-0.50	-0.21

注：因变量为N55"社会诚信,关键在于个人的道德约束"。***表示$p<0.01$。

表8-15的分析结果显示,在显著性水平p值小于0.01的条件下,副厅级及以上职务高层人员与科级（含讲师）基层人员相比,均值差为-0.342,表明副厅级及以上职务高层人员的认知认同度显著低于科级（含讲师）基层人员；与处级（副、正）中层人员相比,均值差为

－0.352，表明副厅级及以上职务高层人员的认知认同度显著低于处级（副、正）中层人员。在显著性水平 p 值小于 0.05 的条件下，副厅级及以上职务高层人员与职务为总经理的人员相比，均值差为－0.500，表明副厅级及以上职务高层人员的认知认同度显著低于职务为总经理人员。

结合表 8-13 的线性分析结果，通过对比可以发现，对于"社会诚信，关键在于个人的道德约束"的诚信观，越是高学历、高职务的精英越是认同度不高。高学历、高职务精英群体的基本特征是：（1）博士研究生学历精英往往拥有高职务或高职称，社会地位较高，其中大部分人的职业为高校教师，年收入处于中等水平。（2）副厅级及以上高职务的人往往拥有高学历，但年收入水平不一定很高，其中大多数人为高校教师。对于这一结果，我们可以进行如下解读：其一，高学历、高职务职称精英群体拥有较高的社会地位，属于学术精英和政治精英。一般来讲，这两类群体都拥有较高的知识水平和认知能力，他们对诚信的认知更加理性化和偏学术化。其二，表 8-14 和表 8-15 的数据显示，博士研究生学历精英群体和副厅级及以上高职务精英群体对"社会诚信与个体道德"的认知认同度都远低于其他精英群体。对于社会诚信和个体道德之间的内在关系，这两类群体都有着更深层次的思考，他们对"诚信"（社会公德）和个人私德之间的关系做必然性的判断。或者说，对于公德和私德之间的关系，他们的看法具有多元化的特征。其三，当前个体道德滑坡现象（如信任危机、不良信贷等）已经成为国内伦理学界的主要论题之一，高学历精英群体、高职务职称精英群体对这一社会现象有着深入的了解和思考，对当前道德水平持悲观态度的大有人在。

三、对策与建议

（一）增强高学历精英群体的自我身份认同和爱国信念

前文分析结果表明，精英群体对于爱国观的整体认知认同度处在"较高"水平，但对于"尽职尽责是一种爱国的表现"的认知认同度较低。这说明，精英群体的爱国观还没有同个人的工作生活紧密相融。精英群体普遍认为爱国是一种较高层次的情感，离自己的现实生活较远。

以高学历精英群体为例。在经济发达的现代商业社会，人们往往容易以收入论英雄，但实际情况是高学历群体不一定是高收入群体。这使得这类群体缺乏一种社会精英的自我认同，在社会责任和义务面前缺乏挺身而出的勇气和信念。建议政府有关部门出台相关的政策，为高学历群体提供收入、社会福利以及其他方面的制度保障，提升高学历群体的获得感、认同感，引导高学历群体认同"社会精英承担社会责任"的爱国与奉献精神。以武汉市2017年发布的《关于进一步放宽留汉创业就业普通高校毕业生落户实施办法》为例，新的落户办法推行"门槛最低、手续最简、机制最活"的"大学毕业生留汉政策"：在大学毕业生落户政策上放宽了落户的年龄限制条件，取消了3~5年的择业期限制条件，取消了就业创业限制条件；博士研究生、硕士研究生等高学历人才落户武汉不受年龄限制，不受3~5年的择业期限制，也不受劳动合同、社保证明、营业执照、缴税证明等材料的限制，为高学历人才落户提供了便利。同时，武汉市还在全国率先出台了大学毕业生指导性最低年薪标准：专科毕业生4万元、本科毕业生5万元、硕士6万元、博士8万元，用优惠性、帮扶性政策提升高学历人群的获得感、幸福感。

（二）树立高职务职称、高收入精英群体的爱国主义典范，发挥其模范带头作用

关于高职务职称、高收入精英群体对"尽职尽责是一种爱国奉献的具体行为"的认知认同不足问题，可以从这两类群体对自身职业的认同感和满意度出发来寻到答案。有些人在迅猛增长的市场经济中往往会产生"以效益增长为中心"的片面思想，丧失作为社会精英、商业精英应有的社会责任意识。这就说明需要对高职务职称、高收入精英群体进行积极的引导，加强对这两类群体的职业道德教育和爱国主义教育。精英一般属于各行各业的佼佼者，往往在自己的职业舞台上实现了自我价值的追求，其中有很大一部分人身怀"天下兴亡，匹夫有责"的家国情怀意识，从身边的具体实事、具体工作做起，通过尽职尽责做到爱国。因此，建议树立社会精英的爱国主义典范，向社会各界展示新时代精英"开拓创新，奋发有为"的时代风貌和"忠于职守，乐于奉献"的精神风貌。

爱国是一种坚定执着的理性信念。建立并坚守这种信念，需要努力深入地学习国家的历史与现实，知晓民族的传统与近况，明白当代社会的机遇和挑战，不忘过往，不惧未来。爱国不是停留在口头上的标语，需要我们切身投入到国家各行各业的建设事业中，要求我们努力担当责任，把爱国落到实处，把个人的奋斗与爱国的实际行动紧密结合起来。

报告九

政治精英社会主义核心价值观的认同状况分析

社会主义核心价值观体现了社会主义的本质要求，是实现中华民族伟大复兴、实现中国梦的价值引领，是我国长治久安的"稳定器"，更是民族和国家发展最持久最深层的力量。习近平总书记多次阐释社会主义核心价值观的内涵，指出要"用社会主义核心价值观凝魂聚力，更好构筑中国精神、中国价值、中国力量，为中国特色社会主义事业提供源源不断的精神动力和道德滋养"[①]。"培育和弘扬核心价值观，有效整合社会意识，是社会系统得以正常运转、社会秩序得以有效维护的重要途径，也是国家治理体系和治理能力的重要方面。"[②] "要发挥政策导向作用，使经济、政治、文化、社会等方方面面政策都有利于社会主义核心价值观的培育。要把社会主义核心价值观的要求转化为具有刚性约束力的法律规定，用法律来推动核心价值观建设。各种社会管理要承担起倡导社会主义核心价值观的责任，注重在日常管理中体现价值导向，使符合核心价值观的行为得到鼓励、违

[①] 中共中央文献研究室. 习近平关于社会主义文化建设论述摘编. 北京：中央文献出版社，2017：146.
[②] 习近平谈治国理政：第1卷. 北京：外文出版社，2018：163.

背核心价值观的行为受到制约。"① 以上论述不仅强调了培育和践行社会主义核心价值观的重要意义，还指出了培育和践行核心价值观是国家治理体系与治理能力的重要方面，在国家治理中要发挥政策导向作用，把核心价值观融入到社会日常管理活动中。因此，运用公共权力进行国家和社会管理的主体在践行和弘扬核心价值观方面不仅要起到领头作用，而且要切实使核心价值观内化于心、外化于行。在培育和践行核心价值观的过程中，政治精英的作用主要体现在三个方面：一是在政治和管理立场上提供正确的核心价值观指引；二是在社会公民中提供主流道德表率；三是在日常公共管理活动中维护核心价值观。政治精英正是国家治理主体中的精英部分，这一群体对于有效培育和践行核心价值观至关重要，他们对核心价值观的认同状况，对在全社会培育和践行核心价值观具有全面而直接的影响。

基于以上认识，本研究拟对政治精英对核心价值观的认同状况进行描述，分析该群体的认同特征，希望通过分析政治精英对核心价值观认同的总体特征和差异，通过描述政治精英国家层面、社会层面、个人层面的核心价值观的具体认同状况，为政治精英在国家治理过程中进一步从制度层面、政策层面和在日常社会管理中切实贯彻践行核心价值观提供一些参考。

为了全面了解我国社会精英群体对核心价值观的认同状况和影响因素，湖北大学高等人文研究院、中华文化发展湖北省协同创新中心于2018年3—6月组织了"精英群体社会主义核心价值观认知与认同问卷调查"。本次调查涉及11个省、直辖市和1个调查点，分别是山西省、江苏省、广东省、福建省、云南省、山东省、湖北省、四川省、北京市、上海市、重庆市和全国检察系统高级检察官培训班。调查针对社会精英群体共发放问卷1 500份，回收问卷1 350份，回收率为90.00%；剔除137份无效问卷后，有效问卷1 213份。在调查中，我们根据国家职业分类和本研究的需要，对被调查者的职业（职称或职位）进行了分类，按照职业特征将精英群体分为政治精英、经济精英和知识精英三大类，将职业分类中的党政机关领导干部（含事业单位负责人）归为政治精英，这类人群对核心

---

① 中共中央文献研究室. 习近平关于社会主义文化建设论述摘编. 北京：中央文献出版社，2017：111.

价值观的认同情况即是本研究关注的内容。在本次调查的有效样本中，政治精英样本共计 331 份，占总有效样本的 27.30%，本报告依据这 331 份有效样本的数据展开研究。为了便于在分析中更直观地表达政治精英核心价值观的认同水平，我们将调查表中的认同选项进行了分类。将"非常不同意"和"不同意"归为"负向"评价，分别描述为"完全不认同"和"不认同"；同时将"完全不认同"称为"极端负向"评价，将"不认同"称为"一般负向"评价。将"不清楚"描述为"不排斥不认同"。将"同意"和"非常同意"归为"正向"评价，分别描述为"认同"和"高度认同"两种情况；同时将"认同"称为"一般正向"认同，将"高度认同"称为"积极正向"认同。

一、测度指标选取与降维分类

为了保证研究结果的准确性，明确各种变量、因素间的关系，获取更全面的信息，本次调查对核心价值观三个层面的认知认同的测度设计了 46 个自陈式题项。为了便于研究，利用因子分析进行降维处理，把性质相同的变量综合为一个因子。表 9-1 是政治精英核心价值观认同测度指标体系以及降维结果。通过 SPSS 软件的因子分析，抽取公因子，去掉 8 个载荷系数小于 0.5 的题目选项，保留 38 个题项，分为国家层面的富强观、民主观、文明观、和谐观，社会层面的自由观、平等观、公正观、法治观，个人层面的爱国观、敬业观、诚信观、友善观，共 12 个因子。通过检验 38 个变量，KMO 效度检验值为 0.862，Bartlett 球形检验统计量为 4 957.66（$df=$ 703，$p=0.01$），说明数据较适合做因子分析。

表 9-1 政治精英核心价值观认同测度指标体系以及降维结果

因子	题项	测度内容	均值	载荷系数
富强观	D14	当今人们生活水平明显提高，与国家藏富于民的政策相关	3.89	0.594
	D15	只有国强才能民富，所以无论何时国家利益应该高于一切	4.43	0.738
	D16	国家强大就是经济发达，人民富裕	4.06	0.769
	D17	随着国家的强大，我的幸福感越来越强	4.39	0.777

续表

因子	题项	测度内容	均值	载荷系数
民主观	E18	民主就是政府代表人民，为民做主	3.76	0.773
民主观	E19	民主就是通过人民代表大会制度实现人民当家做主	3.97	0.734
民主观	E20	民主决策就是不分职位和身份，人人都有投票权	3.64	0.626
文明观	F22	"仓廪实，知礼仪"，社会文明程度关键看人们的富裕程度	3.13	0.735
文明观	F23	国家文明程度取决于教育水平和整体文化素质的高低	4.27	0.584
文明观	F24	一个国家的文明程度，关键看法治程度的高低	4.10	0.838
和谐观	G25	构建和谐社会，关键是各阶层的人心往一处想，劲往一处使	4.36	0.780
和谐观	G26	在和谐社会中，人与人的关系就是和睦相处，和而不同	4.27	0.808
和谐观	G27	在和谐社会中，允许人们理性地表达不同的意见和诉求	4.43	0.845
和谐观	G28	建设和谐社会，做到公平正义、秩序井然，非常关键	4.61	0.776
自由观	H30	真正的自由比生命和爱情更重要	3.19	0.762
自由观	H31	自由在于只要法律不禁止，人人都可以把梦想变为行动	3.09	0.820
自由观	H32	自由能激发创造力，自由是推动社会进步的重要因素	3.82	0.740
平等观	I33	一个平等的社会，基本的公共福利（服务）应该均等化	3.75	0.689
平等观	I34	人们患寡，更患不均，所以要平等地分配社会资源	3.19	0.824
平等观	I35	为了把蛋糕做大，社会应该更加注重效率，而不是平等	2.54	0.694
平等观	I36	竞争会导致不平等，推动社会发展可允许不平等存在	2.91	0.662

续表

因子	题项	测度内容	均值	载荷系数
公正观	J37	是否注重公正问题是评判社会制度好坏的最重要的标准	3.90	0.724
	J38	公正的社会应该平等尊重每一个人的生活方式和利益诉求	3.99	0.548
	J39	公正的社会应该给予老少边穷地区发展更多的政策扶持	4.46	0.675
法治观	K42	依法治国才能让国家长治久安	4.66	0.817
	K43	保障个人合法权利可以激励公民为社会创造财富	4.40	0.707
	K44	法治的重点不在于治民，而在于依法限制公权力滥用	4.22	0.657
爱国观	L47	社会精英承担更多的社会责任是一种爱国的表现	3.93	0.649
	L48	爱国就要爱疆土完整、爱民族团结、爱传统文化	4.41	0.873
	L49	爱国的关键在于遵守国家宪法，维护宪法的完整和权威	4.37	0.654
敬业观	M51	做好本职工作就是为国家做贡献，就是爱国的表现	4.26	0.698
	M52	干一行，爱一行，每一个人要珍惜眼前的工作	4.56	0.784
	M53	做好本职工作不仅是完成任务，更重要的是体现个人价值	4.30	0.642
诚信观	N54	人无信不可，民无信不立，国无信不威	4.59	0.823
	N55	社会诚信，关键在于个人的道德约束	4.11	0.671
	N56	建立个人诚信档案制度，有利于诚信社会的建立	4.66	0.771
友善观	N57	友善是一个社会公民应有的美德	4.58	0.909
	N58	严于律己，宽以待人，友善是培育和谐社会的基础	4.58	0.909

通过对比，我们发现，政治精英核心价值观认同测度指标体系以及降维结果基本印证了本书报告六《社会主义核心价值观在精英群体中精准落

实的策略研究》中的社会精英群体核心价值观认同测度指标降维结果。差异之处在于，在表9-1的降维结果中，保留的题项为38个而不是39个。在报告六中"经过集体讨论，最终由领导决定做出的决策，是最科学的"这个题项的载荷系数大于0.5而被保留，而在表9-1中该题项因载荷系数小于0.5而被去掉。鉴于此，本报告不再对政治精英核心价值观的认同测度目标和指标体系选取情况进行重复描述。因此，去掉民主观因子中的E21题项，沿用报告六的指标描述，三个层面12个公因子的测度指标选取情况如下：

在核心价值观的国家层面，D14、D15、D16、D17为一个公因子，即"富强观"因子；E18、E19、E20为一个公因子，即"民主观"因子；F22、F23、F24为一个公因子，即"文明观"因子；G25、G26、G27、G28为一个公因子，即"和谐观"因子。

在核心价值观的社会层面，H30、H31、H32为一个公因子，即"自由观"因子；I33、I34、I35、I36为一个公因子，即"平等观"因子；J37、J38、J39为一个公因子，即"公正观"因子；K42、K43、K44为一个公因子，即"法治观"因子。

在核心价值观的个人层面，L47、L48、L49为一个公因子，即"爱国观"因子；M51、M52、M53为一个公因子，即"敬业观"因子；N54、N55、N56为一个公因子，即"诚信观"因子；N57、N58为一个公因子，即"友善观"因子。①

二、政治精英社会主义核心价值观的总体认同度、认同结构特征与差异

（一）政治精英核心价值观的总体认同度

在对核心价值观的整体认同调查中，我们的基本问题是"我认同'核心价值观'中的国家观、社会观、个人道德观"。表9-2是对该题项的频数统计分析。

---

① 本部分38个题项的具体测度目标描述与本书报告六《社会主义核心价值观在精英群体中精准落实的策略研究》中的相同，故不再重复描述。

表9-2的统计结果显示，政治精英样本中对这一问题选择"非常不同意"的占比最低，仅为2.42%，而选择"非常同意"的占比最高，为75.23%。样本中选择"非常同意"和"同意"正向评价的累积百分比为95.47%，积极正向评价高达"75.23%"；选择"不清楚"的比重为1.21%；选择"非常不同意"和"不同意"负向评价的累积百分比仅为3.32%。

表9-2 政治精英对"我认同核心价值观中的国家观、社会观、个人道德观"观点的认同统计   单位：人，%

认同分类	样本数	百分比	有效百分比	累积百分比
非常不同意	8	2.42	2.42	2.42
不同意	3	0.90	0.90	3.32
不清楚	4	1.21	1.21	4.53
同意	67	20.24	20.24	24.77
非常同意	249	75.23	75.23	100.00
合计	331	100.00	100.00	—

表9-2的数据说明，政治精英对核心价值观总体持积极正向评价态度，整体认同度比较高，其中大多数人高度认同三个层面的核心价值观。这说明，在我国的党政机关领导干部（含事业单位负责人）中，核心价值观的培育和践行工作非常有成效，广大党政机关领导干部能够比较深刻地理解核心价值观的内涵，并认为核心价值观对于国家发展、社会进步、个人提升具有重要意义。

为了测度培育和践行核心价值观与经济发展之间的关系，我们设置了"培育和践行核心价值观对中国社会经济发展很有必要"这个题项。表9-3是政治精英对"培育和践行核心价值观对中国社会经济发展很有必要"的认同统计。在回答这一问题中，选择"非常同意"和"同意"的样本比重分别为76.74%和17.52%；选择"非常不同意"和"不同意"的样本比重分别为2.11%和0.91%；选择"不清楚"的样本比重为2.72%。认同和高度认同的正向评价累积百分比为94.26%，其中高度认同高达76.74%；几乎不认同和不认同的负向评价累积百分比为3.02%。这些表明政治精英对核心价值观与经济发展的关系给予了积极正向的评价。表9-3的数据说明,在我国的党政机关领导干部(含事业单位负责人)中,大多数人认为培育和践行核心价值观对促进经济发展具有重要意义,是促进我国经济发展的重要价值指引和动力源泉。只有培育和践行核心价值观,才能促进我国经济更好更快地发展。

表9-3 政治精英对"培育和践行核心价值观对中国社会经济发展很有必要"观点的认同统计　　　单位:人,%

认同分类	样本数	百分比	有效百分比	累积百分比
非常不同意	7	2.11	2.11	2.11
不同意	3	0.91	0.91	3.02
不清楚	9	2.72	2.72	5.74
同意	58	17.52	17.52	23.26
非常同意	254	76.74	76.74	100.00
合计	331	100.00	100.00	—

以上分析结果,验证了本书报告六《社会主义核心价值观在精英群体中精准落实的策略研究》的分析结果。该结果显示,在精英群体的整体认同结构中,政治精英对核心价值观的认同度是最高的,经济精英次之,知识精英最低。

(二)政治精英核心价值观的认同结构特征与差异

我们采用李克特量表的五级区分度,将样本中的变量分别赋值,"非常不同意"为1,"不同意"为2,"不清楚"为3,"同意"为4,"非常同意"为5,由低到高视为分类连续变量。利用方差分析、单样本t检验等方法,分析政治精英对核心价值观认同上的结构特征与差异。

表9-4是政治精英国家层面、社会层面、个人层面核心价值观的认同水平与差异的检验结果。表9-4显示,在政治精英的核心价值观认同结构中,对个人层面的核心价值观认同水平最高,均值为4.40;其次是国家层面的核心价值观认同水平,均值为4.09;最低的是社会层面的核

心价值观认同水平，均值为3.70。我们将认同的总均值4.06作为标准参数来检验三个层面的认同差异。检验结果表明，三个层面的认同水平呈现出三个水平级：个人层面的认同水平最高，均值显著高于总均值；国家层面的认同水平居中，均值与总均值无显著性差异；社会层面的认同水平最低，均值显著低于总均值。

表9-4 政治精英国家层面、社会层面、个人层面核心价值观认同（总均值参数4.06）差异检验结果　　　　单位：人

潜变量	样本数	均值	均值差	t-值	显著性（p）
国家层面	331	4.09	0.033	1.219	0.224
社会层面	331	3.70	−0.357***	−11.788	0.000
个人层面	331	4.40	0.337***	12.985	0.000
总体	331	4.06	—	—	—

注：***表示$p<0.01$。

以上检验结果说明，政治精英具有很强的敬业意识、诚信意识，富有团结和友爱精神，比较关注富强、民主、文明、和谐等国家层面的价值追求，明了国家发展的总体价值目标，而对社会层面的自由、平等、公正、法治等价值关注不够。国家层面的核心价值观是国家发展的价值总目标，社会层面的核心价值观更多地体现在国家治理体系中的公共管理制度和公共政策的价值要求上，而个人层面的核心价值观则体现为社会管理主体的道德和行使公共权力进行日常社会管理的道德行为要求。相应地，表9-4中的数据说明，党政机关领导干部（含事业单位负责人）在日常社会管理中非常重视自身的道德修养，非常重视在日常社会管理中符合个人层面核心价值观要求的道德行为；同时，他们可能因为处在党政机关领导的岗位上，对党中央的精神和国家的大政方针学习领悟得比较透彻，因此比较了解并接受富强、民主、文明、和谐等国家发展总体价值目标。但是，他们在公共管理制度和公共政策层面存在认同度不够的问题。可能有两个原因：一是我们有些公共管理制度和公共政策本身对核心价值观体现不足；二是政治精英可能更多地从工具意义上关注公共管理制度和公共政策的实践效率与效果，而对这些制度和政策所隐含的核心价值认识不足。

这是一个很值得注意的问题。

三、政治精英对社会主义核心价值观认同的基本状况与差异分析

在政治精英核心价值观的总体认同度和差异分析的基础上，有必要对不同层面的核心价值观认同情况做更具体的分析。为了突出每个层面的认同特征，我们选取反映每一价值观认同最基本问题的题项来进行分析。以下是精英群体三个层面、十二个核心价值观认同状况的数据统计分析。

（一）国家层面

在调查中，我们了解了政治精英国家层面的"富强观"、"民主观"、"文明观"和"和谐观"的认同水平。表9-5是样本中政治精英对国家层面核心价值观四个维度的理念认知水平与差异的检验结果。表9-5显示，政治精英对和谐观的认同度最高，均值为4.42；第二是富强观，均值为4.19；第三是文明观，均值为3.83；对民主观的认同度最低，均值为3.79。

将国家层面的总均值4.09作为总标准参数来检验四个维度的认同差异，可以看出，政治精英对国家层面核心价值观的认同分为两个级别：对和谐观和富强观的认同水平显著高于对国家层面核心价值的总体认同水平；对文明观和民主观的认同水平显著低于对国家层面核心价值的总体认同水平。数据表明，在国家层面的核心价值观中，政治精英对和谐观和富强观的认同度较高，而对民主观、文明观的认同度较低。

表9-5 政治精英富强观、民主观、文明观、和谐观

（总均值参数4.09）认同差异检验结果　　　单位：人

维度	样本数	均值	均值差	t-值	显著性（p）
富强观	331	4.19	0.103***	2.850	0.005
民主观	331	3.79	−0.303***	−6.523	0.000
文明观	331	3.83	−0.255***	−6.064	0.000
和谐观	331	4.42	0.326***	10.036	0.000
总体	331	4.09	—	—	—

注：*** 表示 $p<0.01$。

1. 富强观

对于富强观，我们测度的基本题项是"D14 当今人们生活水平明显提高，与国家藏富于民的政策相关""D15 只有国强才能民富，所以无论何时国家利益应该高于一切""D16 国家强大就是经济发达，人民富裕""D17 随着国家的强大，我的幸福感越来越强"。这四个题项分别从民富与富民政策的关系，民富与国家利益的关系，国强与民富的关系，国强的感知度、获得感这四个维度来测度分析政治精英对富强观的理解和认同，其中 D15、D17 的均值显著高于富强观的总均值，D14、D16 的均值均显著低于富强观的总均值（见表 9-6）。可以看出，在富强观中，政治精英对民富与国家利益的关系和对国强的感知度、获得感的认同度较高，对民富与富民政策的关系和国富与民富的关系的认同度较低。

表 9-6 政治精英"富强观"（总均值参数 4.19）认同差异检验结果

单位：人

题项	样本数	均值	均值差	t -值	显著性（p）
D14 当今人们生活水平明显提高，与国家藏富于民的政策相关	331	3.89	-0.299***	-5.662	0.000
D15 只有国强才能民富，所以无论何时国家利益应该高于一切	331	4.43	0.239***	4.763	0.000
D16 国家强大就是经济发达，人民富裕	331	4.06	-0.130	-2.406	0.017
D17 随着国家的强大，我的幸福感越来越强	331	4.39	0.200***	4.613	0.000
总体	331	4.19	—	—	—

注：*** 表示 $p<0.01$。

2. 民主观

对于民主观，我们测度的基本题项是"E18 民主就是政府代表人民，为民做主""E19 民主就是通过人民代表大会制度实现人民当家做主""E20 民主决策就是不分职位和身份，人人都有投票权"。这三个题项分别测度政治精英对马克思主义民主观、社会主义民主制度、西方民主形式的认同情况，其中 E19 的均值显著高于民主观的总均值，E18 的均值与民主观的总均值无显著性差异，E20 的均值显著低于民主观的总均值（见表 9-7）。由检验结果可知,在民主观中,政治精英对社会主义民主制度的认同度最高。

表9-7 政治精英"民主观"(总均值参数3.79)认同差异检验结果

单位:人

题项	样本数	均值	均值差	t-值	显著性(p)
E18民主就是政府代表人民,为民做主	331	3.76	-0.035	-0.509	0.611
E19民主就是通过人民代表大会制度实现人民当家做主	331	3.97	0.177***	2.912	0.004
E20民主决策就是不分职位和身份,人人都有投票权	331	3.64	-0.153**	-2.276	0.023
总体	331	3.79	—	—	—

注:*** 表示 $p<0.01$,** 表示 $p<0.05$。

鉴于政治精英对民主观的认同水平显著低于其对国家层面核心价值观的总体认同水平,为了更清楚地了解其民主观认同的实际情况,我们对E18、E19、E20进行了具体分析。在对E18的回答中,政治精英中选择"非常同意"和"同意"的人的比重分别为35.95%和27.79%,选择"非常不同意"和"不同意"的人的比重分别为7.25%和9.67%,选择"不清楚"的人的比重为19.34%,把"不清楚"视为不认同,对于E18,政治精英中持正向评价的人的比重为63.74%,持负向评价的人的比重为36.26%。依此,对于E19,政治精英中持正向评价的人的比重为74.63%,持负向评价的人的比重为25.37%;对于E20,政治精英中持正向评价的人的比重为63.44%,持负向评价的人的比重为36.56%(见表9-8)。

表9-8 政治精英对E18、E19、E20题项的认同比重统计   单位:%

认同分类	E18民主就是政府代表人民,为民做主	E19民主就是通过人民代表大会制度实现人民当家做主	E20民主决策就是不分职位和身份,人人都有投票权
非常不同意	7.25	2.11	5.44
不同意	9.67	13.29	17.52
不清楚	19.34	9.97	13.60
同意	27.79	35.05	34.74
非常同意	35.95	39.58	28.70
合计	100.00	100.00	100.00

我们把以上三个题项的三组数据进行卡方检验,结果显示,卡方值为36.276,自由度为8,sig值为0.00(小于0.01),有效案例N为993(大于40),最小期望计数为16.33(大于5),卡方检验有效(见表9-9)。检验结果表明,三组数据之间存在显著差异,即政治精英对社会主义民主制度的认同显著高于对马克思主义民主观和西方民主形式的认同。值得注意的是,对这三个题项的回答中,选择"不清楚"的比重都比较高,尤其对"民主就是政府代表人民,为民做主"持"不清楚"态度的比重高达19.34%,这说明政治精英中有不少人对马克思主义民主观、社会主义民主制度和西方民主形式的理解还不是很透彻,尤其是对马克思主义民主观的理解还不够清楚。

表9-9 对E18、E19、E20题项的卡方检验结果

	值	df	渐进 sig.(双侧)
Pearson卡方	36.276[a]	8	0.000
似然比	37.483	8	0.000
线性和线性组合	1.606	1	0.205
有效案例中的N	993	—	—

a. 0单元格(.0%)的期望计数少于5。最小期望计数为16.33。

3. 文明观

为了测度政治精英对文明观的认同状况,我们选择三个题项进行分析:"F22'仓廪实,知礼仪',社会文明程度关键看人们的富裕程度""F23国家文明程度取决于教育水平和整体文化素质的高低""F24一个国家的文明程度,关键看法治程度的高低"。这三个题项分别测度了政治精英对物质文明、精神文明和制度文明的认同情况,其中F23、F24的均值显著高于文明观的总均值,F22的均值显著低于文明观的总均值(见表9-10)。

表9-10 政治精英对"文明观"(总均值参数3.83)认同差异检验结果

单位:人

题项	样本数	均值	均值差	t-值	显著性(p)
F22"仓廪实,知礼仪",社会文明程度关键看人们的富裕程度	331	3.13	-0.697***	-9.682	0.000

续表

题项	样本数	均值	均值差	t-值	显著性（p）
F23 国家文明程度取决于教育水平和整体文化素质的高低	331	4.27	0.442***	9.640	0.000
F24 一个国家的文明程度，关键看法治程度的高低	331	4.10	0.270***	4.939	0.000
总体	331	3.83	—	—	—

注：*** 表示 $p<0.01$。

鉴于政治精英对文明观的认同水平显著低于其对国家层面核心价值观的总体认同水平，我们对文明观做进一步的分析。统计结果可知，在反映社会文明程度的三个因素中，政治精英对教育水平和整体文化素质的正向认同度（"非常同意"和"同意"）最高，为85.20%；其次是法治程度，为74.32%；最后是人们的富裕程度，为48.64%（见表9-11）。

表9-11　政治精英对F22、F23、F24题项的认同比重统计　　单位：%

认同分类	F22 "仓廪实，知礼仪"，社会文明程度关键看人们的富裕程度	F23 国家文明程度取决于教育水平和整体文化素质的高低	F24 一个国家的文明程度，关键看法治程度的高低
非常不同意	14.80	0.30	2.11
不同意	20.55	4.23	4.23
不清楚	16.01	10.27	19.34
同意	33.84	38.37	30.21
非常同意	14.80	46.83	44.11
合计	100.00	100.00	100.00

我们对三组数据进行卡方检验，结果显示，卡方值为204.358，自由度为8，sig值为0.00（小于0.01），有效案例N为993（大于40），最小期望计数为19.00（大于5），卡方检验有效（见表9-12）。检验结果说明，三组数据之间存在显著差异。对"文明观"认同统计数据的分析说明，政治精英认为社会文明程度最主要的衡量标准是教育水平和整体文化素质，其次是国家法治状况，最后是人们的富裕程度。政治精英承认物质文明是社会文明的基础，国家法治化也很重要，但认为最关键的是要提高

教育水平和公民整体素质。

表 9-12　对 F22、F23、F24 题项的卡方检验结果

	值	df	渐进 sig.（双侧）
Pearson 卡方	204.358[a]	8	0.000
似然比	210.518	8	0.000
线性和线性组合	111.929	1	0.000
有效案例中的 N	993	—	—
a. 0 单元格（0.0%）的期望计数少于 5。最小期望计数为 19.00。				

4. 和谐观

对于和谐观，我们测度的基本题项是"G25 构建和谐社会，关键是各阶层的人心往一处想，劲往一处使""G26 在和谐社会中，人与人的关系就是和睦相处，和而不同""G27 在和谐社会中，允许人们理性地表达不同的意见和诉求""G28 建设和谐社会，做到公平正义、秩序井然，非常关键"。这四个题项分别测度政治精英对社会阶层和谐、人际关系和谐与和而不同、和谐与不同诉求的关系、和谐与社会秩序构建的关系的认同度。结果显示，G28 的均值显著高于和谐观的总均值，G26 显著低于和谐观总均值，G25、G27 的均值与和谐观的总均值无显著性差异（见表 9-13）。检验数据说明，政治精英对和谐观的认同度比较高，其中对和谐与社会秩序构建的关系的认同度最高，对人际关系和谐与和而不同的认同度最低。

表 9-13　政治精英"和谐观"（总均值参数 4.42）认同差异检验结果

单位：人

题项	样本数	均值	均值差	t-值	显著性（p）
G25 构建和谐社会，关键是各阶层的人心往一处想，劲往一处使	331	4.36	−0.060	−1.406	0.161
G26 在和谐社会中，人与人的关系就是和睦相处，和而不同	331	4.27	0.148***	−3.203	0.001
G27 在和谐社会中，允许人们理性地表达不同的意见和诉求	331	4.43	0.006	0.151	0.880
G28 建设和谐社会，做到公平正义、秩序井然，非常关键	331	4.61	0.187***	5.723	0.000
总体	331	4.42	—	—	—

注：*** 表示 $p<0.01$。

（二）社会层面

政治精英对社会层面核心价值观的认同度较低，且部分理念存在分歧。表9-14是样本中政治精英对社会层面核心价值观四个维度的理念认知水平与差异的检验结果。表9-14显示，政治精英对法治观的认同度最高，均值为4.43；第二是公正观，均值为4.12；第三是自由观，均值为3.37；对平等观的认同度最低，均值为3.10。

将社会层面的总均值3.70作为总标准参数来检验四个维度的认同差异，可以看出，政治精英对社会层面核心价值观的认同分为两个级别：对法治观和公正观的认同水平显著高于对社会层面核心价值观的总体认同水平；对自由观和平等观的认同水平显著低于对社会层面核心价值观的总体认同水平。数据表明，在社会层面的核心价值观中，政治精英对法治观和公正观的认同度较高，而对自由观、平等观的认同度较低。

表9-14　政治精英自由观、平等观、公正观、法治观
（总均值参数3.70）认同差异检验结果　　单位：人

维度	样本数	均值	均值差	t-值	显著性（p）
自由观	331	3.37	0.332***	-6.519	0.000
平等观	331	3.10	-0.603***	-11.543	0.000
公正观	331	4.12	0.420***	12.360	0.000
法治观	331	4.43	0.730***	22.314	0.000
总体	331	3.70	—	—	—

注：*** 表示 $p<0.01$。

1. 自由观

对于自由观，我们测度的基本题项是"H30 真正的自由比生命和爱情更重要""H31 自由在于只要法律不禁止，人人都可以把梦想变为行动""H32 自由能激发创造力，自由是推动社会进步的重要因素"。根据检验结果和均值水平可知，政治精英对自由观的整体认同度不高，且H32的均值显著高于自由观的总体均值，H30、H31的均值显著低于自由观的总体均值（见表9-15）。

表 9-15　政治精英"自由观"（总均值参数 3.37）认同差异检验结果

单位：人

题项	样本数	均值	均值差	t-值	显著性（p）
H30 真正的自由比生命和爱情更重要	331	3.19	−0.177**	−2.561	0.011
H31 自由在于只要法律不禁止，人人都可以把梦想变为行动	331	3.09	0.282***	−3.992	0.000
H32 自由能激发创造力，自由是推动社会进步的重要因素	331	3.82	0.452***	7.886	0.000
总体	331	3.37	—	—	—

注：*** 表示 $p<0.01$，** 表示 $p<0.05$。

政治精英对自由观的认同水平显著低于其对社会层面核心价值观的总体认同水平。为了全面了解政治精英对自由观的认同差异情况，我们进一步对 H30、H31、H32 进行了分析。在对 H30 的回答中，政治精英中选择"非常同意"和"同意"的人的比重分别为 19.64% 和 21.45%，选择"非常不同意"和"不同意"的人的比重分别为 9.67% 和 22.05%，选择"不清楚"的人的比重为 27.19%，把"不清楚"视为"不同意"，则政治精英对这一题项的正向评价比重为 41.09%，负向评价比重为 58.91%。依此，政治精英对 H31 的正向评价比重为 40.79%，负向评价比重为 59.21%；政治精英对 H32 的正向评价比重为 63.45%，负向评价比重为 36.55%（见表 9-16）。在对自由观的认同上，政治精英内部存在较大分歧。

表 9-16　政治精英对 H30、H31、H32 题项的认同比重统计

单位：%

认同分类	H30 真正的自由比生命和爱情更重要	H31 自由在于只要法律不禁止，人人都可以把梦想变为行动	H32 自由能激发创造力，自由是推动社会进步的重要因素
非常不同意	9.67	12.08	0.30
不同意	22.05	25.08	13.29
不清楚	27.19	22.05	22.96
同意	21.45	23.57	30.82
非常同意	19.64	17.22	32.63
合计	100.00	100.00	100.00

这三个题项分别从精神自由、自由与法治的关系、自由的功能三个方面来探讨政治精英对自由观的认同水平。从统计结果可知，在反映自由的三个因素中，政治精英对自由的功能的正向认同度（"非常同意"和"同意"）最高，为63.45%；其次是精神自由，为41.09%；最后是自由与法治的关系，为40.79%。我们对三组数据进行卡方检验，结果显示，三组数据检验的卡方值为75.198，自由度为8，sig值为0.00（小于0.05），有效案例N为993（大于40），最小期望计数为24.33（大于5），卡方检验有效（见表9-17）。检验结果说明，三组数据之间存在显著差异，即政治精英对"自由的功能"的认同显著高于对"精神自由"和"自由与法治的关系"的认同。

表9-17 对H30、H31、H32题项的卡方检验结果

	值	df	渐进sig.（双侧）
Pearson卡方	75.198[a]	8	0.000
似然比	90.932	8	0.000
线性和线性组合	42.405	1	0.000
有效案例中的N	993	—	—
a. 0单元格（.0%）的期望计数少于5。最小期望计数为24.33。

2. 平等观

对于平等观，我们测度的基本题项是"I33 一个平等的社会，基本的公共福利（服务）应该均等化""I34 人们患寡，更患不均，所以要平等地分配社会资源""I35 为了把蛋糕做大，社会应该更加注重效率，而不是平等""I36 竞争会导致不平等，推动社会发展可允许不平等存在"。根据检验结果和均值水平可知，政治精英对平等观的整体认同水平较低，虽然I33的均值显著高于平等观的总体均值，但I35和I36的均值显著低于平等观的总体均值，且I34的均值与总体均值无差异（见表9-18）。

表9-18 政治精英"平等观"（总均值参数3.10）认同差异检验结果

单位：人

题项	样本数	均值	均值差	t-值	显著性（p）
I33 一个平等的社会，基本的公共福利（服务）应该均等化	331	3.75	0.652***	9.314	0.000

续表

题项	样本数	均值	均值差	t-值	显著性（p）
I34 人们患寡，更患不均，所以要平等地分配社会资源	331	3.19	0.090	1.214	0.226
I35 为了把蛋糕做大，社会应该更加注重效率，而不是平等	331	2.54	−0.559***	−7.781	0.000
I36 竞争会导致不平等，推动社会发展可允许不平等存在	331	2.91	−0.194**	−2.608	0.010
总体	331	3.10	—	—	—

注：*** 表示 $p<0.01$，** 表示 $p<0.05$。

政治精英对平等观的认同水平显著低于其对社会层面核心价值观的总体认同水平。为了进一步了解政治精英对平等观的认同差异情况，我们对 I33、I34、I35、I36 进行了具体分析。对于 I33，政治精英的认同比重为 68.58%，不认同比重为 31.42%；对于 I34，政治精英的认同比重为 48.64%，不认同比重为 51.36%；对于 I35，政治精英的认同比重为 26.89%，不认同比重为 73.11%；对于 I36，政治精英的认同比重为 40.48%，不认同比重为 59.52%（见表 9-19）。可以看出，对于 I34、I35、I36 三个题项，不认同比重超过了认同比重，表明政治精英内部对社会平等关系的认同存在较大差异。

表 9-19 政治精英对 I33、I34、I35、I36 题项的认同比重统计

单位：%

认同分类	I33 一个平等的社会，基本的公共福利（服务）应该均等化	I34 人们患寡，更患不均，所以要平等地分配社会资源	I35 为了把蛋糕做大，社会应该更加注重效率，而不是平等	I36 竞争会导致不平等，推动社会发展可允许不平等存在
非常不同意	9.37	14.20	25.98	20.85
不同意	9.06	21.15	30.82	20.85
不清楚	12.99	16.01	16.31	17.82
同意	34.14	28.70	16.92	27.79
非常同意	34.44	19.94	9.97	12.69
合计	100.00	100.00	100.00	100.00

这四个题项分别从平等与公共福利（服务）共享、人的社会平等关系

认同、平等和效率的关系、对竞争与平等的看法四个维度来探讨政治精英对平等观的认同水平。从统计结果可知，在反映平等观的三个因素中，政治精英对平等与公共福利共享的正向认同度（"非常同意"和"同意"）最高，为68.58%；其次是人的社会平等关系认同，为48.64%；再次是对竞争与平等的看法，为40.48%；最后是平等和效率的关系，为26.89%。我们对四组数据进行卡方检验，结果显示，四组数据检验的卡方值为152.305，自由度为12，sig值为0.00（小于0.01），有效案例N为1 324（大于40），最小期望计数为52.25（大于5），卡方检验有效（见表9-20）。检验结果说明，四组数据之间存在显著差异，政治精英对平等与公共福利（服务）均等化的认同显著高于对其他三个维度的认同，而对平等和效率的关系的认同显著低于对其他三个维度的认同。

表9-20 对I33、I34、I35、I36题项的卡方检验结果

	值	df	渐进 sig.（双侧）
Pearson卡方	152.305[a]	12	0.000
似然比	154.592	12	0.000
线性和线性组合	86.672	1	0.000
有效案例中的N	1 324	—	—

a. 0 单元格（.0%）的期望计数少于5。最小期望计数为52.25。

3. 公正观

对于公正观，我们测度的基本题项是"J37是否注重公正问题是评判社会制度好坏的最重要的标准""J38公正的社会应该平等尊重每一个人的生活方式和利益诉求""J39公正的社会应该给予老少边穷地区发展更多的政策扶持"。这三个题项分别测度了制度公正的重要性、利益诉求与公正、公正与扶弱的关系，通过这三个维度来分析政治精英对公正观的理解和认同，其中J39的均值显著高于公正观的总均值，J37、J38的均值显著低于公正观的总均值（见表9-21）。这表明在公正观中，政治精英对公正与扶弱的关系的认同度较高，对制度公正的重要性和利益诉求与公正的认同度较低。

表 9-21 政治精英"公正观"(总均值参数 4.12)认同差异检验结果

单位：人

题项	样本数	均值	均值差	t-值	显著性（p）
J37 是否注重公正问题是评判社会制度好坏的最重要的标准	331	3.90	−0.217***	−3.913	0.000
J38 公正的社会应该平等尊重每一个人的生活方式和利益诉求	331	3.99	−0.126	−2.266	0.024
J39 公正的社会应该给予老少边穷地区发展更多的政策扶持	331	4.46	−0.342***	7.621	0.000
总体	331	4.12	—	—	—

注：*** 表示 $p<0.01$。

4. 法治观

对于法治观，我们测度的基本题项是"K42 依法治国才能让国家长治久安""K43 保障个人合法权利可以激励公民为社会创造财富""K44 法治的重点不在于治民，而在于依法限制公权力滥用"。这三个题项测度了法治与长治久安、个人合法权利保障与法治、法治与行使公权力的边界，通过这三个维度来分析政治精英对法治观的理解和认同，其中 K42 的均值显著高于法治观的总均值，K43 的均值与法治观的总均值无显著性差异，K44 的均值显著低于法治观的总均值（见表 9-22）。可以看出，在法治观中，政治精英对国家的长治久安离不开法治的认同度较高，对法治与行使公权力的边界的认同度较低。

表 9-22 政治精英"法治观"(总均值参数 4.43)认同差异检验结果

单位：人

题项	样本数	均值	均值差	t-值	显著性（p）
K42 依法治国才能让国家长治久安	331	4.66	0.235***	6.380	0.000
K43 保障个人合法权利可以激励公民为社会创造财富	331	4.40	−0.028	0.650	0.516
K44 法治的重点不在于治民，而在于依法限制公权力滥用	331	4.22	−0.206***	−3.759	0.000
总体	331	4.43	—	—	—

注：*** 表示 $p<0.01$。

(三) 个人层面

为了更深入地分析政治精英的个人层面核心价值观的认同特征,我们进一步分析了政治精英对爱国观、敬业观、诚信观、友善观的认同特征与差异。表9-23是样本中政治精英对个人层面核心价值观四个维度的理念认知水平与差异的检验结果。表9-23显示,政治精英对友善观的认同度最高,均值为4.58;第二是诚信观,均值为4.45;第三是敬业观,均值为4.37;对爱国观的认同度最低,均值为4.24。

将个人层面的总均值4.40作为总标准参数来检验四个维度的认同差异,可以看出,政治精英对个人层面核心价值观的认同分为三个级别:对友善观的认同水平显著高于对个人层面核心价值观的总体认同水平;对诚信观和敬业观的认同水平与总体认同水平无显著性差异;对爱国观的认同水平显著低于总体认同水平。数据表明,在个人层面的核心价值观中,政治精英对友善观的认同度最高,而对爱国观的认同度最低。

表9-23 政治精英爱国观、敬业观、诚信观、友善观

(总均值参数4.40)认同差异检验结果   单位:人

维度	样本数	均值	均值差	t-值	显著性(p)
爱国观	331	4.24	−0.162***	−4.492	0.000
敬业观	331	4.37	−0.025	−0.845	0.399
诚信观	331	4.45	0.054	1.693	0.091
友善观	331	4.58	0.183***	5.413	0.000
总体	331	4.40	—	—	—

注:*** 表示 $p<0.01$。

在个人层面,我们对爱国观、敬业观、诚信观和友善观进行分析,发现政治精英对个人层面核心价值观的认可度基本趋于一致。

1. 爱国观

对于爱国观,我们测度的基本题项是"L47 社会精英承担更多的社会责任是一种爱国的表现""L48 爱国就要爱疆土完整、爱民族团结、爱传统文化""L49 爱国的关键在于遵守国家宪法,维护宪法的完整和权威"。

这三个题项测度了对爱国所包含的内容的全面理解和认识，从爱国的表现、爱国要增强对伟大祖国的认同和对中华民族及中华文化的认同、爱国的关键行为这三个维度来分析政治精英对爱国观的理解和认同，其中L48、L49的均值显著高于爱国观的总均值，L47的均值显著低于爱国观的总均值（见表9-24）。这表明在反映爱国观的三个维度中，政治精英最认同爱国要增强对伟大祖国的认同、对中华民族及中华文化的认同。

表9-24 政治精英"爱国观"（总均值参数4.24）认同差异检验结果

单位：人

题项	样本数	均值	均值差	t-值	显著性（p）
L47 社会精英承担更多的社会责任是一种爱国的表现	331	3.93	−0.306***	−4.87	0.000
L48 爱国就要爱疆土完整、爱民族团结、爱传统文化	331	4.41	0.168***	4.206	0.000
L49 爱国的关键在于遵守国家宪法，维护宪法的完整和权威	331	4.37	0.132***	2.788	0.006
总体	331	4.24	—	—	—

注：*** 表示 $p<0.01$。

2. 敬业观

对于敬业观，我们测度的基本题项是"M51做好本职工作就是为国家做贡献，就是爱国的表现""M52干一行，爱一行，每一个人要珍惜眼前的工作""M53做好本职工作不仅是完成任务，更重要的是体现个人价值"。对三个题项进行分析，发现M52的均值显著高于敬业观的总均值，M51的均值显著低于敬业观的总均值，M53的均值与敬业观的总均值无显著性差异（见表9-25）。可以看出，政治精英认为爱岗敬业不仅仅是职业要求，更是一种社会责任以及自我价值的实现。

表9-25 政治精英"敬业观"（总均值参数4.37）认同差异检验结果

单位：人

题项	样本数	均值	均值差	t-值	显著性（p）
M51 做好本职工作就是为国家做贡献，就是爱国的表现	331	4.26	−0.110	−2.403	0.017

续表

题项	样本数	均值	均值差	t-值	显著性（p）
M52 干一行，爱一行，每一个人要珍惜眼前的工作	331	4.56	0.192***	5.491	0.000
M53 做好本职工作不仅是完成任务，更重要的是体现个人价值	331	4.30	-0.068	-1.461	0.145
总体	331	4.37	—	—	—

注：*** 表示 $p<0.01$。

3. 诚信观

对诚信观，我们测度的基本题项是"N54 人无信不可，民无信不立，国无信不威""N55 社会诚信，关键在于个人的道德约束""N56 建立个人诚信档案制度，有利于诚信社会的建立"。N54 和 N56 的均值显著高于诚信观的总均值，N55 的均值显著低于诚信观的总均值（见表 9-26）。通过检验结果和比较均值可以看出，政治精英对诚信极为看重，认为诚信是个人立身之本和必备的道德品格。

表 9-26 政治精英"诚信观"（总均值参数 4.45）认同差异检验结果

单位：人

题项	样本数	均值	均值差	t-值	显著性（p）
N54 人无信不可，民无信不立，国无信不威	331	4.59	0.692***	3.738	0.000
N55 社会诚信，关键在于个人的道德约束	331	4.11	0.975	-6.255	0.000
N56 建立个人诚信档案制度，有利于诚信社会的建立	331	4.66	0.644	5.811	0.000
总体	331	4.45	—	—	—

注：*** 表示 $p<0.01$。

4. 友善观

对于友善观，我们测度的基本题项是"N57 友善是一个社会公民应有的美德"和"N58 严于律己，宽以待人，友善是培育和谐社会的基础"。这两个题项分别测度了友善的重要性和友善的作用，检验结果显示，N57 和 N58 的均值与友善观的总均值无显著性差异（见表 9-27）。这表明政治精英普遍认同友善是一种基本的道德修养。

表 9-27 政治精英"友善观"(总均值参数 4.58)认同差异检验结果

单位：人

题项	样本数	均值	均值差	t-值	显著性(p)
N57 友善是一个社会公民应有的美德	331	4.58	0.657	0.085	0.932
N58 严于律己，宽以待人，友善是培育和谐社会的基础	331	4.58	0.697	0.080	0.936
总体	331	4.58	—	—	—

对上述调查数据进行分析，可以看出政治精英对国家、社会和个人三个层面核心价值观的认同度都比较高，尤其是对个人层面的四个理念，表现出高度认同。

四、主要结论与建议

(一) 主要结论

整体来看，政治精英对核心价值观的认同度较高，从核心价值观的国家、社会、个人三个层面来看，政治精英对个人层面的认同度最高，对社会层面的认同度最低。这可能是因为，近年来国家一直提倡加强党政领导干部的个人修养，着力培养忠诚干净担当的高素质干部，培养爱国奉献的优秀人才。而政治精英由于工作的需要，可能更加关注国家大事和大政方针，对社会层面的核心价值观关注较少。

从国家层面来看，"富强""民主""文明""和谐"四个理念中，政治精英对"和谐"的认同度最高。进入 21 世纪后，国家从全局出发，将"和谐"理念纳入"核心价值观"，大力提倡人与经济、人与自然、人与社会和谐发展[1]，而政治精英则更是"构建社会主义和谐社会"的领军人物，所以政治精英对"和谐观"的认同度要高于其他方面。

从社会层面来看，政治精英对"公正"和"法治"理念的认同度较高。从古至今，公平正义都是人类社会共同的追求和向往。公平正义也是中国

---

[1] 江畅.社会主义核心价值理念研究.北京：北京师范大学出版社，2012.

共产党的一贯主张。党的十八大以来，习近平总书记就公平正义发表了一系列重要论述。他指出，"让国家变得更加富强，让社会变得更加公平正义，让人民生活变得更加美好，这是中国人民孜孜不倦追求的理想"①。党政机关事业单位的领导干部是党纪国法的重要执行者，各级部门在工作中也把法治建设作为重要内容，促使领导干部模范学法、带头遵纪守法、厉行法治，树立现代法治理念。所以，政治精英更加关注公正观和法治观。

从个人层面来看，政治精英对"友善"理念的认同度最高，对"爱国"理念的认同度最低。党政机关事业单位领导干部的言行举止一定程度上代表着政府、国家的公信力和形象。友善是社会和谐、人与人之间团结与合作的基础。领导干部一方面要组织好机关部门，另一方面要引领群众，践行以人民为中心的人民观，所以更加注重以人为本、与人为善。②关爱下属，心系群众，提倡友好相让，团结互助，扬行友善之举，以人格力量感召群众，这样才能成为超凡魅力型领导，从而更好地开展工作，所以他们对"友善"的重视度也相对较高。

(二) 思考与建议

政治精英是社会实践活动的领导者，是推动核心价值体系建设的核心主体。2014年2月，习近平总书记在主持中共第十八届中央政治局第十三次集体学习时强调："榜样的力量是无穷的，广大党员、干部必须带头学习和弘扬社会主义核心价值观，用自己的模范行为和高尚人格感召群众、带动群众。"③上有好者，下必有甚焉者矣，所以领导干部要在各方面做到修身、致知、践行，善于释放上行下效的正能量。另外，领导干部也要做到主导作用与率先垂范相结合，责无旁贷地发挥宏观的主导和驾驭作用，带头践行和弘扬核心价值观，使核心价值观的理念深入人心。

1. 持续加强政治精英思想建设，使其坚定自信，成为弘扬核心价值观的精神引领者

思想道德建设是领导干部发展的根基，也是政治精英能否承担社会主

---

① 习近平. 出席第三届核安全峰会并访问欧洲四国和联合国教科文组织总部、欧盟总部时的演讲. 北京：人民出版社，2014：56.
② 吴忠民，贾双跃. 中国政治精英优势与现代化建设. 人文杂志，2018 (6)：102－110.
③ 习近平谈治国理政：第1卷. 北京：外文出版社，2018：164.

义核心价值观精神引领重任的关键。① 官为国与民之枢纽，官不治则国民交受其害，官员的一言一行会影响社会风气的形成。我们调查显示，高收入、高职务和年龄较大的政治精英对爱国观的认同度较低。所以，首先，要加强对领导干部，特别是高级别领导干部的思想教育，使他们从内心深处重塑责任感、使命感、工作动机等，增强践行核心价值观的动力源泉。其次，"吾心信其成，则无坚不摧"，只有由内而外的自信才能执着坚守、自觉践行，所以党政领导干部要树立坚定的信念，坚信核心价值观的真理性及所蕴含的价值含义，进一步提升对核心价值观的认知认同，并把核心价值观的理念和要求融入自己的言行举止中。最后，党政领导干部要始终心存敬畏，把核心价值观奉为规范自己言行的准则，不断反思和加强自我修养，提升对核心价值观的认同和践行，做到"吾日三省吾身"，时刻端正自己的态度，不断修正方向，引领建设核心价值观。

2. 清晰界定核心价值观的内涵，不断丰富和彰显核心价值观的时代性

对核心价值观的认同，很多时候取决于对各个理念的理解。本次调查发现，政治精英对核心价值观的十二个理念的理解存在一些模糊不清的现象，甚至出现明显分歧。这些认知差异影响了精英群体对核心价值观的认同，也必然会影响整个社会对核心价值观的践行和认同。我国人口基数大，不同阶层和年龄段人群受的教育程度不同，不同职业和社会地位的人群在工作、学习和生活方式方面都存在显著差异，这导致人们对核心价值观十二个理念的理解和认知大相径庭，知识分子理论认知②，党政机关事业单位领导干部、工作人员自觉认知，部分群众浅显认知，甚至少数文化素质匮乏者浑然不知。所以，应该从不同角度清晰界定、丰富核心价值观的内涵，以消除大家对核心价值观价值含义理解的分歧；厘清十二个观念之间的内在关系，以及三个层面价值观念之间的逻辑联系，彰显核心价值观的意义和价值；不断丰富和完善核心价值观，要与时俱进，要体现核心

---

① 孙礼. 积极培育和践行社会主义核心价值观. 现代交际，2019（6）：212-213.
② 崔治忠. 社会主义核心价值观的认知认同与践行. 苏州科技大学学报（社会科学版），2017（2）：1-6.

价值观的实践性和时代性，以保持其鲜活的生命，适应社会的发展变化①；采用更加形象具体、简单易懂的方式阐述核心价值观的理念，并在社会上广泛宣传，使人人都能理解核心价值观的内在含义，增强人们对核心价值观的思想认知和情感认同②，使核心价值观内化于心、外化于行，人人自觉践行。

3. 推动核心价值观入法，使其成为约束政治精英言行的规范守则

推动核心价值观入法，可以把全民的道德共识、价值共识通过法律法规的方式规范化、制度化。在"中国文化发展状况调查（2018）"中，为了测度对"核心价值观入法"的认同，提出的一个基本题项是"要使核心价值观成为人们的行为习惯，践行必须道德化法制化"，职业分类中党政机关工作人员的问卷有338份，该类群体对这一题项的认同比重高达83.43%，表明大部分政治精英都支持通过核心价值观入法来规范行为。③法律法规的核心价值观导向，为进一步推动实现良法善治指明了方向和路径；推动核心价值观入法入规，也为法治的实现提供有效的价值指引和信仰支撑。核心价值观明确了国家层面、社会层面以及公民个人层面的价值理念和要求，通过十二个范畴，集中表达了个体与国家、社会相互协调、共同发展的愿景，为个人发展融入社会进步、国家复兴进程提供了有效价值指引和前进方向。因此，推动核心价值观入法，有助于在法律法规中更好地体现国家的价值目标、社会的价值取向、公民的价值准则。但是在核心价值观的法制建设中还存在如法规政策导向不明、可行性不强，全民学法守法意识不足、法制观念薄弱，地方政府执法过程与核心价值观不符等问题。所以，核心价值观的入法要针对问题逐个攻克，具体问题具体分析，坚持以核心价值观为引领，恪守以民为本、立法为民理念，把核心价值观的要求体现到法律、法规和公共政策之中，转化为具有刚性约束力的法律规定，使核心价值观的理念和国家法律法规真正融为一体。

---

① 陈新汉，等. 社会主义核心价值体系论研究. 北京：北京师范大学出版社，2012.
② 韩震. 社会主义核心价值观凝练研究. 北京：北京师范大学出版社，2012.
③ 湖北大学高等人文研究院、中华文化发展湖北省协同创新中心"中国文化发展状况调查（2018）"调研数据库。

4. 发挥党政干部的政治优势，使其带头践行和宣传核心价值观

核心价值观要深入国家、社会，深入人民群众，离不开宣传。政治精英作为宣传的主力军，必须发挥自身优势，带头践行和宣传核心价值观及其内涵，使核心价值观融入社会生活，达到"百姓日用而不觉"的程度。首先，扩大宣传范围，进行全民宣传，从政府部门，到社会，到个人，从城市到农村基层，各级党政干部都要宣传到位，达到全民普及的效果。其次，创新宣传手段，立体宣传教育引导，坚持新闻广播倡导、文艺活动引导、社会氛围营造、网络宣传助力，全方位联合，多层次互动的宣传格局。最后，在全面宣传的基础上，注重创新内容表达方式，以小见大，以点带面，使核心价值观真正融入每个人的内心；树立互联网思维，运用新媒体，如APP、官微官博等，采用大众喜闻乐见的漫画、视频动画、宣传片等方式进行宣传，提升全民学习乐趣；把核心价值观寓于文化之中，凭借文化力量进行传播，使核心价值观的宣传和文化的弘扬相得益彰；使宣传融入生活场景之中，在社区、街道、公园或者活动中心等地方，举行艺术表演、文化活动、民俗活动等，使人们所到、所见之处，均能受到核心价值观的熏陶，营造全民学习和践行核心价值观的社会氛围。

报告十

企业家对社会主义核心价值观的认同特征与差异分析——以法治观为例

一、研究背景与相关定义

习近平总书记指出："要加强社会主义核心价值体系建设，倡导富强、民主、文明、和谐，倡导自由、平等、公正、法治，倡导爱国、敬业、诚信、友善，积极培育和践行社会主义核心价值观，使之成为全体人民的共同价值追求。"[①] 社会主义核心价值观，是党中央在中国特色社会主义进入新时代的关键时期，针对国家繁荣、社会进步、个人发展提出的一套全面、创新的理论成果。习近平总书记总结道："培育和弘扬核心价值观，有效整合社会意识，是社会系统得以正常运转、社会秩序得以有效维护的重要途径，也是国家治理体系和治理能力的重要方面。"[②] "历史和现实都表明，核心价值观是一个国家的重要稳定器，能否构建具有强大感召力的

[①] 中共中央文献研究室. 习近平关于社会主义文化建设论述摘编. 北京：中央文献出版社，2017：105.

[②] 同①106.

核心价值观，关系社会和谐稳定，关系国家长治久安。"①

社会主义核心价值观的内容已经得到充分凝练，但要真正发挥作用就必须使其融入社会生活，得到广大人民群众的感性认识、理性认同和行为选择。习近平总书记在十九大报告中提出指导："社会主义核心价值观是当代中国精神的集中体现，凝结着全体人民共同的价值追求。要以培养担当民族复兴大任的时代新人为着眼点，强化教育引导、实践养成、制度保障，发挥社会主义核心价值观对国民教育、精神文明创建、精神文化产品创作生产传播的引领作用，把社会主义核心价值观融入社会发展各方面，转化为人们的情感认同和行为习惯。"② 认同概念强调社会特定群体中的成员产生一致性的情感或观点，是一种集体意识。任何一种意识形态，只有符合大多数人的思维方式和认知习惯，才能成为社会主流意识。但在培养和践行核心价值观的动态发展过程中，人作为主体，由于性别、年龄、学历、职业等因素，在获取信息、形成观点上存在明显差异。因此，调查和分析不同群体对核心价值观的认同状况，能准确掌握大众对核心价值观内涵理解的广度和深度，有利于进一步针对其中的问题提出相应的对策和建议。

本研究关注的主体为企业家。企业家作为经济学概念，代表了一种素质，而不是指代某一个具体的岗位。优秀的企业家必须承担相应的社会责任。作为现代企业生产要素的主要经营者和管理者，企业家在财力、物力、社会地位、社会影响力等方面较之非精英人士占有绝对优势。因此，检验企业家这一特定人群对核心价值观的认知认同状况，有助于深入了解培养和践行核心价值观的现状及问题，并提出对策，充分发挥社会精英人士的模范带头作用。本课题组、湖北大学高等人文研究院、中华文化发展湖北省协同创新中心在 2018 年 3—6 月进行了"精英群体社会主义核心价值观认知与认同问卷调查"，为本研究提供了相应的数据支持。本报告拟结合"精英群体社会主义核心价值观认知与认同问卷调查"，通过对问卷

---

① 中共中央文献研究室. 习近平关于社会主义文化建设论述摘编. 北京：中央文献出版社，2017：106.

② 习近平. 决胜全面建成小康社会 夺取新时代中国特色社会主义伟大胜利：在中国共产党第十九次全国代表大会上的报告（2017 年 10 月 18 日）. 北京：人民出版社，2017：42.

调查数据的线性分析和交叉分析,以法治观为例,检验企业家这一特定人群对核心价值观内涵的认同状况,为"社会主义核心价值观内化为人们的精神追求,外化为人们的自觉行动"提出相应的建议和对策。

针对核心价值观的三个层面,2018年调查问卷共设置了46个自陈式题项,分别从培育和践行核心价值观的整体认同和评价,培育和践行核心价值观的路径,培育和践行核心价值观的影响因素,对核心价值观的理解、认知认同共四个方面了解被调查者对核心价值观的认知认同以及相关问题的感受和评价。问卷中涉及法治观变量的题项共6个。这6个题项分别从法治与德治、法治与长治、法治与个人权利、法治与公权力的边界、法治与教化民众、法治与人治六个方面了解了不同职业群体对法治观内涵的认同状况。在本次调研的1 213份有效问卷中,涉及"企业家"的问卷为348份。被调查主体是经济部门具有高级职务的企业家,具体为企业高管、企业法人代表,占有效样本的28.68%。

为了方便统计,调查问卷对被访者的答题采用了李克特量表的五级区分度,用1~5进行度量,即"非常不同意""不同意""不清楚""同意""非常同意",分别用1、2、3、4、5来表示。本研究将认同表达的分布差异定义为认同水平差异,并由低到高进行赋值。将"非常不同意"称为认同与评价"非常低"(均值为0.5~1.99);将"不同意"称为"较低"水平(均值为2~2.99);将"不清楚"称为"一般"水平(均值为3~3.99);将"同意"称为"较高"水平(均值为4~4.75);将"非常同意"称为"非常高"的水平(均值在4.76及以上)。为了方便分析数据,我们将调查表中的认同选项进行分类,将"非常不同意"和"不同意"归为"负向"评价,将"同意"和"非常同意"归为"正向"评价。在具体做统计分析时,根据研究需要,进行认同或不认同("同意"与"不同意")的概率分析及进行认同度、关注度、获得感等方面的水平以及差异分析。

二、企业家对法治观的认同状况分析

(一)法治观的理性思考

"法治",顾名思义就是依法而治,主张严格依照法律治理国家,是一种与"人治"对立的理论和方法。经过孕育、发展，法治以其文明品格和制度框架成为当今世界大多数国家所追求的治国良方。法治思想在西方源远流长，发展至今已经呈现出一套完整的结构。中国古代的法治思想更多体现在"法制"层面，侧重点在法的功能而不是法的价值。自1997年党的十五大提出"依法治国，建设社会主义法治国家"开始，我国的法治建设已取得显著成效。1999年的宪法修正案中，"依法治国"被首次写入宪法。党的十八大以来，以习近平同志为核心的党中央坚持发展中国特色社会主义法治道路，把全面依法治国纳入"四个全面"战略布局，中国特色社会主义法治建设迈出新步伐。党的十九大报告明确提出："坚持全面依法治国。全面依法治国是中国特色社会主义的本质要求和重要保障。必须把党的领导贯彻落实到依法治国全过程和各方面，坚定不移走中国特色社会主义法治道路，完善以宪法为核心的中国特色社会主义法律体系，建设中国特色社会主义法治体系，建设社会主义法治国家，发展中国特色社会主义法治理论，坚持依法治国、依法执政、依法行政共同推进，坚持法治国家、法治政府、法治社会一体建设，坚持依法治国和以德治国相结合，依法治国和依规治党有机统一，深化司法体制改革，提高全民族法治素养和道德素质。"①中国特色社会主义进入新时代，法治理论得到了进一步理论化和系统化的归纳阐述。

为了了解企业家对法治观的认知认同状况，本次调查问卷涉及法治观的题项共6个，分别是"K41 以德治国更有利于社会的安定和谐""K42 依法治国才能让国家长治久安""K43 保障个人合法权利可以激励公民为社会创造财富""K44 法治的重点不在于治民，而在于依法限制公权力滥用""K45 法治的根本在于教化百姓知法守法""K46 当个人合法权利受到侵犯，上访比到法院更能解决问题"。这6个题项分别从法治与德治、法治与长治、法治与个人权利、法治与公权力的边界、法治与教化民众、法治与人治的角度检验企业家对法治观了解的广度和深度。

---

① 习近平. 决胜全面建成小康社会 夺取新时代中国特色社会主义伟大胜利：在中国共产党第十九次全国代表大会上的报告（2017年10月18日）. 北京：人民出版社，2017：22-23.

（二）企业家对社会主义法治观认同度的线性分析

表 10-1 是针对"企业家对社会主义法治观的认同评价"的差异分析。我们通过对 6 个题项的调查数据结果进行单样本 t 检验分析，获得每一个题项的均值以及总均值，之后分别将 6 个题项的均值与总均值进行比较，分析企业家对社会主义法治观的认同评价水平差异。分析结果显示，总均值是 3.873，说明企业家对"法治观"的总体评价均值处于"一般"水平。K41 的均值为 3.77，处于"一般"水平，K41 的显著性 p 值为 0.089（大于 0.05），说明该题项的评价均值在 p 值小于 0.1 的水平下，与总均值有显著差异。K42 的均值为 4.49，K43 的均值为 4.35，K44 的均值为 4.09，都处于"较高"水平。K45 的均值为 3.71，处于"一般"水平。K46 的均值为 2.83，处于"较低"水平。

表 10-1 企业家对"法治观"的认同分析检验结果　　单位：人

题项	t-值	均值	显著性（p）	均值差	样本数
K41 以德治国更有利于社会的安定和谐	-1.707	3.77	0.089	-0.104*	346
K42 依法治国才能让国家长治久安	14.589	4.49	0.000	0.614***	346
K43 保障个人合法权利可以激励公民为社会创造财富	10.622	4.35	0.000	0.476***	346
K44 法治的重点不在于治民，而在于依法限制公权力滥用	3.957	4.09	0.000	0.213***	346
K45 法治的根本在于教化百姓知法守法	-2.580	3.71	0.010	-0.164**	346
K46 当个人合法权利受到侵犯，上访比到法院更能解决问题	-14.068	2.83	0.000	-1.040***	346

注：总均值为 3.873，*** 表示 $p<0.01$，** 表示 $p<0.05$，* 表示 $p<0.10$。

K42—K46 的显著性 p 值均小于 0.05，显示这五个题项的评价均值与"法治观"的总均值之间存在显著差异。数据显示，K42 的 t 检验值为 14.589，K43 的 t 检验值为 10.622，K44 的 t 检验值为 3.957，t 检验的数据说明以上三个题项的均值水平都显著高于总均值。这表明本次被调查的企业家对"依法治国才能让国家长治久安""保障个人合法权利可以激励公民为社会创造财富""法治的重点不在于治民,而在于依法限制公权力滥用"的法治观内容的认同度普遍较高。K41的t检验值为-1.707,说明企业家对"以德治国"的认同度低于对法治观的总体认同水平。K45的t检验值为-2.580,数据显示其均值显著低于总均值,说明企业家对"法治的根本在于教化百姓知法守法"的认同度普遍不是很高。K46的t检验值为-14.068,数据显示其均值显著低于总均值,说明企业家普遍认为当个人权利受到侵害时法院比上访更能解决问题。表10-1的数据所显示的问题有待做进一步的分析和论证。

(三)"以德治国"和"依法治国"的认同特征

1. 对K41的线性回归分析

表10-2是对"K41以德治国更有利于社会的安定和谐"的线性回归分析。以K41题项的调查结果为因变量,以企业家的性别、年龄分组、学历、职务或职称、年收入为自变量。排除非显著性因素,表10-2的数据显示,K41与T6之间存在显著线性因果关系(p值小于0.01),T6是对调查对象的年收入统计,10万元以下占20.40%,10万~20万元占42.10%,21万~30万元占15.10%,31万~40万元占7.60%,41万元及以上占14.90%,人均年收入为15.19万元。这就是说,企业家对"以德治国"的认同度与年收入之间存在显著因果关系。T6的回归系数B为-0.159,说明企业家对"以德治国"的认同度与年收入之间存在负向因果关系:年收入越高,对"以德治国"的认同度越低,对"依法治国"的认同度越高;相反,年收入越低,对"依法治国"的认同度越低,对"以德治国"的认同度越高。

在这里要特别注意,企业家年收入在20万元以下的比重为62.50%,超过被调查企业家的人数的一半。对此类收入相对较低的企业家群体进行分析,发现此类企业家群体主要集中在云南等经济相对落后的地区,且多为年轻的创业者。这就是说,有相当一部分地区的年轻企业家的收入并不高,在低收入的情况下该类企业家承担着相应的企业职能和社会责任。这意味着,低收入的企业家较之其他精英群体面临着更大的经济压力和社会压力。对 K41 与 T6 进行线性分析，结果表明低收入的企业家群体较之高收入的企业家群体，对"以德治国更有利于社会的安定和谐"的认同度更高。对低收入企业家和高收入企业家在 K41 上进行进一步的数据交叉分析，才可以更加清晰地发现问题并提出对策。

表 10-2　K41 "以德治国更有利于社会的安定和谐"线性回归分析结果

	非标准化系数		标准系数	t-值	显著性 (p)
	B	标准误差	Beta		
T6. 您的年收入（万元）	−0.159***	0.043	−0.204	−3.729	0.000

注：因变量为 K41 "以德治国更有利于社会的安定和谐"。*** 表示 $p<0.01$。

2. 对 K41 与 T6 的交叉分析

表 10-3 是对"K41 以德治国更有利于社会的安定和谐"认同比重的分年收入统计。卡方检验的结果（显著性 p 值等于 0.004）表明：不同年收入的企业家对"以德治国"的认同度存在显著差异。年收入 10 万元以下企业家的正向评价比重为 75.00%，年收入 10 万～20 万元企业家的为 82.80%，年收入 21 万～30 万元企业家的为 59.30%，年收入 31 万～40 万元企业家的为 74.60%，年收入 41 万元及以上企业家的为 56.90%。其中，年收入 41 万元及以上企业家的正向评价比重最低，年收入 20 万元以下企业家的正向评价比重明显高于其他年收入水平的企业家。可以说，高收入的企业家对"以德治国更有利于社会的安定和谐"的认同度明显低于低收入的企业家。年收入 10 万元以下企业家的负向评价比重为 11.30%，年收入 10 万～20 万元企业家的为 8.60%，年收入 21 万～30 万元企业家的为 15.30%，年收入 31 万～40 万元企业家的为 13.70%，年收入 41 万元及以上企业家的为 23.60%。这说明高收入的企业家对"以德治国"的认同度低于低收入的企业家。年收入 41 万元及以上企业家的负向评价比重最高，明显高于较之年收入稍低的企业家。另外，数据表明，"不清楚"人群仍占很大比重，仍有不少企业家在"以德治国"还是"依法治国"的选择上未明确表达自己的观点。

表 10-3 分年收入对"K41 以德治国更有利于社会的安定和谐"
观点的认同比重统计   单位:%

您的年收入	非常不同意	不同意	负向评价	不清楚	同意	非常同意	正向评价
10万元以下	4.50	6.80	11.30	13.60	25.00	50.00	75.00
10万~20万元	5.70	2.90	8.60	8.60	47.10	35.70	82.80
21万~30万元	3.40	11.90	15.30	25.40	35.60	23.70	59.30
31万~40万元	0.00	13.70	13.70	11.80	47.10	27.50	74.60
41万元及以上	5.70	17.90	23.60	19.50	33.30	23.60	56.90
样本总体	4.30	11.80	16.10	16.40	37.50	30.00	67.50

综合数据调查结果，可以得出结论，高收入的企业家对"以德治国"的认同度明显低于低收入的企业家。本调查设置此题项意在调查人们对"依法治国"和"以德治国"的关系的认识。调查结果表明，在此问题上高收入的企业家更偏向于"依法治国"，较低收入的企业家反而更注重"以德治国"的作用。在一般意义上讲，高收入的企业家就职公司的规模、就职岗位等都大于或高于低收入者。大企业在法制法规、管理制度方面要比中小企业成熟。高收入的企业家更愿意在制度框架中稳妥地选择"依法治国"，而来自中小企业的较低收入的企业家更愿意选择"以德治国"。毋庸置疑，德治和法治在国家治理方面各有优势，发挥着不同的作用。中国共产党治理国家，离不开法治和德治的并用、依法治国和以德治国的结合。2016年12月9日，习近平总书记在主持中共十八届中央政治局第三十七次集体学习时强调，必须坚持依法治国和以德治国相结合，使法治和德治在国家治理中相互补充、相互促进、相得益彰，推进国家治理体系和治理能力现代化。这是对依法治国和以德治国关系的全面阐发，深刻揭示了中国特色社会主义法治建设和道德建设的重要准则。K41题项调查结果显示，高收入者和低收入者在"依法治国"与"以德治国"的选择上分化明显。以上分析说明，我们迫切需要加强宣传"法治"与"德治"的辩证关系，引导公众正确地认识两者的地位和功能。

对于低收入企业家的身份调查显示，在很多非一线城市进行创业的年轻企业家面临着非常大的经济压力和社会压力,其收益与职责不对等。一方面,这些企业家需要运用卓越的管理能力保证企业的良好运营,承担投资失败和运营失败所带来的风险;另一方面,他们的投入并没有从市场中换取相应的经济回报。数据分析结果显示,低收入的企业家对"依法治国"的认同度要明显低于高收入的企业家,这样的调查结果与低收入的企业家在市场中的艰难处境有很大的关系。要提高企业家群体对社会主义法治观的整体认同,就要重视中小型民营企业的发展状况。习近平总书记2018年11月1日在民营企业座谈会上指出,要"充分肯定我国民营经济的重要地位和作用"①,要"正确认识当前民营经济发展遇到的困难和问题"②,要"大力支持民营企业发展壮大"③,要支持民营企业改革发展,就要"减轻企业税费负担……解决民营企业融资难融资贵问题……营造公平竞争环境……完善政策执行方式……构建亲清新型政商关系……保护企业家人身和财产安全"④。

(四)关于"法治"和"人治"的认同分析

1. 对 K46 的线性回归分析

表 10-1 的数据初步显示企业家群体整体对"当个人合法权利受到侵犯,上访比到法院更能解决问题"持负面评价。表 10-4 是对"K46 当个人合法权利受到侵犯,上访比到法院更能解决问题"的更进一步的线性回归分析。以 K46 题项的调查结果为因变量,以企业家的性别、年龄分组、学历、职务或职称、年收入为自变量。排除性别、年收入等非显著性因素,表 10-4 的数据显示,K46 与 T2.1 ($p=0.000$) 以及 T3 ($p=0.003$) 之间存在显著线性因果关系。T2.1 是对调查对象的分年龄组统计,按 5 岁一组进行分组,各年龄组人数分布如下:35 岁及以下占 26.50%,36~40 岁占 17.60%,41~45 岁占 31.10%,46~50 岁占 17.60%,51 岁及以上占 21.80%,平均年龄为 41.47 周岁。样本中,青

---

① 习近平. 在民营企业座谈会上的讲话. 北京:人民出版社,2018:4.
② 同①7.
③ 同①10.
④ 同①12-16.

壮年人数多，正值干事业的年龄。T3 是对调查对象的分学历统计，高中（中专）学历占 2.50%，大学专科学历占 12.10%，大学本科学历占 35.30%，硕士研究生学历占 27.10%，博士研究生学历占 23.00%，受过高等教育的人数占 97.50%，表明企业家大都受过高等教育。这就是说，企业家对"当个人合法权利受到侵犯，上访比到法院更能解决问题"的认同度与年龄组、学历之间存在显著因果关系。T2.1 的回归系数 B 为 -0.215，T3 的回归系数 B 为 -0.212，说明企业家对"当个人合法权利受到侵犯，上访比到法院更能解决问题"的认同度与年龄、学历之间存在负向因果关系：企业家的年龄越大、学历越高，对"当个人合法权利受到侵犯，上访比到法院更能解决问题"的认同度越低；相反，企业家的年龄越小、学历越低，对"当个人合法权利受到侵犯，上访比到法院更能解决问题"的认同度越高。为了进一步清晰地显示题项 K46 与年龄组、学历之间的关系，需要做交叉分析。

表 10-4　K46"当个人合法权利受到侵犯，上访比到法院更能解决问题"线性回归分析结果

	非标准化系数 B	标准误差	标准系数 Beta	t-值	显著性（p）
T2.1. 您的年龄组	-0.215***	0.049	-0.230	-4.361	0.000
T3. 您的学历	-0.212***	0.070	-0.159	-3.009	0.003

注：因变量为 K46"当个人合法权利受到侵犯，上访比到法院更能解决问题"。*** 表示 $p<0.01$。

2. 对 K46 与 T2.1 的交叉分析

表 10-5 是对"K46 当个人合法权利受到侵犯，上访比到法院更能解决问题"认同比重的分年龄组统计。卡方检验的结果（sig=0.023）表明：不同年龄组的企业家对"上访"的认同度存在显著差异。调查数据显示，负向评价的总比重为 43.00%，明显高于正向评价的总比重 32.30%。总的来说，企业家普遍对"当个人合法权利受到侵犯，上访比到法院更能解决问题"持负面评价。但不同年龄组的企业家表现出明显不同的评价取向，数值差异明显，有待进一步分析。

表10-5 分年龄组对"K46当个人合法权利受到侵犯,上访比到法院更能解决问题"观点的认同比重统计　　　单位:%

您的年龄组	非常不同意	不同意	负向评价	不清楚	同意	非常同意	正向评价
35岁及以下	21.70	10.40	32.10	25.20	20.00	22.60	42.60
36～40岁	13.50	24.30	37.80	28.40	18.90	14.90	33.80
41～45岁	21.20	19.20	40.40	28.80	19.20	11.50	30.70
46～50岁	28.60	28.60	57.20	18.40	8.20	16.30	24.50
51岁及以上	31.60	29.80	61.40	21.10	7.00	10.50	17.50
样本总体	22.50	20.50	43.00	24.80	15.90	16.40	32.30

表10-5的数据显示,35岁及以下年龄组企业家的正向评价比重最高,为42.60%,36～40岁年龄组企业家的为33.80%,41～45岁年龄组企业家的为30.70%,46～50岁年龄组企业家的为24.50%,51岁及以上年龄组企业家的最低,为17.50%。35岁及以下年龄组和51岁及以上年龄组的比重数值相差25.10%,差值极大。如图10-1所示,数据整体呈现年龄越大,企业家对"当个人合法权利受到侵犯,上访比到法院更能解决问题"的认同度越低的趋势。这就是说,受年龄因素影响,企业家在个人权利受侵害时对"上访"和"法院"的选择倾向明显不同,年龄越大越偏向于通过"法院"的法治途径解决问题。

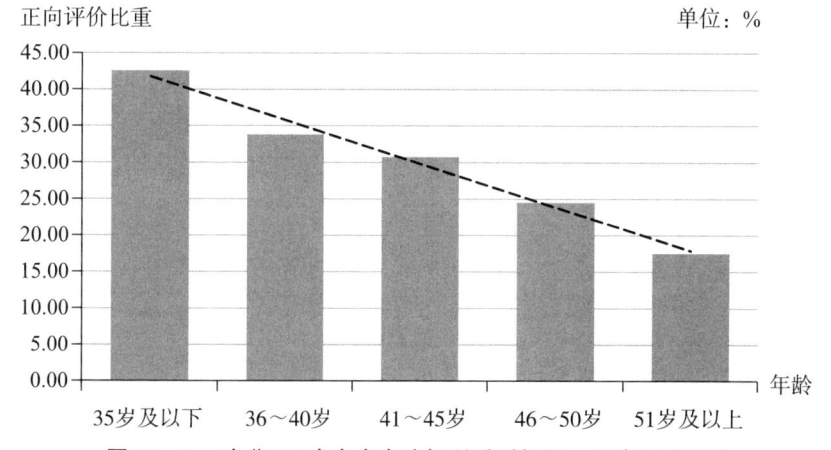

图10-1 对"K46当个人合法权利受到侵犯,上访比到法院更能解决问题"观点认同比重的分年龄分布

35岁及以下年龄组企业家的负向评价比重最低，为32.10%，36～40岁年龄组企业家的为37.80%，41～45岁年龄组企业家的为40.40%，46～50岁年龄组企业家的为57.20%，51岁及以上年龄组企业家的最高，为61.40%。51岁及以上年龄组和35岁及以下年龄组的比重数值相差29.30%，差值极大。负向评价比值越大，说明认同度越低。不难发现，负向评价与正向评价呈现出相同的变化规律，高年龄组企业家对"K46当个人合法权利受到侵犯，上访比到法院更能解决问题"的负向评价比重明显高于低年龄组企业家。总的来说，数据呈现年龄越大，认同度越低的趋势。

经过以上分析，我们能得出结论：企业家受年龄因素影响，在K46题项的选择上表现出明显不同的倾向。企业家的年龄越大，对"当个人合法权利受到侵犯，上访比到法院更能解决问题"的认同度越低。主要原因如下：K46题项主要考察人们对"法治"与"人治"的认同度。"上访"是现代社会"人治"的诉求形式，"法院"则代表了"法治"的诉讼方式。结合数据结果得出：年龄越大的企业家的"法治"意识越强，在个人权利受到侵害时，更愿意选择通过法律途径来解决问题；企业家的年龄越小，法律意识越差，表现出更愿意通过"上访"来解决问题。在这里，年龄因素的影响无可厚非，年龄大的企业家较之年龄小的企业家，在人生阅历、知识体系等方面都更加成熟，当个人权利受到侵害时，会更加成熟稳定地选择法律途径来解决问题。另外，"上访"作为一种基层民众寻求上级帮助的方式，与企业家的社会地位、身份、年龄不大相符。以上的数据分析说明，年轻一代企业家的法律意识仍有待加强，我们仍要增强公民的法治意识。

3. 对K46与T3的交叉分析

表10-6是对"K46当个人合法权利受到侵犯，上访比到法院更能解决问题"观点认同比重的分学历统计。卡方检验的结果（sig＝0.00）表明：不同学历的企业家对"当个人合法权利受到侵犯，上访比到法院更能解决问题"的认同度存在显著差异。调查数据显示，高中（中专）及以下学历的企业家中有51.80%的人选择正向评价，22.20%的人选择负向评价，还有25.90%的人表达的是"不清楚"的态度；大学专科学历的企业

家中有 33.00% 的人选择正向评价，37.10% 的人选择负向评价，29.90% 的人选择"不清楚"，数值偏大；大学本科学历的企业家中有 29.10% 的人选择正向评价，52.50% 的人选择负向评价；硕士研究生学历的企业家中有 32.90% 的人选择正向评价，36.60% 的人选择负向评价，30.50% 的人选择"不清楚"；博士研究生学历的企业家中只有 19.00% 的人选择正向评价，66.70% 的人选择负向评价，这个数值在负向评价比重中最大，这个企业家群体的正向评价比重和负向评价比重的差值也最大。这说明，博士研究生学历的企业家普遍对"当个人合法权利受到侵犯，上访比到法院更能解决问题"持负面评价，较为一致的反对这一说法。横向组内数据的分析显示出不同学历的企业家明显不同的评价结果，数值分布差异明显，有待进一步分析。

表 10-6　分学历对"K46 当个人合法权利受到侵犯，上访比到法院更能解决问题"观点的认同比重统计　　单位:%

您的学历	非常不同意	不同意	负向评价	不清楚	同意	非常同意	正向评价
高中（中专）及以下	11.10	11.10	22.20	25.90	37.00	14.80	51.80
大学专科	13.40	23.70	37.10	29.90	13.40	19.60	33.00
大学本科	32.50	20.00	52.50	18.30	10.80	18.30	29.10
硕士研究生	24.40	12.20	36.60	30.50	20.70	12.20	32.90
博士研究生	14.30	52.40	66.70	14.30	9.50	9.50	19.00

纵向来看，高中（中专）及以下学历企业家的正向评价比重最高，为 51.80%，大学专科学历企业家的为 33.00%，大学本科学历企业家的为 29.10%，硕士研究生学历企业家的为 32.90%，博士研究生学历企业家的最低，为 19.00%。高中（中专）及以下学历企业家的正向评价比重与博士研究生学历企业家的正向评价比重相差 32.80%，差值极大。如图 10-2 所示，整体来看，调查数据呈现学历越高，对"当个人合法权利受到侵犯，上访比到法院更能解决问题"的正向评价越低的趋势。这就是说，高学历的企业家对 K46 题项的认同度较之低学历的企业家偏低，他们总的认为"法院比上访"更能解决个人权利受到侵害的

问题。

正向评价比重 单位:%

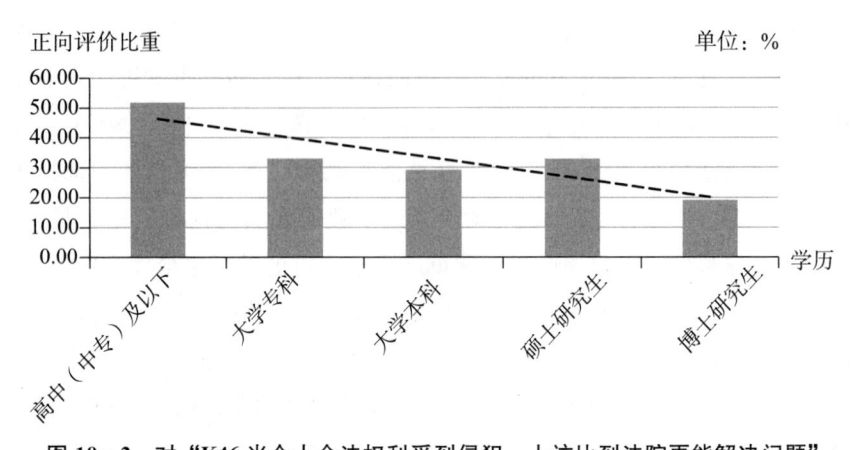

图 10-2 对"K46 当个人合法权利受到侵犯，上访比到法院更能解决问题"
观点认同比重的分学历分布

高中（中专）及以下学历企业家的负向评价比重最低，为 22.20%，大学专科学历企业家的为 37.10%，大学本科学历企业家的为 52.50%，硕士研究生学历企业家的为 36.60%，博士研究生学历企业家的最高，为 66.70%。高中（中专）及以下学历企业家与博士研究生学历企业家的负向评价比重相差 44.50%，差值极大。整体来看，调查数据呈现学历越高，对"当个人合法权利受到侵犯，上访比到法院更能解决问题"的负向评价越高的趋势。负向评价与正向评价呈现出相同的评价规律。总的来说，高学历企业家对"当个人合法权利受到侵犯，上访比到法院更能解决问题"观点的认同度明显低于低学历企业家。

经过以上分析，我们能得出结论：企业家受学历因素影响，在 K46 题项的选择上表现出明显不同的倾向。企业家的学历越高，对"当个人合法权利受到侵犯，上访比到法院更能解决问题"的认同度越低。前文已经说明，K46 题项主要考察人们对"法治"与"人治"的认同度。"上访"是现代社会"人治"的诉求形式，"法院"则代表了"法治"的诉讼方式。结合数据结果得出：企业家的学历越高，法治意识越强，更愿意选择法律途径解决矛盾和争端；企业家的学历越低，法治意识越差，越不愿意选择法律途径解决矛盾和争端。学历不同引起的因变量的变化显示了教育在价值观认同中的重要作用。学历数据说明的问题，需要我们提出进一步的对策与建议。

三、对策与建议

（一）加强"法德共治"的宣传

数据分析部分反映了企业家对"依法治国"和"以德治国"认识不足的问题。"依法治国"和"以德治国"的结合，是我国社会主义法治建设的成功典范。习近平总书记在主持中共十八届中央政治局第三十七次集体学习时的讲话中强调："必须坚持依法治国和以德治国相结合，使法治和德治在国家治理中相互补充、相互促进、相得益彰，推进国家治理体系和治理能力现代化。"① 他指出："法律是成文的道德，道德是内心的法律。法律和道德都具有规范社会行为、调节社会关系、维护社会秩序的作用，在国家治理中都有其地位和功能。"② 因此，"治理国家、治理社会必须一手抓法治、一手抓德治，既重视发挥法律的规范作用，又重视发挥道德的教化作用，实现法律和道德相辅相成、法治和德治相得益彰。发挥好法律的规范作用，必须以法治体现道德理念、强化法律对道德建设的促进作用……发挥好道德的教化作用，必须以道德滋养法治精神、强化道德对法治文化的支撑作用"③。法律和道德在规范的形成、发展及行为约束力方面差异明显，但两者却紧密相连，协同创造良好的社会秩序。法律是道德的外化和保障，道德对法律的运行又发挥着潜移默化、不可忽视的影响。

企业家作为社会精英人群，对"法德共治"观念的认识不足。要解决这一问题，必须加强"依法治国"和"以德治国"相结合的宣传，推进道德法律化和法律道德化。

（二）提高企业家的法律意识

企业家作为公司的掌舵者，致力于公司财富的积累和个人价值的实

---

① 习近平谈治国理政：第2卷. 北京：外文出版社，2017：133.
② 同①.
③ 同①116-117.

现，在追求利益最大化的过程中，企业和企业家的法律风险如影相随。企业家如果缺乏公司法律常识和法律风险意识，就会带来严重的社会后果。改革开放以来，我国经济飞速发展，由此诞生了数不胜数的成功企业家。这些企业家中有些人的文化水平偏低，刑事责任风险防范意识极差，其法律意识还停留在事后补救式的法律救济方式上。提高企业家的法律意识，是增强其社会主义法治观的首要任务。

培养和提高公民的社会主义法律意识，是社会主义法治建设的基础性工程。结合我国的法治环境和企业家的法律意识现状，可从客观和主观两个方面来提高企业家的法律意识。从客观方面来讲，社会意识由社会实践决定，法律意识源于司法实践。日常的法治实践活动对企业家法律意识的形成和提高有巨大的影响作用，通过塑造和改善企业实践的法治环境，显示出社会主义法治的权威和力量，才能使企业家信任和自觉遵守法律。从主观方面来讲，提高企业家运用法治思维和法治方式的能力是改革的关键。企业家现阶段的法律意识还存在很大的被动性，处理法律风险的方式落后，即亡羊补牢式的多，事前防范式的少。随着市场经济的深入发展，企业家迫切需要改变这种落后的法律思维方式。企业应定期进行法律风险评估，企业家应转变法律意识，从"救火"意识转变为"防火"意识，未雨绸缪，防患于未然，以降低企业的法律风险。另外，企业家应重视律师的作用，建议企业家聘请高级私人法律顾问，从技术层面为公司规避法律风险，降低自己在法律方面的决策失误。

（三）营造良好的企业法治环境

建设社会主义法治国家，一方面从社会和公民出发，要求企业家运用法治思维和法治方式来解决矛盾，提高公民的法治意识；另一方面，需要国家治理体系的完善和治理能力的加强。要提高企业家的法治观，必须营造良好的企业法治环境。"法治是最好的营商环境"。企业要想发展好，必须要用法治来规范市场的边界，尊重市场经济规律，通过市场化手段在法治框架内调整各类市场主体的利益关系。法治能依法平等地保护各类市场主体的产权和合法权益，为各类主体提供保障。只有完善制度、加强监管，构造统一开放、竞争有序的市场体系，才能为企业创造一种良好的环境。为各企业的发展提供良好的外部环境，直接关系到企业间的公平竞争和市场经济的良好发展。这样的良性循环，为企业家法治观的培养也创造了条件。

在良好的法治环境下，例如放宽市场主体准入管制、公司注册资本实缴登记制改为认缴登记制等，企业家更加有法可依，更有自信在完善的制度下采取正确的方式处理各种矛盾，这可以最大限度地减少欺诈、违约、制假售假、投机取巧等行为，让社会主义市场经济步入良性发展轨道。另外，还要加强对企业的法治监管，让企业在合法的轨道上运行，通过细化制度的具体条例对企业进行全方位管制，把不合法不合理扼杀在制度的笼子里。这样一来，在内部和外部的相互配合下，法治观才能得到最大化的认知认同。

报告十一

大学生社会主义核心价值观社会认同研究

党的十八大提出"倡导富强、民主、文明、和谐，倡导自由、平等、公正、法治，倡导爱国、敬业、诚信、友善，积极培育和践行社会主义核心价值观"[①]。这是我们党首次提出社会主义核心价值观的基本内容，也是首次提出培育和践行社会主义核心价值观。

培育和践行社会主义核心价值观的关键在于社会认同。所谓社会认同，是社会成员在一定的社会生活中所共同拥有的信仰、价值以及行动取向上的集中归属，在本质上是一种集体观念，对社会秩序的维系和规范具有积极的作用。社会认同是一种心理判断和情感归属，也是一个心理过程。社会认同既是把全体社会成员共同团结和组织起来的一种凝聚力量，也是激励全体社会成员共同奋斗和前进的一种思想基础，同时还是全体社会成员共同遵循的价值追求和目标。

2016年，湖北大学高等人文研究院、中华文化发展湖北省协同创新中心组织了"弘扬社会主义核心价值观与继承传统文化问卷调查"，调查

---

① 胡锦涛. 坚定不移沿着中国特色社会主义道路前进 为全面建成小康社会而奋斗：在中国共产党第十八次全国代表大会上的报告（2012年11月8日）. 北京：人民出版社，2012：31-32.

问卷主要包含被调查者的基本情况、文化和社会主义核心价值观认知认同三个部分的内容。其中，社会主义核心价值观认知认同部分以社会主义核心价值观 12 个词语为主要内容，设置了 45 个题项，每个词语用 1~5 个问题描述。选项采用 5 点计分，1 表示"非常不同意"，2 表示"不同意"，3 表示"不清楚"，4 表示"同意"，5 表示"非常同意"。湖北大学高等人文研究院通过随机抽样的方式，在北京、上海、新疆、湖北等 18 个省市自治区展开问卷调查。为充分了解大学生社会主义核心价值观社会认同现状，作者提取问卷调查中调查对象为大学生的基本情况及其对社会主义核心价值观问题的回答两部分内容，借助 SPSS19 统计软件对数据进行统计，采用描述性统计分析、信度分析、t 检验和线性回归等方法分析数据。调查对象为大学生的问卷有 480 份，回收 475 份，回收率为 98.96%，其中有效问卷 474 份，有效回收率为 98.75%。其中男生 222 人，女生 252 人，分别占总人数的 46.80% 和 53.20%；大学专科学历 56 人，本科学历 360 人，硕士研究生及以上学历 58 人，分别占总人数的 11.80%、75.90% 和 12.20%。

一、大学生社会主义核心价值观的社会认同现状

（一）大学生社会主义核心价值观的总体社会认同状况

通过 SPSS19 统计软件计算得出，大学生对"富强、民主、文明、和谐、自由、平等、公正、法治、爱国、敬业、诚信、友善"12 个词语的社会认同均值分别为 3.75、3.58、3.66、3.93、3.71、2.79、3.44、3.78、4.08、4.05、4.05、4.05，相关数据见图 11-1。除"平等"外，大学生对其他 11 个词语的社会认同均值均大于 3，介于"不清楚"和"非常同意"之间，表明大学生对社会主义核心价值观的总体社会认同较高。令人欣喜的是，大学生对"爱国、敬业、诚信、友善"的社会认同均值分别为 4.08、4.05、4.05、4.05，介于"同意"和"非常同意"之间，表明大学生对社会主义核心价值观中公民个人层面价值理念的社会认同高，大学生个人品质较好。令人可惜的是，大学生对"平等"的认同均值仅为 2.79，介于"不清楚"和"不同意"之间，大学生对"平等"的社

会认同存在一定偏差。

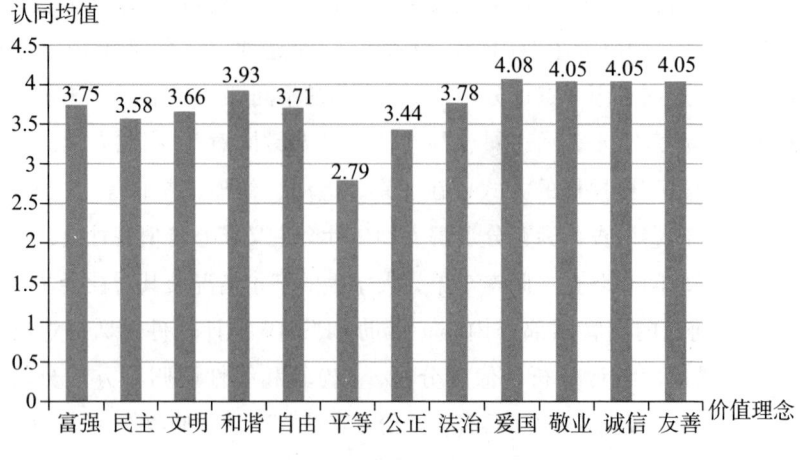

图 11-1　大学生对社会主义核心价值观的认同均值

（二）大学生个人层面价值准则的社会认同状况

我们分别对"爱国、敬业、诚信、友善"组内问题进行单样本 t 检验，结果表明：大学生对"每当我听到庄严的国歌，我心中油然升起一种责任感"的认同均值为 3.99，显著低于"爱国"的认同均值 4.08，显著性 p 值为 0.013，小于 0.10，t 值为 -2.50；对"我是中国人，我感到自豪"的认同均值为 4.16，显著高于"爱国"的认同均值，显著性 p 值为 0.04，小于 0.10，t 值为 2.05；对"人无信不可，民无信不立，国无信不威"的认同均值为 4.19，显著高于"诚信"和"友善"的认同均值，显著性 p 值为 0.00，小于 0.10，t 值为 3.55；对"社会诚信，关键在于个人的道德约束"的认同均值为 3.94，显著低于"诚信"和"友善"的认同均值，显著性 p 值为 0.01，小于 0.10，t 值为 -2.60。

（三）大学生国家层面价值目标的社会认同状况

我们分别对"富强、民主、文明、和谐"组内问题进行单样本 t 检验，结果表明：大学生对"国强才能民富，应该树立'先国家后小家'的观念"的认同均值为 3.53，显著低于"富强"的认同均值，显著性 p 值为 0.01，小于 0.05，t 值为 －4.64；对"只有民富国强，才能增强中国在世界上的文化话语权"的认同均值为 4，显著高于"富强"的认同均值，显著性 p 值为 0.01，小于 0.50，t 值为 5.91；对"民主的社会是'以民为主'，政府'为民做主'"和"'民贵君轻'在现代社会就是'全心全意为人民服务'"两个题项的认同均值分别为 3.97、3.76，显著高于"民主"的认同均值，显著性 p 值均为 0.01，小于 0.50，t 值为 8.63 和 4.02；对"做决策应该在集体讨论的基础上，由领导最终来做决定"和"民主决策的核心就是不分职位、身份差异，一人一票"两个题项的认同均值分别为 3.20、3.44，显著低于"民主"的认同均值，显著性 p 值分别为 0.01、0.06，均小于 0.10，t 值分别为 －7.46、－2.75；对"国家文明程度取决于国民教育水平和整体文化素质"和"环境优美、政通人和是文明社会的表现"两个题项的均值分别为 3.94、3.98，显著高于"文明"的认同均值，显著性 p 值均为 0.01，均小于 0.05，t 值分别为 6.84、8.01；对"'仓廪实，知礼仪'，社会文不文明，关键看经济水平"和"一个地方文不文明，关键看法治程度的高低"两个题项的认同均值分别为 3.27、3.45，显著低于"文明"的认同均值，显著性 p 值均为 0.01，小于 0.05，t 值分别为 －7.49、－4.36；对"和谐社会对于个人而言，就是要修身养性、内心平静"题项的认同均值为 3.82，显著低于"和谐"的认同均值，显著性 p 值为 0.01，小于 0.05，t 值为 －2.62。

（四）大学生社会层面价值取向的社会认同状况

我们分别对"自由、平等、公正、法治"组内问题进行单样本 t 检验，结果表明：大学生对"每个人都享有自由表达自己意愿和诉求的权利"、"个人自由的实现，要有必要的物质条件"和"个性自由能激发人的创造力，这正是社会进步所需"三个题项的认同均值分别为 4.02、4.02、3.82，显著高于"自由"的认同均值，显著性 p 值分别为 0.01、0.01、0.04，均小于 0.05，t 值分别为 7.20、7.08、2.12；对"自由的要义，是只要法律没有禁止，老百姓都可以做"的认同均值为 2.93，显著低于"自由"的认同均值，显著性 p 值为 0.01，小于 0.05，t 值为 －13.00；对"在单位里，对领导和上司应该做到言听计从"、"在家庭关系中，丈夫是一家之主，妻子应该顺从丈夫"和"父母养育子女不易，子女必须处处顺从父母和长辈"三个题项的认同均值分别为 2.62、2.45、2.62，显著低于"平等"的认同均值，显著性 p 值均为 0.01，均小于 0.05，t 值分别为 -2.97、-5.61、-3.09；对"人们患寡，更患不均，说明共同富裕才是社会的追求"的认同均值为 3.48，显著高于"平等"的认同均值，显著性 p 值为 0.01，小于 0.05，t 值为 14.46；对"只有人心无私、正直，才会有社会的公正"和"公正的社会是制度上能保证每个公民都受到公平待遇"两个题项的认同均值分别为 3.59、3.68，显著高于"公正"的认同均值，显著性 p 值均为 0.01，均小于 0.05，t 值分别为 3.35、4.94；对"宁可日子穷一点，也要尽可能平均分配社会资源"的认同均值为 3.05，显著低于"公正"的认同均值，显著性 p 值为 0.01，小于 0.05，t 值为 -7.63；对"法治不是治民工具，法治的重点在于依法治官"的认同均值为 3.35，显著低于"法治"的认同均值，显著性 p 值为 0.01，小于 0.05，t 值为 -9.14；对"保障个人合法权利不受侵犯，对每个人非常重要"和"依法治国才能让国家长治久安"两个题项的认同均值分别为 3.98、4.05，显著高于"法治"的认同均值，显著性 p 值分别为 0.01、0.03，小于 0.05，t 值分别为 4.60、6.30。

二、大学生个人层面价值准则对社会主义核心价值观社会认同的影响

"爱国、敬业、诚信、友善"作为大学生个人层面的价值准则，对社会主义核心价值观国家层面的价值目标"富强、民主、文明、和谐"以及社会层面的价值取向"自由、平等、公正、法治"的社会认同存在着一定的影响。本研究分别以"爱国、敬业、诚信、友善"组内相关问题为自变量，以"富强、民主、文明、和谐"和"自由、平等、公正、法治"的认同均值为因变量，分别建立线性回归模型，找出影响国家层面的价值目标和社会层面的价值取向的影响因素。

（一）"爱国"对国家层面价值目标认同的影响

以"爱国"组内题项为自变量，分别以"富强、民主、文明、和谐"

的认同均值3.75、3.58、3.66、3.93为因变量,建立线性回归模型。多元线性回归分析结果表明:"爱国就要爱疆土完整、爱民族团结、爱传统文化"和"做好本职工作就是为国家做贡献,就是爱国的表现"的显著性 p 值分别为0.04、0.01,均小于0.05,偏回归系数B值分别为0.07、0.17,表明它们与"富强"认同之间存在显著的线性正相关关系,其中"做好本职工作就是为国家做贡献,就是爱国的表现"对"富强"认同的正向影响最大;"每当我听到庄严的国歌,我心中油然升起一种责任感"、"爱国就要爱疆土完整、爱民族团结、爱传统文化"和"做好本职工作就是为国家做贡献,就是爱国的表现"的显著性 p 值均为0.01,均小于0.05,偏回归系数B值分别为0.09、0.14、0.14,表明它们与"民主"认同之间存在显著的线性正相关关系,其中"爱国就要爱疆土完整、爱民族团结、爱传统文化"对"民主"认同的正向影响最大;"每当我听到庄严的国歌,我心中油然升起一种责任感"和"做好本职工作就是为国家做贡献,就是爱国的表现"的显著性 p 值均为0.01,均小于0.05,偏回归系数B值分别为0.12、0.17,表明它们与"文明"认同之间存在显著的线性正相关关系,其中"做好本职工作就是为国家做贡献,就是爱国的表现"对"文明"认同的正向影响最大;"每当我听到庄严的国歌,我心中油然升起一种责任感"、"爱国就要爱疆土完整、爱民族团结、爱传统文化"和"做好本职工作就是为国家做贡献,就是爱国的表现"的显著性 p 值均为0.01,均小于0.05,偏回归系数B值分别为0.17、0.09、0.21,表明它们与"和谐"认同之间存在显著的线性正相关关系,其中"做好本职工作就是为国家做贡献,就是爱国的表现"对"和谐"认同的正向影响最大。

(二)"爱国"对社会层面价值取向认同的影响

以"爱国"组内题项为自变量,分别以"自由、平等、公正、法治"的认同均值3.71、2.79、3.44、3.78为因变量,建立线性回归模型。多元线性回归分析结果表明:"每当我听到庄严的国歌,我心中油然升起一种责任感"、"爱国就要爱疆土完整、爱民族团结、爱传统文化"和"做好本职工作就是为国家做贡献,就是爱国的表现"的显著性 p 值分别为

0.03、0.01、0.01，均小于0.05，偏回归系数B值分别为0.07、0.13、0.15，表明它们与"自由"认同之间存在显著的线性正相关关系，其中"做好本职工作就是为国家做贡献，就是爱国的表现"对"自由"认同的正向影响最大；"每当我听到庄严的国歌，我心中油然升起一种责任感"的显著性 p 值为0.09，小于0.10，偏回归系数B值为0.11，表明它与"平等"认同之间存在显著的线性正相关关系；"每当我听到庄严的国歌，我心中油然升起一种责任感"和"做好本职工作就是为国家做贡献，就是爱国的表现"的显著性 p 值均为0.01，小于0.05，偏回归系数B值分别为0.14、0.20，表明它们与"公正"认同之间存在显著的线性正相关关系，其中"做好本职工作就是为国家做贡献，就是爱国的表现"对"公正"认同的正向影响最大；"每当我听到庄严的国歌，我心中油然升起一种责任感"、"爱国就要爱疆土完整、爱民族团结、爱传统文化"和"做好本职工作就是为国家做贡献，就是爱国的表现"的显著性 p 值分别为0.01、0.07、0.01，均小于0.10，偏回归系数B值分别为0.19、0.07、0.12，表明它们与"法治"认同之间存在显著的线性正相关关系，其中"每当我听到庄严的国歌，我心中油然升起一种责任感"对"法治"认同的正向影响最大。

（三）"敬业"对国家层面价值目标认同的影响

以"敬业"组内题项为自变量，分别以"富强、民主、文明、和谐"的认同均值3.75、3.58、3.66、3.93为因变量，建立线性回归模型。多元线性回归分析结果表明："干一行，爱一行，每一个人要珍惜眼前的工作"和"做好本职工作不仅是完成任务，更重要的是体现个人价值"的显著性 p 值均为0.01，均小于0.05，偏回归系数B值分别为0.15、0.12，表明它们与"富强"认同之间存在显著的线性正相关关系，其中"干一行，爱一行，每一个人要珍惜眼前的工作"对"富强"认同的正向影响最大；"干一行，爱一行，每一个人要珍惜眼前的工作"和"做好本职工作不仅是完成任务，更重要的是体现个人价值"的显著性 p 值均为0.01，均小于0.05，偏回归系数B值分别为0.09、0.16，表明它们与"民主"认同之间存在显著的线性正相关关系，其中"做好本职工作不仅是完成任务，更重要的是体现个人价值"对"民主"认同的正向影响最大；"干一行，爱一行，每一个人要珍惜眼前的工作"和"做好本职工作不仅是完成任务，更重要的是体现个人价值"的显著性 p 值分别为 0.07、0.01，分别小于 0.10 和 0.05，偏回归系数 B 值分别为 0.08、0.17，表明它们与"文明"认同之间存在显著的线性正相关关系，其中"做好本职工作不仅是完成任务，更重要的是体现个人价值"对"文明"认同的正向影响最大；"干一行，爱一行，每一个人要珍惜眼前的工作"和"做好本职工作不仅是完成任务，更重要的是体现个人价值"的显著性 p 值均为 0.01，均小于 0.05，偏回归系数 B 值分别为 0.18、0.29，表明它们与"和谐"认同之间存在显著的线性正相关关系，其中"做好本职工作不仅是完成任务，更重要的是体现个人价值"对"和谐"认同的正向影响最大。

(四)"敬业"对社会层面价值取向认同的影响

以"敬业"组内题项为自变量，分别以"自由、平等、公正、法治"的认同均值 3.71、2.79、3.44、3.78 为因变量，建立线性回归模型。多元线性回归分析结果表明："干一行，爱一行，每一个人要珍惜眼前的工作"和"做好本职工作不仅是完成任务，更重要的是体现个人价值"的显著性 p 值均为 0.01，均小于 0.05，偏回归系数 B 值分别为 0.10、0.14，表明它们与"自由"认同之间存在显著的线性正相关关系，其中"做好本职工作不仅是完成任务，更重要的是体现个人价值"对"自由"认同的正向影响最大；"干一行，爱一行，每一个人要珍惜眼前的工作"的显著性 p 值为 0.01，小于 0.05，偏回归系数 B 值为 0.13，表明它与"公正"认同之间存在显著的线性正相关关系；"干一行，爱一行，每一个人要珍惜眼前的工作"和"做好本职工作不仅是完成任务，更重要的是体现个人价值"的显著性 p 值均为 0.01，均小于 0.05，偏回归系数 B 值分别为 0.17、0.14，表明它们与"法治"认同之间存在显著的线性正相关关系，其中"干一行，爱一行，每一个人要珍惜眼前的工作"对"法治"认同的正向影响最大。

（五）"诚信""友善"对国家层面价值目标认同的影响

以"诚信""友善"组内题项为自变量，分别以"富强、民主、文明、和谐"的认同均值 3.75、3.58、3.66、3.93 为因变量，建立线性回归模型。多元线性回归分析结果表明："人无信不可，民无信不立，国无信不威"和"友善是指心从善念、与人为善、给人机会"的显著性 p 值分别为 0.02、0.01，均小于 0.05，偏回归系数 B 值分别为 0.09、0.22，表明它们与"富强"认同之间存在显著的线性正相关关系，同时"友善是指心从善念、与人为善、给人机会"对"富强"认同的正向影响最大；"社会诚信，关键在于个人的道德约束"、"建立个人诚信档案制度，有利于诚信社会的建立"和"友善是指心从善念、与人为善、给人机会"的显著性 p 值分别为 0.01、0.03、0.01，均小于 0.05，偏回归系数 B 值分别为 0.15、0.09、0.16，表明它们与"民主"认同之间存在显著的线性正相关关系，其中"友善是指心从善念、与人为善、给人机会"对"民主"认同的正向影响最大；"人无信不可，民无信不立，国无信不威"、"社会诚信，关键在于个人的道德约束"和"友善是指心从善念、与人为善、给人机会"的显著性 p 值分别为 0.04、0.00、0.01，均小于 0.05，偏回归系数 B 值分别为 0.07、0.13、0.15，表明它们与"文明"认同之间存在显著的线性正相关关系，其中"友善是指心从善念、与人为善、给人机会"对"文明"认同的正向影响最大；"人无信不可，民无信不立，国无信不威"、"社会诚信，关键在于个人的道德约束"、"建立个人诚信档案制度，有利于诚信社会的建立"和"友善是指心从善念、与人为善、给人机会"的显著性 p 值均为 0.01，小于 0.05，偏回归系数 B 值分别为 0.19、0.16、0.07、0.21，表明它们与"和谐"认同之间存在显著的线性正相关关系，其中"友善是指心从善念、与人为善、给人机会"对"和谐"认同的正向影响最大。

（六）"诚信""友善"对社会层面价值取向认同的影响

以"诚信""友善"组内题项为自变量，分别以"自由、平等、公正、法治"的认同均值 3.71、2.79、3.44、3.78 为因变量，建立线性回归模型。多元线性回归分析结果表明："社会诚信，关键在于个人的道德约束"、"建立个人诚信档案制度，有利于诚信社会的建立"和"友善是指心从善念，与人为善、给人机会"的显著性 p 值分别为 0.03、0.01、0.01，均小于 0.05，偏回归系数 B 值分别为 0.08、0.09、0.15，表明它们与"自由"认同之间存在显著的线性正相关关系，其中"友善是指心从善念，与人为善、给人机会"对"自由"认同的正向影响最大；"社会诚信，关键在于个人的道德约束"的显著性 p 值为 0.002，小于 0.10，偏回归系数 B 值为 0.18，表明它与"平等"认同之间存在显著的线性正相关关系；"社会诚信，关键在于个人的道德约束""友善是指心从善念，与人为善、给人机会"的显著性 p 值均为 0.01，均小于 0.05，偏回归系数 B 值分别为 0.14、0.27，表明它们与"公正"认同之间存在显著的线性正相关关系，其中"友善是指心从善念，与人为善、给人机会"对"公正"认同的正向影响最大；"人无信不可，民无信不立，国无信不威"、"社会诚信，关键在于个人的道德约束"和"友善是指心从善念，与人为善、给人机会"的显著性 p 值均为 0.01，均小于 0.10，偏回归系数 B 值分别为 0.09、0.18、0.12，表明它们与"法治"认同之间存在显著的线性正相关关系，其中"社会诚信，关键在于个人的道德约束"对"法治"的正向影响最大。

三、研究结论与建议

社会主义核心价值观作为当今中国社会的主流价值观，从提出至今，是否被大学生真正认同，有待广大学者们继续研究。本研究基于前文的数据分析，得出了一些结论。

（一）研究结论

1. 大学生对社会主义核心价值观的整体认同较高

党的十八大以来，党中央高度重视培育和践行社会主义核心价值观，高度重视社会主义核心价值观教育实践活动，并做出了重要部署。经过多年的宣传、教育和实践，大学生对社会主义核心价值观的整体认同较高。从此次调研数据来看，大学生对社会主义核心价值观中除"平等"之外的

11个词语的认同均值均在3.40以上,其中大学生对"爱国"的社会认同最高,均值达到4.08。从国家、社会和个人三个层面来看,相对而言,大学生对个人层面价值准则的认同最高,均值在4.05以上。

2. 大学生对社会主义核心价值观部分内容的认同有待提高

"富强"的要义是民富与国强,两者相互依存、互相影响,它们是一个有机的统一。数据分析发现,大学生对民富与国强的关系的认同低于"富强"的认同均值。在我国,"民主"即社会主义民主,它是以民主集中制为原则的。数据分析发现,大学生对民主集中制的认同低于"民主"的认同均值。在影响"文明"的众多因素中,经济水平和法治程度是重要内容。然而,数据分析发现,大学生对经济水平与文明的关系以及法治程度与文明的关系的认同均低于"文明"的认同均值。"和谐"包含个人和谐、家庭和谐、社会和谐等方面的内容,其中个人和谐是和谐建设的重要维度。但是,数据分析发现,大学生对个人和谐观的认同低于"和谐"的认同均值。"自由"是每一个公民的权利,没有绝对的自由,公民的自由必须建立在法律允许的范畴内,也必须符合社会的行为规范。数据分析发现,大学生对自由权利边界的认同低于"自由"的认同均值。仪式的氛围是大学生人生的重要体验,仪式教育是爱国教育的重要手段,也是培养人们爱国情感的重要方法。然而,数据分析发现,大学生对爱国仪式感教育的认同低于"爱国"的认同均值。"诚信"就是为人处世真诚,遵守诺言,实现诚信的一个重要途径是道德约束。然而,数据分析发现,大学生对诚信与道德约束的认同低于"诚信"的认同均值。

3. 大学生的价值准则对社会主义核心价值观认同的影响明显

"爱国、敬业、诚信、友善"作为公民个人层面的价值准则,对大学生的社会主义核心价值观国家层面和社会层面相关内容的认同影响较大。数据分析发现,爱国的仪式感教育对"民主、文明、和谐、自由、平等、公正、法治"认同的正向影响较大;个人具体的爱国行为对"富强、民主、文明、和谐、自由、公正、法治"认同的正向影响较大;个人敬业的具体行为对"富强、民主、文明、和谐、自由、公正、法治"认同的正向影响较大;个人敬业的价值观对"富强、民主、文明、和谐、自由、法治"认同的正向影响较大;诚信与道德约束对"民主、文明、和谐、自由、平等、公正、法治"认同的正向影响较大；友善的理解与价值取向对"富强、民主、文明、和谐，自由、公正、法治"认同的正向影响较大。

(二) 主要建议

社会主义核心价值观是社会主义核心价值体系的内核，是中国共产党在长期探索、凝聚共识基础上确立的。社会主义核心价值观的确立是对马克思主义价值和道德理论的丰富与发展，是对西方错误价值观最有效的应对，是对形成国家主流价值观、凝聚全国人民思想共识的进一步促进。自党的十八大确立社会主义核心价值观以来，举国上下掀起了学习热潮，全国各族人民尤其是大学生对其基本内容已经铭记于心。但是，本研究发现，大学生对社会主义核心价值观的社会认同仍然存在不尽如人意的地方。因此，当前进一步强化大学生对社会主义核心价值观的社会认同，仍然是摆在全社会面前的一个不容忽视的重要社会议题。

1. 在社会主义核心价值观12个词语的内涵界定上下功夫

多年来，党和政府以及学者们对社会主义核心价值观的基本内涵论述较多，对社会主义核心价值观12个词语的内涵论述不够，对其社会主义属性强调不够，导致大学生对12个词语内涵的理解存在一定的偏差。因此，对社会主义核心价值观12个词语的内涵进行较为详细的界定势在必行。界定社会主义核心价值观12个词语的内涵应坚持两个原则：一是坚持"四个自信"的原则。社会主义核心价值观是我国的主流价值观，是符合我国国情的核心价值观，是中国特色社会主义道路自信、理论自信、制度自信、文化自信的集中体现。因此，在界定时应以"四个自信"为原则，敢于界定，善于界定，真正做到让大学生真懂真信。二是坚持中国特色社会主义属性的原则。社会主义核心价值观是具有中国特色的社会主义核心价值观，是对马克思主义价值观的继承和创新。因此，在界定12个词语的内涵时，应坚持中国特色社会主义属性，把中国特色社会主义"富强、民主、文明、和谐，自由、平等、公正、法治，爱国、敬业、诚信、友善"讲清楚，把它们与西方世界及其他资本主义国家的"富强、民主、文明、和谐，自由、平等、公正、法治，爱国、敬业、诚信、友善"的异同讲清楚、讲透彻，让大学生充分认识其本质。

2. 在社会主义核心价值观的教育上下功夫

教育是指一切有目的地影响人的身心发展的社会实践活动。陶行知曾经说："教育是依据生活、为了生活的'生活教育'。"在文化多元、价值多元的当今社会，传统的、自上而下的教育方式已不能适应现状。对于教育者而言，应多开展大学生喜闻乐见、处处渗透社会主义核心价值观的教育活动。与此同时，教育活动还应讲求人性化、接地气。比如，本研究发现，大学生对爱国仪式感教育的认同较低，而仪式感教育对大学生社会主义核心价值观认同的影响较大，可见，仪式感教育对于大学生而言是较为有效的教育活动。在开展社会主义核心价值观教育上应构建"全过程贯穿教育、全员参与教育、全方位实施教育"的"三全教育"体系。全过程贯穿教育，就是大学生从进校门到出校门，从课堂内到课堂外，从第一课堂到第二、第三课堂，从必修课到选修课，在每个培养环节都要渗透社会主义核心价值观教育，在每个培养环节都要将社会主义核心价值观教育贯穿始终，在每个培养环节都要同向同行，形成协同效应，最终实现教育效果最大化。全员参与教育，就是学校的每一位教职员工都是教育者，都有开展社会主义核心价值观教育的责任和义务。因此，全体教职员工都应围绕学生、关照学生、服务学生，不断提高自身的教育水平；都应了解大学生成长规律，深入研究他们的特点，结合他们的思想、学习、生活和成长实际，以大学生喜闻乐见的方式，开展社会主义核心价值观教育工作。全方位实施教育，就是要充分利用各种教育载体，包括学生综合测评和奖学金评比、贫困生资助与勤工助学、学生组织建设与管理、校园文化建设、学风建设、诚信教育、社会实践等，将社会主义核心价值观教育寓于其中，贯穿始终。

3. 在大学生价值准则引导上下功夫

价值准则是依法律和道德之理所遵循的标准原则或行为准则，是价值体系的重要内容，深深地影响着每一个人，也深刻地影响着大学生对社会主义核心价值观的社会认同。本研究认为，应构建家庭引导、学校引导和社会引导的"三位一体"引导体系，加大对大学生确立正确价值准则的引导力度，确保大学生形成正确的价值准则。第一，家庭引导是主体。家庭是社会的重要组成部分，是每一个大学生的港湾；家长是大学生的第一任教师，家长的一言一行都直接影响着他们今后的发展。家长要树立正确的价值准则，讲究引导的艺术性，采取明确的态度，宽严并济、适时适度地对大学生进行思想上的引导，同时重视身教的巨大影响，使大学生产生积极正确的认识。第二，学校引导是主导。学校是教育和引导的主阵地，高度的目的性、计划性、系统性是学校教育引导的优势，充分发挥学校的主导作用是"三位一体"引导体系中的重要一环。学校应协同全体教职员工、所有课堂、所有培养环节以及所有校园文化活动，全方位、多层面、多角度地开展相关活动，促使大学生树立正确的价值观。第三，社会引导是主流。每一个人离不开交往，更离不开社会，然而，随着社会的发展、经济的繁荣，来自社会正、负两方面的信息交替作用于大学生，对其价值观的确立产生着重要的影响。要想迅速治理现今社会存在的非价值取向、不良文化等问题，绝非一日之功。因此，社会应发挥其主流作用，积极宣传正面形象和社会正能量，为大学生正确价值观的确立营造良好的社会环境。

4. 在大学生社会主义核心价值观的践行上下功夫

践行社会主义核心价值观，实质上是社会主义核心价值观行为认同的重要内容，对大学生社会主义核心价值观的认同影响较大。因此，大学生践行社会主义核心价值观应着重落实在行动和行为上。事实也正是如此，本研究发现，"干一行，爱一行，做好自己的本职工作""干一行，爱一行，每一个人要珍惜眼前的工作""友善是指心从善念，与人为善、给人机会""社会诚信，关键在于个人的道德约束"等相关内容，对大学生社会主义核心价值观的认同有着极其重要的影响。首先，践行社会主义核心价值观应立足自身岗位，做好本职工作。任何一个人，一旦步入社会，走上自己的工作岗位，做好自己的本职工作就成了工作生涯中的一个永恒主题。无论从事何种职业，无论处于何等职位，无论收入高低，都要做到干一行，爱一行，热爱自己从事的职业，以饱满的工作热情和认真负责的工作态度，勇于承担工作责任，尽心尽责，乐于奉献，在本职岗位上多创亮点、干出业绩。其次，践行社会主义核心价值观应长期坚持不懈，久久为功。社会主义核心价值观的践行是一个复杂和漫长的过程，是一个循环往复无止境的过程，更是一个内心思想斗争与现实行动相统一的过程，不会一蹴而就，也绝非一日之功。大学生应通过长期坚持不懈的努力，坚持由易到难、由近及远，久久为功，努力把社会主义核心价值观的要求变成日常的行为准则。最后，践行社会主义核心价值观应成为大学生的自觉行为。践行社会主义核心价值观贵在自觉，严于律己是其关键，没有高度的自觉性，践行就无从谈起。与此同时，践行社会主义核心价值观是一个非常复杂和艰苦的磨炼过程，这个过程离不开自觉性。因此，大学生应不断提高自身的自觉性，将社会主义核心价值观内化于心、外化于行，自觉将其要求落实在自身言行中，细化在自己的行为和行动中。

下篇
不同因素对社会主义核心价值观认同的影响

报告十二

弘扬传统文化对社会主义核心价值观认同的影响

  正如马克思所言，理论只有为广大群众所掌握，才能成为改造世界的物质力量。社会主义核心价值观作为中国特色社会主义的理论形态，只有当它为广大群众所自觉认同时，才能充分发挥其价值导向和统领作用，成为广大群众普遍遵循的思想和行为准则。而核心价值观能否取得广大民众的认同主要取决于两个方面：一是这一价值观本身是否符合民众的特定文化心理；二是这一价值观是否顺应时代潮流。前一方面是核心价值观是否具有亲和力和感染力的重要基础，后一方面是核心价值观是否具有科学性的重要保证。只有满足了这两个方面的要求，核心价值观才能转化为全社会的共识，成为凝聚民心、引领社会进步的重要力量。传统文化作为中华民族的文化基因，植根于中国广大民众的内心，潜移默化地影响着中国民众的思想方式和行为方式，由此不断塑造着人民的性格和心理。就此而言，要实现广大民众对核心价值观的认同，确立核心价值观的主导地位，传统文化的作用不可忽略。本报告以传统"义利观"、"仁爱观"与"和为贵"等价值观为例，以本课题组、湖北大学高等人文研究院、中华文化发展湖北省协同创新中心2016年8—12月进行的"弘扬社会主义核心价值观与继承传统文化问卷调查（2016）"的数据为基础，参考湖北大学高等人文研究院、中华文化发展湖北省协同创新中心"中国文化发展状况调查（2019）"数据库，分析探讨弘扬传统文化对核心价值观社会认同的影响。

一、弘扬传统文化是社会主义核心价值观认同的背景和前提

当今中国正处于一个价值多元、思想活跃的新时期，在这样一个时期，各种价值观念的冲突是不可避免的。核心价值观要在这种多元化背景下获取广大民众的信任，确立其主导地位，首先就必须增强对本民族价值观的价值自信，维护本民族价值观的主体地位，抵制其他外来消极思想，特别是西方腐朽思想的影响。简言之，价值独立是实现核心价值观社会认同的背景和前提。

价值观属于文化范畴，它的形成、发展一刻也离不开历史文化传统。核心价值观是在一个国家、一个民族的长期发展中孕育形成的，它反映的是这个国家、民族的文化积淀和精神基因，展现的是这个国家、这个民族最核心的价值追求。社会主义核心价值观作为中国特色社会主义核心价值体系的高度凝练和集中表达，必然根植于中国传统文化的深厚沃土。实际上，中国的核心价值观就是从中华优秀传统文化中汲取养分后构建起来的中国特色社会主义核心价值观。这一核心价值观不是悬空的思想观念体系，也不是简单的舶来品，它有自己的民族之根和文化之根。对作为民族根基的传统文化的弘扬，一方面将直接唤醒广大民众的文化自信与价值自信，使其在面临价值选择时能迅速走出价值迷茫，坚定而自觉地秉持根植于本民族文化的价值观；另一方面也将直接促进根植于传统文化的核心价值观的大众化，提高人们对核心价值观的认知度与认同度。

传统文化在核心价值观认同中发挥着重要的作用，具体来说，人们对传统文化的态度将直接影响人们对核心价值观的认可和接受程度。然而，在关于当今社会人们对传统文化与传统价值观念的态度的一个详细调研中，我们发现仍然有很大一部分人对我们民族沿袭下来的优秀传统价值观念持不信任的态度。

为了了解中国古代传统"义利观"、"仁爱观"与"和为贵"等价值观对核心价值观社会认同的影响，我们在2016年的问卷设计中设置了相关

的题项。

关于古代义利观对现今人们生活的影响，我们设置了"企业家是创造财富的主要群体，应该得到尊重"的题项。调查显示，在4 199份有效回收问卷中，对该问题的回答，选择"非常不同意"的比重为3.93%，"不同意"的比重为12.93%，"不清楚"的比重为26.17%，"同意"的比重为39.68%，"非常同意"的比重为16.22%（见表12-1）。

表12-1　对"企业家是创造财富的主要群体，
应该得到尊重"观点的认同比重统计　　单位：人，%

认同分类	样本数	占总体样本比重	占有效样本比重	累积有效比重
非常不同意	165	3.93	3.97	3.97
不同意	543	12.93	13.07	17.04
不清楚	1 099	26.17	26.46	43.50
同意	1 666	39.68	40.11	83.61
非常同意	681	16.22	16.39	100.00
合计	4 154	98.93	100.00	—
缺失值	45	1.07	—	—
总计	4 199	100.00	—	—

资料来源：本课题组、湖北大学高等人文研究院、中华文化发展湖北省协同创新中心"弘扬社会主义核心价值观与继承传统文化问卷调查（2016）"数据库。[①]

关于传统"仁爱"观念对现时代的影响，我们设置了"讲原则、求正义乃至'大义灭亲'才能推动社会进步"的题项。调查显示，在对"讲原则、求正义乃至'大义灭亲'才能推动社会进步"的回答中，选择"非常不同意"的比重为10.93%，"不同意"的比重为20.34%，"不清楚"的比重为25.17%，"同意"的比重为28.72%，"非常同意"的比重为13.74%（见表12-2）。

[①] 下文中的数据凡源于此数据库，不再标注。

表 12-2 对"讲原则、求正义乃至'大义灭亲'才能推动社会进步"观点的认同比重统计　　单位：人，%

认同分类	样本数	占总体样本比重	占有效样本比重	累积有效比重
非常不同意	459	10.93	11.05	11.05
不同意	854	20.34	20.56	31.62
不清楚	1 057	25.17	25.45	57.07
同意	1 206	28.72	29.04	86.11
非常同意	577	13.74	13.89	100.00
合计	4 153	98.90	100.00	—
缺失值	46	1.10	—	—
总计	4 199	100.00	—	—

关于"和为贵"对社会的影响，我们设置了"不讲原则，处处一团和气，社会不可能真正进步"的题项。调查显示，被调查者选择"非常不同意"的比重为 4.24%，"不同意"的比重为 12.29%，"不清楚"的比重为 21.53%，"同意"的比重为 38.91%，"非常同意"的比重为 21.89%（见表 12-3）。

表 12-3 对"不讲原则，处处一团和气，社会不可能真正进步"观点的认同比重统计　　单位：人，%

认同分类	样本数	占总体样本比重	占有效样本比重	累积有效比重
非常不同意	178	4.24	4.29	4.29
不同意	516	12.29	12.43	16.72
不清楚	904	21.53	21.78	38.50
同意	1 634	38.91	39.36	77.86
非常同意	919	21.89	22.14	100.00
合计	4 151	98.86	100.00	—
缺失值	48	1.14	—	—
总计	4 199	100.00	—	—

从上述三个反映人们对传统价值观念的态度的调研中我们可以看出，

无论是传统"义利观"、"仁爱观"还是"和为贵"价值观，都分别有近一半以上的人对之持质疑态度。而从这些题项我们可以看出，之所以产生这种否定性态度，主要有两个方面的原因：一方面是人们对传统价值观念的不自信；另一方面是西方功利主义思想的冲击。其中，后者又往往是造成前者的一个非常重要的原因，正如国内有些学者所总结的："文化认同危机的核心问题，是如何解决以西方为模本的制度系统和地方性、民族性文化之间的冲突。"①

事实上，由西方文化冲击所带来的传统文化及其核心价值方面的认同危机在20世纪初的中国就曾"以全面怀疑儒家文化的价值而呈现出来"。为了推翻封建旧思想的统治，一些知识分子在民族生死存亡之际发起了批判以儒家文化为代表的中华传统文化，宣传以民主、科学思想为核心的西方先进文化的新文化运动。但是，需要注意的是，当时的知识分子之所以要发起对传统文化的彻底批判，从根本上是为了让当时的国民摆脱思想和文化上长期以来的自大与保守状态，通过引进先进的西方文化来批判性地审视自身落后的传统文化，重建一种更为符合当时历史实际的文化思想体系，并试图通过这一新的文化体系来引领社会的革新。这种文化上的割裂对当时的国民来说是异常艰难的一步，却也是至关重要的一步。但是，今天的中国远不是20世纪初的中国了，通过百余年的艰辛探索，具备一定文化自觉意识的我们已经充分认识到传统文化之于一国文化建设的根基作用，挖掉文化之根就等同于挖掉民族国家之根；也有了更为强大的能力来辨别和吸收传统文化中的精粹部分，并将其纳入到我国的文化建设与核心价值观体系建设中。实际上，在我国百余年的艰苦奋斗中，传统文化一直彰显着自己鲜活的生命力，它不仅化为精神纽带将中华儿女凝聚在一起，而且以其思想内核激励着他们前进。传统文化是中华文明区别于他国文明的根本标识，我们应确立起对传统文化的文化自信，也应在此基础上确立对社会主义核心价值观的自信。

思想领域的斗争往往具有极强的排他性，意识形态的阵地你不去占

---

① 赵剑英，干春松. 现代性与近代以来中国人的文化认同危机及重构. 学术月刊，2005(1)：11.

领，别人就会取而代之。当前中国社会存在着的传统价值观念日渐式微以及西方价值观念日渐渗透的问题，迫切要求确立根植于中国悠久历史文化土壤的社会主义核心价值观的主导地位。只有确立了社会主义核心价值观的主导地位，才能使中国在应对西方现代性强势文化的挑战时仍然保持民族文化上的主体性，也才能使中国凭借其特有的文化精神在世界文化激荡中站稳脚跟。在各种价值观相互碰撞、竞争的背景下，价值自信显得尤为重要。价值自信源于对本民族文化和传统价值理念的传承，没有这种文化的传承，价值自信就会变成无源之水、无本之木，从而无法建立。事实上，中华优秀传统文化不仅是人们文化自信的依据，而且是人们认同社会主义核心价值观的力量源泉。相反，传统文化在人们生活中的缺失，则必然会导致文化自信的缺乏，人们对社会主义核心价值观的认同度也会随之大大降低。

总而言之，传统文化在核心价值观社会认同中的基础性地位不可忽略。传统文化就是社会主义核心价值观的"命脉"和"根本"，"抛弃传统、丢掉根本，就等于割断了自己的精神命脉"[1]。为此，我们必须高度重视传统文化的根基作用，通过建立人们对传统文化的文化自信与价值自信来提高人们对核心价值观的熟知度与信任度，由此实现核心价值观社会认同的目的。

二、弘扬传统文化为社会主义核心价值观认同提供有效载体

传统文化之所以能在核心价值观社会认同中发挥基础性的作用，这与其本身所具有的天然优势是分不开的。简单来说，传统文化能为核心价值观社会认同提供大众化的载体，由此使得核心价值观能最大范围地走进人们的生活，继而为人们所熟知和认同。

一种传播载体是否具有大众性，需要充分考虑广大群众的群体差异和接受方式，考虑这种载体是否足够贴近广大群众的生活和情感。只有充分融入广大群众的日常生活，并且为不同群体所普遍接受的载体才是具有大众性的载体。传统文化是人们长期生活经验的结晶，因而必然也会以一种

---

[1] 习近平谈治国理政：第1卷. 北京：外文出版社，2018：164.

生活化的方式或载体呈现出来，以服务于人们的日常生活。传统文化是最受群众欢迎、易被群众理解和接受的文化形式。尽管群众的理论认知水平有高有低，但对于这种经由世世代代延续下来的文化形式，只要是民族中的一员，就无法不受其影响。特别是各种民间文化，如民间文学、民间音乐、传统戏剧等，千百年来都凭借其易接受性、易推广性成为大众化的传播载体，深受人民群众喜爱。因此，推进核心价值观大众化，实现核心价值观社会认同，就要积极运用这些为大众所喜闻乐见、耳熟能详的文化载体，充分发挥传统文化资源优势，采用大众化的语言、经典的故事、民族的艺术形式等为群众所熟悉、所欢迎的方式来宣传核心价值观的内容，将核心价值观的内容渗透进传统文化之中，进而融入到群众的日常文化生活中，让群众在享受审美愉悦的同时接受潜移默化的思想教育，继而化被动为主动，实现对核心价值观的自觉认同。

核心价值观的社会认同需要向传统借力，然而在现实中，由于诸种原因，传统文化的载体作用却并未达到其理想效果。首先，由于多元文化的冲击，出现了传统文化的某些载体的重要价值被忽视的现象。我们对人们关于物质文化遗产与非物质文化遗产的态度进行了相关调研，结果显示，当人们要在传统文化与现代文化、中国文化与西方文化之间做出抉择时，仍然有很大一部分人表现出舍弃传统文化、追随现代文化或西方文化的态度。以对传统建筑与现代建筑的一组分析为例，在对"中国古典建筑气势恢宏，是传统文化的重要体现"的认知认同调研中，被调查者选择"非常不同意"的比重为3.02%，"不同意"的比重为6.05%，"不清楚"的比重为13.12%，"同意"的比重为33.53%，"非常同意"的比重为43.72%（见表12-4）。在对"城市建设应使用现代建筑元素，老式建筑应该从城市拆除"题项的回答中，选择"非常不同意"的比重为34.39%，"不同意"的比重为24.93%，"不清楚"的比重为15.55%，"同意"的比重为16.31%，"非常同意"的比重为8.14%（见表12-5）。从以上这些数据可以看出，尽管社会中有大部分人认识到了传统建筑是传统文化的一个重要体现，但仍有超过20%的人没有认识到或直接忽视了中国古典建筑作为传统文化之载体的重要价值。

表 12-4 对"中国古典建筑气势恢宏，是传统文化的重要体现"观点的认同比重统计　　单位：人，%

认同分类	样本数	占总体样本比重	占有效样本比重	累积有效比重
非常不同意	127	3.02	3.04	3.04
不同意	254	6.05	6.08	9.12
不清楚	551	13.12	13.19	22.32
同意	1 408	33.53	33.72	56.03
非常同意	1 836	43.72	43.97	100.00
合计	4 176	99.45	100.00	—
缺失值	23	0.55	—	—
总计	4 199	100.00	—	—

表 12-5 对"城市建设应使用现代建筑元素，老式建筑应该从城市拆除"观点的认同比重统计　　单位：人，%

认同分类	样本数	占总体样本比重	占有效样本比重	累积有效比重
非常不同意	1 444	34.39	34.62	34.62
不同意	1 047	24.93	25.10	59.72
不清楚	653	15.55	15.66	75.38
同意	685	16.31	16.42	91.80
非常同意	342	8.14	8.20	100.00
合计	4 171	99.33	100.00	—
缺失值	28	0.67	—	—
总计	4 199	100.00	—	—

　　传统建筑、传统服饰与传统饮食等都是传统文化的重要载体，对这些文化载体的保护就是对凝聚在其中的传统文化的保护。因而，对这些表层文化的认同情况一定程度上也就反映了人们对核心价值观的认同状况。为此，我们必须大力继承与弘扬中华优秀传统文化，努力在保护与弘扬我国物质文化遗产和非物质文化遗产的实践中实现核心价值观社会认同的目的。

其次，现代社会中存在着传统文化载体单一化的现象，这尤其表现为传统文化的博物馆化，即传统文化变成了一种只是陈列在场馆内，脱离人们现实生活的死物，它在民众心中是一种高高在上的、只能被某一特定文化群体在某一特定时刻关注和理解的存在。如表12-6所示，传统节日成为人们关注传统文化的最主要的载体，而对其他载体的关注度则远不及此。这在一定程度上似乎反映出了这样一个问题，即传统文化在现今社会似乎变成了一种只有在传统节日才被关注和缅怀的存在，或者说成了一种仪式性的存在。诚然，传统节日确实在一定程度上可以保护民族文化基因，强化民众的文化认同感，但是，在日常生活中，传统文化仍然是一种较为"高大上"的存在，这种陌生会使广大民众在无形中产生一种望而生畏、避而远之的态度，而传统文化传播的受阻又会影响核心价值观认同的实现。在这种情况下，我们显然需要加强对传统文化的生活化讲解，努力使传统文化成为一种群众看得懂、记得住、用得上的存在。对此，我们可以分群体进行相应的改进工作。针对学生群体，"青年的价值取向决定了未来整个社会的价值取向，而青年又处在价值观形成和确立的时期，抓好这一时期的价值观养成十分重要"[①]，然而，如表12-7所调研的结果显示，在了解中国传统文化的途径中，学校课本知识学习却并未得到有效的利用。

为此，要努力让中华优秀传统文化进书本、进课堂、进学生头脑，帮助广大学生普遍接受优秀传统文化的熏陶，树立文化自信与价值自觉，让优秀传统文化代代相传。针对普通民众，就需要创建多样化的宣传方式、丰富的传统文化载体，如通过电视、网络、广播、书籍、报刊等多种载体，运用音乐、舞蹈、诗歌、曲艺、影视作品等多种形式，将传统文化形象化、具体化、生活化和大众化，用日常熟悉的事例阐释文化思想，由此使传统文化更好地融入现实生活。习近平总书记充分阐述了把中华优秀传统文化作为培育和践行社会主义核心价值观的有效途径的具体方法："要使中华民族最基本的文化基因与当代文化相适应、与现代社会相协调，以

---

① 习近平. 青年要自觉践行社会主义核心价值观：在北京大学师生座谈会上的讲话（2014年5月4日）. 北京：人民出版社，2014：9.

人们喜闻乐见、具有广泛参与性的方式推广开来，把跨越时空、超越国度、富有永恒魅力、具有当代价值的文化精神弘扬起来，把继承传统优秀文化又弘扬时代精神、立足本国又面向世界的当代中国文化创新成果传播出去。要系统梳理传统文化资源，让收藏在禁宫里的文物、陈列在广阔大地上的遗产、书写在古籍里的文字都活起来。"①

表 12-6 平时关注传统文化的内容或者形式（多选题）统计

单位：人，%

传统文化的内容或者形式	人数	样本比重	选择比重
传统文学与神话	1 427	33.98	11.30
传统节日	2 605	62.04	20.64
传统中医	1 004	23.91	7.95
传统戏曲	561	13.36	4.44
传统建筑	778	18.53	6.16
民俗礼仪	1 276	30.39	10.11
饮食厨艺	1 562	37.20	12.37
传统服饰	793	18.89	6.29
宗教（佛教、道教）	568	13.53	4.50
中国哲学	691	16.46	5.47
中国瓷器	401	9.55	3.18
传统音乐	957	22.79	7.59
合计	12 623	—	100.00

注：表中"样本"指有效样本。

表 12-7 了解中国传统文化的途径（多选题）统计   单位：人，%

了解途径	人数	样本比重	选择比重
学校课本知识学习	1 832	43.63	15.30
长辈亲友的讲述	1 956	46.58	16.34
浏览互联网	2 541	60.51	21.22

---

① 习近平谈治国理政：第 1 卷. 北京：外文出版社，2018：161.

续表

了解途径	人数	样本比重	选择比重
阅读报纸杂志	1 239	29.51	10.34
政府宣传教育活动	860	20.48	7.18
影视节目	2 112	50.30	17.64
传统文化典籍阅读	1 434	34.15	11.98
合计	11 974	—	100.00

注：表中"样本"指有效样本。

总之，推行核心价值观大众化，实现核心价值观的社会认同，就要充分运用传统文化所提供的多样化的有效载体，在弘扬传统文化的过程中，将核心价值观渗透进去，融入到群众的日常文化生活中，让群众在进行文化活动的过程中受到核心价值观潜移默化的影响，由此逐步实现群众对核心价值观的认知和认同。

三、弘扬传统文化为社会主义核心价值观认同提供道德路径

价值认同是一个主体化的过程，它首先表现为一种心理活动，即在情感、思想和态度上主动地接受外在的影响，使自己的态度与外在的规范相接近，最终达到趋同的目的。因而，认同的前提是消除人们的陌生心理和抵触心理。我国现有的传播核心价值观的方式主要是官方层面的宣传和引导，这种宣传方式的优势在于影响的直接性，即社会成员是直接面对核心价值观的。但是，这种方式也存在两个方面的局限性。一方面，这种单向性的灌输式传播因未能充分考虑受众因素，往往使得广大民众无法深刻理解和把握核心价值观的丰富内涵，自然也就谈不上对这一价值观的接受与认同了。正如表12-8的调研结果所示，虽然我国在不断加大宣传核心价值观的力度，但这种传播往往因为传播方式的单一和呆板、传播过程的"重器轻质"等而最终流于形式。在对"核心价值观的培育和践行已经深入人心"观点的认同统计中，我们发现竟然有32.65%以上的人对此表示不清楚，如果将"同意"定义为不表达内在情感的认同，则有21.93%以上的人并没有从内在情感上真正去认同这一观点。导致这一结果的一个重要原因就是，他们在日常生活中只是通过一些浓墨重彩的宣传标语和口号

接触与知晓了这"二十四字",而浓缩和凝练在这一价值观中的精神实质并没有在传播中向他们揭示出来,更不用说将其内化于心了。另一方面,社会成员对核心价值观的不理解或不信任又会进一步导致他们对这一价值观的抵触和逆反心理。传统的传播方式本质上是一种"官本位"式的传播,在这一传播过程中,传播主体只想着去完成其传播过程和传播任务,而不关注传播对象的个性需求与反馈态度。受众本应是这一过程的主体,却最终扮演着"被命令者"的角色。这种只注重灌输和强化而不注重沟通和互动的"完成任务式"的宣传方式,显然极易引起人们的抵触和逆反心理。既然是传播方式出了问题,那么,要避免这些局限性,我们就要在传播方式上下功夫。总的来说,就是要使传播从以命令服人变成以情服人或以德服人。实现核心价值观的认同,必须寻找价值认同的情感基础。就此而言,深深熔铸在每一个社会成员心里、有着厚重历史积淀的传统文化可以提供天然的帮助,即传统文化为核心价值观社会认同提供了一种全新的路径——道德路径。

表 12-8 对"核心价值观的培育和践行已经深入人心"观点的认同比重统计

单位:人,%

认同分类	样本数	占总体样本比重	占有效样本比重	累积有效比重
非常不同意	51	4.20	4.20	4.20
不同意	118	9.73	9.73	13.93
不清楚	396	32.65	32.65	46.58
同意	266	21.93	21.93	68.51
非常同意	382	31.49	31.49	100.00
合计	1 213	100.00	100.00	—

资料来源:湖北大学高等人文研究院、中华文化发展湖北省协同创新中心"中国文化发展状况调查(2019)"数据库。

文化就是"文以教化",是指用优秀的文化、道德等意识形态来吸引人和教育人,实现教化的目的。文化的本质决定其教育方式是一种非强制性的引导方式,这种方式虽未直接作用于人,但却在潜移默化中影响着人们的思想和行为。因而,相对于以往的呆板说教与灌输,文化所提供的道德教化方式可以说起着更为持久而强大的作用。而以儒家文化为代表的中国优秀传统文化更是注重"以文化人"。"儒家教化与一般教育的最大不同在一'化'字。化，是感化的意思。教化就是某人以自身的德性来影响和感化周围其他人，使其他人也能效仿，从而具有这种德性。教化不是强制性的，其主要途径也不限于学校教育，它更看重的是日常生活中君子言行的示范作用。这里的示范作用，并不是说由某种机构树立一个道德楷模，让大家去学习，而是说君子在自己平常的待人接物中时时都在影响人、感化人。感化要能引起人在情感上的认同和共鸣，而不能以枯燥的道德教条来进行说教。"[1] 孟子主张"善政，不如善教之得民"，善教立足于内在的道德感化，引起受教者情感的认同。道德认同是建立在情感上的认同。显然，核心价值观的传播可以从民族优秀传统文化中汲取历史智慧，实现传播方式由"硬"灌输向"软"教化的转变，此时，被传播的对象不再是施教的承受者，而是积极主动的学习者，"自他而来的施教实质已在很大程度上转化为由我而出的自我教化，个体对'德'的内化，完全成为一种强烈而持久的自求与自觉，不再需要任何外在的强制规范与督察。个体的主体价值在这里高扬到了极致"[2]。最终，人们对核心价值观的认同也不再是一种外在的强制施加，而是在理解和认可核心价值观所承载的思想内核的基础上所潜移默化形成的对这一价值内核在内在情感上的认同。

核心价值观可以利用传统文化自带的亲和力来拉近自身与民众之间的距离。中华民族优秀传统文化是我们从先辈那里继承下来的丰厚历史遗产。它不仅记录了中华文明发生、演化的悠久历史，而且作为世代相传的思维方式、价值观念、行为准则、风俗习惯，深深渗透于每个中国人的血脉之中，亘古绵长，历久弥新。从关系上看，中华优秀传统文化是核心价值观的民族根基和思想源泉，核心价值观在一定程度上可以看作吸收了现代元素的传统文化。因此，我们自然可以利用人们对传统文化的情感认同，利用传统文化天然的亲和力和感染力，以传统文化为基础，将核心价值观的宣传和推广融入传统文化，从而最大程度地从外在影响源的趋同性

---

[1] 唐凯麟，陈仁仁. 成人之道：儒家伦理文化. 济南：山东教育出版社，2011：21-22.
[2] 沈壮海. 由艺术的伦理化谈及伦理的艺术化：关于儒家"艺-德"学说的初步探讨. 甘肃理论学刊，1996（4）：21.

上缩小情感差距，消弭情感抵触和反弹，使核心价值观借由传统文化逐步渗透于人们的日常生活中，最终达到"日用而不觉"的程度。当核心价值观在日常的作用中成为人们坚定不移的信仰和信念，成为与当代民众情感认同相契合的思想意识形态时，核心价值观自然也就如春风化雨般融入大众的思想领域，完成其引领社会思潮的功用。

　　核心价值观需要依靠传统文化来真正进入人们的日常生活视野。"一个社会的核心价值观建设不能只是停留于简单的宏大叙事层面，而是必须通过不断细化，增强实用性和可操作性，使之真正融入社会生活，具备与时俱进、与世携行、关照大众、融入生活的能力"[①]。正如习近平总书记所言，"一种价值观要真正发挥作用，必须融入社会生活，让人们在实践中感知它、领悟它。要注意把我们所提倡的与人们日常生活紧密联系起来，在落细、落小、落实上下功夫"[②]。核心价值观要在实践中真正发挥作用，就必须尽可能地融入社会生活，融入大众的日常行为。只有这样，核心价值观才不会成为一种于广大群众而言高高在上的存在，也自然不会成为一种令群众言之生畏、避之不及的存在，而成为一种具有亲和力与感染力的"接地气"的存在。而要实现这一点，就需要以传统文化为桥梁。中华传统文化作为一种日常伦理类型的文化，其所宣扬的道德观念，如仁爱、孝悌等，无时无刻不影响着人们的日常生活和日常行为。传统文化的影响主要就体现在人们生活的细处和小处，因而无处不在。这种影响是不知觉的，因而尤为深远而广泛。将传统文化作为切入点，核心价值观才可能更好地融入人们的日常生活，给予人们的日常行为正确的道德指引，切实地解决人们的日常问题，由此才能使人们真正地感受到其存在。这样，核心价值观就可以凭借传统文化的日常性与亲民性而完成其在社会成员中的内在构建，广大民众也就能真正从心底、从思想发端处形成对核心价值观的根深蒂固的信仰和认同。

　　核心价值观中本身就蕴含着丰富的民族化的内容，并且这些内容已经在历史的长河中积淀为人们的文化心理。把这些业已获得价值认同的内容

---

① 王秀华. 培育和践行核心价值观重在落细落小落实. 河北日报，2014-05-21（7）.
② 习近平谈治国理政：第1卷. 北京：外文出版社，2018：165.

用传统文化的经典语录代替艰深晦涩的理论文字表述出来，用大众耳熟能详的平民话语代替逻辑的思辨表述出来，摒弃居高临下式的说教口吻和深奥晦涩的理论文字，采用民间话语和群众喜闻乐见的形式，就可以使核心价值观更好地感染和吸引群众，使其所凝聚的价值理念渗透到人民群众的现实生活中，从而使核心价值观入脑入心，达到社会认同的目的。

总之，中华优秀传统文化是核心价值观认同的重要切入点，核心价值观的认同有赖于中华优秀传统文化的教育及其实践的养成。

报告十三

西方价值观对社会主义核心价值观认同的影响

改革开放以来，我国在经济飞速发展的同时也与西方文化有了更频繁的交流与互动。这四十多年来，西方价值观对当代中国的文化领域产生了广泛而复杂的影响，在不同程度上影响着当代中国人的价值取向。但要看到，任何国家、民族、社会的发展和繁荣，都离不开核心价值观的支撑。如奥罗姆所言，"任何社会，为了能存在下去……必须紧密地围绕保持其制度完整这个中心，成功地把思想方式灌输进每个成员的脑子里"[1]。我们要建设中国特色社会主义，也必须培育属于我们的社会主义核心价值观。从这个角度看，西方价值观虽然在全球范围内产生了广泛的影响，有其值得借鉴之处，但应该是为我所用，而不能喧宾夺主。因此，这一背景毋宁说更凸显了我们倡导社会主义核心价值观的必要性。就此而论，党的十八大提出要积极培育和践行社会主义核心价值观，是具有战略眼光和极富针对性的，此后党中央的重大会议都高度重视这一任务并不断提出各项推进举措，习近平总书记在党的十九大报告中更是明确提出要"坚持社会

---

[1] 奥罗姆. 政治社会学：主体政治的社会剖析. 张华青，孙嘉明，等译. 上海：上海人民出版社，1989：317.

主义核心价值体系"。

应该说，自十八大提出这一任务至今，在党的领导和政府相关部门的倡导下，对社会主义核心价值观的培育和践行已有很大的进展，取得了可见的成绩。但从文化发展的规律和价值观建设的特点来看，这个任务必然是长期而艰巨的，要持续而顺利地推进，需要考虑多方面的因素，西方价值观的影响是其中一个不容忽视的重要因素。也就是说，对于民众认同社会主义核心价值观来说，西方价值观对当代中国人的影响到底起到怎样的作用？是积极的还是消极的，抑或兼而有之？若是后者，那么更恰当的问法或许是在哪些方面起积极作用，在哪些方面起消极作用？本报告力图首先对此给出一个初步的判断，这个判断基于分两步的考察：第一步是对西方价值观在当代中国的传播状况的概要描述，力图通过这样一种总体上的回顾来界定本报告所要研究的问题，同时也获得一个理论上的初步印象；第二步是基于相关调查研究做实证分析，以判断西方价值观的影响与社会主义核心价值观认同之间的关系，然后根据考察所得的结论，本报告就如何处理好西方价值观的影响与社会主义核心价值观认同之间的关系，分析需要解决的相关问题，并提出相应的建议。

一、西方价值观在当代中国的传播状况概述

先对本部分要考察的范围和对象做简要的说明。其一，"西方价值观"是个简略的表述，更严格的说法应该是"西方现代价值观"，是指西方社会进入近现代以来，根据各方面的巨变，倡导并逐步确立了各种与传统社会有显著区别的核心价值，更确切地说是对各种价值做出了迥异于传统的价值排序，给出了与西方现代社会相应的价值权重。在相当程度上，这一适应西方现代社会的价值观及其体系是通过启蒙运动才得以明确的，是经过相关社会政治运动而基本确立的。其中最核心的价值当为自由、平等、民主、法治，本部分的考察将集中于这些核心价值。其二，我们的考察集中于在"当代中国"的传播状况。西方价值观在中国的传播，应该说已持续了几百年，至少从明末清初即已发端，但本报告是要考察现状，因而限定于当代中国，亦即改革开放之后的时段。

自1978年党的十一届三中全会以来，中国实行改革开放政策。这个

政策展开说可分为对内改革、对外开放这两个方面，这两个方面都需要与西方发达资本主义国家接触和交流，需要了解乃至有选择地借鉴其相关观念。一方面，对内改革，先行的是经济体制改革，是要实现从社会主义计划经济向社会主义市场经济的转型。社会主义市场经济体制是人类社会前所未有的新型经济，需要从观念到制度等各个层面都做出深刻的转变。要顺利完成这一任务，其中一个重要环节就是借鉴西方国家建立市场经济及其相关制度的历史经验，考察其得失。另一方面，对外开放，先行的也是经济领域的开放，需要发展对外经济贸易，尤其是与西方发达国家之间的经济贸易与合作。这种经济贸易与合作，也需要我国在政治与文化领域做出一定程度的配合，做出相应的调整。这样看，这两个方面是一体两面，从而改革开放总体上表现为中国走向并逐步融入世界，同时又要接纳世界尤其是引进西方发达国家的商品、技术，了解其政治、经济与文化。从价值文化的角度看，这一过程伴随着西方现代价值观的引入与吸收，并必将冲击中国原有的价值观念。就现实而言，这一过程中西方价值观对中国的影响，集中表现为两种思潮：一是自由主义思潮，二是西化思潮。以下分述之。

（一）自由主义思潮

自由无疑是西方现代价值体系中最核心的价值。现代的自由观念最初是在诸如文艺复兴之类的反宗教思潮中酝酿并成长起来的，往往表现为各种形式的个人主义。经过宗教改革、启蒙运动以及法国大革命，自由的价值及影响达到了前所未有的高度，在西方主要国家的政治、经济和文化领域都产生了广泛而深刻的影响。[1] 自由在当代西方主要国家的价值体系中仍处于核心地位，在经济领域表现为经济自由主义，主张以法治为保障，实行资本主义自由市场经济；在政治领域则与权利学说结盟，采取相应的民主机制来实行政治自由主义，以保障人的基本政治权利，防止政府对个人自由的不当干涉。

---

[1] 阿巴拉斯特. 西方自由主义的兴衰. 曹海军, 等译. 长春：吉林人民出版社，2004：279-283.

改革开放之前,西方的自由观念对于中国人来说始终是相当隔膜的。虽然早在20世纪初,严复就引入了西方的自由观念,但正如鲁迅先生在《阿Q正传》中揭示的,按照当时中国人的通常理解,西方的自由意味着个人的任性妄为。至于与政治自由相关的民主,当时也有不少知识分子认为中国未尝不民主,不过西方称之为"德谟克拉西"(democracy),中国称之为"德谟克拉东"。虽为笑谈,却也反映了当时人们接触现代西方价值观时的一般心态。① 直至当代,仍有学者认为,西方的自由主义学说与中国传统文化根本上是异质的,因而中国人很难接纳这样一种以自由为核心的现代政治学说。②

但改革开放以来,随着市场化改革的推进和与西方国家各方面交往的增加,西方的自由主义在我国的影响越来越大。20世纪80年代是改革开放初期,是一个要求解放思想、在各方面都开出新格局的时期,这个时期思想界最有影响的当是新启蒙思潮。其基本观点是,中国要真正实现现代化,就必须进行一次类似于西方启蒙运动一般的思想启蒙,当然也重视西方启蒙时期以自由为核心的价值观。但新启蒙思潮对于这些价值观的理解和申述,大都停留于表象的层次,可以说是90年代中国自由主义思潮的先声。③

随着20世纪90年代初中国的经济改革目标确立为社会主义市场经济体制,思想界兴起了对市场经济与经济体制、法治、国家权限、公共秩序之间关系的全面研讨,由此对于西方自由主义的个人主义立场、经济领域乃至政治领域的自由主义都有了新的认识。发展至90年代中后期,西方自由主义对中国社会思想领域产生了广泛而深刻的影响:中国当时许多重要法律的修订和政策的制定,都吸纳了西方自由主义的因素;一大批市场化的报纸杂志以及新兴的网络媒体表现出自由主义的倾向,形成了自由主义的舆论氛围;不少学者则在理论上提出自由主义的主张。可以说,在西方自由价值观的影响下,90年代的中国兴起了自由主义的思潮。它始于90年代初,至90年代中后期达到高峰,由此形成蔚为壮观的当代中国自

---

① 梁漱溟. 中国文化要义. 上海:上海人民出版社,2003:26.
② 徐友渔. 重读自由主义及其他. 开封:河南大学出版社,2008:3-4.
③ 邹诗鹏. 三十年社会与文化思潮. 上海:复旦大学出版社,2012:79-84.

由主义。在西方自由价值观影响下形成的这种中国式的自由主义,其基本主张可被概括为:经济上要求市场机制,政治上要求代议制民主和宪政法治,伦理上要求保障个人的价值而不能将个人视为实现任何抽象目的的工具。这一中国的自由主义思潮,进入 2000 年之后逐步式微,不过其影响仍在持续。

(二) 西化思潮

与自由主义思潮相关,在 20 世纪 80 年代末发生了资产阶级自由化思潮,并由此从政治角度提出了"西化"的主张,也就是要求按照西方的自由和民主价值观,进行中国的政治体制改革。应该说,在 20 世纪初,中国思想界曾有过更激进的"全盘西化"主张,但仅停留于观念层面。80 年代末的西化思潮虽然在观念层面没有那么激进,但在实践层面的要求更激烈,实际上违反了中国改革开放的战略部署,在经济体制改革尚未全面展开和落实之时,要求按照西方的模式进行政治体制改革,这并不符合中国的国情,其背后则不乏西方敌对势力的推动,其真实目的在于否定中国共产党的领导,颠覆中国的社会主义政权。因此,80 年代末凸显的西化思潮,实际上是西方价值观对中国社会负面影响的一次集中体现,对中国的改革开放以及社会稳定造成了极其不良的影响。从文化价值观的角度说,上述西化思潮的出现,一方面说明我们对现代西方的价值观缺乏深入的理解和确切的把握,另一方面提醒我们应重视并坚决抵制西方价值观带来的消极影响,这种消极影响可能是多方面的复杂因素造成的。

目前我国处在全面深化改革的关键时期,"普世价值""宪政民主"等思潮也夹杂着理论和政治现实方面的复杂因素,不断向中国渗透。一些敌对势力借此批评、否定和污蔑中国特色社会主义道路,诋毁党的领导,我们必须旗帜鲜明地予以批评和反对,以确保在党的领导下坚持改革的正确方向。要做到这一点,我们就有必要具体地考察西方价值观对社会主义核心价值观认同的影响现状。

二、西方价值观对社会主义核心价值观认同的影响现状分析

要分析西方价值观对社会主义核心价值观认同的影响,先要了解西方

价值观与社会主义核心价值观之间的区别，以及两者可相容相通之处。这里从价值体系的角度对此做简要的说明。

（一）从价值体系的角度看西方价值观与社会主义核心价值观的异同

社会主义核心价值观是社会主义核心价值体系的内核。社会主义核心价值观由国家、社会、个人这三个层面构成，在这三个层面又分别倡导富强、民主、文明、和谐，自由、平等、公正、法治，爱国、敬业、诚信、友善这三组价值。无论是从国家、社会到个人这三个层面的顺序，还是每个价值组合中的价值排序，都是基于中国的历史文化传统，针对中国特色社会主义现阶段发展的特点而精心设计的。西方现代的价值体系则是从个人主义的角度展开的，首先要求个人的自由与平等，由此扩展开来就要求有民主、法治、正义等的社会环境为自由与平等的实现提供条件；至于个人层面的价值追求以及国家层面的价值理想，则未有统一的观点，或者说是采取容许价值多元的态度。可以说，由于文化传统以及社会制度上的差异，我们的价值体系首先在结构上就与西方价值体系有着根本区别。以下结合对其价值内容的考察，简要比较两者的异同。

1. 中西方根本有别的价值

首先要看到，社会主义核心价值观国家层面的一些价值即富强、文明与和谐，是西方价值体系所没有或者说未予以重视的。应该说，社会主义核心价值观提出的这三种价值，是有着深厚的中华民族文化传统作为底蕴的。作为文明古国，国家的和谐与繁荣一直是中华民族优先考虑的价值追求。而近现代中国史让我们认识到，现代中国仅仅经济富庶是不够的，还必须有守护自身文明成果的强大力量。[①] 这样看，富强作为国家层面提出的首要价值，既基于我们自身的文化传统，也是面向当今时代背景的合理选择。

为什么这些价值为我国社会主义核心价值观所独有而西方现代价值体系没有呢？至少可以从两个方面来看。其一，从传统的角度看，中华文

---

① 本杰明·史华兹. 寻求富强：严复与西方. 叶凤美，译. 南京：江苏人民出版社，1990：7-13.

化传统以整体性思维为主导，擅长从国家、社会等全局的观点看待与思考社会和人生问题，并提出相应的价值观。在这样的视野中，个人并非孤立的个体，不能脱离各种天然（血缘等）的和社会的关系来理解，或者说个人总是社会中的个人，社会和个人是一体不分的。可以说，优先考虑天下、国家层面的价值实现，是中国传统价值体系的特点之一。相比之下，西方的文化传统则以对象化的分析思维见长，注重针对问题来展开各种形式的论辩。从这样的角度看，神与人之间有较明确的界限，社会与个人之间有较明确的区分。因此，西方文化传统中虽然也存在优先考虑社会发展的价值观，比如政治意义上的共和主义以及伦理意义上的社群主义，但一方面它们在西方思想史上的地位起伏较大，并非总占主流，另一方面总存在与之对立乃至抗衡的价值观。其二，从现代社会生活发展的角度看，新中国选择社会主义道路，固然有西方文化冲击的因素，但其背后也有我们自身的文化传统在发挥作用，在一定意义上是承接中华传统文化的血脉的。[1] 西方现代价值观则始于反叛中世纪的宗教传统，以追求个人的自由解放，终于以个人主义方法论为理论依据，建立以自由为核心的价值体系。其中个人主义方法论意味着从分立的（separate）个人这一角度来思考社会和人生问题，从而提出相应的价值观。因此，国家层面的价值，并非其优先考虑的对象，甚至出于防范国家干涉个人自由的考虑而有意予以搁置。当然，当代西方理论界仍有共和主义与社群主义的价值观在发挥作用，但并非主流。

再看个人层面的价值。社会主义核心价值观个人层面的价值，也是与中华传统文化的价值观一致的，或者说其核心的价值内容都为传统文化所充分肯定。不过爱国、敬业、诚信、友善是面向当代生活的新提法[2]，从而被赋予了适应时代的气息。西方现代价值体系对于这些价值的态度，总体上说是未赋予其核心的地位，在价值排序中属于次一级的。对于其中各价值内容的取舍，则需要具体分析。大体上说，（1）对于"爱国"，当代西方占主流的理性主义价值观是不予以倡导的，而非

---

[1] 陈峰. 民国史学的转折：中国社会史论战研究（1927—1937）. 济南：山东大学出版社，2010：91-108.

[2] 贺麟. 文化与人生. 北京：商务印书馆，1988：18-23，51-62.

主流的情感主义、女性主义流派则给予一定的重视。或许可以说，"爱国"是不是一种值得倡导的价值观，在西方理论界是有争议的。(2)敬业、诚信和友善，则大体都为西方现代价值观所认可，不过并非重点关注的价值或者说未被赋予较大的权重，并且各自有具体适用的范围，相当于中国传统伦理所谓"德目"的地位。"敬业"一般被归为职业伦理的范围，其依据为带有浓厚社会学意义的责任伦理；"诚信"更多地被理解为经济领域的伦理，并且侧重于从制度建设的角度来思考①；"友善"则属于个人德性的范围，是当代西方德性伦理重视的价值，但不为占主导的理性主义伦理所看重。

2. 中西方相似度较大的价值

社会主义核心价值观国家层面的民主，社会层面的自由、平等、公正、法治，也是西方现代价值观倡导的价值理念。在一定程度上可以说，社会主义核心价值观中的这些价值，也是看到了西方从传统转向现代的一些成功经验，从而借鉴其中有益的价值理念。进一步说，现代化的经验表明，这些价值是值得现代社会、现代人追求的。不过，我们的借鉴并非模仿，而是采取以我为主、为我所用的方式。因此，若做进一步分析就会发现，对于这些价值（除法治之外），我们都基于中华文化传统并结合中国特色社会主义的实际，或者做出与西方有别的理解，或者采取不同的实现方式。第一，西方主要国家采取资本主义民主制，其主要标志是议会制，议会是国家的立法机关，独立行使立法权，并同行政权和司法权相互制约与平衡。与西方的"三权分立"不同，中国的社会主义民主承接了自身文化传统的精神，依据中国特色社会主义的实际，重在通过彼此沟通、协商以形成合力，由此可以避免相互制衡带来的不必要的行政资源耗费，从而具有更高的行政效率。第二，对于自由和平等，西方现代价值观与社会主义核心价值观的理解是有明显差别的。在西方现代价值体系中，这两者是最优先考虑的价值，被赋予最大的权重。理论上说，它们首先指的是个人的自由和平等，是通过个人主义的哲学方法来奠定其理论依据的；从实践

---

① 金黛如. 信任与生意：障碍与桥梁. 陆晓禾，马迅，何锡蓉，等译. 上海：上海社会科学院出版社，2003：2-6.

上看,西方的自由和平等又是社会性的,关注的是自由和平等如何通过相应的制度安排在特定的社会背景中充分实现。社会主义核心价值观中的自由和平等,则属于社会层面的价值,其排序处在国家层面的价值之后。这意味着我们首先不是采取个人主义的方式来理解自由和平等,而是直接将之理解为社会性的价值;或许可以认为,我们更关注如何造就一个自由和平等的社会,从而为每个人生活规划的顺利实现提供充足的社会条件。从这样的视角看,自由和平等的价值实现,依赖于国家层面诸价值的实现程度。第三,社会主义核心价值观社会层面的公正,类似于西方现代价值观中的正义（justice）。不过,西方的正义,主要指形式意义上的、程序的正义,着重以制度安排的方式来实现。我们所讲的公正,突出的是实质意义上的社会公正,往往是结合人事而言的,同时也较关注结果的公平。

（二）西方价值观对社会主义核心价值观认同的影响现状的实证分析

基于上一部分的比较,我们可以根据相关调研数据,分两个方面来考察西方价值观的影响现状:其一,针对社会主义核心价值观中与西方价值观相似度较大的价值,如民主、自由、法治、公正等,根据相关调研数据来分析西方价值观对人们价值认知的影响。本部分分两步展开:先集中分析精英群体对民主、公正、自由的认知,再分析一般民众对这些价值的总体认知状况,通过由特定人群扩展到一般民众的认知数据分析,我们可以判断西方价值观对社会主义核心价值观认同是否产生了影响,如果产生了影响,则大体上判断影响的程度。其二,针对社会主义核心价值观中与西方价值观根本有别的价值,如富强、和谐等,根据相关调研数据来分析西方价值观对社会主义核心价值观认同的影响。

1. 中西方相似度较大的价值

先看精英群体对民主的价值认知。根据我们的相关调查,对于"民主决策就是不分职位和身份,人人都有投票权"这一题项,被调查者中有5.78%的人选择"非常不同意",14.85%的人选择"不同意",两者合计占20.63%;15.76%的人选择"不清楚";30.78%的人选择"同意",32.84%的人选择"非常同意",两者合计占63.62%（见表13-1）。

表13-1 对"民主决策就是不分职位和身份,人人都有投票权"观点的认同比重统计 单位:人,%

认同分类	样本数	占总体样本比重	占有效样本比重
非常不同意	70	5.77	5.78
不同意	180	14.84	14.85
不清楚	191	15.75	15.76
同意	373	30.75	30.78
非常同意	398	32.81	32.84
合计	1 212	99.92	100.00
缺失值	1	0.08	—
总计	1 213	100.00	—

资料来源:本课题组、中华文化发展湖北省协同创新中心、湖北大学高等人文研究院"精英群体社会主义核心价值观认知与认同问卷调查(2018)"数据库。

设置"民主决策就是不分职位和身份,人人都有投票权"这一题项,是为了测度精英群体对民主价值的认知,选项中的观点代表的是一种西方式的理解。数据显示有63.62%的人认同这种理解,其中有32.84%的人表示高度认同,这表明西方的民主价值观对当代中国精英对"民主"的理解产生了比较大的影响。同时有15.76%的人表示"不清楚",这说明他们对民主存在价值认知上的困难;而从数据分析的角度看,15.76%这一比重表明,存在价值认知困难的精英已构成一个不容忽视的群体。

再看精英群体对公正的价值认知。在2018年对精英群体的调查中设置了"是否注重公正问题是评判社会制度好坏的最重要的标准"这一题项,表13-2显示,被调查者中有2.73%的人选择"非常不同意",5.87%的人选择"不同意",两者合计为8.60%;18.69%的人选择"不清楚";41.19%的人选择"同意",31.51%的人选择"非常同意",两者合计达72.70%(见表13-2)。

表13-2 对"是否注重公正问题是评判社会制度好坏的最重要的标准"观点的认同比重统计 单位:人,%

认同分类	样本数	占总体样本比重	占有效样本比重
非常不同意	33	2.72	2.73

续表

认同分类	样本数	占总体样本比重	占有效样本比重
不同意	71	5.85	5.87
不清楚	226	18.63	18.69
同意	498	41.06	41.19
非常同意	381	31.41	31.51
合计	1 209	99.67	100.00
缺失值	4	0.33	—
总计	1 213	100.00	—

资料来源：本课题组、中华文化发展湖北省协同创新中心、湖北大学高等人文研究院"精英群体社会主义核心价值观认知与认同问卷调查（2018）"数据库。

对于"是否注重公正问题是评判社会制度好坏的最重要的标准"观点的肯定性回答同样代表了当代西方对于公正价值的主流理解。①表13-2的数据表明，72.70%的精英认同这一理解，认同的比重还要高于上一题项中对民主的理解；而不认同的比重（8.59%）远远低于上一题项中不认同对民主的理解的比重（20.63%）。这表明，相较于我们对民主的理解，我们对公正的理解受西方价值观的影响更大。同时值得注意的是，表示"不清楚"的比重（18.69%）也高于上一题项表示"不清楚"的比重（15.76%），这表明，精英群体中更多人对此存在价值认知上的困难。

再看民众对自由的价值认知。在2016年的调查中设置了"每个人都享有自由表达自己意愿和诉求的权利"这一题项。表13-3显示，被调查者中有1.54%的人选择"非常不同意"，4.29%的人选择"不同意"，两者合计为5.83%；14.90%的人选择"不清楚"；42.60%的人选择"同意"，36.67%的人选择"非常同意"，两者合计为79.27%（见表13-3）。

---

① 当代西方学者更多地使用正义这一概念来表示相关的核心价值，而以罗尔斯的观点为代表的主流观点认为，"正义是社会制度的首要德性"（约翰·罗尔斯. 正义论. 修订版. 何怀宏，何包钢，廖申白，译. 北京：中国社会科学出版社，2009：3）。

表13-3 对"每个人都享有自由表达自己意愿和诉求
的权利"观点的认同比重统计　　单位：人，%

认同分类	样本数	占总体样本比重	占有效样本比重
非常不同意	64	1.52	1.54
不同意	178	4.24	4.29
不清楚	619	14.74	14.90
同意	1 769	42.13	42.60
非常同意	1 532	36.27	36.67
合计	4 162	98.90	100.00
缺失值	46	1.10	—
总计	4 199	100.00	

资料来源：本课题组、湖北大学高等人文研究院、中华文化发展湖北省协同创新中心"弘扬社会主义核心价值观与继承传统文化问卷调查（2016）"数据库。

表13-3题项所表达的是现代西方关于言论自由的基本观点，而在西方的主流观点看来，言论自由是一个社会保障个人自由的最基本的要件。[1] 根据表13-3，民众对这一观点的认同度较高（79.27%），而不认同的人仅占5.83%。这表明，就民众对自由的价值认知而言，西方价值观产生了较大的影响。同样值得注意的是，对自由存在认知困难的人群占14.90%。

基于以上考察，就社会主义核心价值观中与西方价值观相似度较大的价值而言，西方价值观对当代中国人的价值认知产生了较大的影响，同时对于这些价值，有一个不容忽视的存在认知困难的群体。

2. 中西方根本有别的价值

对于社会主义核心价值观中与西方价值观根本有别的价值，如何测度西方价值观在民众价值认同方面的影响是个颇难处理的问题。为此，我们选取富强、和谐这两种价值作为代表，在问卷中对两者分别设置了

---

[1] Immanuel Kant. An Answer to the Question："What is Enlightenment?". 康德政治著作选（英文影印版）. 北京：中国政法大学出版社，2003：55-56. 另参见石元康. 当代西方自由主义理论. 上海：上海三联书店，2000：12.

两个题项，其中一个题项是偏向西方价值观的解释，另一个则是符合社会主义核心价值观的解释，我们希望可以通过对照和分析相应的调研数据来考察西方价值观的影响。对于富强，我们的调研结果分别见图 13-1 和图 13-2。

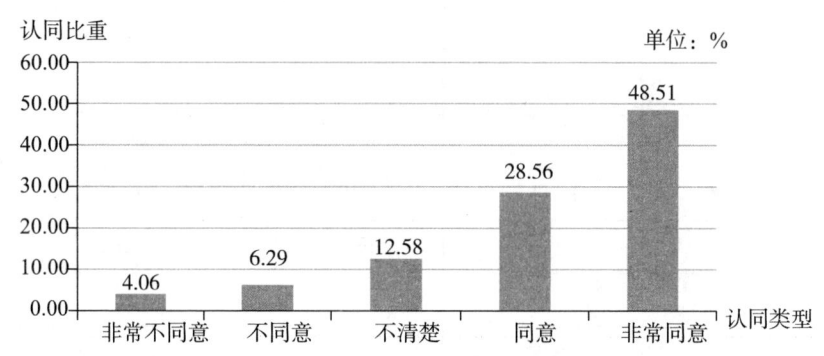

图 13-1 对"只有国强才能民富，所以无论何时国家利益应该高于一切"观点的认同比重分布

认同类型	非常不同意	不同意	不清楚	同意	非常同意
认同比重(%)	4.06	6.29	12.58	28.56	48.51

资料来源：本课题组、湖北大学高等人文研究院、中华文化发展湖北省协同创新中心"精英群体社会主义核心价值观认知与认同问卷调查（2018）"数据库。

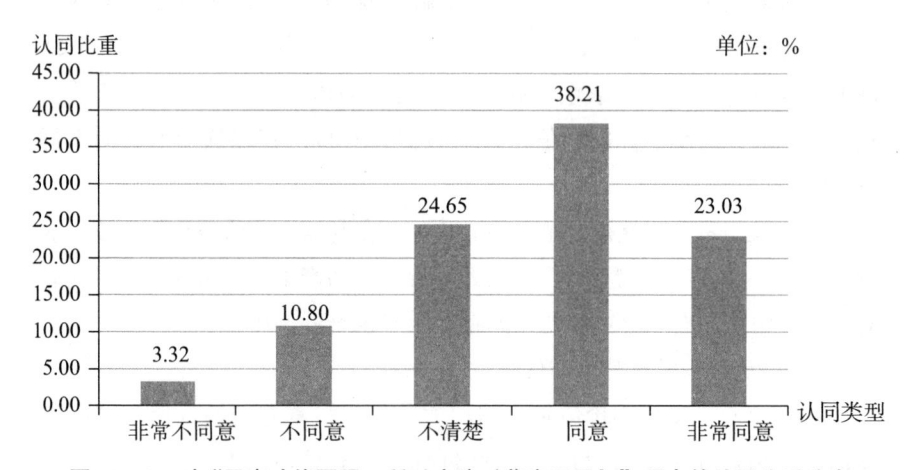

图 13-2 对"民富才能国强，所以应该'藏富于民'"观点的认同比重分布

认同类型	非常不同意	不同意	不清楚	同意	非常同意
认同比重(%)	3.32	10.80	24.65	38.21	23.03

资料来源：本课题组、湖北大学高等人文研究院、中华文化发展湖北省协同创新中心"弘扬社会主义核心价值观与继承传统文化问卷调查（2016）"数据库。

图 13-1 题项的表述是"只有国强才能民富，所以无论何时国家利

益应该高于一切"，这是符合社会主义核心价值观的精神的。图13-1表明，对于这一题项，被调查者中有48.51%的人选择"非常同意"，28.56%的人选择"同意"，两者合计为77.07%；12.58%的人选择"不清楚"；4.06%的人选择"非常不同意"，6.29%的人选择"不同意"，两者合计为10.35%。图13-2题项的表述是"民富才能国强，所以应该'藏富于民'"，这是在价值追求上优先考虑个人的富足，表现出以个人为基础来思考国家和社会问题这一西方价值观的理路。图13-2表明，对于这一题项，被调查者中有23.03%的人选择"非常同意"，38.21%的人选择"同意"，两者合计为61.24%；24.65%的人选择"不清楚"；3.32%的人选择"非常不同意"，10.80%的人选择"不同意"，两者合计为14.12%。

需要补充说明的是，作为社会主义核心价值观在国家层面提出的首要价值目标，富强首先是指国家的富足和强大，民富则是指人民经济富裕乃至生活幸福。民富虽然在一定意义上是国家富强的应有之义，但却是为国家富强所涵盖且以国家富强为前提的。这是一个价值目标及其实现上的优先排序问题，体现了社会主义从整体出发来思考问题的方法，也是与集体主义原则一脉相承的。基于这样的理解来比较图13-1与图13-2的相关数据，我们就可以得出：对于图13-1与图13-2的题项，表示认同的比重分别为77.07%和61.24%，表示不认同的比重分别为10.35%和14.12%。一方面，对富强正确理解的认同度略高于对富强的西方式解读，这表明社会主义核心价值观对民众的影响占优势。另一方面，仍有多数人认同西方价值观的思考方式，这说明西方价值观对于我们认同社会主义核心价值观产生了相当大的影响。不容忽视的是，对图13-1和图13-2的题项表示"不清楚"的比重分别为12.58%和24.65%，说明民众对富强这一价值的认知存在模糊性。

对于和谐，我们的调研结果分别见图13-3和表13-4。

认同比重　　　　　　　　　　　　　　　　　单位：%

[图表：柱状图显示认同类型分布]
- 非常不同意：1.27
- 不同意：4.76
- 不清楚：17.60
- 同意：48.01
- 非常同意：28.36

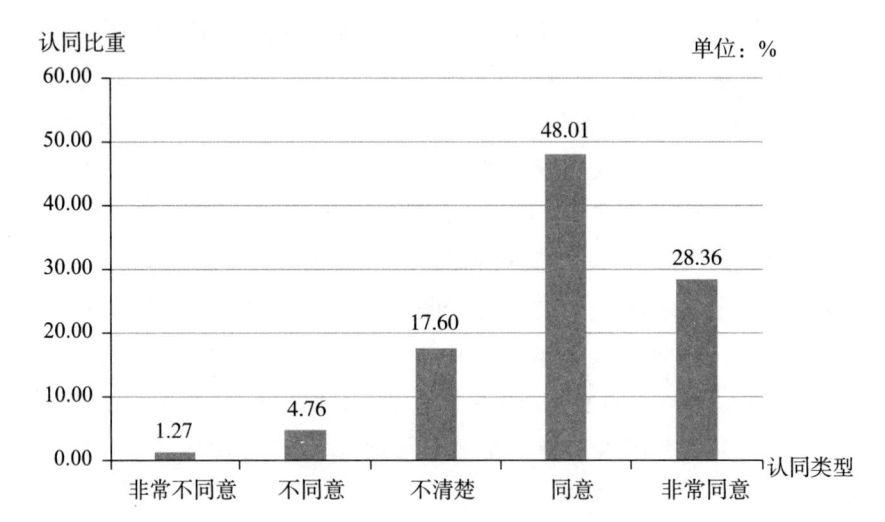

图 13-3　对"和谐社会中就是人与人和睦相处，和而不同"观点的认同比重分布

资料来源：本课题组、湖北大学高等人文研究院、中华文化发展湖北省协同创新中心"弘扬社会主义核心价值观与继承传统文化问卷调查（2016）"数据库。

表 13-4　对"和谐社会就是要做到公平正义，秩序井然"观点的认同比重统计

单位：人，%

认同分类	样本数	占总体样本比重	占有效样本比重
非常不同意	48	1.14	1.16
不同意	156	3.72	3.76
不清楚	594	14.15	14.30
同意	1 923	45.80	46.30
非常同意	1 432	34.10	34.48
合计	4 153	98.90	100.00
缺失值	46	1.10	—
总计	4 199	100.00	—

资料来源：本课题组、湖北大学高等人文研究院、中华文化发展湖北省协同创新中心"弘扬社会主义核心价值观与继承传统文化问卷调查（2016）"数据库。

图 13-3 题项的表述"和谐社会中就是人与人和睦相处，和而不同"，是基于中华文化传统的观点，也是符合社会主义核心价值观的精神的。图 13-3 显示，被调查者中有 28.36% 的人选择"非常同意"，48.01% 的人

选择"同意",两者合计为76.37%;17.60%的人选择"不清楚";1.27%的人选择"非常不同意",4.76%的人选择"不同意",两者合计为6.03%。表13-4题项的表述"和谐社会就是要做到公平正义,秩序井然",则蕴含着西方价值观的视角。应该说,这样的解读也是与社会主义核心价值观的精神一致的,只是这一理解汲取了西方现代思想中的有益成分,结合了面向现时代背景的考虑,从而侧重于从社会制度安排的角度指出应达成和谐的社会秩序。表13-4显示,被调查者中有34.48%的人选择"非常同意",46.30%的人选择"同意",两者合计为80.78%;14.30%的人选择"不清楚";1.16%的人选择"非常不同意",3.76%的人选择"不同意",两者合计为4.92%。

比较图13-3和表13-4的数据,可以看出:其一,对于图13-3和表13-4的题项,民众的认同度较高,认同比重分别为76.37%和80.78%,不认同的比重相当低。这表明,对于社会主义核心价值观中的和谐价值,民众的认同情况较好。其二,与图13-3题项的表述相比,被调查者对表13-4题项的认同度略高,不认同的比重也稍低。这似乎意味着,结合新时代背景以及中国的实际来汲取西方价值观中的有益成分,可以对社会主义核心价值观的认同产生积极影响。其三,同样不容忽视的是,对于图13-3和表13-4的题项,分别有17.60%和14.30%的被调查者选择"不清楚"。这表明,有些民众对和谐价值存在认知上的困难。

三、小结、问题及对策

(一)小结

综合上述两个方面的考察,可以得出如下初步结论:其一,就当前民众对社会主义核心价值观的认同而言,西方价值观整体上说产生了较大的影响。对于社会主义核心价值观中的不同价值,这种影响可能存在程度上的差别。其二,大体上说,对于社会主义核心价值观中与西方价值观相似度较大的价值,西方价值观的影响更大,因为题项中的西方式理解得到了多数被调查者的认同。对于中西方根本有别的价值,西方价值观的影响可能相对较小,当然还必须考虑到这样的因素,即我们很难通过调研结果来准确测度在这个方面的影响。其三，对于社会主义核心价值观的认同来说，西方价值观的影响包含积极和消极两个方面。如对于以上考察的诸价值，西方价值观对于我们认同社会主义核心价值观中的自由、民主等价值来说产生的影响主要是消极的，对于认同其中的和谐价值来说产生的影响则主要是积极的，对于认同富强价值来说产生的影响可能消极和积极作用参半。但到底怎样才能准确判断西方价值观影响的性质，在相当程度上还取决于这样一个认知上的前提，即我们对于社会主义核心价值观中的诸价值是如何界定的，又该做出怎样的理论说明。这一点我们在下一部分再展开。其四，对于社会主义核心价值观中的上述各种价值，有些民众存在价值认知上的困难。对于不同的价值，存在认知困难的人群所占的比重有一定的差别，但总体上说，这是一个不容忽视的群体。

上述结论之所以只是初步的，是因为考虑到上述考察和分析的局限性：其一，就西方价值观对社会主义核心价值观认同的影响而言，目前我们的调研结果只能就其中一部分亦即一些价值提供相关信息。其二，目前我们难以开展能提供全面信息的社会调查，这不仅因为这样的问卷调查涉及面广、规模极大，而且因为在问卷设计方面也存在困难，对于其中一些价值很难设置有效的题项。但以上考察所选取的价值以及设置的题项都是具有代表性的，在此意义上，上述结论虽然只是一个大致的判断，但却不无以点带面的效果。

（二）问题

基于前文的考察及其结论，我们可以进而梳理在西方价值观对社会主义核心价值观认同的影响方面存在的问题。首先必须指出，无论是从学理还是民众的主流观点来看，西方价值观与社会主义核心价值观之间的关系的合理状态都应该是相互吸收和借鉴的。如相关调查显示，对于"社会主义核心价值观和资本主义核心价值观的关系"这一问题，在5 162个被调查者中，83.08%的人认为应当相互吸收和借鉴，6.89%的人认为说不清，6.12%的人认为两者互不相干，而只有3.91%的人认为是互相对立的。这样来看，理想的状态应该是，西方价值观起到了促进社会主义核心价值观认同的积极作用，至少不起到造成认同障碍的消极作用。可以说，我们至少存在两个方面的问题。

第一，对于社会主义核心价值观中的不少价值，我们缺乏较为充分的理论说明，其价值内涵不够明确。而只有以明确各价值的内涵为前提，才可能避免西方价值观对社会主义核心价值观的认同产生消极影响。

如调研数据所示，对于自由、公正、富强这些价值，都存在一个不容忽视的存在价值认知困难的群体。进一步说，在设置这些题项时，我们就已经感到这方面的问题：虽然如第二部分的分析所说明的，对于自由、公正等价值，社会主义核心价值观与西方价值观的理解应该存在差异，因为它们在各自价值体系中的排序以及所处的层面不同；但我们的理解到底是怎样的，并没有一个明确的说明，更缺乏相应的较为充分的论证。又如对富强的理解，目前存在各种解读，如富国强民、民富国强、富国强兵等，虽然其价值内涵并不必然矛盾，但彼此的关系、层次、各种价值含义在实践上的优先性等都是不清楚的，由此难免带来价值认知上的模糊乃至错误。要之，如果不能确立对社会主义核心价值观的恰当而清晰的解读，那么西方的相关理解即使并不适合我们的制度和文化、不符合社会主义核心价值观的本义，也仍然会发挥作用，从而对社会主义核心价值观的认同产生消极影响，因为在未提供我们自身恰当解读的情况下，我们无从判断它们是否与我们的价值观矛盾，至少不清楚矛盾的地方何在。可以说，没有对这些价值的恰当认知，也很难在价值认同方面达成理想的效果。

第二，与第一点相关，我们要让西方价值观对社会主义核心价值观的认同产生积极影响、避免消极影响，就必须在弄清两者区别的基础上把握各自价值观及其理解的特点。但从上述调研结果来看，我们在这方面还做得很不够。

仍以对富强的调研结果为例。题项代表两种有根本区别的理解，分别偏向社会主义核心价值观和西方价值观，但不正常的是，这两种理解都得到了多数人的认同。这说明，被调查者并不清楚它们之间的区别，而且这种区别虽然理论上经过相应的疏导和处理或许可以相容，但它们意味着在价值实践的优先性上是根本有别的。

值得注意的是，在对这个问题的处理上存在一种在我们看来并不恰当的观点，即认为要汲取西方价值观中的有益成分、使其发挥积极影响，首先不应该强调两者的区别，而应该着眼于两者的共性以求相通。我们认为，其一，只有有所区分，才可能通过对照来认清彼此的优长和短处，也才能对各自的价值体系有更明确的定位，进而才能找到彼此相容乃至相通的途径，否则就只是简单的调和。进一步说，只有先明确区别，才能清楚各自的独特之处，才有所谓"特点"的问题。其二，无论是借鉴西方价值观还是避免其消极影响，我们首先应注意的都是西方价值观与社会主义核心价值观的相异之处，以把握各自的特点。也就是说，借鉴是为了取长补短，而不是一团和气，是要汲取我们本来没有或相对缺乏的观念来促进我们自身的价值创造；避免消极影响，是要看到其短处，避免它们对我们的长处造成不利影响。其三，先着眼于区别并不意味着采取对立或隔膜的态度，而只是承认由于历史文化传统的不同，彼此价值观有差异是正常状况，从而需要先理解对方，进而通过沟通与对话，携手共进。要理解文化的他者，就必须先站在对方的角度去思考，了解彼此的距离和差异。

（三）对策

第一，针对上述第一个问题，我们应该明确对社会主义核心价值观中诸价值的理论解释，加强相关的理论论证工作。

明确对社会主义核心价值观中诸价值的理论解释，首先，必须立足于中国特色社会主义的实际，接续我们自身的文化传统，赋予其富有时代气息的价值内涵。这是一个需要协同多方面的理论研究来开展的工作，需要梳理我们自身的价值观念，理清中国社会及其观念从传统、近代到当代的发展脉络，总结其得失；需要对当代中国特色社会主义的实际情况做深入的考察，也需要把握现时代世界面临的主要问题及其发展趋向。其次，社会主义核心价值观中的诸价值并非孤立、彼此不相干的，而是分层次的，且彼此具有内在关联。唯其如此，它们才能构成一个统一的社会主义核心价值体系。也就是说，作为一种价值体系，其本身应该具有内在的结构、层次，诸价值在这样的体系中都有明确的定位，协同发挥作用。那么，国家、社会和个人这三个层面之间应该呈现怎样的结构，体现出怎样的关系？某种价值比如说为什么应该定位于社会层面，而不是像西方价值观那样首先从个人来定位？这些问题也需要通过较系统的理论研究来做出说明。最后，我们的价值体系要能够体现现时代的精神、面向世界，与其他文化的价值观相互包容乃至和谐共存，也应该在理论说明中借鉴西方价值观的思想资源，汲取其有益成分，化为我们自身的理论滋养。

加强相关的理论论证工作，意味着我们还应该对这些价值解释做出学理上的说明，展现出一定的理论说服力。做出明确的价值解释，可以解决我们对社会主义核心价值观的认知问题，但对于价值认同来说仅做到这一点还不够。在如今信息高度发达的时代，人们在日常生活中可以接触到各种各样的价值观，那么社会主义核心价值观要得到人们的内心认同，就必须比其他价值观更有说服力，至少应具备与之抗衡的理论能力。当然，就得到当代中国人的价值认同而言，社会主义核心价值观本身就具备一定的先天优势，毕竟中国人有着悠久的历史文化传统作为底蕴，其中承载着我们作为中华民族一分子的共同记忆，但仅靠这一点是不够的，我们应该通过相应的理论论证，使这些价值展现出面向现实生活的活力，能够对当代中国人的生活实践切实发挥价值指导作用。

第二，针对上述第二个问题，我们有必要深入开展西方现代价值观的相关研究，力求在恰当理解的基础上甄别其价值内涵及实现方式，从而取其长而避其短，基于中华文化传统以及中国特色社会主义的实际，切实为我所用。

西方现代价值观发端于文艺复兴，迄今已有600余年的发展史，其间交织着各种各样的思想运动与社会运动，其发展多有曲折。我们要汲取西方价值观的有益成分，使之对社会主义核心价值观的认同产生正面的作用，就必须对其价值观的基本内涵及发展脉络有恰当的把握，否则无法考其得失；要避免其消极影响，也必须分析其中存在的问题，弄清它们在历史和现实的实践中弊端何在。同时应该看到，西方现代价值观在当今世界能够发挥较广泛的影响，一部分原因也在于，这几百年来历代西方思想家不断进行相关的价值论证，针对变化的社会生活做出理论说明。对于社会主义核心价值观的认同乃至社会主义核心价值体系的坚持来说，西方价值观念发展及其论证的历史也是值得我们关注和借鉴的。

报告十四

风俗习惯对社会主义核心价值观认同的影响

一、引言

党的十九大报告指出:"社会主义核心价值观是当代中国精神的集中体现,凝结着全体人民共同的价值追求。"[①] 社会主义核心价值观作为我国全体人民共同的价值追求,必然要求人们广泛认同并身体力行。因此,要"把社会主义核心价值观融入社会发展各方面,转化为人们的情感认同和行为习惯"[②]。这意味着社会主义核心价值观在全社会落地生根需要经历由认知到认同再到践行的转化过程。其中,认知是前提,人们只有对核心价值观的具体内容、精神实质及重要性等有了清晰深入的了解和掌握,才能决定是否认同核心价值观;认同是关键,人们只有发自内心地从情感上认同核心价值观,才会真正践行核心价值观;践行是目的,培育核心价值观的最终目的是要使其外化为人们的一以贯之、具有稳定性的行为习惯。也就是说,只有把核心价值观融入人们生活的方方面面及过程中,人们才会在不知不觉中感知和领悟核心价值观并逐渐对其产生认同,将其内

[①] 习近平. 决胜全面建成小康社会 夺取新时代中国特色社会主义伟大胜利:在中国共产党第十九次全国代表大会上的报告(2017年10月18日). 北京:人民出版社,2017:42.

[②] 同①.

化为精神追求，外化为现实行动。实现核心价值观认同的途径有很多，影响人们对核心价值观认同的因素也多种多样。风俗习惯则可以被视为影响核心价值观认同的一个较为重要的因素。风俗习惯是一个民族长期形成的民间风俗、生活习惯、信仰等，是人们在长期的社会生活中自发形成的行为模式，体现着一个民族的特征和特色，对每个个体的行为起到规范、约束、调整作用，对一个民族和社会则具有较强的导向、整合、凝聚功能。[1] 核心价值观的认同主体就是生活在中国大地上的所有社会成员，他们在潜移默化中受到传统风俗习惯的影响和熏陶，"每个社会成员从出生起就面临着传统风俗，它对他的影响和塑造是无法抗拒和选择的"[2]。核心价值观要深入所有社会成员的内心，获得他们广泛的认同，就需要吸收这一思想资源的养分。如此，作为认同主体的全体社会成员对核心价值观才不会有疏离感，才会产生亲近感，核心价值观也就有了根源和存在的沃土。由此可见，风俗习惯与核心价值观具有内在的一致性和相关性，可以成为考察和理解核心价值观认同的一个有效维度。

同时，中华优秀传统文化是中华民族的"精神命脉""文化根基"。核心价值观只有善于从中华优秀传统文化中吸收丰富的营养，才能具有牢固的根基。习近平总书记指出："中华文明绵延数千年，有其独特的价值体系。中华优秀传统文化已经成为中华民族的基因，植根在中国人内心，潜移默化影响着中国人的思想方式和行为方式。今天，我们提倡和弘扬社会主义核心价值观，必须从中汲取丰富营养，否则就不会有生命力和影响力。"[3] 中华传统文化源远流长、博大精深，蕴含着丰富的具有民族特色的思想、理念和价值观。核心价值观只有深深扎根于中华优秀传统文化，才能具有中国的底色，才能深入人们的内心，为人们所广泛认同。传统风俗习惯则是中华传统文化的重要组成部分，"中华优秀传统文化积淀着多样、珍贵的精神财富……是中国人民思想观念、风俗习惯、生活方式、情

---

[1] 史仲文，胡晓林. 中华文化习俗辞典·文化习俗. 北京：中国国际广播出版社，1998：1.

[2] 王守恩. 传统风俗与现代化. 山西大学学报（哲学社会科学版），2001（2）：24.

[3] 习近平. 青年要自觉践行社会主义核心价值观：在北京大学师生座谈会上的讲话（2014年5月4日）. 北京：人民出版社，2014：7.

感样式的集中表达"①。中华优秀传统文化中蕴含着丰厚的风俗习惯等文化资源,风俗习惯是中华民族最具体、最生动的文化风貌的现实表现,可以为核心价值观的认同提供深厚的历史文化依托。从这个意义上说,中国传统风俗习惯文化对提高人们对核心价值观的认同具有重要的作用。

本报告将结合对2016年"弘扬社会主义核心价值观与继承传统文化问卷调查"等调研数据的统计分析,考察人们对风俗习惯的认同情况,以及风俗习惯对核心价值观认同状况的影响,并找出风俗习惯影响核心价值观认同的方式以及其中存在的问题,为进一步传承与发展中华优秀传统文化和建设核心价值观提供有益的参考。

二、风俗习惯的认同状况及其作用分析

(一)人们对"风俗习惯"作为中华传统文化重要组成部分的认同状况

关于"文化"的定义是多种多样的,我们这里可以采用一种描述性的定义,因为这种定义方式是对文化的内容进行罗列,可以直观地看到文化的具体内容,从而也便于我们直观地了解中华传统文化所包含的具体内容。"人类学之父"泰勒最初将文化定义为:"文化,或文明……是包括全部的知识、信仰、艺术、道德、法律、风俗以及作为社会成员的人所掌握和接受的任何其他的才能和习惯的复合体。"② 之后,他又将"技术和物质文化"的内容补充到"文化"的定义中。前者可以被看作精神文化,后者则可以被看作物质文化。从泰勒对"文化"的定义来看,文化包括精神文化和物质文化两大类型。依照"文化"的这个定义来看,源远流长、博大精深的中华传统文化也就既包含物质文化层面,如衣、食、住、行、工具以及器物等,又包含精神文化层面,如语言、文学、艺术、道德、哲学、宗教、风俗等。中华传统文化,"是指中国几千年文明发展史中在特

---

① 中共中央办公厅国务院办公厅印发《关于实施中华优秀传统文化传承发展工程的意见》. 中国政府网, 2017 - 01 - 25. http://www.gov.cn/zhengce/2017 - 01/25/content_5163472.htm.

② 爱德华·泰勒. 原始文化:神话、哲学、宗教、语言、艺术和习俗发展之研究. 连树声,译. 桂林:广西师范大学出版社, 2005: 1.

定的自然环境、经济形式、政治结构、意识形态的作用下形成、积累和流传下来，并且至今仍在影响着当代文化的'活'的中国古代文化。它既以有关的物化的经典文献、文化物品等客体形式存在和延续，又广泛地以民族的思维方式、价值观念、伦理道德、性格特征、审美趣味、知识结构、行为规范、风尚习俗等主体形式存在和延续"[1]。风俗习惯作为一种精神文化或内在文化是中华传统文化的一个重要组成部分。

在《现代汉语词典》中，"风俗"的释义为"社会上长期形成的风尚、礼节、习惯的总和"，"习惯"的释义为"在长期里逐渐养成的、一时不容易改变的行为、倾向或社会风尚"。可见，"风俗习惯"也就是指人们在长期生活中逐渐形成、一时不容易改变的行为、倾向、社会风尚、礼节等。经过几千年历史的传承和文化的积淀，中华传统文化中蕴含着丰富的风俗习惯文化。有学者通过梳理中国历史文献中关于风俗等术语的描述，将风俗释义为"一方面意味着具体的地方性习惯。地方志的风俗卷包括有关岁时、冠婚丧祭、占候、方言等的详细的叙述。可是'风俗'的含义并不限于这些具体的行动方式本身。'风俗'概念的核心却在于，通过这些行动方式表现出来的人民精神的品质。换句话说，'风俗'就是从'人民精神的性质'这种观点来被评价的某个地方或者某个时代的整个行动方式"[2]。同样，这里对风俗也是采取了描述性释义方式。一方面，风俗表现为具体的生活方式和行动方式，如传统节日、民俗礼仪、婚丧嫁娶的做法等；另一方面，风俗的核心是所有社会成员在这些具体的生活方式和行动方式中所体现出来的精神品质与风貌。

根据对"中华传统文化"和"风俗习惯"的描述性定义，在"平时关注传统文化的内容或者形式"这个可以多选的问题中，关于中华传统物质文化，具体列举了传统中医、传统戏曲、传统建筑、饮食厨艺、传统服饰、中国瓷器、传统音乐等内容；关于中国传统精神文化，则具体列举了传统文学与神话、传统节日、民俗礼仪、宗教、中国哲学等内容。其中的传统节日、民俗礼仪等可以直接归为风俗习惯，同时在饮食、服饰等传统

---

[1] 顾冠华.中国传统文化论略.扬州大学学报（人文社会科学版），1999（6）：34.
[2] 岸本美绪."风俗"与历史观.新史学，2002（3）：7.

物质文化中也承载着人们的风俗习惯。从2016年调查结果可以看到，有62.04%的受访者选择"传统节日"，这是选择人数最多的选项，比选择人数第二位的"饮食厨艺"多了24.84个百分点。另一个关于风俗习惯的选项"民俗礼仪"，有30.39%的受访者选择，选择人数为第四位，但比第二位的"饮食厨艺"只低6.81个百分点（见表14-1）。由此可见，大部分人会通过传统节日、民俗礼仪等风俗习惯来关注了解传统文化，并且相较于其他传统文化形式，人们对风俗习惯的关注度更高。这一方面说明人们对风俗习惯是中华传统文化的重要组成部分有较高的认同，风俗习惯是人们平时关注传统文化的主要形式，是中华传统文化重要的承载者和传递者；另一方面说明风俗习惯作为一种社会约定俗成的准则和生活方式，与人们的生活紧密相关，对人们的影响深远。

表14-1 平时关注传统文化的内容或者形式（多选题）统计

单位：人，%

传统文化的内容或者形式	人数	样本比重	选择比重
传统文学与神话	1 427	33.98	11.30
传统节日	2 605	62.04	20.64
传统中医	1 004	23.91	7.95
传统戏曲	561	13.36	4.44
传统建筑	778	18.53	6.16
民俗礼仪	1 276	30.39	10.11
饮食厨艺	1 562	37.20	12.37
传统服饰	793	18.89	6.28
宗教（佛教、道教）	568	13.53	4.50
中国哲学	691	16.46	5.47
中国瓷器	401	9.55	3.18
传统音乐	957	22.79	7.58
选择总计：12 623人次			

资料来源：本课题组、湖北大学高等人文研究院、中华文化发展湖北省协同创新中心"弘扬社会主义核心价值观与继承传统文化问卷调查（2016）"数据库。[1]

---

[1] 下文表14-5、表14-6、表14-7的数据均源于此数据库，不再标注。

下面两组关于民俗文化活动的调研数据，可以更具体地显示风俗文化与中华传统文化的关系以及风俗文化对人们生活的影响状况。我们先来看2016年的一组数据，在"2015年以来，传统民俗与民间艺术越来越被人们重视"这一题项中，有22.72%的人选择"非常同意"，43.82%的人选择"同意"，做出正向选择的人的比重合计为66.54%；7.53%的人选择"不同意"，1.77%的人选择"非常不同意"，做出负向选择的人的比重合计为9.30%（见表14-2）。我们可以看到，大部分人对传统民俗与民间艺术是认同的，认为其越来越受到重视。再来看2017年与此类似的一个题项，即"体现地方性、传统型的民间文化活动，越来越具有品牌效应"。其调研数据显示：选择"非常同意"的人的比重为28.40%，选择"同意"的人的比重为41.65%，做出正向选择的人的比重合计为70.05%，比2016年高出了3.51个百分点；而选择"不同意"的人的比重为5.04%，选择"非常不同意"的人的比重仅为1.40%，做出负向选择的人的比重合计为6.44%（见表14-3），相较于2016年降低了2.86个百分点。由此纵向的数据变化可以更明晰地看到，传统民俗文化和活动越来越受到人们的关注，越来越融入人们的日常生活中，必然对人们产生更大的影响，人们亦能切身感受到越来越具有地方特色和品牌效应的传统风俗活动对自己的影响。

表14-2 对"2015年以来，传统民俗与民间艺术越来越被人们重视"观点的认同比重统计　　　单位：人，%

认同分类	样本数	占总体样本比重	占有效样本比重	累积有效比重
非常不同意	73	1.74	1.77	1.77
不同意	310	7.38	7.53	9.30
不清楚	995	23.70	24.16	33.45
同意	1 805	42.99	43.82	77.28
非常同意	936	22.29	22.72	100.00
合计	4 119	98.09	100.00	—
缺失值	80	1.91	—	—
总计	4 199	100.00	—	—

资料来源：湖北大学高等人文研究院、中华文化发展湖北省协同创新中心"中国文化发展状况调查（2016）"数据库。

表 14-3 对"体现地方性、传统型的民间文化活动，越来越具有品牌效应"观点的认同比重统计　单位：人，%

认同分类	样本数	占总体样本比重	占有效样本比重	累积有效比重
非常不同意	59	1.40	1.40	1.40
不同意	212	5.04	5.04	6.45
不清楚	988	23.50	23.50	29.95
同意	1 751	41.65	41.65	71.60
非常同意	1 194	28.40	28.40	100.00
总计	4 204	100.00	100.00	—

资料来源：湖北大学高等人文研究院、中华文化发展湖北省协同创新中心"中国文化发展状况调查（2017）"数据库。

党的十八大以来，党和政府对于传承和弘扬中华优秀传统文化给予了高度重视，近年来，大力实施"中华优秀传统文化传承发展工程"，推动了中华优秀传统文化的创造性转化和创新性发展。在党和政府的大力支持下，传统风俗习惯在社会、文化、制度等发展中的重要作用也受到了重视，并得到了发展和繁荣，充分发挥了其在传承和弘扬中华传统文化中的重要作用。从2019年的一组调研数据中，我们可以更直观地考察人们对"风俗习惯"作为中华传统文化重要组成部分的认同情况。在对"中国传统节日的礼仪和仪式对继承和弘扬传统文化有重要意义"这一题项的评价中，49.54%的人选择"非常同意"，39.15%的人选择"同意"，做出正向选择的人的比重合计为88.69%；0.61%的人选择"非常不同意"，1.51%的人选择"不同意"，做出负向选择的人的比重合计为2.12%（见表14-4）。也就是有近90.00%的人认为中国传统节日的礼仪与仪式对继承和弘扬传统文化具有重要意义，认同度很高，而仅有不到3.00%的人对此不认同。中国传统节日的礼仪与仪式是传统风俗习惯的重要表现方式，由人们高度认可其在传承和弘扬传统文化中的作用，可以得见人们对"风俗习惯"作为中华传统文化重要组成部分的认同度是非常高的。

表 14-4 对"中国传统节日的礼仪和仪式对继承和弘扬传统文化有重要意义"观点的认同比重统计 单位：人，%

认同分类	样本数	占总体样本比重	占有效样本比重	累积有效比重
非常不同意	34	0.61	0.61	0.61
不同意	84	1.51	1.51	2.12
不清楚	511	9.19	9.19	11.31
同意	2 177	39.15	39.15	50.46
非常同意	2 755	49.54	49.54	100.00
合计	5 561	100.00	100.00	—

资料来源：湖北大学高等人文研究院、中华文化发展湖北省协同创新中心"中国文化发展状况调查（2019）"数据库。

(二) 人们对"良风美俗"的认同状况

前文从整体上考察了人们对风俗习惯作为中华传统文化重要组成部分的认同状况，以及风俗习惯对人们生活的影响状况。下面则从具体的衣食住行、婚丧嫁娶等方面的风俗习惯来考察其对人们的影响状况。几千年约定俗成的民俗礼仪、传统节日、生活习惯等"良风美俗"，在世代的传承中被人们广泛地接受、认同，依然是人们日常行为的参照和准则，潜移默化地影响着人们的价值观念和行为导向。

中国的传统节日众多，是中华民族悠久传统文化的重要组成部分。清明节是中华民族悼念祖先的节日，其主要的风俗形式是扫墓祭祖。人们会在这一节日里祭拜已故的亲人、祖先，表达自己的思念之情。在回答"清明祭祖，对后代追根寻源有重要意义"这一题项时，有39.81%的人选择了"同意"，37.60%的人选择了"非常同意"，也就是有77.41%的人对这一观点表示了认同；而选择"不同意"的人的比重为5.97%，选择"非常不同意"的人的比重为1.68%，也就是明确表示不认同的人的比重只有7.65%（见表14-5）。从数据可以看出，清明节经由数千年的历史传承和演变，具有了极为丰富的内涵。直到今天，不仅祭祖的习俗成为一种约定俗成的活动，依然为绝大多数中国人所认同和践行，而且通过"祭之以礼"来追根寻源的深厚意涵也为人们所认同。我们思念已逝亲人、追忆先祖，因为他们就是我们的根源。我们要铭记祖训、传扬家风，从根本处修养德性、践行德行，"慎终追远，民德归厚矣"（《论语·学而》）。传统节日的意义不仅在于人们遵守外在风俗礼仪，更在于人们认同其所蕴含的内在精神，进而用其引导自己的价值观念和行为取向。

表14-5 对"清明祭祖，对后代追根寻源有重要意义"观点的认同比重统计

单位：人，%

认同分类	样本数	占总体样本比重	占有效样本比重	累积有效比重
非常不同意	70	1.67	1.68	1.68
不同意	248	5.91	5.97	7.65
不清楚	621	14.79	14.94	22.59
同意	1 655	39.41	39.81	62.40
非常同意	1 563	37.22	37.60	100.00
合计	4 157	99.00	100.00	—
缺失值	42	1.00	—	—
总计	4 199	100.00	—	—

虽然人们对清明节及其意义的认同度非常高，但不同群体的认同度还是存在一定的差异。从职业的角度来看，认同度高的前三位依次为教师、农民和党政机关工作人员，认同度低的后三位依次为专业技术人员、工人和国家机关党群组织企事业单位负责人（见图14-1①）。从学历的角度来看，各群体间的差异不是很大，但总体上呈现出学历越高，对清明祭祖的认同度越高的趋势（见图14-2）。从年龄的角度来看，在18~57岁的群体中，对清明祭祖的认同度总体呈现年龄越大认同度越高的趋势。但58岁及以上群体对此的认同度有所下降，仅在第四位；而18岁以下群体对此的认同度却比58岁及以上群体高出3.51个百分点，排在第二位（见图14-3）。

---

① 图14-1、图14-2、图14-3中的"认同比重"是指"非常同意"和"同意"两项数据的总和。

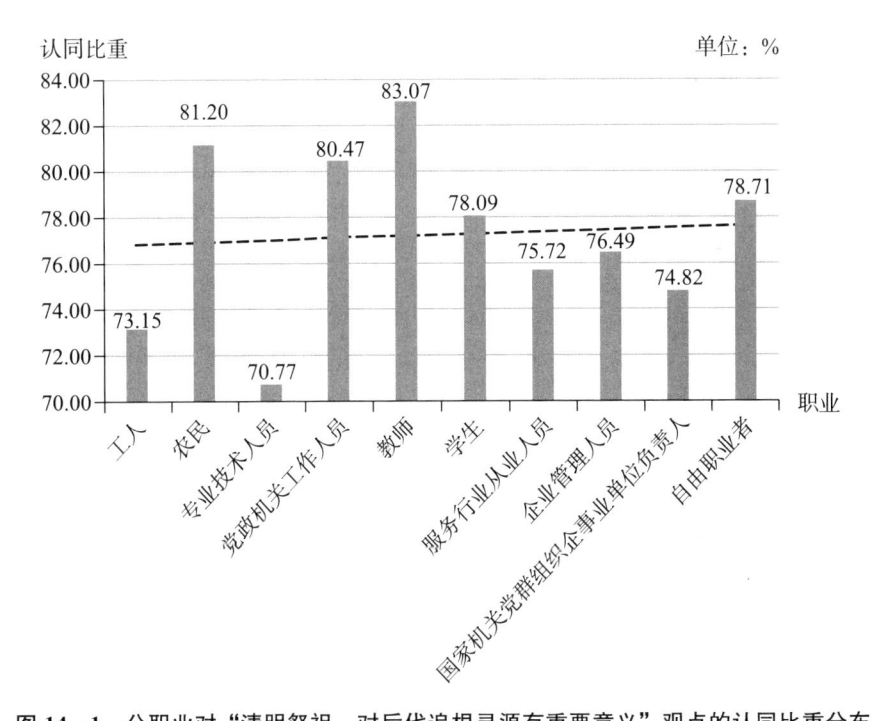

图 14-1 分职业对"清明祭祖，对后代追根寻源有重要意义"观点的认同比重分布

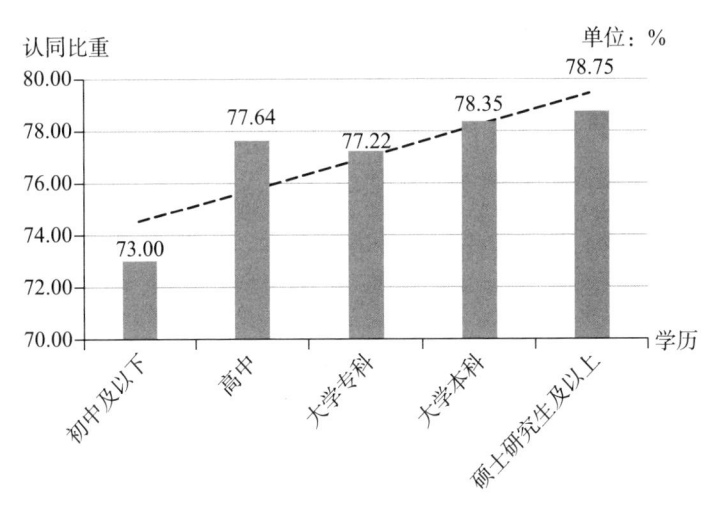

图 14-2 分学历对"清明祭祖，对后代追根寻源有重要意义"观点的认同比重分布

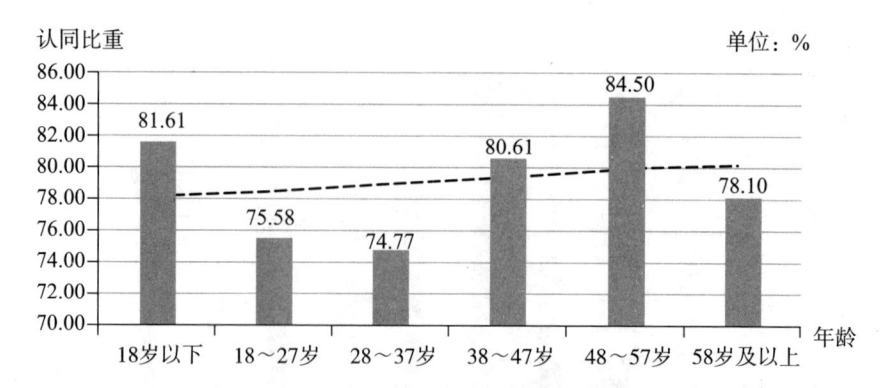

图 14-3　分年龄段对"清明祭祖，对后代追根寻源有重要意义"观点的认同比重分布

通过以上分析，对于不同群体对清明祭祖这一风俗习惯的认同情况，我们可以进行以下解读：首先，教师是中华传统文化也是中华传统风俗习惯的重要传承者和传播者，对中华传统风俗习惯的认同度非常高；农村地区由于地域原因，受到外界的影响相对较小，风俗习惯作为积久成习的社会化生活方式，对农民的影响也就相对更大、更持久，因而农民对清明节及其所蕴含的追根寻源意义的认同度较高。其次，受教育程度与风俗习惯的认同具有正相关关系，即受教育程度越高的人群对传统风俗习惯文化积极影响的认知和认同度会越高，由此可见教育对传统风俗习惯传承的重要性。最后，在18~57岁群体中，年龄与对风俗习惯的认同具有正相关性，这符合我们通常所认为的年龄越大受传统风俗习惯影响越大、对其认同度就越高的认知。但是18岁以下群体对传统风俗习惯的认同度比58岁及以上群体高这一现象又与我们通常的认知相悖。

（三）人们对"移风化俗"的认同状况

几千年传承而来的传统节日和衣食住行、婚丧嫁娶等"良风美俗"依然是人们在日常生活和行为中遵循的准则。但在历史的演变中，有些当时流行的风俗礼仪会随着时代的发展而发生变化，原有的风俗习惯中不合时宜的内容，也会随着历史条件的变化而变化，也就是我们常说的"移风易俗""敦风化俗"。为了适应新的社会环境、合乎人们新的生活方式，有些风俗习惯需要加以改造。通过调查人们对"传统婚丧嫁娶有很多陋习，应该融入现代文明加以改造"这一观点的认同情况，可以看到：有42.27%的人对这一观点表示"同意"，还有28.96%的人表示"非常同意"，亦即有

71.23%的人表示认同；而表示"不同意"的人的比重为7.58%，表示"非常不同意"的人的比重为1.88%，也就是表示不认同的人的比重为9.46%（见表14-6）。从数据来看，有71.23%的受访者认同"传统婚丧嫁娶有很多陋习，应该融入现代文明加以改造"的观点。这一调查结果反映出，大多数人意识到有些传统风俗习惯已经不能适应现代社会的发展和现代生活方式的需要，应当予以改造。但是受访者对这一观点的认同度（71.23%）比对"清明祭祖，对后代追根寻源有重要意义"观点的认同度（77.41%）低了6.18个百分点。我们可以对此进行分析，人们如果对传统风俗习惯的作用和意义有较好的认知，那么就应该认同对不合时宜的传统风俗习惯加以改造，而不认同传统风俗习惯的人则更应该赞同对陋习加以改造。依据这一分析，对"传统婚丧嫁娶有很多陋习，应该融入现代文明加以改造"观点的认同度应该高于对"清明祭祖，对后代追根寻源有重要意义"观点的认同度。但调研数据的结果正相反。我们从这一现象可以推测：其一，有的受访者对传统风俗习惯有较好的认知，有深入的认同，对以上两个观点有很清晰的认识，能够做出理性的选择。其二，有的受访者对传统风俗习惯的认知较为模糊，在对这两个问题做出判断时，存在随意性或者不确定性。其三，在"传统婚丧嫁娶有很多陋习，应该融入现代文明加以改造"这一题项中，对传统婚丧嫁娶的陋习进行了量的限制，是指有"很多"陋习。对传统风俗习惯认同度高的受访者虽然也认同应改造陋习，但不认同传统婚丧嫁娶存在的陋习很多。这也从另一个侧面说明人们对传统风俗习惯的认同度比较高。其四，随着时间的推移、社会的变迁，以往传统婚丧嫁娶中存在的陋习已经被改造了，已经能够适应现代生活的需要。

表14-6 对"传统婚丧嫁娶有很多陋习，应该融入现代文明加以改造"观点的认同比重统计　　单位：人，%

认同分类	样本数	占总体样本比重	占有效样本比重	累积有效比重
非常不同意	78	1.86	1.88	1.88
不同意	315	7.50	7.58	9.45
不清楚	803	19.12	19.32	28.77
同意	1 757	41.84	42.27	71.04
非常同意	1 204	28.67	28.96	100.00
合计	4 157	99.00	100.00	—
缺失值	42	1.00	—	—
总计	4 199	100.00	—	—

我们再来考察不同群体对"传统婚丧嫁娶有很多陋习,应该融入现代文明加以改造"这一观点的认同度是否存在差异。从职业角度来看,认同度高的前三位依次为自由职业者、教师和企业管理人员,认同度低的后三位依次为专业技术人员、党政机关工作人员和服务行业从业人员(见图14-4①)。从学历角度来看,整体上呈现的是学历越高认同度越高的趋势,但是硕士研究生及以上学历群体对此的认同度却出现下降,仅高于初中及以下学历群体(见图14-5)。从年龄角度来看,认同度总体呈现年龄越大认同度越高的趋势,但58岁及以上群体对此的认同度出现下降;而18岁以下群体对此的认同度相较于对前文清明节问题的认同度,有一定的下降(见图14-6)。

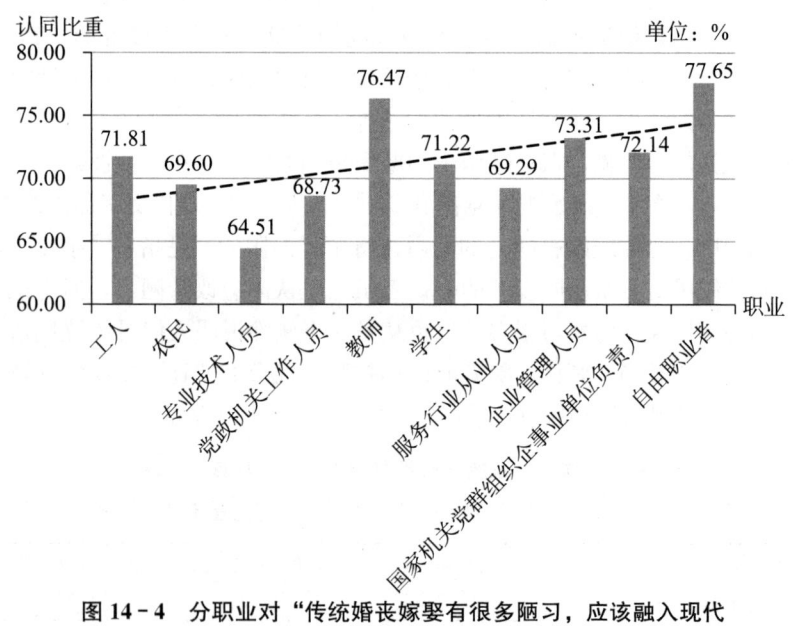

图 14-4　分职业对"传统婚丧嫁娶有很多陋习,应该融入现代
文明加以改造"观点的认同比重分布

---

① 图14-4、图14-5、图14-6中的"认同比重"是指"非常同意"和"同意"两项数据的总和。

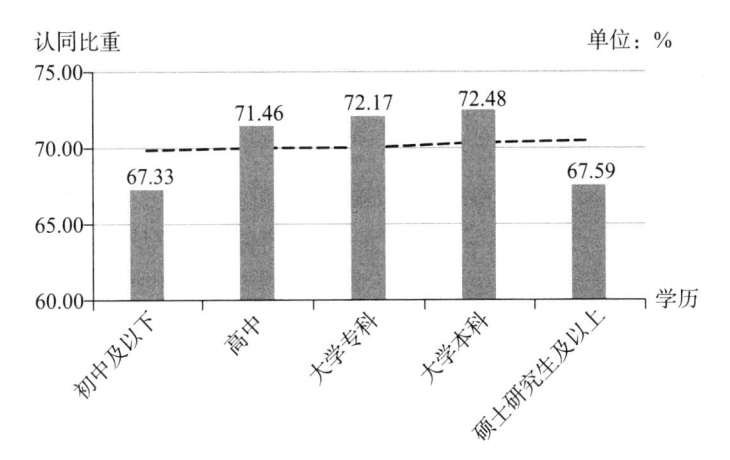

图 14-5　分学历对"传统婚丧嫁娶有很多陋习，应该融入现代
文明加以改造"观点的认同比重分布

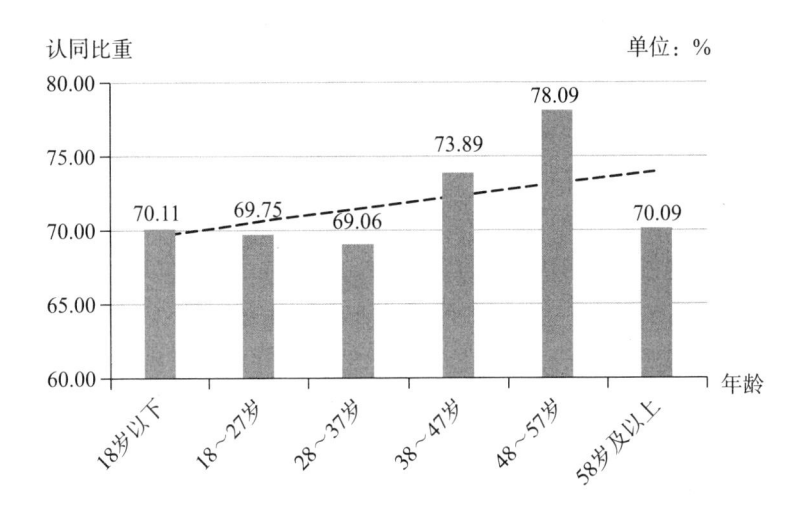

图 14-6　分年龄段对"传统婚丧嫁娶有很多陋习，应该融入现代文明
加以改造"观点的认同比重分布

通过分析不同群体对"传统婚丧嫁娶有很多陋习，应该融入现代文明加以改造"观点的认同情况，我们可以得出：首先，从职业角度来看，与前文关于清明节认同问题的数据比较，教师对两个问题的认同度都比较高，而专业技术人员对这两个问题的认同度都是最低的。这说明教师群体对风俗习惯的认知较为全面，既能认识到风俗习惯对于人们的生活和行为

产生的积极正面的影响，也能认识到不合时宜的风俗习惯应随着时代变迁而不断与时俱进。对于专业技术人员而言，他们对于风俗习惯这两个方面的认知相对不足或者说不清晰。其次，从整体来看，受教育程度与对移风易俗的认同具有正相关关系，即总的来说，受教育程度越高的人群对有些传统风俗习惯应加以改造和进行新的阐释的认知认同度会越高。这也说明教育对于正确地理解传统风俗习惯具有较大的作用。硕士研究生及以上学历人群对于这一问题的态度不符合我们平时的认知，其原因可能在于他们更认同风俗习惯对于人们思想方式、行为方式的积极影响作用，不认为风俗习惯中有很多的陋习。最后，在总体上，年龄与对移风易俗的认同具有正相关关系，也就是我们通常所认为的年龄越大受传统风俗习惯影响越深刻、对其关注了解度越高。但是58岁及以上群体对这一问题的认同度不高的情况同样不符合我们通常的认知。

三、发挥风俗习惯在促进社会主义核心价值观认同中的作用

根据前文的数据分析和研究，从整体上讲，不管是对于风俗习惯作为中华传统文化的重要组成部分，还是对于传统节日、风俗礼仪及其蕴含的内在精神，人们的认同度都很高。风俗习惯在潜移默化中深刻地影响着人们的生活态度、价值取向，成为人们遵循的基本规范准则，引导着人们的行为。人们对风俗习惯的认同度也就影响着他们对核心价值观的认同度。下面这组"清明节祭祖，对后代追根寻源有重要意义"与"我是中国人，我感到自豪"的交叉分析数据（见表14-7），更直接地呈现出了风俗习惯对核心价值观认同的影响。从中我们可以看到"清明节"这一传统节日的认同状况对核心价值观中"爱国"这一范畴的认同状况的影响。

表14-7的数据显示出：对于"清明节祭祖，对后代追根寻源有重要意义"这一题项，选择"非常不同意"的受访者中对"我是中国人，我感到自豪"观点表示认同的比重[①]为51.47%，选择"不同意"的受访者中对"我是中国人，我感到自豪"观点表示认同的比重为53.69%，选择

---

① 这里认同的比重也就是指，在对"清明节祭祖，对后代追根寻源有重要意义"这一题项选择"非常不同意"的受访者中，对"我是中国人，我感到自豪"这一题项选择"非常同意"（32.35%）和"同意"（19.12%）的比重的总和（51.47%）。表14-7中的"认同"项的数据都在此意义上统计。

"不清楚"的受访者中对"我是中国人，我感到自豪"观点表示认同的比重为61.55%，选择"同意"的受访者中对"我是中国人，我感到自豪"观点表示认同的比重为85.29%，选择"非常同意"的受访者中对"我是中国人，我感到自豪"观点表示认同的比重为88.30%。根据以上数据，我们可以看到：受访者对"清明节祭祖，对后代追根寻源有重要意义"这一题项的选择越正面，对"我是中国人，我感到自豪"观点的认同度越高。也就是说，人们认同清明节及其内在精神价值意蕴对于他们认同核心价值观"爱国"有积极的影响。从清明节祭祖活动及其内含的追根寻源意义中生发的是子女对父母的爱敬之情，扩展开来的是人们对国家的热爱之情。爱亲与爱国一脉同源，由缅怀先祖、爱其亲而爱其国，清明节这一传统节日蕴含的价值观念与核心价值观中的"爱国"范畴有着高度的契合。因此，对传统风俗习惯文化中所蕴含的优秀价值观念的传承和升华，必将有助于提高人们对核心价值观的认同。

表14-7 "清明节祭祖，对后代追根寻源有重要意义"与
"我是中国人，我感到自豪"的交叉分析数据　　单位:%

	"我是中国人，我感到自豪"					
	认同分类	非常不同意	不同意	不清楚	同意	非常同意
"清明节祭祖，对后代追根寻源有重要意义"	非常不同意	16.18	10.29	22.06	19.12	32.35
	不同意	4.51	18.44	23.36	31.15	22.54
	不清楚	1.13	5.82	31.50	32.96	28.59
	同意	0.49	2.86	11.37	42.25	43.04
	非常同意	0.51	1.99	9.20	23.22	65.08

由上可见，借助风俗习惯可以提升人们对核心价值观的认同。但是在当前如何正确认识风俗习惯对核心价值观认同的影响，如何吸收、借鉴风俗习惯的思想资源以进一步提高人们对核心价值观的认同等，仍然是值得重视和深入探讨的问题。

第一，加深人们对风俗习惯的认知，使其成为涵养核心价值观的重要源泉。虽然大多数人对风俗习惯的认同度很高，但是不同群体对它的认同度存在一定的差异。如前文的数据分析所示，在整体上呈现出学历越高、

年龄越大的人群对风俗习惯的认同度越高的趋势，局部上也存在着18岁以下群体对风俗习惯的认同度比58岁及以上群体高这一与通常的认知相悖的现象。这些现象表明，某些群体对风俗习惯的认知和理解还存在模糊性或不确定性。这必然会影响风俗习惯在引导人们的价值取向、规范人们的行为方式、提高人们的道德水平等方面的作用，进而影响风俗习惯对推进核心价值观认同的作用。随着我国改革开放、市场经济的发展以及西方现代价值观念的传入，我国传统的经济模式、社会结构、生活方式以及文化价值观念发生了巨大的变化。这在某种程度上打破了人们与传统文化之间、与风俗习惯之间的紧密联系。但是，风俗习惯仍然在人们的社会生活中普遍存在，对人们的价值观念、思想状态、行为方式等方面有着广泛而持久的影响。面对价值观念日益多元化、多样化的现代社会环境，面对传统与现代的冲撞，人们对传统风俗习惯的传承与弘扬及其现代性转化的认知也就存在着不足和模糊性。

因此，要更好地发挥风俗习惯在推进核心价值观认同中的作用，必须要加深对风俗习惯的内涵、历史作用、当代价值以及其对核心价值观认同正面影响的认知。其一，要认识到确实有一部分传统风俗习惯已经失去了存在的合理性，不能适应现代社会发展和现代生活的需要，应当予以改造。其二，要认识到为了适应时代的变迁和社会环境的变化，有些原来不适宜的风俗习惯也在不断更新变化。其三，更为重要的是，不能把传统风俗习惯完全归于封建文化糟粕，要认识到中华传统风俗习惯是具有连续性和稳定性的，在中国五千年的历史文明中起过积极作用，它的有些内容到现在仍具有历久弥新的价值。其四，要认识到风俗习惯与核心价值观有着内在的一致性，有着重叠的地方。因而，要深入挖掘可以利用的优秀风俗习惯文化资源，为涵养核心价值观提供浓厚的资源基础。

第二，创造性转化和创新性发展风俗习惯，丰富实现核心价值观认同的途径。传统风俗习惯既有与现代生活和社会环境相融合的地方，也有与之不相适应的内容。风俗习惯中所蕴含的精神内核和价值观念对核心价值观认同既会产生正面的影响，也会产生负面的影响。如何发挥风俗习惯对核心价值观的正面影响呢？一方面，要对风俗习惯进行批判性地继承，凝练其内在的深厚意蕴，汲取其精华，摒弃其不再适应时代要求的糟粕；另一方面，要对风俗习惯加以创造性转化和创新性发展，对其做出新的阐释，赋予其时代新义。

风俗习惯经过创造性转化和创新性发展，可以成为传播核心价值观的重要载体，核心价值观可以借助这一通俗化、生活化的途径进行传播，深入人心。例如，重视传统节日的思想熏陶和文化教育作用，丰富春节、元宵节、清明节、端午节、七夕节、中秋节、重阳节等传统节日内在的精神意蕴，举行相应的纪念活动，形成新的节日习俗；重视礼仪对社会成员行为的规范教化作用，形成与传统礼仪相承接、与现代文明要求相符合的社会礼仪，建立健全各类公共场所和网络公共空间的礼仪规范。合理地运用风俗习惯的各种形式，促进核心价值观的日常化、具体化、形象化、生活化，必然能推进人们对核心价值观的认同。

报告十五

个人道德修养对社会主义核心价值观认同的影响

一、问题的提出与调查设计

党的十八大报告提出，要倡导富强、民主、文明、和谐，倡导自由、平等、公正、法治，倡导爱国、敬业、诚信、友善，积极培育和践行社会主义核心价值观。富强、民主、文明、和谐是国家层面的价值目标，自由、平等、公正、法治是社会层面的价值取向，爱国、敬业、诚信、友善是公民个人层面的价值准则。党的十九大报告将社会主义核心价值观的践行和培育提高到新的高度："社会主义核心价值观是当代中国精神的集中体现，凝结着全体人民共同的价值追求。要以培养担当民族复兴大任的时代新人为着眼点，强化教育引导、实践养成、制度保障，发挥社会主义核心价值观对国民教育、精神文明创建、精神文化产品创作生产传播的引领作用，把社会主义核心价值观融入社会发展各方面，转化为人们的情感认同和行为习惯。"① 社会主义核心价值观的培育和践行显得尤为必要，而社会主义核心价值观的践行主要是通过转化为人们的情感认同来实现的。

---

① 习近平. 决胜全面建成小康社会 夺取新时代中国特色社会主义伟大胜利：在中国共产党第十九次全国代表大会上的报告（2017年10月18日）. 北京：人民出版社，2017：42.

习近平总书记2014年5月4日在北京大学师生座谈会上的讲话中指出："核心价值观的养成绝非一日之功，要坚持由易到难、由近及远，努力把核心价值观的要求变成日常的行为准则，进而形成自觉奉行的信念理念。"① 习近平总书记还说："核心价值观，其实就是一种德，既是个人的德，也是一种大德，就是国家的德、社会的德。国无德不兴，人无德不立。"②

从以上重要文件和领导人讲话中，我们可以看到，社会主义核心价值观的培育和践行十分必要，同时，社会主义核心价值观也面临着不少社会认同方面的难题：如何有效地提高社会主义核心价值观的认同度？社会主义核心价值观的认同应该如何实现？影响社会主义核心价值观认同的因素有很多，比如个人道德修养、学校教育因素、家庭因素、社区因素、社会因素等。但是个人道德修养对社会主义核心价值观的认同具有非常重要的影响。一般说来，个人道德修养越高，对社会主义核心价值观的认同就越高，反之，则越低。从前文的领导人讲话中，我们也不难发现，社会主义核心价值观根本上是一种德，其落实和践行实际上与人们的道德修养关系密切，那么，个人道德修养对社会主义核心价值观的认同会产生哪些影响？社会主义核心价值观的落实和践行在哪些方面依赖于个人道德修养？或者说，个人道德修养在哪些方面会切实地影响到社会主义核心价值观的落实和践行？它们之间会不会表现出一定的差异？

针对以上问题，2016年8—12月，本课题组、湖北大学高等人文研究院、中华文化发展湖北省协同创新中心组织相关人员进行了"弘扬社会主义核心价值观与继承传统文化问卷调查"。调查对象的覆盖面十分广泛，非常具有代表性，涉及工业、建筑业、服务行业从业人员，从事农业生产的人员，党政机关公务员，大中学校教师、学生，各类事业单位从业人员，普通城镇居民，各种自由职业从业人员等。本次调查发放问卷5 000份，最终回收问卷4 300份，经分析最终有效问卷4 199份。男女性别比基本平衡。在此次调查中，我们了解到近几年来人们对

---

① 习近平. 青年要自觉践行社会主义核心价值观：在北京大学师生座谈会上的讲话（2014年5月4日）. 北京：人民出版社，2014：12.

② 同①4.

"个人道德修养对社会主义核心价值观的认同的影响"这一主题的评价现状。本次调查问卷中涉及"个人道德修养对社会主义核心价值观的认同的影响"的结果性变量的题项为6个,这6个题项分别从个人道德修养与和谐社会、个人道德修养与社会公正个人道德责任与爱国、人们对个人敬业精神的认同、社会诚信与个人的道德约束以及友善与个人道德修养等方面,了解到公众对个人道德修养与社会主义核心价值观认同之间关系的认知认同的现状及特点。

为了便于分析,我们将调查表中的认同选项进行分类。将"非常不同意"和"不同意"归为"负向"评价,分别定义为"极端负向"和"一般负向"。对于样本中选择"不清楚"选项的被调查者,可以理解为被调查者对相应题项的内容确实没有体验,确实没有关注,确实不愿意表达自己的观点和态度,将该类回答定义为"不排斥"的谨慎回答。将"同意"和"非常同意"归为"正向认同",分别定义为"一般正向"和"积极正向"。为了便于分析统计结果,我们还将正向认同人数的比重进行分类:认同人数的比重在70.00%以下,定义为"不尽如人意";将70.00%~79.00%定义为"不容乐观";将80.00%~89.00%定义为"情况良好";将90.00%~100.00%定义为"令人满意"。

二、个人道德修养对社会主义核心价值观认同的影响状况分析

表15-1是对影响个人道德修养对社会主义核心价值观认同的6个题项的统计结果。

(一)个人道德修养与核心价值观社会认同的分析

对表15-1的具体分析如下:

第一,表中"和谐社会对个人而言,就是要修身养性、内心平静"的题项,是测度被调查者对于和谐社会与个人道德修养的关系的认同状况,即测度被调查者对于个人道德修养对核心价值观之一的"和谐"的影响的认同情况。数据显示,持有"极端负向"评价的人数的比重为1.49%,持"一般负向"的人的比重为7.61%,负向评价比重合计为9.10%;不清楚而"不排斥"的人所占比重为18.56%;持"一般正向"评价的人的

比重为46.67%，持"积极正向"评价的人的比重为25.67%，正向评价比重合计为72.34%。统计结果表明，样本中有72.34%的被调查者对于个人道德修养对核心价值观之一的"和谐"的影响给予了正向肯定的认同，持认同评价的人所占比重处于"不容乐观"的水平。

表15-1　个人道德修养与核心价值观认知分析

单位：%

题项＼认同分类	非常不同意（极端负向）	不同意（一般负向）	不清楚（不排斥）	同意（一般正向）	非常同意（积极正向）	正向评价（合计）
和谐社会对个人而言，就是要修身养性、内心平静	1.49	7.61	18.56	46.67	25.67	72.34
只有人心无私、正直，才会有社会的公正	2.26	10.36	21.51	43.33	22.54	65.87
每当我听到庄严的国歌，我心中油然升起一种责任感	1.28	4.70	16.31	39.36	38.35	77.71
干一行，爱一行，每一个人要珍惜眼前的工作	1.27	4.40	14.05	41.74	38.54	80.28
社会诚信，关键在于个人的道德约束	1.68	6.11	17.71	42.75	31.75	74.50
友善是指心从善念，与人为善、给人机会	1.08	3.03	14.58	47.55	33.76	81.31

第二，表中"只有人心无私、正直，才会有社会的公正"的题项，是测度被调查者对于个人道德修养与社会公正的关系的认同状况，即测度被调查者对于个人道德修养对社会公正的影响的认同情况。数据显示，持有"极端负向"的评价的人所占比重为2.26%，持有"一般负向"评价的人所占比重为10.36%，负向评价比重合计达12.62%；选择不清楚或"不排斥"的人所占比重为21.51%；持"一般正向"评价的人所占比重为43.33%，持"积极正向"评价的人所占比重为22.54%，正向评价比重合计为65.87%。统计结果表明，样本中有65.87%的被调查者对于个人道德修养对社会公正的社会认同的影响持肯定的意见，持肯定性评价的人所占比重处于"不尽如人意"的水平。

第三，表中"每当我听到庄严的国歌，我心中油然升起一种责任感"的题项，是测度被调查者对个人道德责任与核心价值观之一的"爱国"之间关系的认同状况，即测度被调查者出于道德责任感对聆听到庄严国歌即爱国感受的认同状况。数据显示，持有"极端负向"评价的人所占比重为1.28%，持有"一般负向"评价的人所占比重为4.70%，负向评价比重合计为5.98%；选择不清楚或"不排斥"的人所占比重为16.31%；持"一般正向"评价的人所占比重为39.36%，持"积极正向"评价的人所占比重为38.35%，正向评价比重合计为77.71%。统计结果表明，样本中有77.71%的被调查者对于个人道德责任对爱国的社会认同的影响持肯定的态度，持肯定性评价的人所占比重处于"不容乐观"的水平。

第四，表中"干一行，爱一行，每一个人要珍惜眼前的工作"的题项，是测度被调查者对于核心价值观之一的"敬业"的认同状况，也可以将"每一个人要珍惜眼前的工作"理解为一种道德的要求和修养，也就是说，这一题项测度被调查者对敬业和个人道德法则之间关系的认同。数据显示，持"极端负向"评价的人所占比重为1.27%，持"一般负向"评价的人所占比重为4.40%，负向评价比重合计为5.67%；选择不清楚或"不排斥"的人所占比重为14.05%；持"一般正向"评价的人所占比重为41.74%，持"积极正向"评价的人所占比重为38.54%，正向评价比重合计为80.28%。统计结果表明，样本中有80.28%的被调查者对于个人道德法则对"敬业"的社会认同的影响持肯定的态度，持其肯定性评价的人所占比重处于"情况良好"的水平。

第五，表中"社会诚信，关键在于个人的道德约束"的题项，是测度被调查者对个人道德约束与核心价值观之一的"诚信"之间关系的认同状况，也即测度被调查者对于个人道德修养对社会诚信影响的认同状况。数据显示，持有"极端负向"评价的人所占比重为1.68%，持有"一般负向"评价的人所占比重为6.11%，负向评价比重合计为7.79%；选择不清楚或"不排斥"的人所占比重为17.71%；持"一般正向"评价的人所占比重为42.75%，持"积极正向"评价的人所占比重为31.75%，正向评价比重合计为74.50%。统计结果表明，样本中有74.50%的被调查者对"社会诚信，关键在于个人的道德约束"的题项持肯定性评价，持肯定性评价的人所占比重处于"不容乐观"的水平。

第六，表中"友善是指心从善念，与人为善、给人机会"的题项，是测度被调查者对个人道德修养（心从善念）与核心价值观之一的"友善"之间关系的认同状况。数据显示，持"极端负向"评价的人所占比重为1.08%，持"一般负向"评价的人所占比重为3.03%，负向评价比重合计为4.11%；选择不清楚或"不排斥"的人所占比重为14.58%；持"一般正向"评价的人所占比重为47.55%，持"积极正向"评价的人所占比重为33.76%，正向评价比重合计为81.31%。统计结果表明，样本中有81.31%的被调查者对"友善是指心从善念，与人为善、给人机会"的题项给予了肯定性评价，持肯定性评价的人所占比重处于"情况良好"的水平。

通过以上分析，我们可以发现，受访民众对个人道德修养与核心价值观中的"和谐"、"公正"、"爱国"、"敬业"、"诚信"与"友善"之间关系的认同评价，总体呈现出"情况良好"、"不容乐观"和"不尽如人意"三个层次。首先，被调查者对"友善是指心从善念，与人为善、给人机会"题项和"干一行，爱一行，每一个人要珍惜眼前的工作"题项的认同处于"情况良好"状态，持正向评价的人所占比重分别为81.31%和80.28%。这说明，个人道德修养对核心价值观中"友善"和"敬业"的社会认同产生正向的影响。其次，被调查者对"和谐社会对个人而言，就是要修身养性、内心平静"题项、"每当我听到庄严的国歌，我心中油然升起一种责任感"题项，以及"社会诚信，关键在于个人的道德约束"题项的认同处于"不容乐观"的状态。这就是说，受访民众对核心价值观中的"和谐"、"爱国"和"诚信"的社会认同度不高，以后落实这些价值观念的社会认同之任务依然严峻。最后，被调查者对于"只有人心无私、正直，才会有社会的公正"题项的正向认同比重为65.87%，在所有这6个题项中认同度最低，处于"不尽如人意"的状态，比"不容乐观"还要差。但是这种认同表达的分布差异结果能否代表公众认知认同的水平结果呢？为此必须进行水平分析，检验其结论的真实性。在水平分析中不仅可以检验其分布结果是否真实，而且可以进行分题项比较，从中找出影响认知认同以及评价水平的关键性题项，以进行对策性研究。

(二) 各维度认同水平与总体水平比较

为了便于水平分析，我们将认同表达的分布差异进行分类，由低到高分别赋值为1、2、3、4、5，在分析中将其赋值作为连续分类变量处理：将"非常不同意"赋值为"1"，称之为认同与评价"非常低"（均值为0.5～1.99）；将"不同意"赋值为"2"，称之为"较低"水平（均值为2～2.99）；将"不清楚"赋值为"3"，称之为"一般认同"水平（均值为3～3.99）；将"同意"赋值为"4"，称之为"较高"水平（均值为4～4.75）；将"非常同意"赋值为"5"，称之为"非常高"的水平（均值在4.76及以上）。将6个题项看成6个维度，计算每个样本在6个维度的评价水平值，形成总体评价水平值。将总体评价水平值与各维度评价水平值进行比较，分析不同维度认同与评价水平的差异。表15-2是6个维度认同水平与总体认同水平差异检验结果。

表15-2 6个维度认同水平与总体认同水平（总均值参数3.98）差异检验结果

单位：人

题项	样本数	均值	均值差	t-值	显著性（p）
和谐社会对个人而言，就是要修身养性、内心平静	4 153	3.87	−0.11***	7.338	0.000
只有人心无私、正直，才会有社会的公正	4 152	3.74	−0.24***	−15.857	0.000
每当我听到庄严的国歌，我心中油然升起一种责任感	4 151	4.09	0.11***	7.596	0.000
干一行，爱一行，每一个人要珍惜眼前的工作	4 157	4.12	0.14***	9.973	0.000
社会诚信，关键在于个人的道德约束	4 157	3.97	−0.01	−0.836	0.403
友善是指心从善念，与人为善、给人机会	4 156	4.10	0.12***	9.192	0.000
总体	4 199	3.98	—	—	—

注：*** 表示 $p<0.01$。

表15-2显示，6个维度的总均值是3.98，各维度均值分别为3.87、3.74、4.09、4.12、3.97、4.10。水平分析的检验结果表明，分维度评价

与总体评价相比存在显著差异，这种差异可以分为3个水平级。第一个水平级显著高于总体水平，处在这个水平级的分别是"干一行，爱一行，每一个人要珍惜眼前的工作""友善是指心从善念，与人为善、给人机会"以及"每当我听到庄严的国歌，我心中油然升起一种责任感"这3个维度，其认同均值分别为4.12、4.10、4.09，处在"较高"水平。处在第二个水平级的为"社会诚信，关键在于个人的道德约束"，其认同均值为3.97，与总均值水平无显著性差异。第三个水平级显著低于总体水平，处在这个水平级的是"和谐社会对个人而言，就是要修身养性、内心平静"，以及"只有人心无私、正直，才会有社会的公正"这2个维度，其认同均值分别为3.87、3.74。

均值水平比较说明，人们对"只有人心无私、正直，才会有社会的公正"的认同度最低，其水平差异检验结果与分布差异分析结果一致，即其在分布差异中表现出处于"不尽如人意"状态，在水平差异比较中处在"一般认同"水平。通过均值分析可以发现：其一，社会公正问题的解决并不能完全依赖个人道德修养的提高，更多需要社会法治和制度建设的进步。其二，人们对个人道德法则和核心价值观之一的"敬业"之间关系的认同度较高，大部分受访民众都认为每个人需要遵守爱岗敬业的个人道德法则，干一行，爱一行，每一个人需要珍惜眼前的工作，这说明爱岗敬业作为核心价值观的个人行为规范或法则的认同和落实工作已经取得了较大的进展，人们出于个人的职业道德考虑，比较认同敬业的个人道德要求，遵守敬业的道德规范。其三，人们对个人道德修养对友善的影响的认同度也比较高，这说明大部分受访民众认同"友善是指心从善念，与人为善、给人机会"这一说法，也即认同实现核心价值观之一的"友善"的关键在于个人道德修养，即心存善念、与人为善。其四，人们比较认同"每当我听到庄严的国歌，我心中油然升起一种责任感"，这就说明我国的爱国主义教育现状良好，爱国在相当大的程度上已经内化为普通公民的个人道德责任和追求。

三、个人道德修养对社会主义核心价值观认同的影响差异的原因

通过前文的数据分析，我们可以看到，在个人道德修养对核心价值观中的"和谐"、"公正"、"爱国"、"敬业"、"诚信"以及"友善"的认同的

影响方面，被调查者的认同状况表现出了一定的差异。那么，到底是什么原因导致人们的认同状况之间表现出一定的差异呢？我们应该如何看待这个问题呢？前文的分析对于我们重新认识个人道德修养在核心价值观的认同和践行实践中到底具有什么样的意义呢？我们认为，可以从三个方面来分析和回答以上三个问题。

第一，核心价值观包含的范围比较广，同时强调了不同层面的价值追求，主要涉及国家层面、社会层面以及个人层面，涉及国家层面的有"富强、民主、文明、和谐"，涉及社会层面的有"自由、平等、公正、法治"，涉及个人层面的有"爱国、敬业、诚信、友善"。我们前文所选取的"和谐""公正"主要涉及的是国家层面的"和谐"以及社会层面的"公正"。和谐是我国社会主义现代化建设的目标之一，也是中华传统文化的基本理念，集中体现了学有所教、劳有所得、病有所医、老有所养、住有所居的生动局面。它是社会主义现代化国家在社会建设领域的价值诉求，是经济社会和谐稳定、持续健康发展的重要保证。公正即社会公平和正义，它以人的解放、人的自由平等权利的获得为前提，是国家、社会应然的根本价值理念。公正是对美好社会的生动描述之一，也是从社会层面对社会主义核心价值观基本理念的凝练。可见，国家的和谐以及社会的公正是核心价值观的重要内容，但是它们一般不属于专门的公民基本道德规范范畴。而前文所选取的"爱国""敬业""诚信""友善"4个价值理念则属于公民基本道德规范范畴，是从个人行为层面对社会主义核心价值观基本理念的凝练。所以，前文提到的受访民众对社会公正的关键在于道德品质即公正无私品质的培养的认同度不高也就不难理解了，因为在相当多的人看来，社会公正问题的解决一般不仅仅在于公民道德修养的提高或对规范的遵守，其根本解决之道应该在于社会制度的完善。另外，人们对个人道德修养对国家和谐的影响的认同度偏低，道理也是一样，因为和谐一般来说被理解为国家层面的价值追求，其落实并不仅仅在于个人道德修养。所以，大致说来，前文所提到的民众对个人道德修养对核心价值观的影响的认同表现出差异也就不难理解了。

第二，从对有关个人层面的核心价值观"爱国""敬业""诚信""友善"4个题项的认同分析中，我们可以看到，被调查者并不怎么认同"社会诚信,关键在于个人的道德约束"这个观点。这个问题分析起来很有意思,因为前文提到"爱国""敬业""诚信""友善"都是个人层面的道德规范,为什么人们对"诚信"问题的解决持有不同于其他三种理念的看法呢?或者说,人们为什么并不像假设的那样认同"社会诚信,关键在于个人的道德约束"这一题项呢?我们认为,这一现象的出现不是偶然的,是和当今社会诚信问题的凸显紧密相关的。当今社会是一个价值逐渐多元、变化发展较快的社会,近年来的个人诚信缺失问题越来越严重,社会上有很多人不讲诚信,弄虚作假等不良之风越演越盛。个人在社会中要生存和发展,当然离不开诚信关系的建立,人与人之间如果不可信,社会交往就会寸步难行,人们其他更加复杂的社会关系的建立就会变得遥不可及。所以,诚信对于维系一个社会的正常和健康发展具有至关重要的意义。诚信是整个社会正常运作的基础。既然诚信这么重要,那么为何近年来我国社会经常出现诚信缺失的现象呢?这可能与我国社会市场经济的快速发展有关。由于市场经济发展迅速,但相关的制度规范却没有得到同步发展,很多人不讲诚信,企图通过欺骗和巧夺来获取更多非法的利益。人们对这一不良现象的出现进行了很多的反思,国家也出台了相应的保障措施,但是诚信问题依然没有得到彻底解决,依然是人们普遍关注的一大社会问题。我们认为,前文分析中所表明的人们对"社会诚信,关键在于个人的道德约束"这一题项的认同度不高的主要原因在于,人们认为社会诚信问题是不可能完全依赖于个人的道德约束就可以解决的,因为诚信不仅是个人道德修养问题,而且是社会交往的普遍法则问题。社会诚信缺失问题的彻底解决需要国家以及民间协作建立起长效的保障机制,多管齐下才能实现。

第三,一般说来,个人道德修养的高低会对核心价值观的认同产生较大的影响,这是因为核心价值观本质上是一种价值理念的追求,而价值理念的追求和个人道德修养的高低并不是没有联系的,有些联系可能不是直接的,而是间接的。比如,国家层面的"富强""民主""文明""和谐"等价值理念不是直接的道德修养,更多的是国家层面的最高的价值诉求;社会层面的"自由""平等""公正""法治"则是社会建设的价值诉求,与个人的道德修养高低也没有直接的联系,但是有着间接的关联,因为社会建设和治理问题与个人道德修养有关。所以,核心价值观中只有"爱国""敬业""诚信""友善"作为公民基本道德规范，与个人道德修养的高低本质上直接相关。可以说，个人道德修养越高，就越能遵守这些公民基本道德规范；个人道德修养越低，就越难以遵守这些公民基本道德规范。根据前文的分析，除了"诚信"之外，大部分受访民众都认同个人道德修养会对核心价值观的"爱国""敬业""友善"产生影响，而人们并不高度认同个人道德修养对"诚信"会产生影响，也即人们并不高度认同"社会诚信，关键在于个人的道德约束"这一判断。这是由于人们普遍认识到，"诚信"问题本身不仅仅是一个道德问题，更与社会风气相关，受社会影响较深。最近几年社会上不讲诚信的现象比较普遍，导致人们对诚信问题的认识出现了与传统假设不一致的特征。所以，前文的调查分析对于我们重新认识社会诚信问题具有十分重要的意义。

四、重新审视个人道德修养与社会主义核心价值观认同之间的关系

通过前文的分析，我们认为，个人道德修养对部分核心价值观的认同的确会产生较大的影响，特别是对那些属于公民基本道德规范领域的价值观念，比如"爱国""敬业""友善"。受访民众也比较认同以上这一判断和结论。相比之下，民众对于个人道德修养对核心价值观"和谐"和"公正"的认同的影响并不高度接受，而是选择了保留意见。这就说明，在践行和落实核心价值观比如"和谐"和"公正"时，意识到它们之间存在着认同差异，需要将其与属于公民基本道德规范的价值观的认同和落实区别开来。换句话说，国家和社会层面的核心价值观的认同和落实必须不同于公民基本道德规范层面的价值观的认同和落实，国家和社会层面的核心价值观主要依靠国家和社会的力量来实现，不能仅仅依靠个人道德修养，而公民个人道德规范层面的价值观的认同和落实不能完全指望国家和社会来实现，更多需要依赖于个人道德修养。所以，我们认为有必要重新审视个人道德修养对核心价值观的认同的影响这个问题，重新认识个人道德修养与核心价值观的认同和践行之间的复杂关系，而不能笼统地认为个人道德修养必定会对核心价值观的认同和践行产生积极的正面影响，这种观点的意义其实并不是很大。

我们认为，重新审视个人道德修养与核心价值观之间的关系，要求我们重点关注以下这三点。

第一，我们并不能笼统地以为个人道德修养必定会对核心价值观的认同和践行产生积极的正面影响，而应该根据核心价值观的不同层面加以分类研究，这样才能得出比较合理的结论。也就是说，我们需要分析清楚不同层面的核心价值观受个人道德修养的影响是不同的，国家和社会层面的核心价值观受个人道德修养的影响比较小，而公民基本道德规范层面的价值观受个人道德修养的影响比较大。

第二，核心价值观的认同和践行是一项极其复杂的社会工程，需要国家、社会以及个人层面多方合作、共同努力，坚持不懈才有可能实现。我们不能想当然地以为个人道德修养的提升必定会急速提高核心价值观的认同度，而应该切实地看到，个人道德修养方面的着力对核心价值观的认同会产生一定的影响，既不能贬低这种影响，同时也不能无限制地夸大这种影响，而应该正确地认识个人道德修养对核心价值观的认同的重要作用，不能迷信地以为个人道德修养的提升可以一劳永逸地解决所有核心价值观的认同和践行问题。核心价值观的认同和践行是一项非常复杂的社会系统工程，需要家庭、学校、社区、社会和国家多方共同努力、共同经营，多管齐下才有可能实现。

第三，在不断提高个人层面的核心价值观的认同方面，需要以个人道德修养为抓手，不断提升公民的道德水平，引导公民遵守相应的道德规范。因为"爱国""敬业""诚信""友善"这些价值理念覆盖社会道德生活的各个领域，是公民必须恪守的基本道德准则，也是评价公民道德行为选择的基本价值标准。作为中国公民，每个人都有义务以振兴中华为己任，促进民族团结，维护民族统一，自觉报效祖国。敬业也是公民职业行为准则的价值评价，要求公民忠于职守，克己奉公，服务人民，服务社会，充分地体现社会主义职业精神。诚信即诚实守信，是人类千百年来传承下来的道德传统，"人无信不立"，强调诚实劳动，信守承诺，诚恳待人。友善强调公民之间互相尊重，互相关心，和睦友好。由于个人层面核心价值观的道德性质，一般说来，这些价值观的认同在很大程度上不能寄希望于政府和社会，需要个人的道德品质培养才能从根本上落实。

报告十六

年龄、学历与年收入对高级专业技术人员社会主义核心价值观认同的影响及差异分析

一、引言

习近平总书记在 2018 年 3 月 20 日第十三届全国人民代表大会第一次会议上指出:"我们要以更大的力度、更实的措施加快建设社会主义文化强国,培育和践行社会主义核心价值观,推动中华优秀传统文化创造性转化、创新性发展,让中华文明的影响力、凝聚力、感召力更加充分地展示出来。"[①] 社会主义核心价值观是新时代中华传统文化、中华文明发展与传扬的理论载体,是公众对于中国特色社会主义发展道路的信念期许,也是国家富强、民族振兴、人民幸福的深层次保障。党的十九大报告也指出:"社会主义核心价值观是当代中国精神的集中体现,凝结着全体人民共同的价值追求。要以培养担当民族复兴大任的时代新人为着眼点,强化教育引导、实践养成、制度保障,发挥社会主义核心价值观对国民教育、精神文明创建、精神文化产品创作生产传播的引领作用,把社会主义核心

---

① 习近平. 在第十三届全国人民代表大会第一次会议上的讲话(2018 年 3 月 20 日). 北京:人民出版社,2018:9.

价值观融入社会发展各方面，转化为人们的情感认同和行为习惯。"① 目前，核心价值观作为引导国家、社会、人民走向社会主义现代化强国的精神追求，其根本任务之一是要得到全社会的普遍认同，并在实践中贯彻落实。没有广大人民群众认同并躬行实践的核心价值观，是无法根植于中华传统文化大地上的。在核心价值观践行的道路上，人民群众是中坚力量。但由于不同学历、不同职业和不同年龄等因素的影响，我们无法使每一个群体均完全认同并自愿践行核心价值观。因此，针对不同社会群体对于核心价值观的意见与建议，进一步深入探讨如何使核心价值观的培育和践行工作更加切实高效，建构一种与核心价值观一致并且贯彻核心价值观的道德体系，传扬与核心价值观融合并行的优秀传统文化，是当今中国社会转型的重中之重。

本报告主要基于本课题组、湖北大学高等人文研究院、中华文化发展湖北省协同创新中心2018年3—6月关于"精英群体社会主义核心价值观认知与认同问卷调查"的调研数据，同时参考了湖北大学高等人文研究院、中华文化发展湖北省协同创新中心"中国文化发展状况调查（2019）"数据库。在上述2018年的问卷调查中，"精英群体"是指高学历、高收入、高职务或者高职称的群体。在选择调查对象时，凡是符合其中条件之一者即为我们的调查对象。调查对象的职业共分为七类，分别是企业法人代表、企业高管、高级专业技术人员、大学教师、党政机关领导干部、事业单位负责人与自由职业者。其中，事业单位负责人占3.40%，企业法人代表占11.00%，高级专业技术人员占17.70%，大学教师占25.40%，党政机关领导干部占23.90%，企业高管占17.70%，自由职业者占0.90%。高级专业技术人员一般指受过优良教育、具备专业知识技能、享有较高的社会回报如物质或声誉的群体。由于大学教师在各学科专业领域从事教学和科研工作，具有明显的专业特征，并且具有学历要求高、职称晋升压力大、竞争特别强、入职要求高的高端人才特征，故本报告对调查规定的"高级专业技术人员"进行了扩展，将"大学教师"也归入"高级

---

① 习近平.决胜全面建成小康社会 夺取新时代中国特色社会主义伟大胜利：在中国共产党第十九次全国代表大会上的报告（2017年10月18日）.北京：人民出版社，2017：42.

专业技术人员"类别，所使用的数据包含对"大学教师"的调研数据。本报告对"精英群体社会主义核心价值观认知与认同问卷调查"所获得的1 213份有效问卷进行筛选，其中，符合本报告定义的"高级专业技术人员"的样本有523个，占有效样本的比重为43.10%。从本次问卷调查的内容来看，问卷共设置了58个自陈式题项。从培育和践行核心价值观整体认同和评价、培育和践行核心价值观的路径、培育和践行核心价值观的阻力因素以及对不同层面核心价值观的理解和认知认同四个方面，了解被调查者对核心价值观的认知认同以及对相关问题的感受和评价。为了方便数据分析，我们将调查表中的认同选项进行分类，将"非常不同意"和"不同意"列为"负向"评价，将"同意"和"非常同意"列为"正向"评价。

二、影响因素选取与题项设计

长期以来，高级专业技术人员都是社会精尖人才的重要组成力量。习近平总书记在知识分子、劳动模范、青年代表座谈会上讲话时也强调："天下为公、担当道义，是广大知识分子应有的情怀。我国知识分子历来有浓厚的家国情怀，有强烈的社会责任感。'修身齐家治国平天下'，'为天地立心、为生民立命、为往圣继绝学、为万世开太平'，'先天下之忧而忧，后天下之乐而乐'，这些思想为一代又一代知识分子所尊崇。"[①] 新时代的高级专业技术人员正是秉承着先祖的情怀与荣誉，在中国社会转型期间发挥着磅礴而又坚定的力量。他们是新时代中国特色社会主义建设的人才基础，在认同与践行核心价值观中引领着、开拓着智慧潮流与科技创新道路。在职业分类中，社会职业评价越高的精英群体对核心价值观内容的认同度越高。因此，非常有必要对影响高级专业技术人员核心价值观认同的因素进行进一步分析。本报告拟对人口学因素中年龄、学历与年收入三个可纵向分层的因素进行影响和差异分析。

在发展中国特色社会主义的过程中，高级专业技术人员核心价值观的

---

① 习近平. 在知识分子、劳动模范、青年代表座谈会上的讲话（2016年4月26日）. 北京：人民出版社，2016：5-6.

培育与践行工作至关重要。其中，核心价值观"认同"与"践行"的重点就在于能否做到并做好"知"与"行"的有效配合。"知"与"行"是中国哲学的一组古老概念。《左传·昭公十年》中提出"非知之实难，将在行之"；唐代吴兢在《贞观政要·论慎终》写道："非知之难，行之惟难；非行之难，终之斯难。"至明代，王阳明针对朱熹的"知行二分"，将"知"与"行"发展到又一新高度。"知之真切笃实处，即是行；行之明觉精察处，即是知，知行工夫本不可离。"① 王阳明摆脱了先"知"后"行"，即无"知"不"行"，无"行"不"知"，其论述的"知"与"行"的又一内涵是为恢复"知行本体"，达到"致良知"。放至现今，"知"不仅代表的是对科学真知的认知，也关乎一种何为善恶、何为符合社会发展的正确价值观的情感认知；"行"即是将"知"内化于心，转变为人格理想、内心信念，并通过行为规范实践出来。因此，能否做到并做好"知行合一"，不仅是评价高级专业技术人员对核心价值观践行的认同度的标准，也是中国新时代社会创造性转型、建设中国特色文化强国的坚实基础。

为进一步了解高级专业技术人员对培育和践行核心价值观的认同度与认同差异，本报告选取问卷调查中关于培育和践行两类问题的具体题项，分别为培育类的B4"核心价值观的培育和践行已经深入人心"和践行路径类的B5"践行核心价值观主要依靠个人道德品质的培养"、B6"践行核心价值观主要依靠法律的约束"、B7"核心价值观的践行重在党和政府的倡导和教育"。这四个题项分别涉及高级专业技术人员对核心价值观培育与践行的感知度，以及对践行与个人道德素质培育、践行与法律约束和践行与宣传教育等路径的认同问题。

在下文的分析中，我们将以年龄、学历、年收入为自变量，以高级专业技术人员对B4、B5、B6、B7四个题项的感知度评价为因变量，进行相应的回归与交叉分析②，以考察可分层的人口学因素对高级专业技术人员核心价值观认同的影响及其差异。

---

① 刘宗贤. 陆王心学研究. 济南：山东人民出版社，1997：295.
② 没有显著因果关系的变量不在本报告分析的范围内。

三、各因素对核心价值观培育和践行路径的影响与差异分析

(一) 年龄因素对核心价值观践行路径认同的影响与差异分析

1. 年龄因素与核心价值观践行路径认同的回归分析

表 16-1 是对 B6 题项"践行核心价值观主要依靠法律的约束"观点认同的线性回归分析。以年龄为自变量,以 B6 题项为因变量进行线性回归分析,我们得出,年龄与 B6 之间存在显著线性因果关系(sig=0.003),即高级专业技术人员对"践行核心价值观主要依靠法律的约束"的认同与年龄之间存在显著因果关系。由表 16-1 可知,标准化回归系数 B 为 -0.232,t 值为 -3.212,即高级专业技术人员对"践行核心价值观主要依靠法律的约束"的认同与年龄之间存在负向因果关系:年龄越小,越认同"践行核心价值观主要依靠法律的约束";年龄越大,越不一定赞成将法律的约束作为核心价值观践行的主要路径。

表 16-1 B6"践行核心价值观主要依靠法律的约束"观点认同的线性回归结果

您的年龄	非标准化系数 B	标准误差	标准系数 Beta	t-值	显著性 (p)
	-0.232***	0.072	-0.148	-3.212	0.003

注:*** 表示 $p<0.01$。
资源来源:本课题组、湖北大学高等人文研究院、中华文化发展湖北省协同创新中心"精英群体社会主义核心价值观认知与认同问卷调查(2018)"数据库。[①]

2. 不同年龄段群体对核心价值观践行路径认同的差异分析

为了进一步显示年龄与核心价值观践行路径认同之间的负向因果关系,表 16-2 提供了关于年龄与 B6"践行核心价值观主要依靠法律的约束"观点认同的交叉分析数据。总体说来,年龄按照 5 岁一组进行分组,35 岁及以下的人数(162 人)占总样本的 30.98%,36~40 岁的人数(109 人)占总样本的 20.84%,41~45 岁的人数(104 人)占总样本的 19.89%,46~50 岁的人数(67 人)占总样本的 12.81%,51 岁及以上的人数(81 人)占总样本的 15.48%。

[①] 下文中的数据均源于此数据库,不再标注。

表16-2 年龄与B6"践行核心价值观主要依靠法律的约束"观点认同的交叉分析　　单位：人,%

		非常不同意	不同意	负向评价	不清楚	同意	非常同意	正向评价	总计
35岁及以下	计数	7	19	26	45	51	40	91	162
	年龄内的比重	4.32	11.73	16.05	27.78	31.48	24.69	56.17	100.00
36~40岁	计数	6	18	24	31	28	26	54	109
	年龄内的比重	5.50	16.51	22.02	28.44	25.69	23.85	49.54	100.00
41~45岁	计数	2	23	25	27	29	23	52	104
	年龄内的比重	1.92	22.12	24.04	25.96	27.88	22.12	50.00	100.00
46~50岁	计数	4	11	15	22	15	15	30	67
	年龄内的比重	5.97	16.42	22.39	32.84	22.39	22.39	44.78	100.00
51岁及以上	计数	5	18	23	22	20	16	36	81
	年龄内的比重	6.17	22.22	28.40	27.16	24.69	19.75	44.44	100.00
总计		24	89	113	147	143	120	263	523
		4.59	17.02	21.61	28.11	27.34	22.94	50.29	100.00

表16-2的数据表明，高级专业技术人员总体正向认同"践行核心价值观主要依靠法律的约束"的比重为50.29%。具体分析来看，就正向评价比重而言，35岁及以下人群的比重为56.17%，36~40岁人群的比重为49.54%，41~45岁人群的比重为50.00%，46~50岁人群的比重为44.78%，51岁及以上人群的比重为44.44%。其中，51岁及以上高级专业技术人员"非常同意"的比重是19.75%，为单项比重最低；35岁及以下高级专业技术人员"同意"的比重为31.48%，为单项比重最高。并且，由表16-1和表16-2综合对比可知，在高级专业技术人员中，受年龄因素影响，年龄越大，对"践行核心价值观主要依靠法律的约束"的正向评价比重越低。就负向评价比重而言，35岁及以下人群的比重为16.05%，36~40岁人群的比重为22.02%，41~45岁人群的比重为

24.04%,46~50岁人群的比重为22.39%,51岁及以上人群的比重为28.40%。总体负向评价比重为21.61%,远远低于正向评价比重50.29%,"不清楚"的比重为28.11%。这说明不同年龄段的高级专业技术人员,对践行核心价值观主要依靠法律约束的路径,从总体来看持支持态度。但是分年龄段来看,年龄与认同评价之间存在负向线性因果关系,即年龄越小,对于B6的正面评价率越高。

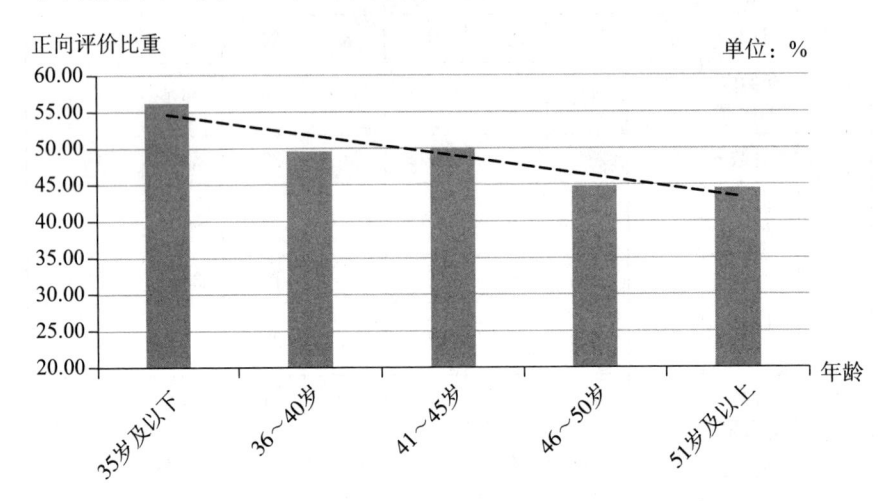

图16-1 年龄内的比重与B6的正向评价比重趋势

综合图16-1我们可以看出,不同年龄段高级专业技术人员的总体正面评价比重处于一般水平,仅占50.29%,且内部正向评价比重呈稳步下滑趋势。本题项意在考察法律约束性在践行核心价值观中的重要性问题,更是"要把社会主义终极价值目标和核心价值理念转化为人们的实践活动,需要根据它们的要求并结合社会现实,提炼概括社会主义基本价值原则,并通过法律的方式确定下来,使之成为国家的意志和人们的行为准则"①。鉴于以上两个变量的负向因果关系,我们可以从以下两个方面推测原因。第一,从外部教育环境来分析,40岁以下的年轻人大多出生于1978年改革开放之后,同时也是高级专业技术人员内部比重最大的人群。无论从经济、政治还是文化教育等方面来说,年轻人的发展环境都较20世纪五六

---

① 江畅.论中国特色社会主义核心价值理念.社会科学战线,2012(10):6.

十年代（年长者）更为全面开放。教育的普及、知识的促进、个人意识的独立等都使年轻人更懂法知法用法，对于法律的约束形式、状态与内容更为清楚，对于法律约束的深度与广度都有一定的衡量度。所以，年轻人的正向评价比重高于年长者，主要是因为他们更认同法律的约束会成为核心价值观快速而有效的践行路径。第二，从内部行为动态来分析，年轻人由于年龄、成长环境（改革开放之后社会环境的急剧冲击）、社会经验的不足等因素做事易冲动激进，更注重结果的快速性，较年长者来说，还未接受社会经验的长期冲洗。而年长者行为更为稳定，善于以理服人且有始有终，行为更加倾向于过程的平稳、结果的长效性。所以，年长者对将法律约束作为践行核心价值观的主要路径的接受度明显低于年轻人。

（二）学历因素对核心价值观践行效果认同的影响与差异分析

1. 学历因素与核心价值观践行效果认同的回归分析

表16-3是对B4题项"核心价值观的培育和践行已经深入人心"观点认同的线性回归分析。分析结果表明，学历与B4之间存在显著线性因果关系（sig＝0.001），即高级专业技术人员对"核心价值观的培育和践行已经深入人心"的认同与学历之间存在显著因果关系。由表16-3可知，非标准化回归系数B为－0.197，t值为－3.555，说明高级专业技术人员对"核心价值观的培育和践行已经深入人心"的认同与学历之间存在负向因果关系：学历越高，对"核心价值观的培育和践行已经深入人心"的认同越低；相反，学历越低，对"核心价值观的培育和践行已经深入人心"的认同越高。

表16-3 B4"核心价值观的培育和践行已经深入人心"观点认同的线性回归结果

您的学历	非标准化系数 B	标准误差	标准系数 Beta	t-值	显著性（p）
	－0.197***	0.055	－0.156	－3.555	0.000

注：***表示 $p<0.01$。

2. 不同学历群体对核心价值观践行效果认同的差异分析

表16-3的数据显示，B4题项与学历存在负向线性关系。表16-4是

关于学历与B4"核心价值观的培育和践行已经深入人心"观点认同的交叉分析数据。表16-4的数据显示，高中及大学专科学历的受访者有22人，在总样本中的比重为4.21%；大学本科学历的受访者有106人，比重为20.27%；硕士研究生学历的受访者有170人，比重为32.50%；博士研究生学历的受访者有225人，比重为43.02%。结果显示，受访的大多数高级专业技术人员均具有研究生学历，人数占高级专业技术人员总人数的75.52%。

表16-4 学历与B4"核心价值观的培育和践行已经深入人心"观点认同的交叉分析　　单位：人，%

		非常不同意	不同意	负向评价	不清楚	同意	非常同意	正向评价	总计
高中及大学专科	计数	1	0	1	8	2	11	13	22
	学历内的比重	4.55	0.00	4.55	36.36	9.09	50.00	59.09	100.00
大学本科	计数	2	4	6	38	29	33	62	106
	学历内的比重	1.89	3.77	5.66	35.85	27.36	31.13	58.49	100.00
硕士研究生	计数	8	15	23	61	41	45	86	170
	学历内的比重	4.71	8.82	13.53	35.88	24.12	26.47	50.59	100.00
博士研究生	计数	11	31	42	93	36	54	90	225
	学历内的比重	4.89	13.78	18.67	41.33	16.00	24.00	40.00	100.00
总计		22	50	72	200	108	143	251	523
		4.21	9.56	13.77	38.24	20.65	27.34	47.99	100.00

就正向评价比重而言，表16-4显示，高中及大学专科学历受访者的比重为59.09%，大学本科学历受访者的比重为58.49%，硕士研究生学历受访者的比重为50.59%，博士研究生学历受访者的比重为40.00%。进一步将正向评价比重进行分类：认同比重在50.00%以下，定义为"不尽如人意"；将50.00%～79.99%定义为"不容乐观"；将80.00%～89.99%定义为"情况良好"；将90.00%～100.00%定义为"令人满意"。

由此表明，博士研究生学历受访者的比重最低，认同情况"不尽如人意"；高中及大学专科学历受访者的比重最高，与其他学历受访者的认同情况同属于"不容乐观"；总体正向评价比重47.99%，也处于"不尽如人意"水平。数据表明，在正向评价中，高级专业技术人员对"核心价值观的培育和践行已经深入人心"的认同度整体较低，且学历越高，正向评价比重越低。就负向评价比重而言，高中及大学专科学历受访者的比重为4.55%，大学本科学历受访者的比重为5.66%，硕士研究生学历受访者的比重为13.53%，博士研究生学历受访者的比重为18.67%。其中，博士研究生选择"不同意"的比重最高，为13.78%。分析表明，正向评价与负向评价的分布规律基本相同，即低学历的认同度明显高于高学历的认同度。同时，值得注意的是，不同学历的高级专业技术人员对B4题项持"不清楚"评价的比重分别为36.36%、35.85%、35.88%、41.33%。相较于其他四个选项，"不清楚"的选项比重最高，说明仍有较多高级专业技术人员出于其他原因未对B4"核心价值观的培育和践行已经深入人心"做出明确选择。

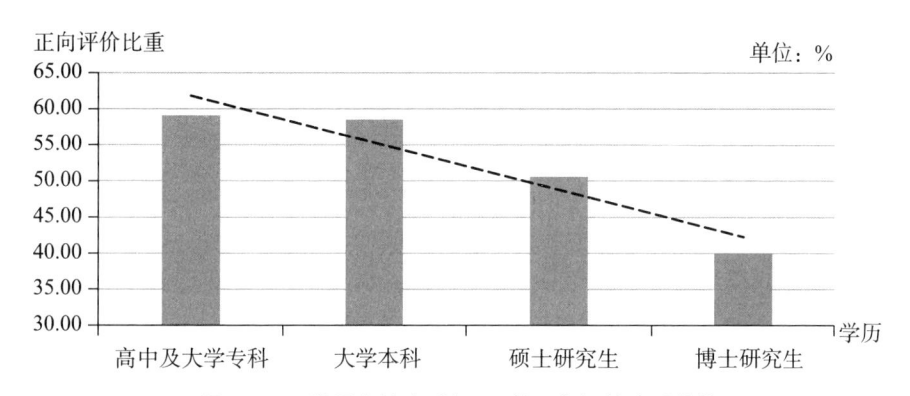

图16-2 学历内的比重与B4的正向评价比重趋势

综合图16-2的正向评价比重趋势，进一步分析显示，核心价值观的践行效果认同在学历层次上分化极其明显。受学历因素影响，学历越高的人群，对核心价值观践行效果的认同越低。

3. 不同学历群体对核心价值观践行效果认同的纵向比较

为了进行认同的发展性分析，我们将"中国文化发展状况调查

(2019)"数据库中的学历与"我觉得核心价值观已经深入人心"观点认同的数据进行交叉对比,对比结果显示(见表16-5),其认同状况与两年前调查的结果相似。其中,以学历为对照单位,正向评价比重分别为75.83%、78.87%、78.44%、75.84%、74.94%。针对2018年与2019年的数据库分析可看出,学历高的人对核心价值观深入人心的整体认同度仍处于下跌状态。

表 16-5 学历与 A6 "我觉得核心价值观已经深入人心"观点认同的交叉分析

单位:人,%

		非常不同意	不同意	负向评价	不清楚	同意	非常同意	正向评价	总计
初中及以下	计数	11	34	45	143	309	281	590	778
	学历内的比重	1.41	4.37	5.78	18.39	39.71	36.12	75.83	100.00
高中(中专)	计数	13	42	55	204	475	492	967	1 226
	学历内的比重	1.06	3.42	4.48	16.65	38.74	40.13	78.87	100.00
大学专科	计数	7	46	53	188	419	458	877	1 118
	学历内的比重	0.62	4.12	4.74	16.82	37.48	40.96	78.44	100.00
大学本科	计数	22	100	122	368	760	778	1 538	2 028
	学历内的比重	1.08	4.93	6.01	18.15	37.47	38.37	75.84	100.00
硕士研究生及以上	计数	5	27	32	71	157	151	308	411
	学历内的比重	1.21	6.57	7.78	17.28	38.20	36.74	74.94	100.00
总计		58	249	307	974	2 120	2 160	4 280	5 561
		1.04	4.48	5.52	17.51	38.12	38.84	76.96	100.00

资料来源:湖北大学高等人文研究院、中华文化发展湖北省协同创新中心"中国文化发展状况调查(2019)"数据库。

(三)学历因素对核心价值观践行路径认同的影响与差异分析

1. 学历因素与核心价值观践行路径认同的回归分析

表16-6是对B7题项"核心价值观的践行重在党和政府的倡导和教

育"观点认同的线性回归分析。从表16-6的数据可以看出,学历与B7之间存在显著线性因果关系(sig=0.000),即高级专业技术人员对"核心价值观的践行重在党和政府的倡导和教育"的认同与学历之间存在显著因果关系。由表16-6可知,标准化回归系数B为-0.214,t值为-3.948,说明高级专业技术人员对"核心价值观的践行重在党和政府的倡导和教育"的认同与学历之间存在负向因果关系:学历越低,越认同"核心价值观的践行重在党和政府的倡导和教育";学历越高,越不同意"核心价值观的践行重在党和政府的倡导和教育"。

表16-6 B7"核心价值观的践行重在党和政府的倡导和教育"
观点认同的线性回归结果

您的学历	非标准化系数		标准系数	t-值	显著性(p)
	B	标准误差	Beta		
	-0.214***	0.054	-0.182	-3.948	0.00

注:***表示$p<0.01$。

2. 不同学历群体对核心价值观践行路径认同的差异分析

为了进一步显示学历与核心价值观践行路径认同之间的负向因果关系,表16-7提供了关于学历与"核心价值观的践行重在党和政府的倡导和教育"观点认同的交叉分析数据。由表16-7可知,研究生学历占高级专业技术人员的比重最高,为75.53%。因此,该题项的前提条件则为绝大多数高级专业技术人员属于高学历人群。

表16-7 学历与B7"核心价值观的践行重在党和
政府的倡导和教育"观点认同的交叉分析　　单位:人,%

		非常不同意	不同意	负向评价	不清楚	同意	非常同意	正向评价	总计
高中及大学专科	计数	0	2	2	1	13	6	19	22
	学历内的比重	0.00	9.09	9.09	4.55	59.09	27.27	86.36	100.00
大学本科	计数	2	1	3	17	38	48	86	106
	学历内的比重	1.89	0.94	2.83	16.04	35.85	45.28	81.13	100.00

续表

		非常不同意	不同意	负向评价	不清楚	同意	非常同意	正向评价	总计
硕士研究生	计数	3	11	14	42	62	52	114	170
	学历内的比重	1.76	6.47	8.24	24.71	36.47	30.59	67.06	100.00
博士研究生	计数	11	25	36	54	78	57	135	225
	学历内的比重	4.89	11.11	16.00	24.00	34.67	25.33	60.00	100.00
总计		16	39	55	114	191	163	354	523
		3.06	7.46	10.52	21.80	36.52	31.17	67.69	100.00

表16-7的数据表明，高级专业技术人员总体正向评价"核心价值观的践行重在党和政府的倡导和教育"的比重为67.69%。具体分析来看，就正向评价比重而言，高中及大学专科学历受访者的比重为86.36%，大学本科学历受访者的比重为81.13%，硕士研究生学历受访者的比重为67.06%，博士研究生学历受访者的比重为60.00%。其中，博士研究生学历的高级专业技术人员"同意"B7题项的比重是34.67%，为单项比重最低；高中及大学专科学历的高级专业技术人员"同意"B7题项的比重为59.09%，为单项比重最高。并且，由表16-6和表16-7综合对比可得知，在高级专业技术人员中，受学历因素影响，学历越高，对"核心价值观的践行重在党和政府的倡导和教育"路径的正向评价比重越低。就负向评价比重而言，高中及大学专科学历受访者的比重为9.09%，大学本科学历受访者的比重为2.83%，硕士研究生学历受访者的比重为8.24%，博士研究生学历受访者的比重为16.00%。总体负向评价比重为10.52%，远远低于正向评价比重67.69%，选择"不清楚"的比重为21.80%。这说明不同学历层次的高级专业技术人员对"核心价值观的践行重在党和政府的倡导和教育"路径总体持认同态度。

综合图16-3进行对比，我们可以看出，受学历因素影响，高级专业技术人员对"核心价值观的践行重在党和政府的倡导和教育"的整体正向评价比重，呈平稳下降趋势。为何学历越高的高级专业技术人员，其认同比重越低？究其原因，我们大致推测为以下三个问题。第一，在上传下效

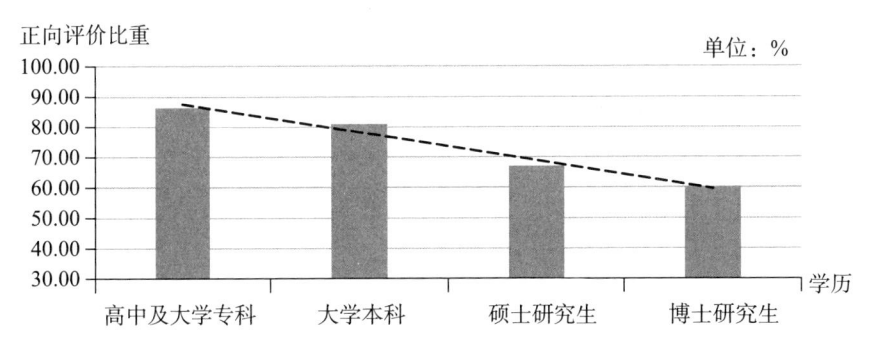

图 16-3　学历内的比重与 B7 的正向评价比重趋势

的宣传教育中出现了方向性的扭曲问题，形成了一种为了学习而学习、为了认同而认同的社会氛围，完全违背了践行核心价值观的初衷，再加之高学历者对践行核心价值观的期待值与预期值本身就高于低学历者，极易对党和政府的宣传教育产生质疑心理。第二，宣传教育力度问题，部分官员为了达到一定的表面践行效果，过度宣传，过度强制学习，这使大部分具有自我独立思考意识的高学历者在内心出现抵制与抗拒心理。第三，涉及宣传方式问题，部分官员宣传与践行核心价值观时，流于形式，缺乏创新宣传，一则未对高学历者产生教育效果，二则未对高学历者产生一定的公信力与亲和力。长此以往，在高级专业技术人员中，高学历者对党和政府宣传教育践行核心价值观的正向评价比重会逐渐低于低学历者。

一般意义上，高级专业技术人员的智力、知识、技术高于普通民众，再加之高学历，其本身既具有包容性思想也具有批判性思维，一味要求其盲目迎合核心价值观是不现实的，同时也违背了践行核心价值观的初衷。根据上述数据分析，大致可以推测出两种情况。第一，学历越高的高级专业技术人员的思想越独立，自由意识更强烈。这类群体可能对核心价值观的概念与内涵并不完全认同，因此并未上心学习领悟，再加之核心价值观宣传形式与路径等因素的影响，甚至会导致该类群体出现抵制情绪，难以产生情感认同。第二，学历越高的高级专业技术人员对核心价值观的践行状况并未进行深入的了解，或者未能把握践行的程度与标准，难以进行最终认同度的确定性解答，也可能是有意隐藏自身的想法，未对调查报告中的问卷进行如实解答与反馈。

（四）年收入因素对核心价值观践行路径认同的影响与差异分析

1. 年收入因素与核心价值观践行路径认同的回归分析

表16-8是对B5题项"践行核心价值观主要依靠个人道德品质的培养"的线性回归分析。以年龄、学历与年收入为自变量，以B5题项为因变量进行线性回归分析，我们可以看出，排除显著性水平大于0.05的自变量，T6与B5之间存在显著线性因果关系（sig＝0.001），即高级专业技术人员对"践行核心价值观主要依靠个人道德品质的培养"的认同度与年收入之间存在显著因果关系。由表16-8可知，标准化回归系数B为0.186，t值为3.300，说明高级专业技术人员对"践行核心价值观主要依靠个人道德品质的培养"的认同度与年收入之间存在正向因果关系：年收入越高，越认为核心价值观的培育和践行应当依靠个人道德素质的培养；年收入越低，越不赞成核心价值观的培育和践行应当依靠个人道德素质的培养。

表16-8 B5"践行核心价值观主要依靠个人道德品质的培养"观点认同的线性回归结果

您的年收入	非标准化系数		标准系数	t-值	显著性（p）
	B	标准误差	Beta		
	0.186***	0.056	0.153	3.300	0.001

注：***表示 $p<0.01$。

2. 不同年收入群体对核心价值观践行路径认同的差异分析

为了进一步分析年收入与核心价值观践行路径认同之间的正向因果关系，表16-9是关于年收入与"践行核心价值观主要依靠个人道德品质的培养"观点认同的交叉分析数据。总体说来，按照10万元一组进行分组，样本中的年收入分布为，年收入10万元以下的有100人，占总样本的比重为19.12%；10万～20万元的有250人，占47.80%，21万～30万元的有93人，占17.78%；31万～40万元的有34人，占6.50%；41万元及以上的有46人，占8.80%。结果显示，年收入为10万～20万元的高级专业技术人员所占比重最大。通过计算发现，高级专业技术人员的年均收入为 18.82 万元，在高级专业技术人员内部，低于年均收入水平的比重比高于年均收入的比重高出 3.8 个百分点，即高级专业技术人员中的低收入人数多于高收入人数。

表 16-9　年收入与 B5"践行核心价值观主要依靠个人
道德品质的培养"观点认同的交叉分析　　单位：人，%

		非常不同意	不同意	负向评价	不清楚	同意	非常同意	正向评价	总计
10万元以下	计数	4	15	19	27	35	19	54	100
	年收入内的比重	4.00	15.00	19.00	27.00	35.00	19.00	54.00	100.00
10万~20万元	计数	12	35	47	55	90	58	148	250
	年收入内的比重	4.80	14.00	18.80	22.00	36.00	23.20	59.20	100.00
21万~30万元	计数	2	13	15	21	30	27	57	93
	年收入内的比重	2.15	13.98	16.13	22.58	32.26	29.03	61.29	100.00
31万~40万元	计数	0	5	5	8	14	7	21	34
	年收入内的比重	0.00	14.71	14.71	23.53	41.18	20.59	61.76	100.00
41万元及以上	计数	2	5	7	10	13	16	29	46
	年收入内的比重	4.35	10.87	15.22	21.74	28.36	34.78	63.04	100.00
总计		20	73	93	121	182	127	309	523
		3.82	13.96	17.78	23.14	34.80	24.28	59.08	100.00

表 16-9 的数据表明，高级专业技术人员总体正向认同"践行核心价值观主要依靠个人道德品质的培养"的比重为 59.08%。具体分析来看，就正向评价比重而言，年收入 10 万元以下高级专业技术人员的为 54.00%，10 万~20 万元高级专业技术人员的为 59.20%，21 万~30 万元高级专业技术人员的为 61.29%，31 万~40 万元高级专业技术人员的为 61.76%，41 万元及以上高级专业技术人员的为 63.04%。其中，年收入 31 万~40 万元的高级专业技术人员"同意"的比重是 41.18%，为单

项比重最高；年收入10万元以下的高级专业技术人员"非常同意"的比重为19.00%，为单项比重最低。并且，由表16-8和表16-9的对比可得知，在高级专业技术人员中，受年收入因素的影响，年收入越高者对"践行核心价值观主要依靠个人道德品质的培养"的正向评价比重越高。就负向评价比重而言，年收入10万元以下高级专业技术人员的为19.00%，10万～20万元高级专业技术人员的为18.80%，21万～30万元高级专业技术人员的为16.13%，31万～40万元高级专业技术人员的为14.71%，41万元及以上高级专业技术人员的为15.22%。总体负向评价比重为17.78%，远远低于总体正向评价比重59.08%。数据说明，高级专业技术人员无论是何种年收入情况，对"践行核心价值观主要依靠个人道德品质的培养"都是持支持态度的。但是在年收入内部比重中存在正向线性因果关系，即年收入越低，则对B5题项的正面评价比重越低。

综合图16-4进行深入分析，可以看出，不同年收入的高级专业技术人员虽然对B5的总体正面评价比重较高，但是内部正面评价比重仍然呈平稳上升趋势，即年收入越高，对个人道德素质问题越重视，越认同。设置"践行核心价值观主要依靠个人道德品质的培养"题项，其初意是为了考察人们对个人德性在践行核心价值观中的重要性认知认同问题。分析其原因，我们大致可以从教育层次、社会经验与主观意识三个方面来解释这一现象。第一，大多数高级专业技术人员拥有硕士研究生及以上学历（见表16-7）。所以，由于教育水平与层次的领先，年收入越高则越能理解"人无德不立"与"国无德不兴"之间的必然性、关联性。人的德性与国家的发展紧密相关。只有个人的道德素养日渐提升，民族文化根基才能更为稳固。第二，高年收入者在社会生活交往中所接触的一般是高层次人才，且更倾向于文明、和谐的交流。而且，绝大多数高年收入者更为倾向与个人道德素养高者产生交集，更愿"见贤思齐"。所以，个人道德素养的高低在一定程度上决定了人际交往关系的好坏。长此以往，高收入者会逐渐将个人德性列为衡量社会地位、创建社会文化的内在标准之一。第三，高年收入人群的创新力与行动力都属于精英水平。对于他们而言，个人德性意识不仅可以长期占据在主观意识之中，还可以外化为德行。因

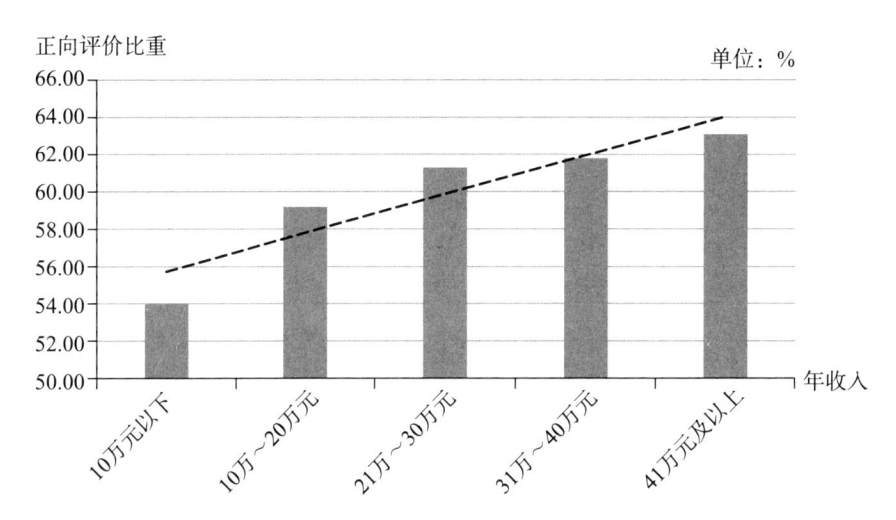

图 16-4　年收入内的比重与 B5 的正向评价比重趋势

此，他们更认同将个人道德品质外化为道德实践，运用主观能动性去创造个人价值与社会价值，而不是依靠外界约束力强制践行核心价值观。

四、结论与建议

（一）主要结论

第一，高级专业技术人员对核心价值观践行路径的认同度与年龄之间存在负向因果关系：年龄越小，越认同核心价值观的践行主要依靠法律的约束；年龄越大，越不一定赞成将法律的约束作为践行核心价值观的主要路径。不同年龄段的高级专业技术人员，对"践行核心价值观主要依靠个人道德品质的培养"总体是持支持态度的。在年龄内部比重中存在负向线性因果关系，即年龄越小，正向评价比重越高。年长者对于将法律约束作为践行核心价值观的主要路径的接受度明显低于年轻人。

第二，高级专业技术人员对核心价值观的认同度与学历之间存在负向因果关系：学历越高，对"核心价值观的培育和践行已经深入人心"的认同度越低；相反，学历越低，对"核心价值观的培育和践行已经深入人心"的认同度越高。高级专业技术人员对核心价值观践行路径的认同度与学历之间存在负向因果关系：学历越低，越认同"核心价值观的践行重在党和政府的倡导和教育"；学历越高，越不同意"核心价值观的践行重在党和政府的倡导和教育"。

第三，高级专业技术人员无论是何种年收入情况，对培育与践行核心价值观的主要路径都是持支持态度的。高级专业技术人员对践行核心价值观路径的认同度与年收入之间存在正向因果关系：年收入越高，越认为"践行核心价值观主要依靠个人道德素质的培养"；年收入越低，越不赞成"践行核心价值观主要依靠个人道德素质的培养"。

第四，高级专业技术人员对践行核心价值观的三种路径的正向评价比重从高到低分别为"党和政府的倡导和教育"（67.69%），其次是"个人道德品质的培养"（59.08%），最后是"法律的约束"（50.29%）。且高级专业技术人员对核心价值观践行的感知度正向评价比重最低，仅为47.99%，我们最终可以得知高级专业技术人员对核心价值观的践行状况的总体感知度"不尽如人意"，且绝大多数高级专业技术人员对核心价值观的践行更依靠于"党和政府的倡导和教育"，难以出自情感上的认同去主动领悟并深入践行核心价值观，并未真正做到"知行合一"。针对以上种种问题，我们需更进一步提出相应有效的建议。

（二）建议

第一，尊重、信任高级专业技术人员，集思广益，开拓创新，加强高级专业技术人员与核心价值观之间的联系，走人性化的践行道路。核心价值观若要得到广泛认同，真正实现大众化，高级专业技术人员是不能回避的重要群众基础。高级专业技术人员需要在核心价值观的践行中找到良好的契合点，深入与文化建设的基础关联，有意识、有责任为坚持社会主义核心价值观贡献智慧，为核心价值观的培育和践行提供思路与参考。同时，核心价值观的践行应当针对高级专业技术人员的独特性进行更加创新深入的融合与理解，走更具人性化的践行道路；应当尊重并信任高级专业技术人员对于中国特色社会主义道路建设的意见与建议，为推动学习贯彻习近平新时代中国特色社会主义思想提供思想引擎。

第二，积极加强大众媒体的宣传与责任意识，扩大核心价值观的感召力与影响力，使之潜移默化，构建出一条更具亲和力的践行道路。高级专业技术人员对核心价值观践行的感知情况不容乐观，究其原因，则是践行核心价值观的成效与内容并未深入人心，绝大多数高级专业技术人员感知不到核心价值观践行的成果与成就。而且，随着政府内部部分官员的腐败等现象的不断发生，部分社会公众开始质疑政府的行政能力，更难以对核心价值观的践行产生认同感。20世纪以来，随着我国经济的不断崛起，社会媒体发展速度也愈发迅猛，电影、广告、微博等大众传媒深刻地改变了人们的社交、娱乐与价值观念，大众媒体在社会价值观导向与传播中占据着不可撼动的地位。因此，在践行核心价值观中，大众媒体的积极作用更应当展现在对高级专业技术人员进行的宣传与引导方面，树立正面典型，更为科学合理地展示核心价值观的成效，增强高级专业技术人员对核心价值观的感知度，反映出高级专业技术人员的价值诉求，拉近国家与个人之间的距离，使高级专业技术人员真正成为核心价值观的认同者、引领者与践行者。

第三，将核心价值观根植于中华优秀传统文化土壤中，展现出中国特色，使其成为具有信服力的核心价值观。现今，世界各国在走向不同发展道路的过程中形成了各自独特的价值文化观，由于这些价值观相互碰撞、融合，呈现出了世界文化的丰富多样性。而践行中国特色社会主义核心价值观，不仅需要注重对优秀的、值得学习的文化加以吸收整合，还需要摒除对有害文化的模糊性认知。对于高级专业技术人员来说，学历、年收入与社会经验等因素，决定其在接收和接受外来价值观与生活方式的次数、程度上远远高于普通公众，长期性的文化渗透容易造成其对外来文化的过度推崇。所以，针对高级专业技术人员，我们在践行核心价值观的道路上最应当着重研究的根本问题则是使其如何增强对祖国、共产党，特别是中国特色社会主义事业的信任态度与热爱情感；针对践行核心价值观，我们更应当将其与中华优秀传统文化相结合，饮水思源，展现出核心价值观在继承优秀传统文化中的深度与广度，彰显中国千百年来的优秀文化底蕴。

报告十七

互联网语境下社会主义核心价值观的认知认同分析

一、数据来源与研究思路

党的十八大提出,倡导富强、民主、文明、和谐,倡导自由、平等、公正、法治,倡导爱国、敬业、诚信、友善,积极培育和践行社会主义核心价值观。富强、民主、文明、和谐是国家层面的价值目标,自由、平等、公正、法治是社会层面的价值取向,爱国、敬业、诚信、友善是公民个人层面的价值准则,这24个字是核心价值观的基本内容。核心价值观是社会主义核心价值体系的内核,体现社会主义核心价值体系的根本性质和基本特征,反映社会主义核心价值体系的丰富内涵和实践要求,是社会主义核心价值体系的高度凝练和集中表达。核心价值观的认同关系到社会公民对社会主义核心价值体系的认同,社会公众对核心价值观较好的认同状况对增强国家凝聚力、营造和谐的社会氛围有至关重要的影响。为了探讨核心价值观的认知认同问题,了解并较为准确地评估社会公众对培育和践行核心价值观的认知认同状况,以期为促进核心价值观的社会认同提供相应的对策,湖北大学高等人文研究院、中华文化发展湖北省协同创新中心于 2016 年至 2019 年连续组织了以弘扬核心价值观与中国文化发展状况为主题的大型社会调查。本报告主要基于"中国文化发展状况调查（2017）""中国文化发展状况调查（2018）""中国文化发展状况调查（2019）"的调查数据进行研究和撰写。

2017 年的"中国文化发展状况调查"于 7 月至 9 月进行，涉及 18 个省级单位、28 个市级单位和 2 个调研点，剔除填写不规范、不完整的问卷后，有效样本为 4 204 份，有效问卷收回率为 95.65%。本报告中关于 2017 年的数据分析主要基于对 4 204 份样本的分析统计结果进行。"中国文化发展状况调查（2017）"问卷中设计了 5 个可进行多选的题项，以了解受访者认知核心价值观的途径。相关选择项分别为"浏览互联网""报纸杂志""政府宣传教育活动""影视与专题节目""其他"，要求选择"其他"的受访者将内容填入问卷。在实际统计中，将受访者在"其他"项中填写的具体内容尽可能地归纳到前四类中，不能归入的就做"其他"类处理。从统计的数据来看，"其他"类有 117 人，仅占样本数的 2.70%。在本报告中只对比分析了采取"浏览互联网""报纸杂志""政府宣传教育活动""影视与专题节目"4 个途径的受访者的认知认同状况。

2018 年的"中国文化发展状况调查"于 8 月至 12 月进行，涉及 25 个省级单位、41 个市级单位和 2 个调研点，剔除填写不规范、不完整的问卷后，有效样本为 4 088 份，有效问卷收回率为 97.33%。本报告关于 2018 年的数据分析主要基于对 4 088 份样本的分析统计结果进行。"中国文化发展状况调查（2018）"问卷中设计了 5 个题项，以了解受访者认知核心价值观的途径。相关选择项分别为"浏览互联网""阅读报纸杂志""参加文化艺术活动""观看影视片""其他"，要求选择"其他"的受访者将内容填入问卷。在实际统计中，将受访者在"其他"项中填写的具体内容尽可能地归纳到前四类中，不能归入的就做"其他"类处理。从统计的数据来看，"其他"类有 72 人，仅占样本数的 1.76%。在本报告中只对比分析了采取"浏览互联网""阅读报纸杂志""参加文化艺术活动""观看影视片"4 个途径的受访者的认知认同状况。

2019 年的"中国文化发展状况调查"于 8 月至 12 月进行，涉及 29 个省级单位、77 个市（州）、262 个县（市、区），剔除填写不规范、不完整的问卷后，有效样本为 5 561 份，有效问卷收回率为 95.88%。本报告关于 2019 年的数据分析主要基于对 5 561 份样本的分析统计结果进行。"中国文化发展状况调查（2019）"问卷中设计了 4 个可进行多选的题项，以了解受访者认知核心价值观的途径。相关选择项分别为"浏览互联网""阅读报纸杂志""参加文化艺术活动""观看影视片"，在本报告中对比分析了采取以上 4 个途径的受访者的认知认同状况。

本报告对 2017、2018、2019 三年调查数据进行分析的总体思路是：将"浏览互联网"、"报纸杂志"（"阅读报纸杂志"）、"政府宣传教育活动"（"参加文化艺术活动"）、"影视与专题节目"（"观看影视片"）4 个途径作为衡量核心价值观认同的重要变量。其中，根据问卷设计的初衷和调查的内容，将"报纸杂志"和"阅读报纸杂志"视为同一途径，将"政府宣传教育活动"与"参加文化艺术活动"视为同一途径，将"影视与专题节目"与"观看影视片"视为同一途径。在受访者选择了认知的主要途径之后，我们要求受访者认真阅读题项，按照自己的感知或者认同的价值取向对所涉及的核心价值观认知认同的相关题项分别做出"非常不同意""不同意""不清楚""同意""非常同意"的相应选择，分别测度受访者对培育和践行核心价值观价值的认知认同程度，重点分析选择"浏览互联网"和未选择"浏览互联网"的受访者通过不同途径了解核心价值观的认同差异，试图找出因媒介途径不同而导致的受访者核心价值观的认知差异，分析导致差异的原因，为互联网语境下推动核心价值观的认同提供一些参考意见。

二、受访者认知认同途径、特征与差异分析

（一）受访者核心价值观认知认同的途径选择

在统计 2017 年受访者了解核心价值观的各个途径即"浏览互联网""报纸杂志""政府宣传教育活动""影视与专题节目"时，按照多选人数和次数由多到少依次排序后统计如下：通过浏览互联网了解核心价值观的有 3 126 人，占受访者总数的 74.40%；通过观看影视与专题节目了解核心价值观的有 1 981 人，占受访者总数的 47.10%；通过阅读报纸杂志了解核心价值观的有 1 393 人，占受访者总数的 33.10%；通过政府宣传教育活动了解核心价值观的有1 205人，占受访者总数的28.70%。在受访的4 204人中，选择"浏览互联网"这一选项的受访者比重高达74.40%。

在统计2018年受访者了解核心价值观的各个途径即"浏览互联网""阅读报纸杂志""参加文化艺术活动""观看影视片"时，按照多选人数和次数由多到少依次排序后统计如下：通过浏览互联网了解核心价值观的有2 818人，占受访者总数的68.93%；通过观看影视片了解核心价值观的有2 060人，占受访者总数的50.39%；通过阅读报纸杂志了解核心价值观的有1 635人，占受访者总数的40.00%；通过参加文化艺术活动了解核心价值观的有1 104人，占受访者总数的27.01%。在受访的4 088人中，选择"浏览互联网"这一选项的受访者比重高达68.93%。

在统计2019年受访者了解核心价值观的各个途径即"浏览互联网""阅读报纸杂志""参加文化艺术活动""观看影视片"时，按照多选人数和次数由多到少依次排序后统计如下：通过浏览互联网了解核心价值观的有4 232人，占受访者总数的76.10%；通过观看影视片了解核心价值观的有3 329人，占受访者总数的59.86%；通过阅读报纸杂志了解核心价值观的有2 446人，占受访者总数的43.98%；通过参加文化艺术活动了解核心价值观的有1 646人，占受访者总数的29.60%；在受访的5 561人中，选择"浏览互联网"这一选项的受访者比重高达76.10%。

可见，即便可选择的途径有多种，浏览互联网明显是大多数受访者了解核心价值观的最主要途径。那么互联网发展与运用的普及对社会公众核心价值观的认知认同是否具有影响呢？或者说，在互联网语境下，人们对核心价值观的认知认同具有那些特征呢？为了探讨这些特征与差异，需要用可操作性的题项对受访者的认知认同状况进行测度和分析。

(二) 受访者认知认同的特征与差异

本部分主要分析、对比2017年和2019年受访者在核心价值观方面的认知认同差异情况。

1.2017年调查数据相关分析

(1) 认知认同的测度题项

在2017年的调查问卷中直接关涉核心价值观认知认同的题项一共有

5个,其操作性意义和测度目标分别如下。

标号A1的题项是"党风廉政建设是最近几年来中国文化建设的突出成就",该题项以廉政建设成就的文化价值为观测点,测度廉政建设对培育核心价值观文化价值的影响的认知认同程度。

标号A2的题项是"培育和践行核心价值观对中国社会经济发展很有必要",该题项以核心价值观的国家发展价值为观测点,测度培育和践行核心价值观对国家发展的价值的认知认同程度。

标号A3的题项是"培育和践行核心价值观是树正气,立新风,倡导正能量",该题项以核心价值观的社会发展价值为观测点,测度目标是培育和践行核心价值观对社会风气塑造的价值的认知认同程度。

标号A4的题项是"我认同核心价值观中的国家观、社会观、个人道德观",该题项以核心价值观对道德观的影响为观测点,测度目标是培育和践行核心价值观对个体"三观"及道德观影响的认知认同程度。

标号A5的题项是"核心价值观的培育和践行已经深入人心",该题项以核心价值观践行总体评价为观测点,测度受访者对核心价值观培育和践行的效果评价。

通过上述5个题项的测度,了解受访者对核心价值观的认知认同现状及其特点。

(2) 认知认同的分布差异

首先,我们以是否选择"浏览互联网"作为了解核心价值观的途径为区分标准,将浏览互联网和不浏览互联网的受访者对5个题项的认同情况分别进行对比,统计结果见表17-1。

表17-1 选择"浏览互联网"的受访者对A1~A5的认知认同统计

单位:人

题项	非常不同意	不同意	不清楚	同意	非常同意	合计
A1 党风廉政建设是最近几年来中国文化建设的突出成就	77	146	540	1 043	1 320	3 126
A2 培育和践行核心价值观对中国社会经济发展很有必要	45	76	306	1 057	1 642	3 126

续表

题项	非常不同意	不同意	不清楚	同意	非常同意	合计
A3 培育和践行核心价值观是树正气，立新风，倡导正能量	45	70	296	1 020	1 695	3 126
A4 我认同核心价值观中的国家观、社会观、个人道德观	46	74	307	1 078	1 621	3 126
A5 核心价值观的培育和践行已经深入人心	87	250	788	1 057	944	3 126

资料来源：湖北大学高等人文研究院、中华文化发展湖北省协同创新中心"中国文化发展状况调查（2017）"数据库。

表 17-2　未选择"浏览互联网"的受访者对 A1～A5 的认知认同统计

单位：人

题项	非常不同意	不同意	不清楚	同意	非常同意	合计
A1 党风廉政建设是最近几年来中国文化建设的突出成就	47	84	236	301	410	1 078
A2 培育和践行核心价值观对中国社会经济发展很有必要	11	74	198	345	450	1 078
A3 培育和践行核心价值观是树正气，立新风，倡导正能量	14	48	188	380	448	1 078
A4 我认同核心价值观中的国家观、社会观、个人道德观	14	42	185	390	447	1 078
A5 核心价值观的培育和践行已经深入人心	20	69	247	362	380	1 078

资料来源：湖北大学高等人文研究院、中华文化发展湖北省协同创新中心"中国文化发展状况调查（2017）"数据库。

对表 17-1 和表 17-2 进行对比分析，选择"浏览互联网"的受访者远多于未选择"浏览互联网"的受访者。数据说明，选择或者依赖互联网了解、认知核心价值观的受访者居多，而且"浏览互联网"具有"主要途径"的特征。同时在表 17-1 中还可以发现，选择"浏览互联网"的受访者对 5 个题项的认知也存在分布差异。那么，以互联网为主要途径的受访者对核心价值观的认知认同有哪些特征与差异呢？对这些差异可以做怎样的价值判断呢？下面将对以浏览互联网为主要认知途径的受访者做进一步的分析。

(3) 选择"浏览互联网"的受访者的认知认同分布差异

在进行统计分析时,我们根据受访者对于相关题项选择"同意"或者"不同意"的程度,分析受访者对核心价值观所持有的基本态度。为了便于分析,我们将调查问卷中的认同选项分为负向、不清楚、正向三大类。选择"非常不同意",视为受访者给予极端负向评价,我们认为受访者完全不认同该题项。选择"不同意",视为受访者给予一般负向评价,我们认为受访者不认同该题项。选择"不清楚",我们认为受访者不排斥不认同该题项。选择"非常同意",视为受访者给予积极正向评价,我们认为受访者高度认同该题项。选择"同意",视为受访者给予一般正向评价,我们认为受访者认同该题项。对选择"不排斥不认同"的受访者可以理解为对题项没有关注或者不太了解,也有可能虽然了解但是没有倾向性意见,或者不愿意在问卷中表达自己的观点和态度。具体认同选项分类见表17-3。

表17-3 认同选项分类

负向		不清楚	正向	
非常不同意 ⇩ 极端负向评价 ⇩ 完全不认同	不同意 ⇩ 一般负向评价 ⇩ 不认同	不排斥不认同	同意 ⇩ 一般正向评价 ⇩ 认同	非常同意 ⇩ 积极正向评价 ⇩ 高度认同

根据表17-3关于正负向与认同程度的判断标准,我们对浏览互联网的3 126位受访者对A1至A5共5个题项的认同人数比重分布差异进行统计,统计结果见表17-4。

表17-4显示,对于A1"党风廉政建设是最近几年来中国文化建设的突出成就"这一题项,选择"浏览互联网"的受访者的认同情况是:完全不认同的占2.46%,表示不认同的占4.67%,不排斥不认同的占17.27%,认同的占33.37%,高度认同的占42.23%。受访者的正向认同比重达到75.60%,负向认同比重为7.13%。

表 17-4 选择"浏览互联网"的受访者核心价值观认同状况人数分布比重统计

单位:%

题项	极端负向完全不认同	一般负向不认同	负向认同合计	不排斥不认同	一般正向认同	积极正向高度认同	正向认同合计	样本总体
A1 党风廉政建设是最近几年来中国文化建设的突出成就	2.46	4.67	7.13	17.27	33.37	42.23	75.60	100.00
A2 培育和践行核心价值观对中国社会经济发展很有必要	1.44	2.43	3.87	9.79	33.81	52.53	86.34	100.00
A3 培育和践行核心价值观是树正气、立新风,倡导正能量	1.44	2.24	3.68	9.47	32.63	54.22	86.85	100.00
A4 我认同核心价值观中的国家观、社会观、个人道德观	1.47	2.37	3.84	9.82	34.48	51.86	86.34	100.00
A5 核心价值观的培育和践行已经深入人心	2.78	8.00	10.78	25.21	33.81	30.20	64.01	100.00

资料来源:湖北大学高等人文研究院、中华文化发展湖北省协同创新中心"中国文化发展状况调查(2017)"数据库。

对于A2"培育和践行核心价值观对中国社会经济发展很有必要"这一题项，选择"浏览互联网"的受访者的认同情况是：完全不认同的有1.44%，不认同的有2.43%，不排斥不认同的有9.79%，认同的有33.81%，高度认同的有52.53%。受访者的正向认同比重达到86.34%，负向认同比重为3.87%。

对于A3"培育和践行核心价值观是树正气，立新风，倡导正能量"这一题项，选择"浏览互联网"的受访者的认同情况是：完全不认同的有1.44%，不认同的有2.24%，不排斥不认同的有9.47%，认同的有32.63%，高度认同的有54.22%。受访者的正向认同比重达到86.85%，负向认同比重为3.68%。

对于A4"我认同核心价值观中的国家观、社会观、个人道德观"这一题项，选择"浏览互联网"的受访者的认同情况是：完全不认同的有1.47%，不认同的有2.37%，不排斥不认同的有9.82%，认同的有34.48%，高度认同的有51.86%。受访者的正向认同比重达到86.34%，负向认同比重为3.84%。

对于A5"核心价值观的培育和践行已经深入人心"这一题项，选择"浏览互联网"的受访者的认同情况是：完全不认同的有2.78%，不认同的有8.00%，不排斥不认同的有25.21%，认同的有33.81%，高度认同的有30.20%。受访者的正向认同比重达到64.01%，负向认同比重为10.78%。

进一步对正向认同比重进行分类：将正向认同比重在70.00%以下定义为受访者的认同情况"不尽如人意"，将正向认同比重为70.00%～79.00%定义为受访者的认同情况"不容乐观"，将正向认同比重为80.00%～89.00%定义为受访者的认同情况"十分良好"，将正向认同比重为90.00%～100.00%定义为受访者的认同情况"令人满意"四个类别。按此分类可以发现，受访者对A2、A3、A4这3个题项的认同情况属于"十分良好"，对A1这个题项的认同情况属于"不容乐观"，对A5这个题项的认同情况属于"不尽如人意"。

通过上述分析可以得出的结论是，在2017年的问卷调查中，以"浏览互联网"为了解核心价值观主要途径的受访者对以上5个题项在认知认同的人数分布上存在显著差异。以互联网为主要途径的受访者对5个问题所做出的评价中，积极正向评价比重最高的，我们理解为对核心价值观认同度最高。具体来看，在正向评价分布中，受访者对A2、A3、A4这3个题项的认同度高，均超过了80.00%。从负向评价分布来看，受访者对A1和A5的负向评价都较高，以A5为最高。表17-4的数据还显示，在"不排斥不认同"的比重分布中，对A5不清楚不了解说不清的人数比重最高，说明培育和践行核心价值观还需要继续推进和加强，促进核心价值观的认知认同仍旧任重而道远。

2. 2019年调查数据相关分析

（1）认知认同的测度题项

在2019年的调查问卷中直接关涉核心价值观认知认同的题项一共有3个，其操作性意义和测度目标分别如下。

标号A5的题项是"培育和践行核心价值观明显增强了我国的文化自信和国家认同"，该题项主要测度培育和践行核心价值观对文化自信与国家认同的影响。

标号A6的题项是"我觉得核心价值观已经深入人心"，该题项主要测度对培育和践行核心价值观总成效评价。

标号A9的题项是"核心价值观应该融入国家治理中，使之法制化、道德化、政策化"，该题项主要测度培育和践行核心价值观的政策化路径的认知程度。

通过上述3个题项的测度，了解受访者对核心价值观的认知认同现状及特点。

（2）认知认同的分布差异

首先我们以是否选择"浏览互联网"作为了解核心价值观的途径为区分标准，将浏览互联网和不浏览互联网的受访者对3个题项的认同情况分别进行对比，统计结果见表17-5和表17-6。

表 17-5　选择"浏览互联网"的受访者对 A5~A9 的认知认同统计

单位：人

题项	非常不同意	不同意	不清楚	同意	非常同意	合计
A5 培育和践行核心价值观明显增强了我国的文化自信和国家认同	34	63	418	1 560	2 157	4 232
A6 我觉得核心价值观已经深入人心	47	191	765	1 624	1 605	4 232
A9 核心价值观应该融入国家治理中，使之法制化、道德化、政策化	27	76	430	1 599	2 100	4 232

资料来源：湖北大学高等人文研究院、中华文化发展湖北省协同创新中心"中国文化发展状况调查（2019）"数据库。

表 17-6　未选择"浏览互联网"的受访者对 A5~A9 的认知认同统计

单位：人

题项	非常不同意	不同意	不清楚	同意	非常同意	合计
A5 培育和践行核心价值观明显增强了我国的文化自信和国家认同	12	21	135	507	654	1 329
A6 我觉得核心价值观已经深入人心	11	58	209	496	555	1 329
A9 核心价值观应该融入国家治理中，使之法制化、道德化、政策化	9	18	132	548	622	1 329

资料来源：湖北大学高等人文研究院、中华文化发展湖北省协同创新中心"中国文化发展状况调查（2019）"数据库。

对表 17-5 和表 17-6 进行对比分析，选择"浏览互联网"的受访者远多于未选择"浏览互联网"的受访者。数据说明，选择或者依赖互联网了解、认知核心价值观的受访者居多，而且"浏览互联网"具有"主要途径"的特征。同时在表 17-5 中还可以发现，选择"浏览互联网"的受访者对 3 个题项的认知也存在分布差异。下面将对以浏览互联网为主要认知途径的受访者做进一步的分析。

（3）选择"浏览互联网"的受访者的认知认同分布差异

根据表17-3的正负向与认同程度的判断标准，我们对浏览互联网的4 232位受访者对A5、A6、A9这3个题项的认同人数比重的分布差异进行统计，统计结果见表17-7。

表17-7显示，对于A5"培育和践行核心价值观明显增强了我国的文化自信和国家认同"这一题项，选择"浏览互联网"的受访者的认同情况是：完全不认同的占0.80%，表示不认同的占1.49%，不排斥不认同的占9.88%，认同的占36.86%，高度认同的占50.97%。受访者的正向认同比重达到87.83%，负向认同比重为2.29%。

对于A6"我觉得核心价值观已经深入人心"这一题项，选择"浏览互联网"的受访者的认同情况是：完全不认同的占1.11%，表示不认同的占4.51%，不排斥不认同的占18.08%，认同的占38.37%，高度认同的占37.93%。受访者的正向认同比重达到76.30%，负向认同比重为5.62%。

对于A9"核心价值观应该融入国家治理中，使之法制化、道德化、政策化"这一题项，选择"浏览互联网"的受访者的认同情况是：完全不认同的占0.64%，表示不认同的占1.80%，不排斥不认同的占10.16%，认同的占37.78%，高度认同的占49.62%。受访者的正向认同比重达到87.40%，负向认同比重为2.43%。

进一步对正向认同比重进行分类：将正向认同比重在70.00%以下定义为受访者的认同情况"不尽如人意"，将正向认同比重为70.00%~79.00%定义为受访者的认同情况"不容乐观"，将正向认同比重为80.00%~89.00%定义为受访者的认同情况"十分良好"，将正向认同比重为90.00%~100.00%定义为受访者的认同情况"令人满意"四个类别。按此分类可以发现，受访者对A5和A9这2个题项的认同情况属于"十分良好"，对A6这个题项的认同情况属于"不容乐观"。

通过上述分析可以得出的结论是，以浏览互联网为了解核心价值观主要途径的受访者对以上3个题项在认知认同的人数分布上存在少量差异。以互联网为主要途径的受访者对3个题项所做出的评价中，积极正向评价比重最高的，我们理解为对核心价值观的认同度最高。具体来看，在正向

表17-7 选择"浏览互联网"的受访者核心价值观认同状况人数分布比重统计

单位：%

题项	极端负向 完全不认同	一般负向 不认同	负向认同 合计	不排斥 不认同	一般正向 认同	积极正向 高度认同	正向认同 合计	样本总体
A5 培育和践行核心价值观明显增强了我国的文化自信和国家认同	0.80	1.49	2.29	9.88	36.86	50.97	87.83	100.00
A6 我觉得核心价值观已经深入人心	1.11	4.51	5.62	18.08	38.37	37.93	76.30	100.00
A9 核心价值观应该融入国家治理中，使之法制化、道德化、政策化	0.64	1.80	2.43	10.16	37.78	49.62	87.40	100.00

资料来源：中华文化发展湖北省协同创新中心、湖北大学高等人文研究院"中国文化发展状况调查（2019）"数据库。

评价分布中，受访者对 A5、A9 这 2 个题项的认同度高，以对 A5 的评价为最高。从负向评价分布来看，所有负向评价都不高，其中受访者对 A6 的负向评价相对较高。表 17-7 的数据还显示，在"不排斥不认同"的比重分布中，对 A6 不清楚不了解说不清的人数比重最高。对比 2017 年和 2019 年的数据可以发现，三年间随着培育和践行核心价值观各项措施的持续推进与加强，民众对核心价值观的认知认同度得到了提升，核心价值观的社会认同成效较为明显，但继续推进核心价值观深入人心的措施还需进一步加强。

(三)浏览和不浏览互联网的认知认同的水平差异

为了分析在互联网语境下受访者对核心价值观认知认同的水平差异，我们采用两个独立样本 t 检验的方法进行检验分析。表 17-8 是 2017 年数据的差异检验结果。

表 17-8　2017 年浏览和不浏览互联网的受访者各维度认同水平差异检验结果

单位：人

题项（测度目标）	是否浏览互联网	样本数	均值	均值差	t-值	显著性（p）
A1 党风廉政建设是最近几年来中国文化建设的突出成就（廉政建设影响核心价值观的文化价值认同）	是	3 126	4.08	0.207***	5.673	0.000
	否	1 078	3.87			
A2 培育和践行核心价值观对中国社会经济发展很有必要（培育和践行核心价值观对国家发展的价值）	是	3 126	4.34	0.270***	8.561	0.000
	否	1 078	4.07			
A3 培育和践行核心价值观是树正气，立新风，倡导正能量（培育和践行核心价值观对社会风气塑造的价值）	是	3 126	4.36	0.246***	7.979	0.000
	否	1 078	4.11			
A4 我认同核心价值观中的国家观、社会观、个人道德观（培育和践行核心价值观对个体价值观的影响）	是	3 126	4.33	0.203***	6.567	0.000
	否	1 078	4.13			

续表

题项（测度目标）	是否浏览互联网	样本数	均值	均值差	t-值	显著性（p）
A5 核心价值观的培育和践行已经深入人心（核心价值观培育和践行的效果评价）	是	3 126	3.81	-0.133***	-3.655	0.000
	否	1 078	3.94			

注：***表示 $p<0.01$。
资料来源：湖北大学高等人文研究院、中华文化发展湖北省协同创新中心"中国文化发展状况调查（2017）"数据库。

表17-8是2017年数据中浏览和不浏览互联网的受访者各维度认同水平差异检验结果。表17-8的数据显示，浏览互联网的受访者对"党风廉政建设是最近几年来中国文化建设的突出成就""培育和践行核心价值观对中国社会经济发展很有必要""培育和践行核心价值观是树正气，立新风，倡导正能量""我认同核心价值观中的国家观、社会观、个人道德观"的认知认同度显著高于不浏览互联网的人，说明经常浏览互联网的受访者对核心价值观的整体认同度高，可印证互联网是促进核心价值观认同的重要途径，对核心价值观的传播和认同具有积极促进作用。未来应高度重视互联网技术和网络空间建设，要充分利用互联网这一渠道，充分发挥其快捷、迅速、无障碍的特点，利用其营造的网络平台与空间，使其成为宣传核心价值观的阵地。统计结果同时显示，浏览互联网的受访者对"核心价值观的培育和践行已经深入人心"的认知认同度则显著低于不浏览互联网的受访者，说明在互联网上客观存在的负面内容对浏览互联网的受访者的核心价值观认知认同造成了负面影响。

需要提及的是，我们在描述性分析中发现，不浏览互联网的受访者通过"报纸杂志""政府宣传教育活动""影视与专题节目"等其他途径了解核心价值观较多。统计表明，未选择"浏览互联网"的受访者中有38.40%的人选择了通过单位或社区组织的宣传教育活动来了解核心价值观，选择"浏览互联网"的受访者中只有25.30%的人选择了通过参加单位或社区组织的宣传教育活动来了解核心价值观。这个数据说明了两点：一是不浏览互联网的受访者可能更多地参加企事业单位或者社区组织的宣传教育活动；二是受访者无论是否经常浏览互联网，宣传教育活动都是其了解核心价值观的重要途径之一。可见,办好宣传教育活动在促进核心价值观认知认同方面发挥着不容忽视的作用。

表17-9是根据2019年调查数据对选择浏览和不浏览互联网的受访者进行各维度认同水平差异检验得出的结果。

表17-9　2019年浏览和不浏览互联网的受访者各维度认同水平差异检验结果

单位：人

题项（测度目标）	是否浏览互联网	样本数	均值	均值差	t-值	显著性（p）
A5 培育和践行核心价值观明显增强了我国的文化自信和国家认同（培育践行核心价值观与文化自信与国家认同）	是	4 232	4.34	0.018	0.747	0.455
	否	1 329	4.32			
A6 我觉得核心价值观已经深入人心（对培育和践行核心价值观总成效的评价）	是	4 232	4.07	-0.073**	-2.564	0.010
	否	1 329	4.15			
A9 核心价值观应该融入国家治理中,使之法制化、道德化、政策化（培育和践行核心价值观的政策化路径的认知）	是	4 232	4.36	0.025	1.021	0.307
	否	1 329	4.33			

注：**表示 $p<0.05$。
资料来源：湖北大学高等人文研究院、中华文化发展湖北省协同创新中心"中国文化发展状况调查（2019）"数据库。

表17-9显示,在"培育和践行核心价值观明显增强了我国的文化自信和国家认同""核心价值观应该融入国家治理中,使之法制化、道德化、政策化"2个题项上,互联网对受访者的认知无显著性影响；但不浏览互联网的受访者对于"我觉得核心价值观已经深入人心"的认同度比浏览互联网的受访者高,说明互联网对受访者关于培育和践行核心价值观总成效的评价存在负面影响。与2017年相比,2019年调查数据体现出的互联网在促进核心价值观认同方面的负面作用更大,从侧面反映出互联网上宣传核心价值观内容相对不足,对核心价值观认同存在负面影响的内容仍然存在于互联网上,2017年的调查数据中所反映出的问题在2019年的调查数据中仍然存在。自媒体的蓬勃发展给网络空间带来丰富生动的内容的同

时，部分自媒体账号存在宣扬不利于主流价值观培育和践行的信息与言论的行为，对网络监管带来了新的挑战。可见，需要继续高度重视对互联网内容的监管与理清，消除其对核心价值观认知认同的负面影响。

三、互联网语境下促进社会主义核心价值观认同的几点思考

党的十八大以来，党中央高度重视培育和践行社会主义核心价值观。习近平总书记多次做出重要论述、提出明确要求。中央政治局围绕培育和弘扬社会主义核心价值观、弘扬中华传统美德开展集体学习。中共中央办公厅印发《关于培育和践行社会主义核心价值观的意见》。党中央的高度重视和有力部署，为加强社会主义核心价值观教育实践指明了努力方向，提供了重要遵循。习近平总书记在十九大报告中指出，要"培育和践行社会主义核心价值观……要以培养担当民族复兴大任的时代新人为着眼点，强化教育引导、实践养成、制度保障，发挥社会主义核心价值观对国民教育、精神文明创建、精神文化产品创作生产传播的引领作用，把社会主义核心价值观融入社会发展各方面，转化为人们的情感认同和行为习惯"[1]。

在当今互联网蓬勃发展的时代，互联网成为人们获取信息的重要手段。随着互联网尤其是移动互联网技术的不断升级，网民数量激增，需要随时随地获取信息的人群数量蔚为大观，互联网同时也成为核心价值观认知的重要途径之一。近年来互联网用户数量急速增长，据中国互联网络信息中心 2018 年 8 月发布的《第 42 次中国互联网络发展状况统计报告》，2018 年数字出版产业累计用户近 20 亿人（家/个），主要由网络游戏用户、原创网络文学注册用户、音乐用户等构成。2021 年 2 月，中国互联网络信息中心发布《第 47 次中国互联网络发展状况统计报告》。该报告显示，截至 2020 年 12 月，我国 IPv6 地址数量为 57 634 块/32，较 2019 年底增长 13.3%；域名总数为 4 198 万个。其中，".CN"域名数量为 1 897 万个，占我国域名总数的 45.20%。我国网民规模达 9.89 亿，互联网普及率达 70.40%，较 2020 年 3 月提升 5.9 个百分点。我国手机网民规模达

---

[1] 习近平. 决胜全面建成小康社会 夺取新时代中国特色社会主义伟大胜利：在中国共产党第十九次全国代表大会上的报告（2017 年 10 月 18 日）. 北京：人民出版社，2017：42.

9.86 亿，较 2020 年 3 月增长 8 885 万，网民使用手机上网的比例达 99.70%。其中，农村网民规模达 3.09 亿，占网民整体的 31.30%；城镇网民规模达 6.80 亿，占网民整体的 68.70%。我国网络支付用户规模达 8.54 亿，占网民整体的 86.40%；手机网络支付用户规模达 8.53 亿，占手机网民的 86.50%。线下网络支付使用习惯持续巩固，网民在线下消费时使用手机网络支付的比例由 2017 年底的 65.50% 提升至 86.50%。网络视频（含短视频）用户规模达 9.27 亿，占网民整体的 93.70%。其中，短视频用户规模达 8.73 亿，占网民整体的 88.30%。网络音乐用户规模达 6.58 亿，占网民整体的 66.60%；手机网络音乐用户规模达 6.57 亿，占手机网民的 66.60%。网络游戏用户规模达 5.18 亿，占网民整体的 52.40%；手机网络游戏用户规模达 5.16 亿，占手机网民的 52.40%。各大网络视频平台注重节目内容质量的提升，自制内容走向精品化。[①]

在互联网络发展欣欣向荣的同时，数字阅读成为全民阅读的重要部分，庞大的用户群和互联网阅读付费习惯的养成已成为数字出版盈利与增值的关键。《中国新媒体发展报告（2020）》调查显示，新媒体已成为中国网民获取新闻信息的重要渠道，人们倾向于通过微信、微博、抖音等新媒体渠道获取信息，半数以上的中国手机网民装有新闻客户端，54.60% 的用户关注新闻资讯是否有音频、短视频、视频、直播等直观化的多媒体内容展现形式，用户的知识付费习惯已逐步养成，数字出版领域因蕴含巨大的利润空间而成为各大出版商争抢的领域。

所谓"数字出版"，是指在出版过程中将出版内容借助计算机技术转化为数字信息，再将这些信息传播至计算机、手机、平板电脑等各种固定和移动终端的过程。在这个过程中，数字技术贯穿内容的生产、传播、接受、消费、运营等各个环节。在我国，数字出版的形式主要有：互联网期刊、电子书、数字报刊、博客等互联网应用、移动出版、在线音乐、互联网动漫、网络游戏、在线教育、互联网广告等。随着互联网与数字出版产业融合发展的步伐加快，"互联网＋出版"是我国当前出版产业的显著特

---

① 中国互联网络信息中心. 第 47 次中国互联网络发展状况统计报告［EB/OL］. https://www.cnnic.net.cn/NMediaFile/old_attach/P020210203334633480104.pdf，2021 年 2 月 3 日．

征。《步入高质量发展的中国数字出版：2019—2020年中国数字出版产业年度报告》显示，国内数字出版产业整体收入规模为9 881.43亿元，比上年增长11.16%。其中，互联网期刊收入达23.08亿元，电子书收入达58亿元，数字报纸（不含手机报）收入达8亿元，博客类应用收入达117.7亿元，在线音乐收入达124亿元，网络动漫收入达171亿元，移动出版（移动阅读、移动音乐、移动游戏等）收入达2 314.82亿元，网络游戏收入达713.83亿元，在线教育收入达2 010亿元，互联网广告收入达4 341亿元。①

近年来，移动终端的普及和移动互联技术的迅猛发展为互联网与出版产业的融合带来了新变化。如果说PC互联网技术使数字出版突破了空间场所的限制，移动互联网技术则使数字出版跨越了时间和空间的局限，实现了用户实时在线状态。"移动互联网＋数字出版"是"互联网＋出版"模式的升级，它植根于互联网经济和数字经济融合发展的土壤。在"移动互联网＋数字出版"模式中，移动互联网是数字出版得以实现的技术和手段，是数字出版物得以传播的媒介，同时也是数字出版的虚拟空间载体。同时，移动互联网的发达促成出版方与用户进行互动，用户的接受习惯、内容选择、阅读偏好等均可反馈至出版方，有利于出版方在掌握用户需求的基础上提供更精准的知识服务，并在技术上不断改进出版平台与出版客户端等软件，不断充实内容产品并完善数字出版流程。但数字出版内容良莠不齐、内容重复、精品匮乏等问题也成为影响数字出版的巨大隐患。数字出版物中客观存在的消极负面内容、与核心价值观相背离的内容也对公众核心价值观的认知认同造成了负面影响。因此，在互联网语境下，提高公众对核心价值观的认知认同水平，要在以下三个方面下功夫。

第一，在数字出版上下功夫。一方面，出版商要对数字出版的内容进行精耕细作；另一方面，有关部门应高度重视互联网领域的内容传播。只有精选出版内容，肃清网络环境，才有可能为核心价值观的网络传播营造良好环境，提高核心价值观的认同度。

---

① 中国数字出版产业年度报告课题组．步入高质量发展的中国数字出版：2019—2020年中国数字出版产业年度报告．出版发行研究，2020（11）：20－25．

第二，对自媒体进行严格监管。自媒体的蓬勃发展对繁荣网络文化、丰富传播方式具有积极作用，但现实网络中充斥着不少低俗的自媒体，存在敲诈勒索、编造谣言、传播色情信息的行为，不加监管和肃清，极易造成不良思想的传播，与核心价值观背道而驰。从目前的情况来看，2018年10月20日开始至11月中旬，国家网信办已经查处关停近1万个违规自媒体账号，还依法约谈了相关自媒体平台。在2020年的净网行动中，全国网信系统累计暂停更新网站64家，会同电信主管部门取消违法网站许可或备案、关闭违法网站6 907家；有关网站平台依据用户服务协议关闭各类违法违规账号群组86万余个。但仅依靠国家网信办的查处还远远不够，为进一步营造良好的网络信息环境，打造绿色健康环保网络，有关部门应该进一步针对自媒体账号存在的一系列问题，开展清理整治，打击传播政治有害信息、传播虚假信息、传播低俗色情信息以及恶意营销的自媒体账号和运营者，倡导自媒体成为展示优秀网络文化的平台，促进社会主义核心价值观的认同。

第三，线上与线下相结合，促进核心价值观的认同。一方面，应借助互联网数字出版途径，加强对核心价值观的宣传；另一方面，可将线上的宣传延续到线下，同时应充分重视核心价值观的互联网传播与报纸杂志、宣传教育活动、影视与专题节目等途径的结合，比如利用报纸杂志的数字化、基于互联网的宣传教育活动、影视与专题节目上网等手段，多措并举促进核心价值观的认同。

附　录

附录一

弘扬社会主义核心价值观与继承传统文化问卷调查（2016）统计频数分析表

表0-1 分省分性别样本分布统计　　　单位：人，%

省份	样本数	各省占样本总体比重	其中：男性 人数	其中：男性 比重	其中：女性 人数	其中：女性 比重
北京市	302	7.20	106	35.10	196	64.90
上海市	100	2.39	36	36.00	64	64.00
重庆市	188	4.48	97	51.60	91	48.40
浙江省	148	3.53	80	54.05	68	45.95
江苏省	183	4.37	97	53.01	86	46.99
广东省	425	10.14	253	59.53	172	40.47
福建省	300	7.16	166	55.33	134	44.67
云南省	100	2.39	49	49.00	51	51.00
辽宁省	102	2.43	64	62.75	38	37.25
山东省	196	4.68	71	36.22	125	63.78
河南省	195	4.65	80	41.03	115	58.97

续表

省份	样本数	各省占样本总体比重	其中：男性 人数	其中：男性 比重	其中：女性 人数	其中：女性 比重
湖北省	1 365	32.56	666	48.79	699	51.21
湖南省	101	2.41	53	52.48	48	47.52
安徽省	98	2.34	58	59.18	40	40.82
四川省	97	2.31	55	56.70	42	43.30
陕西省	93	2.22	50	53.76	43	46.24
广西壮族自治区	101	2.41	71	70.30	30	29.70
新疆维吾尔自治区	98	2.34	42	42.86	56	57.14
总计	4 192	100.00	2 094	49.95	2 098	50.05

注：在样本中，有被调查者没有填写"性别"（缺失）这一项，所以分性别的男女合计人数少于样本总计人数。其中：山东省有1个样本没填性别，本表样本数为196（实际为197）；四川省有5个样本没填性别，本表样本数为97（实际为102）；湖北省有1个样本没填性别，本表样本数为1 365（实际为1 366）。下同。

表0-2　分省、市（县）分性别样本分布统计　　　单位：人，%

省份	市、（县）	样本数	占样本总体比重	其中：男性 人数	其中：男性 比重	其中：女性 人数	其中：女性 比重
北京市	北京市	302	7.19	106	35.10	196	64.90
上海市	上海市各区	100	2.38	36	36.00	64	64.00
重庆市	重庆市	188	4.48	97	51.60	91	48.40
浙江省	杭州市	50	1.19	23	46.00	27	54.00
浙江省	温州市	98	2.33	57	58.16	41	41.84
江苏省	南京市	97	2.31	52	53.61	45	46.39
江苏省	苏州市	86	2.05	45	52.33	41	47.67
广东省	广州市	131	3.12	82	62.60	49	37.40
广东省	深圳市	294	7.00	171	58.16	123	41.84
辽宁省	本溪市	102	2.43	64	62.75	38	37.25
山东省	淄博市	97	2.31	41	42.27	56	57.73
山东省	济南市	100	2.38	30	30.00	69	69.00

续表

省份	市、(县)	样本数	占样本总体比重	其中:男性 人数	比重	其中:女性 人数	比重
河南省	周口市	99	2.36	23	23.23	76	76.77
河南省	信阳市	96	2.29	57	59.38	39	40.63
陕西省	西安市	93	2.21	50	53.76	43	46.24
福建省	福州四区	300	7.14	166	55.33	134	44.67
云南省	昆明市	100	2.38	49	49.00	51	51.00
湖南省	长沙市	101	2.41	53	52.48	48	47.52
安徽省	合肥市	98	2.33	58	59.18	40	40.82
四川省	成都市	102	2.43	55	53.92	42	41.18
广西壮族自治区	桂林市	101	2.41	71	70.30	30	29.70
新疆维吾尔自治区	昌吉市	98	2.33	42	42.86	56	57.14
湖北省	武汉市	147	3.50	68	46.26	79	53.74
湖北省	宜昌市	104	2.48	60	57.69	44	42.31
湖北省	荆州市	76	1.81	28	36.84	48	63.16
湖北省	黄冈市	99	2.36	62	62.63	37	37.37
湖北省	十堰市	83	1.98	45	54.22	38	45.78
湖北省	孝感市	98	2.33	54	55.10	44	44.90
湖北省	黄石市	93	2.21	39	41.94	54	58.06
湖北省	老河口市	100	2.38	45	45.00	55	55.00
湖北省	恩施市	98	2.33	45	45.92	53	54.08
湖北省	嘉鱼县	100	2.38	58	58.00	42	42.00
湖北省	宜昌长阳县	100	2.38	43	43.00	57	57.00
湖北省	松滋市	21	0.50	8	38.10	13	61.90
湖北省	湖大教育硕士点	50	1.19	10	20.00	40	80.00
湖北省	湖大教师培训中心	197	4.69	101	51.27	95	48.22
总计		4 199	100.00	2 094	49.87	2 098	49.96

表0-3　样本的分年龄段分布统计　　　　单位：人，%

年龄段	样本数	占总体样本比重	占有效样本比重	累积有效比重
18岁以下	87	2.07	2.08	2.08
18～27岁	1 351	32.17	32.34	34.42
28～37岁	1 304	31.06	31.21	65.63
38～47岁	934	22.24	22.36	87.98
48～57岁	394	9.38	9.43	97.42
58岁及以上	108	2.57	2.58	100.00
合计	4 178	99.50	100.00	—
缺失值	21	0.50	—	—
总计	4 199	100.00	—	—

表0-4　样本的分职业分布统计　　　　单位：人，%

职业	样本数	占总体样本比重	占有效样本比重	累积有效比重
工人	454	10.81	10.86	10.86
农民	254	6.05	6.08	16.94
专业技术人员	482	11.48	11.53	28.47
党政机关工作人员	557	13.27	13.33	41.79
教师	634	15.10	15.17	56.96
学生	611	14.55	14.62	71.58
服务行业从业人员	526	12.53	12.58	84.16
企业管理人员	254	6.05	6.08	90.24
国家机关党群组织企事业单位负责人	141	3.36	3.37	93.61
自由职业者	267	6.36	6.39	100.00
合计	4 180	99.55	100.00	—
缺失值	19	0.45	—	—
总计	4 199	100.00	—	—

表 0-5 样本的分学历分布统计　　　　　　　单位：人，%

学历	样本数	占总体样本比重	占有效样本比重	累积有效比重
初中及以下	405	9.65	9.87	9.87
高中（中专）	817	19.46	19.91	29.78
大学专科	819	19.50	19.96	49.74
大学本科	1 660	39.53	40.46	90.20
硕士研究生及以上	402	9.57	9.80	100.00
合计	4 103	97.71	100.00	—
缺失值	96	2.29	—	—
总计	4 199	100.00	—	—

表 0-6 样本的分月收入分布统计　　　　　　单位：人，%

月收入	样本数	占总体样本比重	占有效样本比重	累积有效比重
低于 2 000 元	901	21.46	21.84	21.84
2 001～4 000 元	1 767	42.08	42.84	64.68
4 001～6 000 元	893	21.27	21.65	86.33
6 001～8 000 元	297	7.07	7.20	93.53
8 000 元及以上	267	6.36	6.47	100.00
合计	4 125	98.24	100.00	—
缺失值	74	1.76	—	—
总计	4 199	100.00	—	—

表 0-7 每天学习资讯的时间分布统计　　　　单位：人，%

时间	样本数	占总体样本比重	占有效样本比重	累积有效比重
3 小时以上	315	7.50	7.52	7.52
2～3 小时	758	18.05	18.10	25.63
1～2 小时	1 486	35.39	35.49	61.12
1 小时以内	1 250	29.77	29.85	90.97
没时间	378	9.00	9.03	100.00

续表

时间	样本数	占总体样本比重	占有效样本比重	累积有效比重
合计	4 187	99.71	100.00	—
缺失值	12	0.29	—	—
总计	4 199	100.00	—	—

表0-8 每月娱乐消费的实际支出分布统计　　　　单位：人，%

金额	样本数	占总体样本比重	占有效样本比重	累积有效比重
100元以下	1 860	44.30	44.58	44.58
100~299元	1 389	33.08	33.29	77.88
300~499元	611	14.55	14.65	92.52
500~1 000元	233	5.55	5.58	98.11
1 000元以上	79	1.88	1.89	100.00
合计	4 172	99.36	100.00	—
缺失值	27	0.64	—	—
总计	4 199	100.00	—	—

表0-9 使用最多的公共文化服务设施分布统计　　　　单位：人，%

公共文化服务设施	样本数	占总体样本比重	占有效样本比重	累积有效比重
图书馆	1 237	29.46	31.13	31.13
博物馆	319	7.60	8.03	39.15
文化馆	376	8.95	9.46	48.62
影剧院	1 286	30.63	32.36	80.98
体育馆	611	14.55	15.37	96.35
其他	145	3.45	3.65	100.00
合计	3 974	94.64	100.00	—
缺失值	225	5.36	—	—
总计	4 199	100.00	—	—

表0-10 文化消费占生活支出的比重分布统计　　单位：人，%

比重	样本数	占总体样本比重	占有效样本比重	累积有效比重
5%以下	1 276	30.39	30.45	30.45
5%~10%	1 524	36.29	36.36	66.81
11%~20%	862	20.53	20.57	87.38
21%~30%	375	8.93	8.95	96.33
30%以上	154	3.67	3.67	100.00
合计	4 191	99.81	100.00	—
缺失值	8	0.19	—	—
总计	4 199	100.00	—	—

表0-11 平时关注传统文化的内容或者形式（多选题）　　单位：人，%

传统文化的内容或者形式	人数	样本比重	选择比重
传统文学与神话	1 427	33.98	11.30
传统节日	2 605	62.04	20.64
传统中医	1 004	23.91	7.95
传统戏曲	561	13.36	4.44
传统建筑	778	18.53	6.16
民俗礼仪	1 276	30.39	10.11
饮食厨艺	1 562	37.20	12.37
传统服饰	793	18.89	6.28
宗教（佛教、道教）	568	13.53	4.50
中国哲学	691	16.46	5.47
中国瓷器	401	9.55	3.18
传统音乐	957	22.79	7.58
选择总计：12 623人次			

资料来源：本课题组、湖北大学高等人文研究院、中华文化发展湖北省协同创新中心"弘扬社会主义核心价值观与继承传统文化问卷调查（2016）"数据库。[①]

[①] 下文表14-2、表14-5、表14-6的数据均源于此数据库，不再标注。

表 0-12 了解中华传统文化的途径（多选题）　　单位：人，%

途径	人数	样本比重	选择比重
学校课本知识学习	1 832	43.63	15.30
长辈亲友的讲述	1 956	46.58	16.34
浏览互联网	2 541	60.51	21.22
阅读报纸杂志	1 239	29.51	10.34
政府宣传教育活动	860	20.48	7.18
影视节目	2 112	50.30	17.64
传统文化典籍阅读	1 434	34.15	11.98
其他	—	—	—
选择总计：11 974 人次			

注：表中"样本"指有效样本。

表 1-1　对"中国古典建筑气势恢宏，是传统文化的
重要体现"观点的认同比重统计　　单位：人，%

认同分类	样本数	占总体样本比重	占有效样本比重	累积有效比重
非常不同意	127	3.02	3.04	3.04
不同意	254	6.05	6.08	9.12
不清楚	551	13.12	13.19	22.32
同意	1 408	33.53	33.72	56.03
非常同意	1 836	43.72	43.97	100.00
合计	4 176	99.45	100.00	—
缺失值	23	0.55	—	—
总计	4 199	100.00	—	—

（测度目标：传统物质文化认同）

表 1-2　对"城市建设应使用现代建筑元素，老式建筑
应该从城市拆除"观点的认同比重统计　　单位：人，%

认同分类	样本数	占总体样本比重	占有效样本比重	累积有效比重
非常不同意	1 444	34.39	34.62	34.62
不同意	1 047	24.93	25.10	59.72

续表

认同分类	样本数	占总体样本比重	占有效样本比重	累积有效比重
不清楚	653	15.55	15.66	75.38
同意	685	16.31	16.42	91.80
非常同意	342	8.14	8.20	100.00
合计	4 171	99.33	100.00	—
缺失值	28	0.67	—	—
总计	4 199	100.00	—	—

(测度目标：传统物质文化-历史遗迹文化认同与现代元素比较)

表1-3 对"旅游首选历史文化名城或有历史古迹的景区"观点的认同比重统计　　　　单位：人，%

认同分类	样本数	占总体样本比重	占有效样本比重	累积有效比重
非常不同意	111	2.64	2.67	2.67
不同意	374	8.91	8.99	11.65
不清楚	973	23.17	23.38	35.03
同意	1 632	38.87	39.21	74.24
非常同意	1 072	25.53	25.76	100.00
合计	4 162	99.12	100.00	—
缺失值	37	0.88	—	—
总计	4 199	100.00	—	—

(测度目标：传统物质文化-历史遗迹文化认同)

表1-4 对"我喜欢到购物、休闲更方便的现代都市观光旅游"观点的认同比重统计　　　　单位：人，%

认同分类	样本数	占总体样本比重	占有效样本比重	累积有效比重
非常不同意	213	5.07	5.13	5.13
不同意	683	16.27	16.44	21.56
不清楚	1 151	27.41	27.70	49.27

续表

认同分类	样本数	占总体样本比重	占有效样本比重	累积有效比重
同意	1 453	34.60	34.97	84.24
非常同意	655	15.60	15.76	100.00
合计	4 155	98.95	100.00	—
缺失值	44	1.05	—	—
总计	4 199	100.00	—	—

(测度目标：传统物质文化-历史遗迹文化认同与现代元素比较)

表2-1 对"传统美食制作繁杂，西餐更适合现代生活节奏"观点的认同比重统计　　单位：人,%

认同分类	样本数	占总体样本比重	占有效样本比重	累积有效比重
非常不同意	837	19.93	20.15	20.15
不同意	1 159	27.60	27.90	48.05
不清楚	844	20.10	20.32	68.37
同意	885	21.08	21.30	89.67
非常同意	429	10.22	10.33	100.00
合计	4 154	98.93	100.00	—
缺失值	45	1.07	—	—
总计	4 199	100.00	—	—

(测度目标：传统非物质文化-传统饮食文化认同与比较)

表2-2 对"中国传统美食制作是传统文化的内容，要传承要创新"观点的认同比重统计　　单位：人,%

认同分类	样本数	占总体样本比重	占有效样本比重	累积有效比重
非常不同意	100	2.38	2.41	2.41
不同意	211	5.03	5.09	7.50
不清楚	604	14.38	14.57	22.07
同意	1 423	33.89	34.33	56.41

续表

认同分类	样本数	占总体样本比重	占有效样本比重	累积有效比重
非常同意	1 807	43.03	43.59	100.00
合计	4 145	98.71	100.00	—
缺失值	54	1.29	—	—
总计	4 199	100.00	—	—

(测度目标：传统非物质文化-传统饮食文化认同)

表2-3 对"女士穿旗袍，男士穿唐装更显气质"观点的认同比重统计

单位：人，%

认同分类	样本数	占总体样本比重	占有效样本比重	累积有效比重
非常不同意	241	5.74	5.80	5.80
不同意	735	17.50	17.69	23.49
不清楚	1 338	31.86	32.20	55.69
同意	1 273	30.32	30.64	86.33
非常同意	568	13.53	13.67	100.00
合计	4 155	98.95	100.00	—
缺失值	44	1.05	—	—
总计	4 199	100.00	—	—

(测度目标：传统非物质文化-传统服饰文化认同)

表2-4 对"穿着带有西方元素的服饰更时髦，更有现代气息"观点的认同比重统计

单位：人，%

认同分类	样本数	占总体样本比重	占有效样本比重	累积有效比重
非常不同意	288	6.86	6.95	6.95
不同意	890	21.20	21.48	28.43
不清楚	1 287	30.65	31.06	59.50
同意	1 214	28.91	29.30	88.80
非常同意	464	11.05	11.20	100.00

续表

认同分类	样本数	占总体样本比重	占有效样本比重	累积有效比重
合计	4 143	98.67	100.00	—
缺失值	56	1.33	—	—
总计	4 199	100.00	—	—

（测度目标：传统非物质文化-传统服饰文化认同）

表2-5 对"与西方歌剧相比较，中国的京剧更有
韵味"观点的认同比重统计　　　　　　单位：人，%

认同分类	样本数	占总体样本比重	占有效样本比重	累积有效比重
非常不同意	130	3.10	3.13	3.13
不同意	436	10.38	10.49	13.62
不清楚	1 257	29.94	30.25	43.86
同意	1 481	35.27	35.64	79.50
非常同意	852	20.29	20.50	100.00
合计	4 156	98.98	100.00	—
缺失值	43	1.02	—	—
总计	4 199	100.00	—	—

（测度目标：传统非物质文化-戏曲文化认同比较）

表2-6 对"中国民乐、民歌比交响乐更能体现和谐与
完美"观点的认同比重统计　　　　　　单位：人，%

认同分类	样本数	占总体样本比重	占有效样本比重	累积有效比重
非常不同意	206	4.91	4.97	4.97
不同意	868	20.67	20.94	25.91
不清楚	1 437	34.22	34.67	60.58
同意	1 147	27.32	27.67	88.25
非常同意	487	11.60	11.75	100.00
合计	4 145	98.71	100.00	—

续表

认同分类	样本数	占总体样本比重	占有效样本比重	累积有效比重
缺失值	54	1.29	—	—
总计	4 199	100.00	—	—

（测度目标：传统非物质文化-民乐文化认同）

表 2-7　对"如果生病看医生，我更愿意看中医"观点的认同比重统计　　单位：人，%

认同分类	样本数	占总体样本比重	占有效样本比重	累积有效比重
非常不同意	199	4.74	4.79	4.79
不同意	742	17.67	17.87	22.66
不清楚	1 235	29.41	29.74	52.40
同意	1 291	30.75	31.09	83.48
非常同意	686	16.34	16.52	100.00
合计	4 153	98.90	100.00	—
缺失值	46	1.10	—	—
总计	4 199	100.00	—	—

（测度目标：传统非物质文化-中医文化认同与比较）

表 2-8　对"科技应用于中医，使之创新，以适应社会的要求"观点的认同比重统计　　单位：人，%

认同分类	样本数	占总体样本比重	占有效样本比重	累积有效比重
非常不同意	75	1.79	1.81	1.81
不同意	222	5.29	5.35	7.15
不清楚	679	16.17	16.35	23.50
同意	1 712	40.77	41.22	64.72
非常同意	1 465	34.89	35.28	100.00
合计	4 153	98.90	100.00	—
缺失值	46	1.10	—	—
总计	4 199	100.00	—	—

（测度目标：传统非物质文化-中医文化发展途径认同）

表 2-9 对"清明祭祖，对后代追根寻源有重要意义"观点的认同比重统计

单位：人，%

认同分类	样本数	占总体样本比重	占有效样本比重	累积有效比重
非常不同意	70	1.67	1.68	1.68
不同意	248	5.91	5.97	7.65
不清楚	621	14.79	14.94	22.59
同意	1 655	39.41	39.81	62.40
非常同意	1 563	37.22	37.60	100.00
合计	4 157	99.00	100.00	—
缺失值	42	1.00	—	—
总计	4 199	100.00	—	—

（测度目标：传统非物质文化-习俗-传统节日认同）

表 2-10 对"外国人喜欢过中国的春节，中国人可以过圣诞节"观点的认同比重统计

单位：人，%

认同分类	样本数	占总体样本比重	占有效样本比重	累积有效比重
非常不同意	159	3.79	3.83	3.83
不同意	371	8.84	8.93	12.76
不清楚	959	22.84	23.09	35.84
同意	1 837	43.75	44.22	80.07
非常同意	828	19.72	19.93	100.00
合计	4 154	98.93	100.00	—
缺失值	45	1.07	—	—
总计	4 199	100.00	—	—

（测度目标：传统非物质文化-习俗-传统节日认同）

表 2-11 对"去世安葬在家乡,'叶落归根'的观念
应该传承"观点的认同比重统计　　　单位:人,%

认同分类	样本数	占总体样本比重	占有效样本比重	累积有效比重
非常不同意	102	2.43	2.45	2.45
不同意	378	9.00	9.08	11.53
不清楚	970	23.10	23.29	34.82
同意	1 599	38.08	38.40	73.22
非常同意	1 115	26.55	26.78	100.00
合计	4 164	99.17	100.00	—
缺失值	35	0.83	—	—
总计	4 199	100.00	—	—

(测度目标:传统非物质文化-习俗-婚丧嫁娶认同)

表 2-12 对"传统婚丧嫁娶有很多陋习,应该融入
现代文明加以改造"观点的认同比重统计　　　单位:人,%

认同分类	样本数	占总体样本比重	占有效样本比重	累积有效比重
非常不同意	78	1.86	1.88	1.88
不同意	315	7.50	7.58	9.45
不清楚	803	19.12	19.32	28.77
同意	1 757	41.84	42.27	71.04
非常同意	1 204	28.67	28.96	100.00
合计	4 157	99.00	100.00	—
缺失值	42	1.00	—	—
总计	4 199	100.00	—	—

(测度目标:传统非物质文化-习俗-婚丧嫁娶认同与改造)

表 2-13 对"核心小家庭，比四世同堂居住的大家庭好"观点的认同比重统计

单位：人，%

认同分类	样本数	占总体样本比重	占有效样本比重	累积有效比重
非常不同意	255	6.07	6.13	6.13
不同意	695	16.55	16.71	22.84
不清楚	1 143	27.22	27.48	50.31
同意	1 368	32.58	32.88	83.20
非常同意	699	16.65	16.80	100.00
合计	4 160	99.07	100.00	—
缺失值	39	0.93	—	—
总计	4 199	100.00	—	—

（测度目标：传统非物质文化-习俗-孝道文化认同与比较）

表 3-1 对"事事应该顺应天意而为，不可逆行"观点的认同比重统计

单位：人，%

认同分类	样本数	占总体样本比重	占有效样本比重	累积有效比重
非常不同意	493	11.74	11.86	11.86
不同意	827	19.70	19.89	31.75
不清楚	1 017	24.22	24.46	56.20
同意	1 182	28.15	28.43	84.63
非常同意	639	15.22	15.37	100.00
合计	4 158	99.02	100.00	—
缺失值	41	0.98	—	—
总计	4 199	100.00	—	—

（测度目标：传统非物质文化-思想观念-天人合一思想的认同与比较）

表 3-2 对"自己的命运应该自己把握,凡事都事在
人为"观点的认同比重统计　　　　　单位:人,%

认同分类	样本数	占总体样本比重	占有效样本比重	累积有效比重
非常不同意	78	1.86	1.88	1.88
不同意	289	6.88	6.95	8.82
不清楚	727	17.31	17.48	26.30
同意	1 834	43.68	44.09	70.38
非常同意	1 232	29.34	29.62	100.00
合计	4 160	99.07	100.00	—
缺失值	39	0.93	—	—
总计	4 199	100.00	—	—

(测度目标:传统非物质文化-思想观念-天人合一思想的认同与比较)

表 3-3 对"返璞归真、回归自然是一种好的
生活方式"观点的认同比重统计　　　单位:人,%

认同分类	样本数	占总体样本比重	占有效样本比重	累积有效比重
非常不同意	77	1.83	1.85	1.85
不同意	280	6.67	6.75	8.60
不清楚	885	21.08	21.32	29.92
同意	1 826	43.49	43.99	73.91
非常同意	1 083	25.79	26.09	100.00
合计	4 151	98.86	100.00	—
缺失值	48	1.14	—	—
总计	4 199	100.00	—	—

(测度目标:传统非物质文化-思想观念-道法自然思想的认同与比较)

表 3-4 对"'人定胜天'依靠科学更能建设美好的生活"观点的认同比重统计　　单位：人，%

认同分类	样本数	占总体样本比重	占有效样本比重	累积有效比重
非常不同意	116	2.76	2.79	2.79
不同意	406	9.67	9.77	12.56
不清楚	955	22.74	22.98	35.55
同意	1 706	40.63	41.06	76.61
非常同意	972	23.15	23.39	100.00
合计	4 155	98.95	100.00	—
缺失值	44	1.05	—	—
总计	4 199	100.00	—	—

（测度目标：传统非物质文化-思想观念-道法自然思想的认同与比较）

表 3-5 对"个人道德修养比强调公共道德更能促进社会进步"观点的认同比重统计　　单位：人，%

认同分类	样本数	占总体样本比重	占有效样本比重	累积有效比重
非常不同意	88	2.10	2.12	2.12
不同意	383	9.12	9.22	11.34
不清楚	861	20.50	20.73	32.07
同意	1 713	40.80	41.24	73.30
非常同意	1 109	26.41	26.70	100.00
合计	4 154	98.93	100.00	—
缺失值	45	1.07	—	—
总计	4 199	100.00	—	—

（测度目标：传统非物质文化-思想观念-德性修养思想的认同与比较）

表 3-6 对"一个人成功,最重要因素取决于智商和能力"观点的认同比重统计　　单位:人,%

认同分类	样本数	占总体样本比重	占有效样本比重	累积有效比重
非常不同意	212	5.05	5.10	5.10
不同意	746	17.77	17.96	23.07
不清楚	996	23.72	23.98	47.05
同意	1 487	35.41	35.81	82.86
非常同意	712	16.96	17.14	100.00
合计	4 153	98.90	100.00	—
缺失值	46	1.10	—	—
总计	4 199	100.00	—	—

(测度目标:传统非物质文化-思想观念-德性修养思想的认同与比较)

表 3-7 对"企业家是创造财富的主要群体,应该得到尊重"观点的认同比重统计　　单位:人,%

认同分类	样本数	占总体样本比重	占有效样本比重	累积有效比重
非常不同意	165	3.93	3.97	3.97
不同意	543	12.93	13.07	17.04
不清楚	1 099	26.17	26.46	43.50
同意	1 666	39.68	40.11	83.61
非常同意	681	16.22	16.39	100.00
合计	4 154	98.93	100.00	—
缺失值	45	1.07	—	—
总计	4 199	100.00	—	—

(测度目标:传统非物质文化-思想观念-义利观的认同与比较)

表3-8 对"'仁爱之心'应该根据血缘亲疏关系而有不同"观点的认同比重统计　　单位：人,%

认同分类	样本数	占总体样本比重	占有效样本比重	累积有效比重
非常不同意	666	15.86	16.06	16.06
不同意	1 084	25.82	26.13	42.19
不清楚	873	20.79	21.05	63.24
同意	1 044	24.86	25.17	88.40
非常同意	481	11.46	11.60	100.00
合计	4 148	98.79	100.00	—
缺失值	51	1.21	—	
总计	4 199	100.00		

(测度目标：传统非物质文化-思想观念-亲亲互隐的认同)

表3-9 对"讲原则、求正义及至大义灭亲才能推动社会进步"观点的认同比重统计　　单位：人,%

认同分类	样本数	占总体样本比重	占有效样本比重	累积有效比重
非常不同意	459	10.93	11.05	11.05
不同意	854	20.34	20.56	31.62
不清楚	1 057	25.17	25.45	57.07
同意	1 206	28.72	29.04	86.11
非常同意	577	13.74	13.89	100.00
合计	4 153	98.90	100.00	—
缺失值	46	1.10	—	
总计	4 199	100.00		

(测度目标：传统非物质文化-思想观念-亲亲互隐的认同与比较)

表 3-10 对"读书的目的是为找体面的工作和挣更多的钱"观点的认同比重统计　　单位：人,%

认同分类	样本数	占总体样本比重	占有效样本比重	累积有效比重
非常不同意	520	12.38	12.52	12.52
不同意	1 035	24.65	24.91	37.42
不清楚	916	21.81	22.05	59.47
同意	1 133	26.98	27.27	86.74
非常同意	551	13.12	13.26	100.00
合计	4 155	98.95	100.00	—
缺失值	44	1.05	—	—
总计	4 199	100.00	—	—

（测度目标：传统非物质文化-思想观念-书中自有黄金屋观点的认同）

表 3-11 对"读书不一定找到好工作，但是可以提高人的素质"观点的认同比重统计　　单位：人,%

认同分类	样本数	占总体样本比重	占有效样本比重	累积有效比重
非常不同意	80	1.91	1.93	1.93
不同意	207	4.93	4.99	6.91
不清楚	629	14.98	15.15	22.07
同意	1 802	42.91	43.41	65.48
非常同意	1 433	34.13	34.52	100.00
合计	4 151	98.86	100.00	—
缺失值	48	1.14	—	—
总计	4 199	100.00	—	—

（测度目标：传统非物质文化-思想观念-书中自有黄金屋观点认同与比较）

表 3-12 对"提倡把成功的知识分子提拔到管理岗位上去"观点的认同比重统计　　单位：人，%

认同分类	样本数	占总体样本比重	占有效样本比重	累积有效比重
非常不同意	138	3.29	3.33	3.33
不同意	602	14.34	14.51	17.84
不清楚	1 141	27.17	27.51	45.35
同意	1 569	37.37	37.83	83.17
非常同意	698	16.62	16.83	100.00
合计	4 148	98.79	100.00	—
缺失值	51	1.21	—	—
总计	4 199	100.00	—	—

（测度目标：传统非物质文化-思想观念-学而优则仕观点认同与比较）

表 3-13 对"知识分子的职责是创造知识，匡正政府的错误"观点的认同比重统计　　单位：人，%

认同分类	样本数	占总体样本比重	占有效样本比重	累积有效比重
非常不同意	153	3.64	3.69	3.69
不同意	513	12.22	12.38	16.07
不清楚	1 240	29.53	29.92	45.99
同意	1 557	37.08	37.57	83.57
非常同意	681	16.22	16.43	100.00
合计	4 144	98.69	100.00	—
缺失值	55	1.31	—	—
总计	4 199	100.00	—	—

（测度目标：传统非物质文化-思想观念-学而优则仕观点认同与比较）

表 3-14 对"诵读古典诗词是复古,要让孩子多学科学知识"观点的认同比重统计　　单位:人,%

认同分类	样本数	占总体样本比重	占有效样本比重	累积有效比重
非常不同意	440	10.48	10.59	10.59
不同意	1 080	25.72	26.01	36.60
不清楚	945	22.51	22.75	59.35
同意	1 135	27.03	27.33	86.68
非常同意	553	13.17	13.32	100.00
合计	4 153	98.90	100.00	—
缺失值	46	1.10	—	—
总计	4 199	100.00	—	—

(测度目标:传统非物质文化-思想观念-传统典籍传承的教育观点认同与比较)

表 3-15 对"为人处世应该遵循'中庸之道',不要锋芒毕露"观点的认同比重统计　　单位:人,%

认同分类	样本数	占总体样本比重	占有效样本比重	累积有效比重
非常不同意	211	5.03	5.08	5.08
不同意	761	18.12	18.32	23.40
不清楚	1 090	25.96	26.24	49.64
同意	1 465	34.89	35.27	84.91
非常同意	627	14.93	15.09	100.00
合计	4 154	98.93	100.00	—
缺失值	45	1.07	—	—
总计	4 199	100.00	—	—

(测度目标:传统非物质文化-思想观念-中庸之道的观点认同)

表 3-16 对"四平八稳,中庸处世之道,不利于社会创新"观点的认同比重统计　　单位:人,%

认同分类	样本数	占总体样本比重	占有效样本比重	累积有效比重
非常不同意	183	4.36	4.42	4.42
不同意	705	16.79	17.01	21.43
不清楚	1 118	26.63	26.98	48.41
同意	1 486	35.39	35.86	84.27
非常同意	652	15.53	15.73	100.00
合计	4 144	98.69	100.00	—
缺失值	55	1.31	—	—
总计	4 199	100.00	—	—

(测度目标:传统非物质文化-思想观念-中庸之道观点认同与比较)

表 3-17 对"在生活中,凡事都应以和为贵"观点的认同比重统计　　单位:人,%

认同分类	样本数	占总体样本比重	占有效样本比重	累积有效比重
非常不同意	145	3.45	3.48	3.48
不同意	541	12.88	13.00	16.49
不清楚	912	21.72	21.92	38.40
同意	1 717	40.89	41.26	79.67
非常同意	846	20.15	20.33	100.00
合计	4 161	99.10	100.00	—
缺失值	38	0.90	—	—
总计	4 199	100.00	—	—

(测度目标:传统非物质文化-思想观念-以和为贵观点认同)

表 3-18 对"不讲原则，处处一团和气，社会不可能真正进步"观点的认同比重统计　　单位：人，%

认同分类	样本数	占总体样本比重	占有效样本比重	累积有效比重
非常不同意	178	4.24	4.29	4.29
不同意	516	12.29	12.43	16.72
不清楚	904	21.53	21.78	38.50
同意	1 634	38.91	39.36	77.86
非常同意	919	21.89	22.14	100.00
合计	4 151	98.86	100.00	—
缺失值	48	1.14	—	—
总计	4 199	100.00	—	—

（测度目标：传统非物质文化-思想观念-以和为贵观点认同与比较）

表 4-1 对"民富才能国强，所以应该'藏富于民'"观点的认同比重统计　　单位：人，%

认同分类	样本数	占总体样本比重	占有效样本比重	累积有效比重
非常不同意	138	3.29	3.32	3.32
不同意	449	10.69	10.80	14.11
不清楚	1 025	24.41	24.65	38.76
同意	1 589	37.84	38.21	76.97
非常同意	958	22.81	23.03	100.00
合计	4 159	99.05	100.00	—
缺失值	40	0.95	—	—
总计	4 199	100.00	—	—

（测度目标：社会主义核心价值观-传统文化的富强观）

表 4-2 对"国强才能民富，应该树立'先国家后小家'的观念"观点的认同比重统计　　单位：人，%

认同分类	样本数	占总体样本比重	占有效样本比重	累积有效比重
非常不同意	155	3.69	3.73	3.73
不同意	471	11.22	11.32	15.04
不清楚	1 004	23.91	24.13	39.17
同意	1 604	38.20	38.55	77.72
非常同意	927	22.08	22.28	100.00
合计	4 161	99.10	100.00	—
缺失值	38	0.90	—	—
总计	4 199	100.00	—	—

（测度目标：社会主义核心价值观-传统文化的富强观、集体与个人之间的关系的舍取）

表 4-3 对"只有民富国强，才能增强中国在世界上的文化话语权"观点的认同比重统计　　单位：人，%

认同分类	样本数	占总体样本比重	占有效样本比重	累积有效比重
非常不同意	49	1.17	1.18	1.18
不同意	206	4.91	4.95	6.13
不清楚	657	15.65	15.78	21.91
同意	1 723	41.03	41.39	63.30
非常同意	1 528	36.39	36.70	100.00
合计	4 163	99.14	100.00	—
缺失值	36	0.86	—	—
总计	4 199	100.00	—	—

（测度目标：社会主义核心价值观-马克思主义世界观与富强观）

表 4-4 对"民主的社会是'以民为主',政府'为民做主'"观点的认同比重统计　　单位：人,%

认同分类	样本数	占总体样本比重	占有效样本比重	累积有效比重
非常不同意	86	2.05	2.06	2.06
不同意	214	5.10	5.13	7.19
不清楚	743	17.69	17.81	25.01
同意	1 584	37.72	37.98	62.98
非常同意	1 544	36.77	37.02	100.00
合计	4 171	99.33	100.00	—
缺失值	28	0.67	—	—
总计	4 199	100.00	—	—

（测度目标：社会主义核心价值观-马克思主义-传统文化中的民主观）

表 4-5 对"民主就是由民做主,是人民当家做主"观点的认同比重统计　　单位：人,%

认同分类	样本数	占总体样本比重	占有效样本比重	累积有效比重
非常不同意	135	3.22	3.24	3.24
不同意	427	10.17	10.25	13.49
不清楚	903	21.51	21.67	35.16
同意	1 557	37.08	37.37	72.52
非常同意	1 145	27.27	27.48	100.00
合计	4 167	99.24	100.00	—
缺失值	32	0.76	—	—
总计	4 199	100.00	—	—

（测度目标：社会主义核心价值观-马克思主义-传统文化中的民主观）

表 4-6 对"民贵君轻在现代社会就是'全心全意为人民服务'"观点的认同比重统计   单位：人,%

认同分类	样本数	占总体样本比重	占有效样本比重	累积有效比重
非常不同意	65	1.55	1.56	1.56
不同意	277	6.60	6.66	8.22
不清楚	853	20.31	20.49	28.71
同意	1 747	41.61	41.98	70.69
非常同意	1 220	29.05	29.31	100.00
合计	4 162	99.12	100.00	—
缺失值	37	0.88	—	—
总计	4 199	100.00	—	—

（测度目标：社会主义核心价值观-马克思主义-传统文化中基本民主立场）

表 4-7 对"做决策应该在集体讨论的基础上，由领导最终来做决定"观点的认同比重统计   单位：人,%

认同分类	样本数	占总体样本比重	占有效样本比重	累积有效比重
非常不同意	322	7.67	7.75	7.75
不同意	767	18.27	18.46	26.22
不清楚	1 032	24.58	24.84	51.06
同意	1 434	34.15	34.52	85.58
非常同意	599	14.27	14.42	100.00
合计	4 154	98.93	100.00	—
缺失值	45	1.07	—	—
总计	4 199	100.00	—	—

（测度目标：社会主义核心价值观-马克思主义-民主集中制与民主）

表 4-8 对"民主决策的核心就是不分职位、身份差异，一人一票"观点的认同比重统计　　单位：人，%

认同分类	样本数	占总体样本比重	占有效样本比重	累积有效比重
非常不同意	183	4.36	4.40	4.40
不同意	457	10.88	11.00	15.40
不清楚	938	22.34	22.58	37.98
同意	1 577	37.56	37.95	75.93
非常同意	1 000	23.82	24.07	100.00
合计	4 155	98.95	100.00	—
缺失值	44	1.05	—	—
总计	4 199	100.00	—	—

（测度目标：社会主义核心价值观-中西文化比较-西方民主观比较）

表 4-9 对"'仓廪实，知礼仪'，社会文不文明，关键看经济水平"观点的认同比重统计　　单位：人，%

认同分类	样本数	占总体样本比重	占有效样本比重	累积有效比重
非常不同意	298	7.10	7.18	7.18
不同意	901	21.46	21.70	28.87
不清楚	1 047	24.93	25.21	54.08
同意	1 315	31.32	31.66	85.75
非常同意	592	14.10	14.25	100.00
合计	4 153	98.90	100.00	—
缺失值	46	1.10	—	—
总计	4 199	100.00	—	—

（测度目标：社会主义核心价值观-马克思主义-物质文明与礼仪观）

表 4-10 对"国家文明程度取决于国民教育水平和整体文化素质"观点的认同比重统计   单位：人，%

认同分类	样本数	占总体样本比重	占有效样本比重	累积有效比重
非常不同意	49	1.17	1.18	1.18
不同意	218	5.19	5.25	6.44
不清楚	677	16.12	16.32	22.75
同意	1 866	44.44	44.97	67.73
非常同意	1 339	31.89	32.27	100.00
合计	4 149	98.81	100.00	—
缺失值	50	1.19	—	—
总计	4 199	100.00	—	—

（测度目标：社会主义核心价值观-精神文明）

表 4-11 对"一个地方文不文明，关键看法治程度的高低"观点的认同比重统计   单位：人，%

认同分类	样本数	占总体样本比重	占有效样本比重	累积有效比重
非常不同意	154	3.67	3.70	3.70
不同意	687	16.36	16.52	20.22
不清楚	999	23.79	24.02	44.24
同意	1 580	37.63	37.99	82.23
非常同意	739	17.60	17.77	100.00
合计	4 159	99.05	100.00	—
缺失值	40	0.95	—	—
总计	4 199	100.00	—	—

（测度目标：社会主义核心价值观-制度文明）

表 4-12 对"环境优美、政通人和是文明社会的表现"
观点的认同比重统计　　　　　　　单位：人，%

认同分类	样本数	占总体样本比重	占有效样本比重	累积有效比重
非常不同意	46	1.10	1.11	1.11
不同意	213	5.07	5.13	6.24
不清楚	649	15.46	15.63	21.87
同意	1 994	47.49	48.04	69.91
非常同意	1 249	29.75	30.09	100.00
合计	4 151	98.86	100.00	—
缺失值	48	1.14	—	—
总计	4 199	100.00	—	—

（测度目标：社会主义核心价值观-生态文明）

表 4-13 对"外国人喜欢中国美食，对文化走出去
很有信心"观点的认同比重统计　　　单位：人，%

认同分类	样本数	占总体样本比重	占有效样本比重	累积有效比重
非常不同意	57	1.36	1.37	1.37
不同意	227	5.41	5.45	6.82
不清楚	734	17.48	17.63	24.45
同意	1 807	43.03	43.41	67.86
非常同意	1 338	31.86	32.14	100.00
合计	4 163	99.14	100.00	—
缺失值	36	0.86	—	—
总计	4 199	100.00	—	—

（测度目标：文化自信-中西文化比较）

表 4-14 对"外国人学习汉语，我对文化走出去很有信心"观点的认同比重统计　　单位：人,%

认同分类	样本数	占总体样本比重	占有效样本比重	累积有效比重
非常不同意	47	1.12	1.13	1.13
不同意	210	5.00	5.05	6.19
不清楚	805	19.17	19.37	25.56
同意	1 793	42.70	43.15	68.71
非常同意	1 300	30.96	31.29	100.00
合计	4 155	98.95	100.00	—
缺失值	44	1.05	—	—
总计	4 199	100.00	—	—

（测度目标：文化自信-中西文化比较）

表 4-15 对"和谐社会对个人而言，就是要修身养性、内心平静"观点的认同比重统计　　单位：人,%

认同分类	样本数	占总体样本比重	占有效样本比重	累积有效比重
非常不同意	62	1.48	1.49	1.49
不同意	316	7.53	7.61	9.10
不清楚	771	18.36	18.56	27.67
同意	1 938	46.15	46.67	74.33
非常同意	1 066	25.39	25.67	100.00
合计	4 153	98.90	100.00	—
缺失值	46	1.10	—	—
总计	4 199	100.00	—	—

（测度目标：社会主义核心价值观-传统文化中的个人和谐观）

表 4-16 对"和谐社会中就是人与人和睦相处，和而不同"观点的认同比重统计　　　单位：人，%

认同分类	样本数	占总体样本比重	占有效样本比重	累积有效比重
非常不同意	53	1.26	1.27	1.27
不同意	198	4.72	4.76	6.03
不清楚	733	17.46	17.60	23.63
同意	1 999	47.61	48.01	71.64
非常同意	1 181	28.13	28.36	100.00
合计	4 164	99.17	100.00	—
缺失值	35	0.83	—	—
总计	4 199	100.00	—	—

（测度目标：社会主义核心价值观-传统文化中的社会人际和谐观）

表 4-17 对"和谐社会，对于家庭而言，就是家和万事兴"观点的认同比重统计　　　单位：人，%

认同分类	样本数	占总体样本比重	占有效样本比重	累积有效比重
非常不同意	47	1.12	1.13	1.13
不同意	153	3.64	3.68	4.81
不清楚	589	14.03	14.18	18.99
同意	1 869	44.51	44.98	63.97
非常同意	1 497	35.65	36.03	100.00
合计	4 155	98.95	100.00	—
缺失值	44	1.05	—	—
总计	4 199	100.00	—	—

（测度目标：社会主义核心价值观-传统文化中的家庭和谐观）

表4-18 对"和谐社会就是要做到公平正义，秩序井然"观点的认同比重统计　　单位：人，%

认同分类	样本数	占总体样本比重	占有效样本比重	累积有效比重
非常不同意	48	1.14	1.16	1.16
不同意	156	3.72	3.76	4.91
不清楚	594	14.15	14.30	19.22
同意	1 923	45.80	46.30	65.52
非常同意	1 432	34.10	34.48	100.00
合计	4 153	98.90	100.00	—
缺失值	46	1.10	—	—
总计	4 199	100.00	—	—

（测度目标：社会主义核心价值观-传统文化与社会和谐）

表4-19 对"自由的境界在于人生清静无为，生活闲情安然"观点的认同比重统计　　单位：人，%

认同分类	样本数	占总体样本比重	占有效样本比重	累积有效比重
非常不同意	150	3.57	3.61	3.61
不同意	569	13.55	13.68	17.29
不清楚	932	22.20	22.41	39.71
同意	1 584	37.72	38.10	77.80
非常同意	923	21.98	22.20	100.00
合计	4 158	99.02	100.00	—
缺失值	41	0.98	—	—
总计	4 199	100.00	—	—

（测度目标：社会主义核心价值观-传统文化中的自由观）

表 4-20 对"每个人都享有自由表达自己意愿和
诉求的权利"观点的认同比重统计　　单位：人，%

认同分类	样本数	占总体样本比重	占有效样本比重	累积有效比重
非常不同意	64	1.52	1.54	1.54
不同意	178	4.24	4.29	5.83
不清楚	619	14.74	14.90	20.73
同意	1 769	42.13	42.60	63.33
非常同意	1 523	36.27	36.67	100.00
合计	4 153	98.90	100.00	—
缺失值	46	1.10	—	—
总计	4 199	100.00	—	—

（测度目标：社会主义核心价值观-马克思主义自由观）

表 4-21 对"个人自由的实现，要有必要的
物质条件"观点的认同比重统计　　单位：人，%

认同分类	样本数	占总体样本比重	占有效样本比重	累积有效比重
非常不同意	101	2.41	2.44	2.44
不同意	311	7.41	7.53	9.97
不清楚	709	16.88	17.16	27.14
同意	1 816	43.25	43.96	71.10
非常同意	1 194	28.44	28.90	100.00
合计	4 131	98.38	100.00	—
缺失值	68	1.62	—	—
总计	4 199	100.00	—	—

（测度目标：社会主义核心价值观-马克思主义与自由观念）

表 4-22 对"自由的要义，是只要法律没有禁止，老百姓都可以做"观点的认同比重统计　　单位：人，%

认同分类	样本数	占总体样本比重	占有效样本比重	累积有效比重
非常不同意	623	14.84	15.03	15.03
不同意	945	22.51	22.80	37.83
不清楚	829	19.74	20.00	57.83
同意	1 153	27.46	27.82	85.65
非常同意	595	14.17	14.35	100.00
合计	4 145	98.71	100.00	—
缺失值	54	1.29	—	—
总计	4 199	100.00	—	—

（测度目标：社会主义核心价值观-中西自由观比较）

表 4-23 对"个性自由能激发人的创造力，这正是社会进步所需"观点的认同比重统计　　单位：人，%

认同分类	样本数	占总体样本比重	占有效样本比重	累积有效比重
非常不同意	114	2.71	2.75	2.75
不同意	381	9.07	9.21	11.96
不清楚	887	21.12	21.44	33.40
同意	1 916	45.63	46.30	79.70
非常同意	840	20.00	20.30	100.00
合计	4 138	98.55	100.00	—
缺失值	61	1.45	—	—
总计	4 199	100.00	—	—

（测度目标：社会主义核心价值观-中西自由观比较-个人与集体的关系）

表 4-24 对"在单位里，对领导和上司应该做到言听计从"观点的认同比重统计　　单位：人，%

认同分类	样本数	占总体样本比重	占有效样本比重	累积有效比重
非常不同意	878	20.91	21.14	21.14
不同意	1 234	29.39	29.71	50.85
不清楚	763	18.17	18.37	69.23
同意	882	21.01	21.24	90.46
非常同意	396	9.43	9.54	100.00
合计	4 153	98.90	100.00	—
缺失值	46	1.10	—	—
总计	4 199	100.00	—	—

（测度目标：传统文化-三纲五常-君臣关系与平等）

表 4-25 对"在家庭关系中，丈夫是一家之主，妻子应该顺从丈夫"观点的认同比重统计　　单位：人，%

认同分类	样本数	占总体样本比重	占有效样本比重	累积有效比重
非常不同意	1 114	26.53	26.80	26.80
不同意	1 248	29.72	30.03	56.83
不清楚	682	16.24	16.41	73.24
同意	753	17.93	18.12	91.36
非常同意	359	8.55	8.64	100.00
合计	4 156	98.98	100.00	—
缺失值	43	1.02	—	—
总计	4 199	100.00	—	—

（测度目标：传统文化-三纲五常-夫妻关系与平等）

表 4-26 对"父母养育子女不易，子女必须处处顺从父母和长辈"观点的认同比重统计　　单位：人，%

认同分类	样本数	占总体样本比重	占有效样本比重	累积有效比重
非常不同意	631	15.03	15.19	15.19
不同意	1 261	30.03	30.36	45.55
不清楚	815	19.41	19.62	65.17
同意	1 016	24.20	24.46	89.62
非常同意	431	10.26	10.38	100.00
合计	4 154	98.93	100.00	—
缺失值	45	1.07	—	—
总计	4 199	100.00	—	—

（测度目标：传统文化-三纲五常-长幼关系与平等）

表 4-27 对"人们患寡，更患不均，说明共同富裕才是社会的追求"观点的认同比重统计　　单位：人，%

认同分类	样本数	占总体样本比重	占有效样本比重	累积有效比重
非常不同意	170	4.05	4.09	4.09
不同意	482	11.48	11.60	15.69
不清楚	1 032	24.58	24.84	40.53
同意	1 695	40.37	40.79	81.32
非常同意	776	18.48	18.68	100.00
合计	4 155	98.95	100.00	—
缺失值	44	1.05	—	—
总计	4 199	100.00	—	—

（测度目标：马克思主义的平等观）

表 4-28 对"只有人心无私、正直，才会有社会的公正"观点的认同比重统计　　单位：人，%

认同分类	样本数	占总体样本比重	占有效样本比重	累积有效比重
非常不同意	94	2.24	2.26	2.26
不同意	430	10.24	10.36	12.62
不清楚	893	21.27	21.51	34.13
同意	1 799	42.84	43.33	77.46
非常同意	936	22.29	22.54	100.00
合计	4 152	98.88	100.00	—
缺失值	47	1.12	—	—
总计	4 199	100.00	—	—

（测度目标：传统文化与公正社会的建立-中西文化比较）

表 4-29 对"公正的社会是制度上能保证每个公民都受到公平待遇"观点的认同比重统计　　单位：人，%

认同分类	样本数	占总体样本比重	占有效样本比重	累积有效比重
非常不同意	99	2.36	2.39	2.39
不同意	307	7.31	7.41	9.80
不清楚	782	18.62	18.88	28.67
同意	1 879	44.75	45.35	74.03
非常同意	1 076	25.63	25.97	100.00
合计	4 143	98.67	100.00	—
缺失值	56	1.33	—	—
总计	4 199	100.00	—	—

（测度目标：传统文化-公正社会的建立与中西文化的比较）

表4-30 对"宁可日子穷一点，也要尽可能平均分配社会资源"观点的认同比重统计　　　单位：人，%

认同分类	样本数	占总体样本比重	占有效样本比重	累积有效比重
非常不同意	349	8.31	8.42	8.42
不同意	837	19.93	20.20	28.62
不清楚	1 052	25.05	25.39	54.01
同意	1 335	31.79	32.22	86.22
非常同意	571	13.60	13.78	100.00
合计	4 144	98.69	100.00	—
缺失值	55	1.31	—	—
总计	4 199	100.00	—	—

（测度目标：马克思主义与社会公平）

表4-31 对"法治的根本在于教化百姓知法守法"观点的认同比重统计　　　单位：人，%

认同分类	样本数	占总体样本比重	占有效样本比重	累积有效比重
非常不同意	112	2.67	2.70	2.70
不同意	431	10.26	10.39	13.09
不清楚	873	20.79	21.05	34.15
同意	1 820	43.34	43.89	78.03
非常同意	911	21.70	21.97	100.00
合计	4 147	98.76	100.00	—
缺失值	52	1.24	—	—
总计	4 199	100.00	—	—

（测度目标：社会主义核心价值观-传统文化与法治观）

表4-32 对"法治不是治民工具，法治的重点在于依法治官"观点的认同比重统计　　单位：人，%

认同分类	样本数	占总体样本比重	占有效样本比重	累积有效比重
非常不同意	181	4.31	4.37	4.37
不同意	796	18.96	19.21	23.58
不清楚	1 075	25.60	25.95	49.53
同意	1 359	32.36	32.80	82.33
非常同意	732	17.43	17.67	100.00
合计	4 143	98.67	100.00	—
缺失值	56	1.33	—	—
总计	4 199	100.00	—	—

（测度目标：社会主义核心价值观-传统文化与法治观）

表4-33 对"保障个人合法权利不受侵犯，对每个人非常重要"观点的认同比重统计　　单位：人，%

认同分类	样本数	占总体样本比重	占有效样本比重	累积有效比重
非常不同意	58	1.38	1.40	1.40
不同意	157	3.74	3.78	5.18
不清楚	626	14.91	15.09	20.27
同意	1 891	45.03	45.58	65.85
非常同意	1 417	33.75	34.15	100.00
合计	4 149	98.81	100.00	—
缺失值	50	1.19	—	—
总计	4 199	100.00	—	—

（测度目标：社会主义核心价值观-传统文化与法治观）

表 4-34 对"以德治国更有利于社会的安定和谐"
观点的认同比重统计　　　　　　　　单位：人，%

认同分类	样本数	占总体样本比重	占有效样本比重	累积有效比重
非常不同意	118	2.81	2.84	2.84
不同意	452	10.76	10.88	13.72
不清楚	879	20.93	21.15	34.87
同意	1 653	39.37	39.77	74.64
非常同意	1 054	25.10	25.36	100.00
合计	4 156	98.98	100.00	—
缺失值	43	1.02	—	—
总计	4 199	100.00	—	—

（测度目标：社会主义核心价值观-传统文化-德治与法治观）

表 4-35 对"依法治国才能让国家长治久安"
观点的认同比重统计　　　　　　　　单位：人，%

认同分类	样本数	占总体样本比重	占有效样本比重	累积有效比重
非常不同意	47	1.12	1.13	1.13
不同意	174	4.14	4.20	5.33
不清楚	652	15.53	15.72	21.05
同意	1 787	42.56	43.09	64.14
非常同意	1 487	35.41	35.86	100.00
合计	4 147	98.76	100.00	—
缺失值	52	1.24	—	—
总计	4 199	100.00	—	—

（测度目标：社会主义核心价值观-传统文化-德治与法治的关系）

表4-36 对"当听到庄严的国歌，我心中油然升起一种责任感"观点的认同比重统计　　单位：人，%

认同分类	样本数	占总体样本比重	占有效样本比重	累积有效比重
非常不同意	53	1.26	1.28	1.28
不同意	195	4.64	4.70	5.97
不清楚	677	16.12	16.31	22.28
同意	1 634	38.91	39.36	61.65
非常同意	1 592	37.91	38.35	100.00
合计	4 151	98.86	100.00	—
缺失值	48	1.14	—	—
总计	4 199	100.00	—	—

（测度目标：社会主义核心价值观-传统文化-爱国主义以及仪式感教育途径）

表4-37 对"爱国就要爱疆土完整、爱民族团结、爱传统文化"观点的认同比重统计　　单位：人，%

认同分类	样本数	占总体样本比重	占有效样本比重	累积有效比重
非常不同意	51	1.21	1.23	1.23
不同意	121	2.88	2.91	4.14
不清楚	595	14.17	14.31	18.44
同意	1 612	38.39	38.76	57.20
非常同意	1 780	42.39	42.80	100.00
合计	4 159	99.05	100.00	—
缺失值	40	0.95	—	—
总计	4 199	100.00	—	—

（测度目标：社会主义核心价值观-传统文化与爱国主义）

表4-38 对"我是中国人，我感到自豪"观点的认同比重统计　　　单位：人，%

认同分类	样本数	占总体样本比重	占有效样本比重	累积有效比重
非常不同意	46	1.10	1.11	1.11
不同意	166	3.95	3.99	5.10
不清楚	602	14.34	14.49	19.59
同意	1 354	32.25	32.58	52.17
非常同意	1 988	47.34	47.83	100.00
合计	4 156	98.98	100.00	—
缺失值	43	1.02	—	—
总计	4 199	100.00	—	—

（测度目标：社会主义核心价值观-传统文化与爱国主义）

表4-39 对"做好本职工作是为国家做贡献，是爱国的表现"观点的认同比重统计　　　单位：人，%

认同分类	样本数	占总体样本比重	占有效样本比重	累积有效比重
非常不同意	47	1.12	1.13	1.13
不同意	187	4.45	4.50	5.64
不清楚	614	14.62	14.79	20.42
同意	1 727	41.13	41.59	62.02
非常同意	1 577	37.56	37.98	100.00
合计	4 152	98.88	100.00	—
缺失值	47	1.12	—	—
总计	4 199	100.00	—	—

（测度目标：社会主义核心价值观-个人爱国主义的具体化）

表 4-40 对"干一行,爱一行,每一个人要珍惜
眼前的工作"观点的认同比重统计　　　单位:人,%

认同分类	样本数	占总体样本比重	占有效样本比重	累积有效比重
非常不同意	53	1.26	1.27	1.27
不同意	183	4.36	4.40	5.68
不清楚	584	13.91	14.05	19.73
同意	1 735	41.32	41.74	61.46
非常同意	1 602	38.15	38.54	100.00
合计	4 157	99.00	100.00	—
缺失值	42	1.00	—	—
总计	4 199	100.00	—	—

(测度目标:社会主义核心价值观-传统文化与敬业观)

表 4-41 对"做好本职工作不仅是完成任务,更重要的
是体现个人价值"观点的认同比重统计　　　单位:人,%

认同分类	样本数	占总体样本比重	占有效样本比重	累积有效比重
非常不同意	53	1.26	1.28	1.28
不同意	127	3.02	3.06	4.33
不清楚	528	12.57	12.71	17.04
同意	1 778	42.34	42.80	59.85
非常同意	1 668	39.72	40.15	100.00
合计	4 154	98.93	100.00	—
缺失值	45	1.07	—	—
总计	4 199	100.00	—	—

(测度目标:社会主义核心价值观-传统文化与敬业观)

表 4-42 对"人无信不可，民无信不立，国无信不威"观点的认同比重统计　　　单位：人，%

认同分类	样本数	占总体样本比重	占有效样本比重	累积有效比重
非常不同意	47	1.12	1.13	1.13
不同意	150	3.57	3.61	4.74
不清楚	510	12.15	12.26	17.00
同意	1 501	35.75	36.09	53.09
非常同意	1 951	46.46	46.91	100.00
合计	4 159	99.05	100.00	—
缺失值	40	0.95	—	—
总计	4 199	100.00	—	—

（测度目标：社会主义核心价值观-传统文化与诚信观）

表 4-43 对"社会诚信，关键在于个人的道德约束"观点的认同比重统计　　　单位：人，%

认同分类	样本数	占总体样本比重	占有效样本比重	累积有效比重
非常不同意	70	1.67	1.68	1.68
不同意	254	6.05	6.11	7.79
不清楚	736	17.53	17.71	25.50
同意	1 777	42.32	42.75	68.25
非常同意	1 320	31.44	31.75	100.00
合计	4 157	99.00	100.00	—
缺失值	42	1.00	—	—
总计	4 199	100.00	—	—

（测度目标：社会主义核心价值观-传统文化与诚信观）

表 4-44 对"建立个人诚信档案制度，有利于诚信社会的建立"观点的认同比重统计　　单位：人，%

认同分类	样本数	占总体样本比重	占有效样本比重	累积有效比重
非常不同意	55	1.31	1.32	1.32
不同意	136	3.24	3.27	4.59
不清楚	662	15.77	15.92	20.51
同意	1 823	43.42	43.83	64.34
非常同意	1 483	35.32	35.66	100.00
合计	4 159	99.05	100.00	—
缺失值	40	0.95	—	—
总计	4 199	100.00	—	—

（测度目标：社会主义核心价值观-传统文化与诚信制度）

表 4-45 对"友善是指心从善念，与人为善、给人机会"观点的认同比重统计　　单位：人，%

认同分类	样本数	占总体样本比重	占有效样本比重	累积有效比重
非常不同意	45	1.07	1.08	1.08
不同意	126	3.00	3.03	4.11
不清楚	606	14.43	14.58	18.70
同意	1 976	47.06	47.55	66.24
非常同意	1 403	33.41	33.76	100.00
合计	4 156	98.98	100.00	—
缺失值	43	1.02	—	—
总计	4 199	100.00	—	—

（测度目标：社会主义核心价值观-传统文化与友善观）

附录二

精英群体社会主义核心价值观认知与认同问卷调查（2018）统计频数分析表

表 1-1　分省分性别样本分布统计　　单位：人，%

省份	样本数	占样本总体比重	其中：男性 人数	比重	其中：女性 人数	比重
北京市	109	8.99	73	66.97	36	33.03
山西省	17	1.40	12	70.59	5	29.41
上海市	132	10.88	76	57.58	56	42.42
江苏省	38	3.13	17	44.74	21	55.26
福建省	92	7.58	61	66.30	31	33.70
山东省	20	1.65	9	45.00	11	55.00
湖北省	393	32.40	225	57.25	168	42.75
广东省	165	13.60	102	61.82	63	38.18
重庆市	21	1.73	11	52.38	10	47.62
四川省	18	1.48	11	61.11	7	38.89
云南省	122	10.06	47	38.52	75	61.48
全国检察系统培训班	86	7.09	58	67.44	28	32.56
总计	1 213	100.00	702	57.87	511	42.13

表 2-1　样本的分年龄段分布统计

单位：人，%

年龄	样本数	占总体样本比重	占有效样本比重	累积有效比重
35 岁及以下	322	26.55	26.55	26.55
36～40 岁	213	17.56	17.56	44.11
41～45 岁	200	16.49	16.49	60.59
46～50 岁	214	17.64	17.64	78.24
51 岁及以上	264	21.76	21.76	100.00
合计	1 213	100.00	100.00	—

表 2-2　样本的分学历分布统计

单位：人，%

学历	样本数	占总体样本比重	占有效样本比重	累积有效比重
高中（中专）及以下	30	2.47	2.47	2.47
大学专科	147	12.12	12.12	14.59
大学本科	428	35.28	35.28	49.88
硕士研究生	329	27.12	27.12	77.00
博士研究生	279	23.00	23.00	100.00
合计	1 213	100.00	100.00	—

表 2-3　样本的分职业分布统计

单位：人，%

职业	样本数	占总体样本比重	占有效样本比重	累积有效比重
企业高管	215	17.72	17.72	17.72
企业法人代表	133	10.96	10.96	28.69
高级专业技术人员	215	17.72	17.72	46.41
大学教师	308	25.39	25.39	71.81
党政机关领导干部	290	23.91	23.91	95.71
事业单位负责人	41	3.38	3.38	99.09
自由职业者	11	0.91	0.91	100.00
合计	1 213	100.00	100.00	—

表 2-4 样本的分职务职级分布统计　　　　单位：人，%

职务职级	样本数	占总体样本比重	占有效样本比重	累积有效比重
科级与讲师	131	10.80	10.80	10.80
部门经理	257	21.19	21.19	31.99
总经理	212	17.48	17.48	49.46
处级（副、正）	336	27.70	27.70	77.16
副厅级及以上	277	22.84	22.84	100.00
合计	1 213	100.00	100.00	—

表 2-5 样本的分年收入分布统计　　　　单位：人，%

年收入	样本数	占总体样本比重	占有效样本比重	累积有效比重
10 万元以下	247	20.36	20.36	20.36
10 万～20 万元	486	40.07	40.07	60.43
21 万～30 万元	183	15.09	15.09	75.52
31 万～40 万元	116	9.56	9.56	85.08
41 万元及以上	181	14.92	14.92	100.00
合计	1 213	100.00	100.00	—

表 3-1 了解核心价值观的途径（多选题）　　　　单位：人，%

学习途径	人数	占样本比重	占选择人次比重
听讲座和参加讨论会	535	44.11	14.53
参加专门的培训班学习	406	33.47	11.02
浏览互联网	864	71.23	23.46
阅读报纸杂志	674	55.56	18.30
政府宣传教育活动	735	60.59	19.96
观看影视专题节目	429	35.37	11.65
其他	40	3.30	1.09
选择人次总计	3 683	—	—

表4-1 对"核心价值观中的国家观、社会观、
个人道德观"观点的认同比重统计 单位：人,%

认同分类	样本数	占总体样本比重	占有效样本比重	累积有效比重
非常不同意	41	3.38	3.38	3.38
不同意	16	1.30	1.32	4.70
不清楚	62	5.10	5.11	9.81
同意	274	22.60	22.59	32.40
非常同意	820	67.60	67.60	100.00
合计	1 213	100.00	100.00	—

表4-2 对"培育和践行核心价值观对中国社会经济
发展很有必要"观点的认同比重统计 单位：人,%

认同分类	样本数	占总体样本比重	占有效样本比重	累积有效比重
非常不同意	38	3.13	3.13	3.13
不同意	14	1.15	1.15	4.29
不清楚	63	5.19	5.19	9.48
同意	289	23.83	23.83	33.31
非常同意	809	66.69	66.69	100.00
合计	1 213	100.00	100.00	—

表4-3 对"培育和践行核心价值观是树正气，立新风，
倡导正能量"观点的认同比重统计 单位：人,%

认同分类	样本数	占总体样本比重	占有效样本比重	累积有效比重
非常不同意	34	2.80	2.80	2.80
不同意	26	2.14	2.14	4.95
不清楚	101	8.33	8.33	13.27
同意	267	22.01	22.01	35.28
非常同意	785	64.72	64.72	100.00
合计	1 213	100.00	100.00	—

表 4-4 对"核心价值观的培育和践行已经深入人心"
观点的认同比重统计　　　　　　　单位：人，%

认同分类	样本数	占总体样本比重	占有效样本比重	累积有效比重
非常不同意	51	4.20	4.20	4.20
不同意	118	9.73	9.73	13.93
不清楚	396	32.65	32.65	46.58
同意	266	21.93	21.93	68.51
非常同意	382	31.49	31.49	100.00
合计	1 213	100.00	100.00	—

表 5-1 对"践行核心价值观主要依靠个人道德品质
的培养"观点的认同比重统计　　　　单位：人，%

认同分类	样本数	占总体样本比重	占有效样本比重	累积有效比重
非常不同意	31	2.56	2.56	2.56
不同意	142	11.71	11.72	14.27
不清楚	221	18.22	18.23	32.51
同意	422	34.79	34.82	67.33
非常同意	396	32.65	32.67	100.00
合计	1 212	99.92	100.00	—
缺失值	1	0.08	—	—
总计	1 213	100.00	—	—

表 5-2 对"践行核心价值观主要依靠法律的约束"
观点的认同比重统计　　　　　　　单位：人，%

认同分类	样本数	占总体样本比重	占有效样本比重	累积有效比重
非常不同意	56	4.62	4.62	4.62
不同意	210	17.31	17.33	21.95

续表

认同分类	样本数	占总体样本比重	占有效样本比重	累积有效比重
不清楚	300	24.73	24.75	46.70
同意	348	28.69	28.71	75.41
非常同意	298	24.57	24.59	100.00
合计	1 212	99.92	100.00	—
缺失值	1	0.08	—	—
总计	1 213	100.00	—	—

表5-3 对"核心价值观的践行重在党和政府的
倡导和教育"观点的认同比重统计　　单位：人，%

认同分类	样本数	占总体样本比重	占有效样本比重	累积有效比重
非常不同意	29	2.39	2.39	2.39
不同意	74	6.10	6.11	8.51
不清楚	204	16.82	16.85	25.35
同意	462	38.09	38.15	63.50
非常同意	442	36.44	36.50	100.00
合计	1 211	99.84	100.00	—
缺失值	2	0.16	—	—
总计	1 213	100.00	—	—

表5-4 对"各级学校是培育和践行核心价值观的
主要阵地"观点的认同比重统计　　单位：人，%

认同分类	样本数	占总体样本比重	占有效样本比重	累积有效比重
非常不同意	39	3.22	3.22	3.22
不同意	75	6.18	6.20	9.42
不清楚	194	15.99	16.03	25.45
同意	381	31.41	31.49	56.94

续表

认同分类	样本数	占总体样本比重	占有效样本比重	累积有效比重
非常同意	521	42.95	43.06	100.00
合计	1 210	99.75	100.00	—
缺失值	3	0.25	—	—
总计	1 213	100.00	—	—

表6-1 对"社会一些不公平的现象影响了我对核心价值观的认同"观点的认同比重统计　　单位：人，%

认同分类	样本数	占总体样本比重	占有效样本比重	累积有效比重
非常不同意	124	10.22	10.26	10.26
不同意	156	12.86	12.90	23.16
不清楚	259	21.35	21.42	44.58
同意	416	34.30	34.41	78.99
非常同意	254	20.94	21.01	100.00
合计	1 209	99.67	100.00	—
缺失值	4	0.33	—	—
总计	1 213	100.00	—	—

表6-2 对"少数党员干部的言行影响了我对核心价值观的认同"观点的认同比重统计　　单位：人，%

认同分类	样本数	占总体样本比重	占有效样本比重	累积有效比重
非常不同意	154	12.70	12.77	12.77
不同意	190	15.66	15.75	28.52
不清楚	224	18.47	18.57	47.10
同意	381	31.41	31.59	78.69
非常同意	257	21.19	21.31	100.00
合计	1 206	99.42	100.00	—

续表

认同分类	样本数	占总体样本比重	占有效样本比重	累积有效比重
缺失值	7	0.58	—	—
总计	1 213	100.00	—	—

表6-3 对"核心价值观的践行没有回应个人利益诉求影响了认同"观点的认同比重统计　　单位：人，%

认同分类	样本数	占总体样本比重	占有效样本比重	累积有效比重
非常不同意	226	18.63	18.80	18.80
不同意	235	19.37	19.55	38.35
不清楚	255	21.02	21.21	59.57
同意	319	26.30	26.54	86.11
非常同意	167	13.77	13.89	100.00
合计	1 202	99.09	100.00	—
缺失值	11	0.91	—	—
总计	1 213	100.00	—	—

表6-4 对"核心价值观的内涵解释不清晰，不利于人们的认同"观点的认同比重统计　　单位：人，%

认同分类	样本数	占总体样本比重	占有效样本比重	累积有效比重
非常不同意	256	21.10	21.23	21.23
不同意	240	19.79	19.90	41.13
不清楚	231	19.04	19.15	60.28
同意	291	23.99	24.13	84.41
非常同意	188	15.50	15.59	100.00
合计	1 206	99.42	100.00	—
缺失值	7	0.58	—	—
总计	1 213	100.00	—	—

表7-1 对"中国在世界上越来越有话语权,主要是
国家富裕和强大了"观点的认同比重统计　　单位:人,%

认同分类	样本数	占总体样本比重	占有效样本比重	累积有效比重
非常不同意	64	5.28	5.30	5.30
不同意	31	2.56	2.57	7.86
不清楚	97	8.00	8.03	15.89
同意	353	29.10	29.22	45.12
非常同意	663	54.66	54.88	100.00
合计	1 208	99.59	100.00	—
缺失值	5	0.41	—	—
总计	1 213	100.00	—	—

表7-2 对"当今人们生活水平明显提高,与国家藏
富于民的政策相关"观点的认同比重统计　　单位:人,%

认同分类	样本数	占总体样本比重	占有效样本比重	累积有效比重
非常不同意	54	4.45	4.46	4.46
不同意	87	7.17	7.19	11.65
不清楚	282	23.25	23.31	34.96
同意	444	36.60	36.69	71.65
非常同意	343	28.28	28.35	100.00
合计	1 210	99.75	100.00	—
缺失值	3	0.25	—	—
总计	1 213	100.00	—	—

表7-3 对"只有国强才能民富,所以无论何时国家利益应该高于一切"观点的认同比重统计　　单位:人,%

认同分类	样本数	占总体样本比重	占有效样本比重	累积有效比重
非常不同意	49	4.04	4.06	4.06
不同意	76	6.27	6.29	10.35
不清楚	152	12.53	12.58	22.93
同意	345	28.44	28.56	51.49
非常同意	586	48.31	48.51	100.00
合计	1 208	99.59	100.00	—
缺失值	5	0.41	—	—
总计	1 213	100.00	—	—

表7-4 对"国家强大就是经济发达,人民富裕"观点的认同比重统计

单位:人,%

认同分类	样本数	占总体样本比重	占有效样本比重	累积有效比重
非常不同意	39	3.22	3.22	3.22
不同意	122	10.06	10.08	13.31
不清楚	179	14.76	14.79	28.10
同意	440	36.27	36.36	64.46
非常同意	430	35.45	35.54	100.00
合计	1 210	99.75	100.00	—
缺失值	3	0.25	—	—
总计	1 213	100.00	—	—

表7-5 对"随着国家的强大,我的幸福感越来越强"观点的认同比重统计

单位:人,%

认同分类	样本数	占总体样本比重	占有效样本比重	累积有效比重
非常不同意	26	2.14	2.15	2.15
不同意	73	6.02	6.04	8.19
不清楚	173	14.26	14.31	22.50
同意	393	32.40	32.51	55.00
非常同意	544	44.85	45.00	100.00
合计	1 209	99.67	100.00	—
缺失值	4	0.33	—	—
总计	1 213	100.00	—	—

表8-1 对"民主就是政府代表人民,为民做主"观点的认同比重统计

单位:人,%

认同分类	样本数	占总体样本比重	占有效样本比重	累积有效比重
非常不同意	125	10.31	10.35	10.35
不同意	123	10.14	10.18	20.53
不清楚	220	18.14	18.21	38.74
同意	349	28.77	28.89	67.63
非常同意	391	32.23	32.37	100.00
合计	1 208	99.59	100.00	—
缺失值	5	0.41	—	—
总计	1 213	100.00	—	—

表 8-2 对"民主就是通过人民代表大会制度实现人民当家做主"观点的认同比重统计　　单位：人，%

认同分类	样本数	占总体样本比重	占有效样本比重	累积有效比重
非常不同意	48	3.96	3.96	3.96
不同意	126	10.39	10.40	14.37
不清楚	214	17.64	17.67	32.04
同意	406	33.47	33.53	65.57
非常同意	417	34.38	34.43	100.00
合计	1 211	99.84	100.00	—
缺失值	2	0.16	—	—
总计	1 213	100.00	—	—

表 8-3 对"民主决策就是不分职位和身份，人人都有投票权"观点的认同比重统计　　单位：人，%

认同分类	样本数	占总体样本比重	占有效样本比重	累积有效比重
非常不同意	70	5.77	5.78	5.78
不同意	180	14.84	14.85	20.63
不清楚	191	15.75	15.76	36.39
同意	373	30.75	30.78	67.16
非常同意	398	32.81	32.84	100.00
合计	1 212	99.92	100.00	—
缺失值	1	0.08	—	—
总计	1 213	100.00	—	—

表8-4 对"经过集体讨论,最终由领导决定做出的决策,是最科学的"观点的认同比重统计　单位:人,%

认同分类	样本数	占总体样本比重	占有效样本比重	累积有效比重
非常不同意	131	10.80	10.81	10.81
不同意	267	22.01	22.03	32.84
不清楚	294	24.24	24.26	57.10
同意	306	25.23	25.25	82.34
非常同意	214	17.64	17.66	100.00
合计	1 212	99.92	100.00	—
缺失值	1	0.08	—	—
总计	1 213	100.00	—	—

表9-1 对"'仓廪实,知礼仪',社会文明程度关键看人们的富裕程度"观点的认同比重统计　单位:人,%

认同分类	样本数	占总体样本比重	占有效样本比重	累积有效比重
非常不同意	110	9.07	9.09	9.09
不同意	202	16.65	16.69	25.79
不清楚	263	21.68	21.74	47.52
同意	398	32.81	32.89	80.41
非常同意	237	19.54	19.59	100.00
合计	1 210	99.75	100.00	—
缺失值	3	0.25	—	—
总计	1 213	100.00	—	—

表 9-2 对"国家文明程度取决于教育水平和整体文化素质的高低"观点的认同比重统计　　单位：人，%

认同分类	样本数	占总体样本比重	占有效样本比重	累积有效比重
非常不同意	18	1.48	1.49	1.49
不同意	43	3.54	3.56	5.05
不清楚	138	11.38	11.41	16.46
同意	456	37.59	37.72	54.18
非常同意	554	45.67	45.82	100.00
合计	1 209	99.67	100.00	—
缺失值	4	0.33	—	—
总计	1 213	100.00	—	—

表 9-3 对"一个国家的文明程度，关键看法治程度的高低"观点的认同比重统计　　单位：人，%

认同分类	样本数	占总体样本比重	占有效样本比重	累积有效比重
非常不同意	30	2.47	2.48	2.48
不同意	76	6.27	6.28	8.75
不清楚	232	19.13	19.16	27.91
同意	402	33.14	33.20	61.11
非常同意	471	38.83	38.89	100.00
合计	1 211	99.84	100.00	—
缺失值	2	0.16	—	—
总计	1 213	100.00	—	—

表 10-1 对"构建和谐社会,关键是各阶层的人心往一处想劲往一处使"观点的认同比重统计　　单位：人,%

认同分类	样本数	占总体样本比重	占有效样本比重	累积有效比重
非常不同意	16	1.32	1.32	1.32
不同意	51	4.20	4.21	5.54
不清楚	171	14.10	14.13	19.67
同意	454	37.43	37.52	57.19
非常同意	518	42.70	42.81	100.00
合计	1 210	99.75	100.00	—
缺失值	3	0.25	—	—
总计	1 213	100.00	—	—

表 10-2 对"在和谐社会中,人与人的关系就是和睦相处,和而不同"观点的认同比重统计　　单位：人,%

认同分类	样本数	占总体样本比重	占有效样本比重	累积有效比重
非常不同意	21	1.73	1.73	1.73
不同意	40	3.30	3.30	5.03
不清楚	125	10.31	10.31	15.35
同意	483	39.82	39.85	55.20
非常同意	543	44.77	44.80	100.00
合计	1 212	99.92	100.00	—
缺失值	1	0.08	—	—
总计	1 213	100.00	—	—

表 10-3 对"在和谐社会中，允许人们理性地表达不同的意见和诉求"观点的认同比重统计　　单位：人，%

认同分类	样本数	占总体样本比重	占有效样本比重	累积有效比重
非常不同意	21	1.73	1.73	1.73
不同意	23	1.90	1.90	3.63
不清楚	79	6.51	6.52	10.16
同意	414	34.13	34.19	44.34
非常同意	674	55.56	55.66	100.00
合计	1 211	99.84	100.00	—
缺失值	2	0.16	—	—
总计	1 213	100.00	—	—

表 10-4 对"建设和谐社会，做到公平正义、秩序井然，非常关键"观点的认同比重统计　　单位：人，%

认同分类	样本数	占总体样本比重	占有效样本比重	累积有效比重
非常不同意	20	1.65	1.65	1.65
不同意	19	1.57	1.57	3.22
不清楚	48	3.96	3.97	7.19
同意	385	31.74	31.82	39.01
非常同意	738	60.84	60.99	100.00
合计	1 210	99.75	100.00	—
缺失值	3	0.25	—	—
总计	1 213	100.00	—	—

表 11-1 对"没有国家的统一和强大就不会有个人真正的自由"观点的认同比重统计

单位：人,%

认同分类	样本数	占总体样本比重	占有效样本比重	累积有效比重
非常不同意	17	1.40	1.41	1.41
不同意	40	3.30	3.31	4.72
不清楚	102	8.41	8.44	13.16
同意	325	26.79	26.90	40.07
非常同意	724	59.69	59.93	100.00
合计	1 208	99.59	100.00	—
缺失值	5	0.41	—	—
总计	1 213	100.00	—	—

表 11-2 对"真正的自由比生命和爱情更重要"观点的认同比重统计

单位：人,%

认同分类	样本数	占总体样本比重	占有效样本比重	累积有效比重
非常不同意	90	7.42	7.46	7.46
不同意	161	13.27	13.35	20.81
不清楚	301	24.81	24.96	45.77
同意	349	28.77	28.94	74.71
非常同意	305	25.14	25.29	100.00
合计	1 206	99.42	100.00	—
缺失值	7	0.58	—	—
总计	1 213	100.00	—	—

表 11-3 对"自由在于只要法律不禁止，人人都可以把梦想变为行动"观点的认同比重统计　　单位：人，%

认同分类	样本数	占总体样本比重	占有效样本比重	累积有效比重
非常不同意	111	9.15	9.18	9.18
不同意	231	19.04	19.11	28.29
不清楚	266	21.93	22.00	50.29
同意	333	27.45	27.54	77.83
非常同意	268	22.09	22.17	100.00
合计	1 209	99.67	100.00	—
缺失值	4	0.33	—	—
总计	1 213	100.00	—	—

表 11-4 对"自由能激发创造力，自由是推动社会进步的重要因素"观点的认同比重统计　　单位：人，%

认同分类	样本数	占总体样本比重	占有效样本比重	累积有效比重
非常不同意	23	1.90	1.90	1.90
不同意	108	8.90	8.93	10.84
不清楚	228	18.80	18.86	29.69
同意	423	34.87	34.99	64.68
非常同意	427	35.20	35.32	100.00
合计	1 209	99.67	100.00	—
缺失值	4	0.33	—	—
总计	1 213	100.00	—	—

表12-1 对"一个平等的社会，基本的公共福利（服务）应该均等化"观点的认同比重统计　　单位：人，%

认同分类	样本数	占总体样本比重	占有效样本比重	累积有效比重
非常不同意	71	5.85	5.87	5.87
不同意	106	8.74	8.77	14.64
不清楚	217	17.89	17.95	32.59
同意	387	31.90	32.01	64.60
非常同意	428	35.28	35.40	100.00
合计	1 209	99.67	100.00	—
缺失值	4	0.33	—	—
总计	1 213	100.00	—	—

表12-2 对"人们患寡，更患不均，所以要平等地分配社会资源"观点的认同比重统计　　单位：人，%

认同分类	样本数	占总体样本比重	占有效样本比重	累积有效比重
非常不同意	124	10.22	10.26	10.26
不同意	209	17.23	17.29	27.54
不清楚	235	19.37	19.44	46.98
同意	356	29.35	29.45	76.43
非常同意	285	23.50	23.57	100.00
合计	1 209	99.67	100.00	—
缺失值	4	0.33	—	—
总计	1 213	100.00	—	—

表 12-3 对"为了把蛋糕做大，社会应该更加注重效率，而不是平等"观点的认同比重统计　　单位：人，%

认同分类	样本数	占总体样本比重	占有效样本比重	累积有效比重
非常不同意	200	16.49	16.54	16.54
不同意	283	23.33	23.41	39.95
不清楚	269	22.18	22.25	62.20
同意	280	23.08	23.16	85.36
非常同意	177	14.59	14.64	100.00
合计	1 209	99.67	100.00	—
缺失值	4	0.33	—	—
总计	1 213	100.00	—	—

表 12-4 对"竞争会导致不平等，推动社会发展可允许不平等存在"观点的认同比重统计　　单位：人，%

认同分类	样本数	占总体样本比重	占有效样本比重	累积有效比重
非常不同意	164	13.52	13.56	13.56
不同意	195	16.08	16.13	29.69
不清楚	265	21.85	21.92	51.61
同意	384	31.66	31.76	83.37
非常同意	201	16.57	16.63	100.00
合计	1 209	99.67	100.00	—
缺失值	4	0.33	—	—
总计	1 213	100.00	—	—

表13-1 对"是否注重公正问题是评判社会制度好坏的
最重要的标准"观点的认同比重统计　　单位：人，%

认同分类	样本数	占总体样本比重	占有效样本比重	累积有效比重
非常不同意	33	2.72	2.73	2.73
不同意	71	5.85	5.87	8.60
不清楚	226	18.63	18.69	27.30
同意	498	41.06	41.19	68.49
非常同意	381	31.41	31.51	100.00
合计	1 209	99.67	100.00	—
缺失值	4	0.33	—	—
总计	1 213	100.00	—	—

表13-2 对"公正的社会应该平等尊重每一个人的生活
方式和利益诉求"观点的认同比重统计　　单位：人，%

认同分类	样本数	占总体样本比重	占有效样本比重	累积有效比重
非常不同意	21	1.73	1.74	1.74
不同意	91	7.50	7.52	9.26
不清楚	168	13.85	13.88	23.14
同意	448	36.93	37.02	60.17
非常同意	482	39.74	39.83	100.00
合计	1 210	99.75	100.00	—
缺失值	3	0.25	—	—
总计	1 213	100.00	—	—

表13-3 对"公正的社会应该给予老少边穷地区发展更多的政策扶持"观点的认同比重统计　　单位：人，%

认同分类	样本数	占总体样本比重	占有效样本比重	累积有效比重
非常不同意	22	1.81	1.82	1.82
不同意	34	2.80	2.81	4.63
不清楚	147	12.12	12.16	16.79
同意	441	36.36	36.48	53.27
非常同意	565	46.58	46.73	100.00
合计	1 209	99.67	100.00	—
缺失值	4	0.33	—	—
总计	1 213	100.00	—	—

表13-4 对"公正的社会应该让努力奋斗的人得到更多的社会回报"观点的认同比重统计　　单位：人，%

认同分类	样本数	占总体样本比重	占有效样本比重	累积有效比重
非常不同意	14	1.15	1.16	1.16
不同意	27	2.23	2.23	3.39
不清楚	99	8.16	8.18	11.57
同意	435	35.86	35.95	47.52
非常同意	635	52.35	52.48	100.00
合计	1 210	99.75	100.00	—
缺失值	3	0.25	—	—
总计	1 213	100.00	—	—

表 14-1 对"以德治国更有利于社会的安定和谐"观点的认同比重统计

单位：人，%

认同分类	样本数	占总体样本比重	占有效样本比重	累积有效比重
非常不同意	49	4.04	4.06	4.06
不同意	142	11.71	11.76	15.82
不清楚	235	19.37	19.47	35.29
同意	414	34.13	34.30	69.59
非常同意	367	30.26	30.41	100.00
合计	1 207	99.51	100.00	—
缺失值	6	0.49	—	—
总计	1 213	100.00	—	—

表 14-2 对"依法治国才能让国家长治久安"观点的认同比重统计

单位：人，%

认同分类	样本数	占总体样本比重	占有效样本比重	累积有效比重
非常不同意	13	1.07	1.07	1.07
不同意	32	2.64	2.64	3.72
不清楚	87	7.17	7.18	10.90
同意	310	25.56	25.60	36.50
非常同意	769	63.40	63.50	100.00
合计	1 211	99.84	100.00	—
缺失值	2	0.16	—	—
总计	1 213	100.00	—	—

表14-3 对"保障个人合法权利可以激励公民为社会创造财富"观点的认同比重统计　　　单位：人，%

认同分类	样本数	占总体样本比重	占有效样本比重	累积有效比重
非常不同意	14	1.15	1.16	1.16
不同意	34	2.80	2.81	3.97
不清楚	80	6.60	6.61	10.58
同意	431	35.53	35.62	46.20
非常同意	651	53.67	53.80	100.00
合计	1 210	99.75	100.00	—
缺失值	3	0.25	—	—
总计	1 213	100.00	—	—

表14-4 对"法治的重点不在于治民，而在于依法限制公权力滥用"观点的认同比重统计　　　单位：人，%

认同分类	样本数	占总体样本比重	占有效样本比重	累积有效比重
非常不同意	27	2.23	2.23	2.23
不同意	57	4.70	4.71	6.94
不清楚	191	15.75	15.77	22.71
同意	346	28.52	28.57	51.28
非常同意	590	48.64	48.72	100.00
合计	1 211	99.84	100.00	—
缺失值	2	0.16	—	—
总计	1 213	100.00	—	—

表14-5 对"法治的根本在于教化百姓知法守法"观点的认同比重统计

单位：人，%

认同分类	样本数	占总体样本比重	占有效样本比重	累积有效比重
非常不同意	75	6.18	6.21	6.21
不同意	208	17.15	17.23	23.45
不清楚	194	15.99	16.07	39.52
同意	380	31.33	31.48	71.00
非常同意	350	28.85	29.00	100.00
合计	1 207	99.51	100.00	—
缺失值	6	0.49	—	—
总计	1 213	100.00	—	—

表14-6 对"当个人合法权利受到侵犯，上访比到法院更能解决问题"观点的认同比重统计

单位：人，%

认同分类	样本数	占总体样本比重	占有效样本比重	累积有效比重
非常不同意	287	23.66	23.74	23.74
不同意	291	23.99	24.07	47.81
不清楚	318	26.22	26.30	74.11
同意	165	13.60	13.65	87.76
非常同意	148	12.20	12.24	100.00
合计	1 209	99.67	100.00	—
缺失值	4	0.33	—	—
总计	1 213	100.00	—	—

表15-1 对"社会精英承担更多的社会责任是一种爱国
的表现"观点的认同比重统计　　　单位：人，%

认同分类	样本数	占总体样本比重	占有效样本比重	累积有效比重
非常不同意	42	3.46	3.48	3.48
不同意	90	7.42	7.45	10.93
不清楚	184	15.17	15.23	26.16
同意	456	37.59	37.75	63.91
非常同意	436	35.94	36.09	100.00
合计	1 208	99.59	100.00	—
缺失值	5	0.41	—	—
总计	1 213	100.00	—	—

表15-2 对"爱国就要爱疆土完整、爱民族团结、
爱传统文化"观点的认同比重统计　　　单位：人，%

认同分类	样本数	占总体样本比重	占有效样本比重	累积有效比重
非常不同意	16	1.32	1.32	1.32
不同意	38	3.13	3.14	4.46
不清楚	130	10.72	10.74	15.21
同意	441	36.36	36.45	51.65
非常同意	585	48.23	48.35	100.00
合计	1 210	99.75	100.00	—
缺失值	3	0.25	—	—
总计	1 213	100.00	—	—

表15-3 对"爱国的关键在于遵守国家宪法,维护宪法的完整和权威"观点的认同比重统计　　单位:人,%

认同分类	样本数	占总体样本比重	占有效样本比重	累积有效比重
非常不同意	26	2.14	2.15	2.15
不同意	39	3.22	3.22	5.37
不清楚	136	11.21	11.24	16.61
同意	419	34.54	34.63	51.24
非常同意	590	48.64	48.76	100.00
合计	1 210	99.75	100.00	—
缺失值	3	0.25	—	—
总计	1 213	100.00	—	—

表15-4 对"爱国是感性的,需要激情,方法不重要"观点的认同比重统计

单位:人,%

认同分类	样本数	占总体样本比重	占有效样本比重	累积有效比重
非常不同意	437	36.03	36.15	36.15
不同意	350	28.85	28.95	65.10
不清楚	155	12.78	12.82	77.92
同意	131	10.80	10.84	88.75
非常同意	136	11.21	11.25	100.00
合计	1 209	99.67	100.00	—
缺失值	4	0.33	—	—
总计	1 213	100.00	—	—

表 16-1 对"做好本职工作就是为国家做贡献，就是爱国的表现"观点的认同比重统计　　单位：人，%

认同分类	样本数	占总体样本比重	占有效样本比重	累积有效比重
非常不同意	18	1.48	1.49	1.49
不同意	46	3.79	3.80	5.29
不清楚	139	11.46	11.50	16.79
同意	493	40.64	40.78	57.57
非常同意	513	42.29	42.43	100.00
合计	1 209	99.67	100.00	—
缺失值	4	0.33	—	—
总计	1 213	100.00	—	—

表 16-2 对"干一行，爱一行，每一个人要珍惜眼前的工作"观点的认同比重统计　　单位：人，%

认同分类	样本数	占总体样本比重	占有效样本比重	累积有效比重
非常不同意	21	1.73	1.73	1.73
不同意	31	2.56	2.56	4.29
不清楚	101	8.33	8.34	12.63
同意	422	34.79	34.85	47.48
非常同意	636	52.43	52.52	100.00
合计	1 211	99.84	100.00	—
缺失值	2	0.16	—	—
总计	1 213	100.00	—	—

表16-3 对"做好本职工作不仅是完成任务,更重要的
是体现个人价值"观点的认同比重统计 单位:人,%

认同分类	样本数	占总体样本比重	占有效样本比重	累积有效比重
非常不同意	18	1.48	1.49	1.49
不同意	43	3.54	3.55	5.04
不清楚	114	9.40	9.41	14.45
同意	447	36.85	36.91	51.36
非常同意	589	48.56	48.64	100.00
合计	1 211	99.84	100.00	—
缺失值	2	0.16	—	—
总计	1 213	100.00	—	—

表17-1 对"人无信不可,民无信不立,国无信不威"观点的认同比重统计

单位:人,%

认同分类	样本数	占总体样本比重	占有效样本比重	累积有效比重
非常不同意	22	1.81	1.82	1.82
不同意	17	1.40	1.40	3.22
不清楚	59	4.86	4.88	8.10
同意	309	25.47	25.54	33.64
非常同意	803	66.20	66.36	100.00
合计	1 210	99.75	100.00	—
缺失值	3	0.25	—	—
总计	1 213	100.00	—	—

表17-2 对"社会诚信,关键在于个人的道德约束"观点的认同比重统计

单位:人,%

认同分类	样本数	占总体样本比重	占有效样本比重	累积有效比重
非常不同意	44	3.63	3.64	3.64
不同意	110	9.07	9.09	12.73
不清楚	194	15.99	16.03	28.76
同意	419	34.54	34.63	63.39
非常同意	443	36.52	36.61	100.00
合计	1 210	99.75	100.00	—
缺失值	3	0.25	—	—
总计	1 213	100.00	—	—

表17-3 对"建立个人诚信档案制度,有利于诚信社会的建立"观点的认同比重统计

单位:人,%

认同分类	样本数	占总体样本比重	占有效样本比重	累积有效比重
非常不同意	13	1.07	1.07	1.07
不同意	39	3.22	3.22	4.29
不清楚	75	6.18	6.19	10.49
同意	357	29.43	29.48	39.97
非常同意	727	59.93	60.03	100.00
合计	1 211	99.84	100.00	—
缺失值	2	0.16	—	—
总计	1 213	100.00	—	—

表17-4 对"友善是一个社会公民应有的美德"观点的认同比重统计

单位：人，%

认同分类	样本数	占总体样本比重	占有效样本比重	累积有效比重
非常不同意	12	0.99	0.99	0.99
不同意	24	1.98	1.98	2.98
不清楚	65	5.36	5.37	8.35
同意	366	30.17	30.25	38.60
非常同意	743	61.25	61.40	100.00
合计	1 210	99.75	100.00	—
缺失值	3	0.25	—	—
总计	1 213	100.00	—	—

表17-5 对"严于律己，宽予待人，友善是培育和谐社会的基础"观点的认同比重统计

单位：人，%

认同分类	样本数	占总体样本比重	占有效样本比重	累积有效比重
非常不同意	14	1.15	1.16	1.16
不同意	30	2.47	2.48	3.64
不清楚	77	6.35	6.36	10.00
同意	346	28.52	28.60	38.60
非常同意	743	61.25	61.40	100.00
合计	1 210	99.75	100.00	—
缺失值	3	0.25	—	—
总计	1 213	100.00	—	—

主要参考文献

一、国内文献

(一) 著作类

马克思恩格斯选集：第1—4卷. 北京：人民出版社，2012.

习近平谈治国理政：第1卷. 北京：外文出版社，2018.

习近平谈治国理政：第2卷. 北京：外文出版社，2017.

习近平谈治国理政：第3卷. 北京：外文出版社，2020.

习近平总书记系列重要讲话读本. 北京：学习出版社，人民出版社，2016.

胡锦涛. 坚定不移沿着中国特色社会主义道路前进 为全面建成小康社会而奋斗：在中国共产党第十八次全国代表大会上的报告（2012年11月8日）. 北京：人民出版社，2012.

梁漱溟. 中国文化要义. 上海：上海人民出版社，2003.

韩震. 社会主义核心价值观凝练研究. 北京：北京师范大学出版社，2012.

郭建宁. 社会主义核心价值观基本内容释义. 北京：人民出版社，2014.

陈新汉，等. 社会主义核心价值体系论研究. 北京：北京师范大学出版社，2012.

江畅. 社会主义核心价值理念研究. 北京：北京师范大学出版

社，2012.

江畅. 论当代中国价值观. 北京：科学出版社，2016.

江畅. 西方德性思想史. 北京：人民出版社，2016.

江畅. 西方德性思想史概论. 北京：人民出版社，2017.

江畅，周海春，徐瑾. 当代中国主流价值文化及其构建. 北京：科学出版社，2017.

江畅，戴茂堂，周海春，等. 我国主流价值文化及其构建研究（研究报告集）. 北京：人民出版社，2013.

江畅，孙伟平，戴茂堂. 中国文化发展报告（2019）. 北京：社会科学文献出版社，2019.

戴茂堂，周海春，江畅，等. 我国主流价值文化及其构建调查（调查报告集）. 北京：人民出版社，2014.

郭齐勇. 文化学概论. 武汉：武汉大学出版社，2014.

唐凯麟，陈仁仁. 成人之道：儒家伦理文化. 济南：山东教育出版社，2011.

孙杰. 当代中国社会主义核心价值观研究. 北京：人民出版社，2016.

陈章龙，周莉. 价值观研究. 南京：南京师范大学出版社，2004.

邹千江. 冲突与转化：中国社会价值的现代性演变. 北京：中国传媒大学出版社，2008.

李春山，何京泽. 社会主义核心价值观大众化研究. 北京：人民出版社，2017.

陈勇，等. 社会主义核心价值体系引领社会思潮的方式和途径研究. 北京：中国社会科学出版社，2016.

徐友渔. 重读自由主义及其他. 开封：河南大学出版社，2008.

徐安琪. 社会文化变迁中的性别研究. 上海：上海社会科学院出版社，2005.

邹诗鹏. 三十年社会与文化思潮. 上海：复旦大学出版社，2012.

马立诚. 当代中国八种社会思潮. 北京：社会科学文献出版社，2012.

秦德君. 中国公民文化：道与器. 上海：东方出版中心，2011.

陈峰. 民国史学的转折：中国社会史论战研究（1927—1937）. 济南：山东大学出版社，2010.

贺麟. 文化与人生. 北京：商务印书馆，1988.

(二) 论文类

江畅. 核心价值观的合理性与道义性社会认同. 中国社会科学，2018 (4).

吴忠民，贾双跃. 中国政治精英优势与现代化建设. 人文杂志，2018 (6).

孙礼. 积极培育和践行社会主义核心价值观. 现代交际，2019 (6).

崔治忠. 社会主义核心价值观的认知认同与践行. 苏州科技大学学报（社会科学版），2017 (2).

吴忠民. 改革开放以来中国精英群体的演进及问题（上）. 文史哲，2008 (3).

刘宏伟. 精英群体社会资本的负效应及其制约. 新疆社会科学，2017 (1).

曾博伟. 中国精英阶层的三大困境. 当代社科视野，2012 (2).

陶文佳. 不同年龄段群体价值观认同状况与差异分析：以民主观为例. 华中科技大学学报（社会科学版），2018 (3).

杨光斌. 政治审慎是知识精英的社会责任. 红旗文稿，2016 (7).

赵剑英，干春松. 现代性与近代以来中国人的文化认同危机及重构. 学术月刊，2005 (8).

沈壮海. 由艺术的伦理化谈及伦理的艺术化：关于儒家"艺—德"学说的初步探讨. 甘肃理论学刊，1996 (4).

陈延斌，张琳. 中国公众怎样理解社会主义核心价值观：基于九省（市、区）5162个样本的研究报告. 人民论坛·学术前沿，2015 (21).

王守恩. 传统风俗与现代化. 山西大学学报（哲学社会科学版），2001 (2).

顾冠华. 中国传统文化论略. 扬州大学学报（人文社会科学版），1999 (6).

岸本美绪．"风俗"与历史观．新史学，2002（3）．

江畅．论中国特色社会主义核心价值理念．社会科学战线，2012（10）．

中国数字出版产业年度报告课题组．步入高质量发展的中国数字出版：2019—2020年中国数字出版产业年度报告．出版发行研究，2020（11）．

汪信砚．论马克思的"自由个性"概念．学习与探索，2004（5）．

二、国外文献

［英］米兰达·弗里克，詹妮弗·霍恩斯比．女性主义哲学指南．肖巍，宋建丽，马晓燕，译．北京：北京大学出版社，2010．

［意］V. 帕累托．普通社会学纲要．田时纲，译．北京：东方出版社，2007．

［意］加塔诺·莫斯卡．统治阶级．贾鹤鹏，译．南京：译林出版社，2002．

［美］希尔斯曼．美国是如何治理的．曹大鹏，译．北京：商务印书馆，1988．

［美］本杰明·史华兹．寻求富强：严复与西方．叶凤美，译．南京：江苏人民出版社，1990．

［美］金黛如．信任与生意：障碍与桥梁．陆晓禾，马迅，何锡蓉，等译．上海：上海社会科学院出版社，2003．

［美］约翰·罗尔斯．正义论．修订版．何怀宏，何包钢，廖申白，译．北京：中国社会科学出版社，2009．

［英］爱德华·泰勒．原始文化：神话、哲学、宗教、语言、艺术和习俗发展之研究．连树声，译．桂林：广西师范大学出版社，2005．

A. H. Maslow. A Theory of Human Motivation. Psychological Review, 1943, 50 (1).

后　　记

本调查报告集是 2016 年教育部人文社会科学重点研究基地重大项目"社会主义核心价值观社会认同伦理研究"（16JJD720016）最终成果之二。

通过"弘扬社会主义核心价值观与继承传统文化问卷调查"和"精英群体社会主义核心价值观认知与认同问卷调查"，课题组获得了第一手资料，再经过数据筛选和整理，形成了本调查报告集的主要数据来源。本调查报告集在撰写中参考了 2017 年、2018 年、2019 年"中国文化发展状况调查"数据库数据。本调查报告集的撰写分工如下：

前言：周鸿雁，哲学博士，湖北大学公共管理学院教授，中华文化发展湖北省协同创新中心研究员；江畅，哲学博士，湖北大学哲学学院教授、高等人文研究院名誉院长，中华文化发展湖北省协同创新中心主任。

报告一：汪佳璇，湖北大学哲学学院 2019 级伦理学专业博士研究生。

报告二：李历，哲学博士，湖北美术学院马克思主义学院讲师。

报告三：张玲，教育学硕士，云南开放大学副教授；张智敏，湖北大学教育学院教授，中华文化发展湖北省协同创新中心研究员。

报告四：宋进斗，哲学博士，浙江师范大学马克思主义学院讲师。

报告五：李家莲，哲学博士，湖北大学哲学学院教授、高等人文研究院副院长，中华文化发展湖北省协同创新中心研究员；杜毅，湖北大学哲学学院 2020 级伦理学专业博士研究生。

报告六：张智敏；张璇，教育学硕士，武汉文理学院教育学院副教授。

报告七：陶文佳，哲学博士，湖北大学哲学学院副教授，湖北省道德与文明研究中心副研究员；董龙华，湖北大学哲学学院2020级本科生。

报告八：黄妍，哲学博士，湖北大学哲学学院讲师，中华文化发展湖北省协同创新中心副研究员；杨文倩，湖北大学哲学学院2019级本科生；张涵，湖北大学哲学学院2019级本科生。

报告九：周鸿雁；彭婷，公共管理学硕士，国家税务总局十堰经济开发区税务局工作人员。

报告十：王振，哲学博士，湖北大学哲学学院副教授，中华文化发展湖北省协同创新中心副研究员；汪佳璇。

报告十一：刘怀元，法学博士，湖北大学党委宣传部副部长。

报告十二：柳丹飞，哲学博士，中南财经政法大学哲学院讲师；蔡利平，湖北大学哲学学院2023级博士研究生。

报告十三：阮航，哲学博士，湖北大学哲学学院副院长、副教授，中华文化发展湖北省协同创新中心副研究员；徐赞，武汉市东西湖区吴家山街怡景社区居民委员会干事。

报告十四：黄文红，哲学博士，《湖北大学学报》编辑部副编审，中华文化发展湖北省协同创新中心副研究员。

报告十五：徐弢，哲学博士，湖北大学哲学学院副教授，中华文化发展湖北省协同创新中心副研究员。

报告十六：陶涛，哲学博士，合肥工业大学马克思主义学院讲师。

报告十七：胡丽娜，文学博士，湖北大学学科建设与发展规划处副处长，中华文化发展湖北省协同创新中心副研究员。

本书由周鸿雁、张智敏和我共同设计整体框架、组织撰写。全书由周鸿雁统稿定稿，湖北大学教育学院张智敏教授工作室负责数据的收集、处理、挖掘以及数据使用的指导，湖北大学高等人文研究院社会调查中心和院办公室承担了调查组织工作。在此一并表示感谢！

"社会主义核心价值观社会认同伦理研究"项目是从教育部人文社会科学重点研究基地——中国人民大学伦理学与道德建设研究中心申请立项的。从申请立项、展开研究到最后结题，都得到了中国人民大学伦理学与道德建设研究中心、中国人民大学哲学院及各有关部门的领导和老师的支持与帮助。本书和以上项目的另一最终成果《道德认同与价值认同：核心价值观的社会伦理认同研究》一书有幸列入中国人民大学出版社"当代中国社会道德理论与实践研究丛书·第二辑"并获得2021年国家出版基金的资助,得益于中国人民大学出版社特别是其人文出版分社社长杨宗元的大力支持。在此,我谨代表课题组和两部著作的作者对中国人民大学的各位领导、老师和朋友致以深深的谢忱!

江畅
2021年8月

图书在版编目（CIP）数据

社会主义核心价值观社会伦理认同调查报告/周鸿雁等著. --北京：中国人民大学出版社，2024.1
（当代中国社会道德理论与实践研究丛书/吴付来主编. 第二辑）
ISBN 978-7-300-32339-8

Ⅰ.①社… Ⅱ.①周… Ⅲ.①社会主义核心价值观-调查报告-中国 Ⅳ.①D616

中国国家版本馆CIP数据核字（2023）第250020号

国家出版基金项目
当代中国社会道德理论与实践研究丛书·第二辑
主编 吴付来
社会主义核心价值观社会伦理认同调查报告
周鸿雁 张智敏 江畅 等 著
Shehui Zhuyi Hexin Jiazhiguan Shehui Lunli Rentong Diaocha Baogao

出版发行	中国人民大学出版社	
社　　址	北京中关村大街31号	邮政编码　100080
电　　话	010-62511242（总编室）	010-62511770（质管部）
	010-82501766（邮购部）	010-62514148（门市部）
	010-62515195（发行公司）	010-62515275（盗版举报）
网　　址	http://www.crup.com.cn	
经　　销	新华书店	
印　　刷	涿州市星河印刷有限公司	
开　　本	720 mm×1000 mm　1/16	版　次　2024年1月第1版
印　　张	28.75 插页3	印　次　2024年1月第1次印刷
字　　数	434 000	定　价　128.00元

版权所有　侵权必究　印装差错　负责调换